法律硕士精品系列教材

财税法实务

CAISHUIFA SHIWU

主　编　张　怡
副主编　王婷婷　葛　静
撰稿人（以姓氏笔画为序）
王婷婷　白云燕　任志刚　张　怡
张成松　陈司谨　陈　治　胡元聪
葛　静　蒋亚娟　廖呈钱　廖莹毅

中国人民大学出版社
·北京·

主编简介

张怡，西南政法大学法学教授（重庆市二级教授），博士研究生导师，博士后合作导师，西南政法大学税务专业学位研究生教育指导委员会主任，教育部学位中心博士/硕士研究生学位论文评审专家，国家社会科学基金通讯评审专家。

兼任中国法学会财税法学研究会副会长，世界税法研究会（ITLA）理事，重庆市法学会学术委员会委员，重庆市法学会财税法学研究会会长，重庆仲裁委员会专家咨询委员。

在国内外重要刊物上发表论文70余篇，出版独著与合著等各类著述30余部。代表作《衡平税法研究》入选“国家哲学社会科学成果文库”，并获中国法学会第三届“中国法学优秀成果奖”专著类二等奖。主持和承担国家级、省部级及其他项目的各类课题30余项。科研成果获国家级、省部级等各类奖项20余项。

总　序

2022年10月16日，习近平总书记在中国共产党第二十次全国代表大会上的报告中强调："深化教育领域综合改革，加强教材建设和管理"。同时，党的二十大报告第七部分"坚持全面依法治国，推进法治中国建设"专门部署法治建设，要求发挥法治固根本、稳预期、利长远的保障作用，在法治轨道上全面建设社会主义现代化国家。习近平总书记指出，全面推进依法治国，建设一支德才兼备的高素质法治队伍至关重要。① 高校是法治人才培养的第一阵地，高校法学教育在法治人才培养中发挥着基础性、先导性作用。

在法治轨道上全面建设社会主义现代化国家，迫切需要法律专业学位研究生教育开辟一条加快培养高层次应用型法治人才的新渠道。法律硕士是具有特定法律职业背景的专业性学位，在培养目标上强调实务特点，主要培养立法、司法、行政执法和法律服务以及各行业领域德才兼备的高层次的复合型（专门型）、应用型法治人才。根据新时代法治人才培养的要求"立德树人、德法兼修、明法笃行"，要将法律硕士培养成具有坚定政治立场和崇高法律职业道德的法治人才，培养成具有宽基础、复合型、跨学科知识结构的法治人才，培养成能够综合运用法律、经济、管理、科技、外语、计算机以及其他方面专业知识，独立从事法律实务和管理工作的法治人才。

近年来，各高校、科研院所及法律实务部门在应用型高级法律实务人才培养方面不断探索。西南政法大学作为新中国最早建立的高等政法学府，是国家首批卓越法律人才教育培养基地。自1979年开展研究生教育以来，西南政法大学坚持科学的研究生教育质量观，把研究生教育作为提升学校品牌的重要支点，坚定不移地推进改革，凝心聚力，攻坚克难，不断增强研究生教育的竞争力、吸引力和培养能力，以实施科教兴国战略和满足经济发展对高层次、高素质、创新型人才的需求为出发点，努力发展研究生教育。2010年，西南政法大学被确定为教育部法律专业学位研究生教育综合改革试点高校；2013年，西南政法大学被评为全国法律硕士优秀培养院校。西南政法大学紧紧围绕党中央的要求和国家经济、社会发展的需要，明确目标和功能定位，充分发挥培养复合型、实践型法律人才的作用，以培养德才兼备、

---

① 中共中央文献研究室．十八大以来重要文献选编：中．北京：中央文献出版社，2016：190.

系统掌握法学理论知识、具备实践能力、具有社会主义法治理念、能够独立从事法律实务或理论研究工作的高层次专门人才为目标，不断进行探索和创新：

——实施责任教授制度，创新课程管理模式。针对法律硕士专业必修课程实施责任教授制度，实行团队教学。课程所属学科确定一名课程责任教授，由其负责组建教学团队、主持课程建设的各项工作，包括课程规划、教学内容安排、课程进度控制、教学方法使用、考核评价方式等。课程责任教授制度的确立，改变了任课教师单打独斗的授课局面，形成了课程教学合力。

——推进课程教学改革，创新课程教学方法。自 2013 年大力推进研究生课程教学改革以来，制定并实施了《西南政法大学研究生课程教学改革办法（试点）》，推行基于问题、基于项目、基于案例的教学方法和学习方法，探索建立以学生为主体、以培养学生创新能力为主要特征的研究型教学方式，促进课程教学与科研训练、实习实践相结合。已立项建设 4 批次共 37 门改革课程，培育重庆市优质研究生课程 12 门。

——强化教学案例建设，注重实践能力培养。重视案例编写，积极开展案例教学，已组织编写校级法律硕士教学案例 21 个，其中 4 个教学案例入选首批全国法律硕士教学案例库，使本校成为首批入库案例最多的院校。在积极开展案例库建设的同时，大力推进案例教学，在法律硕士专业课程教学过程中，引用案例进行讲解的教学内容占比达到 30%以上。

——开设实践训练课程，强化职业能力培养。为适应职业型与复合型的人才培养定位，法律硕士人才培养要把学习理论知识与开展实务的能力加以复合，要开展更加注重实务与应用的实践性教学。本校专门开设了法律实践训练课程，占法律硕士课程的四分之一，任课教师大都为校外行业专家，由此大大提升了学生的法律逻辑分析能力与知识运用能力。

法律硕士的招生院校及招生规模不断扩大，对专业法律人才的培养提出了新的挑战，对法律硕士教学规范化也提出了比较高的要求。党的二十大报告指出："深化教育领域综合改革，加强教材建设和管理，完善学校管理和教育评价体系，健全学校家庭社会育人机制。"这说明深化教育领域综合改革，扎实推进法律硕士教育、加强相关教材建设非常关键。在 2012 年前后，西南政法大学与中国人民大学出版社共同推出针对法律硕士的"应用型高级法律人才系列教材"，该套教材内容设计贴近教学需要，编写质量优良，打下了较好的教材基础。为遵循法律硕士的教学特点和更加贴近司法实务的教学要求，西南政法大学根据全国专业学位研究生教育指导委员会《专业学位研究生核心课程指南（试行）》，更新编写了这套"法律硕士精品系列教材"。该系列教材体系的构建主要有几点考虑：

第一，提升教材的普适性，按照全国专业学位研究生教育指导委员会《专业学位研究生核心课程指南（试行）》的目录搭建对应的系统性教材。

第二，立足教材的应用性，结合实务训练课程需要编写案例丰富、实践性强、以案说法的实务性教材。

第三，侧重特色交叉教材，以满足学校新兴学科发展需要和法律硕士教育特色发展为目标，编写特色教材。

该系列教材得以面世，首先要感谢校内外多位主编、编委和作者的精诚合作和辛勤笔耕；还要感谢中国人民大学出版社的大力支持，感谢郭虹社长对教材编写和出版的精心策划与宝贵建议。西南政法大学副校长唐力教授及校党委常委、研究生院院长李燕教授在教材设计和编写方面做了大量的开创性工作；还有很多工作人员在教材编写和出版过程中默默付出辛劳，我代表编审委员会对他们一并表示诚挚的敬意和谢忱。

付子堂

2022 年 10 月 29 日

于西南政法大学

序

随着全面深化改革、全面推进依法治国各项重大举措的实施，财税法治人才的培养迎来了全新的历史机遇和挑战。党的十八届三中全会首次将财政提升至国家治理的基础和重要支柱的重要地位，凸显了财税法治在国家治理中的重要价值，为财税法学学科发展和财税法治人才培养提供了重要的时代机遇。与此同时，随着国家开启全面依法治国新征程，财税法领域立法和制度改革进入新时代。《预算法》及其条例的修订、《政府采购法》的修订，推动着财政法逐步完成从“管理法”向“治理法”的转型；《环境保护税法》《车辆购置税法》《资源税法》《契税法》《城市维护建设税法》《印花税法》等法律的出台，使现行18个税种中的2/3实现了立法，推动我国税种立法“羽翼”不断丰满，成为落实税收法定原则的有益实践；《个人所得税法》迎来第七次重要修订，标志着我国由分类所得税制向“综合＋分类”相结合的所得税制的转型，被称为我国直接税历史上的根本性变革；国、地税合并，共享税制度改革，“营改增”的全面实现，社保费和非税收入征管职责划转改革，《税收征收管理法》的修改提上日程，表明我国新一轮财税体制改革和税收征管改革正在深入推进。伴随着财税立法的日益完善与纳税人权利意识的不断增强，实践中财税争议案件数量呈逐年增加之势，如何妥善化解国家与纳税人的矛盾，确保国家财税权力依法行使与纳税人基本权利有效维护成为财税法治实践的重要课题。

与财税立法的飞跃式进展和财税体制改革全面推进相得益彰的是，近年来我国财税法学在基础理论和学科建设领域取得了重要突破和进展。目前，我国已基本建成了现代财税法学的理论框架，理财治国观、公共财产法、人本税法、衡平税法等理论主张的提出，丰富了现代财税法学的理论体系，进一步深化了财税法定、财政控权、分配正义、纳税人权利保护等理论的研究和应用，体现了财税法学理论在新的历史时期的使命担当，为国家财税治理的合法性和纳税人的合法权益保障奠定了根基。领域法学、财税一体化等学科方法论的提出，体现出统一财税法学学科范式下财税法学与其他学科、财政法与税法之间的理论统合，反映出财税法学研究对象的多样性、包容性和复杂性，为回应新时代的财税立法、执法和司法问题找到了科学的分析路径。而在课程体系建设领域，2018年《普通高校法学本科专业教学质量国家标准》明确法学专业核心课程采取“10＋X”分类设置模式，“财税法”课程隶属于“10＋X”模式中的“X”，这意味着该项课程将陆续被列为各高校根据办学特色开设的专业必修课之一，标志着财税法学在法学本科专业教学中取得“里程碑式”的进步。

新时代的财税法治建设，需要新时代的财税法治人才。新时代的财税法治人才培养，需要新时代的财税法学教育。随着中国特色社会主义进入新时代，各行各业对高层次创新人才的需求更加迫切，研究生教育改革发展由此进入新的历史阶段，研究生教育的地位和作用更加凸显。教育部等三部门联合发布的《关于加快新时代研究生教育改革发展的意见》（教研〔2020〕9号）指出，要优化培养类型结构，大力发展专业学位研究生教育。在此背景下，为适应新时代的财税法治人才培养需求，亟须建立与之适配的综合性、专业化、多层次、高质量的财税法治人才培养体系。与此同时，根据习近平总书记关于教育的重要论述以及全国教育大会的精神，将“课程思政”融入研究生教育也成为落实立德树人根本任务、全面提高人才培养质量的重要举措。财税法课程作为法律硕士研究生的专业必修课，要落实“立德树人、德法兼修”的培养目标，就必须坚持“三全育人”的建设理念，充分挖掘课程中的德育内涵和思政元素，并将其融入相关教材和课堂教学之中。

以上时代背景、学科机遇和高质量人才的培养需求对法律硕士研究生的财税法课程建设提出了更高要求，而教材的建设更是重中之重。为推进“十四五”时期的财税法治教育模式改革，提升财税法治人才培养质量，助力财税法治建设目标实现，我们以西南政法大学财税法研究中心、中国财税法治研究院以及西南政法大学税务硕士中心的教学研究人员为主体，并吸纳财税实务人员组成编写组，共同编写了《财税法实务》这本教材。本教材以习近平新时代中国特色社会主义思想和习近平法治思想为指导，以促进财税法治理论研究、人才培养与实践探索有机融合为目标，结合新时代法律硕士研究生培养的基本要求，通过梳理财税法制基本内容、解析财税法律关系构成、评述财税法治实践案例，引导学生提升财税法案例分析能力和财税法实务问题处理能力，旨在为其今后从事理论研究和实务工作打下坚实基础。

在编写本教材的过程中我们考虑到，财税法学是一门实践性极强的法律学科，对财税法实务问题的了解和对案例的钻研是财税法学习必不可少的环节。“广州德发房产建设有限公司与广州市地方税务局第一稽查局税务处理决定上诉案”①、“陈建伟诉福建省地税局等税务行政处理及行政复议案”②，为最高人民法院近年来审判的典型行政案例，其中涉及的对税法条文的理解和适用、税收执法与其他法律规制方式如何衔接等问题都需要认真思考。“兰州市城关区人民检察院诉兰州市税务局不履行法定职责案”、赣州市人民检察院办理的“赣州市环境保护税行政公益诉讼案”等国有资产领域财税公益诉讼案件，对新时代的财税机关依法履职提出了更高要求，也需要在实践中引起高度重视。尤其是，近年来影视明星逃税案件被频繁曝出，网络直播行业税法漏洞开始显露，虚开增值税专用发票犯罪多发，以及全国首例拒不完成个税汇算清缴被罚案等案例的出现，在客观上要求学生对新时代的税收法治实

① 最高人民法院（2015）行提字第13号行政判决书。
② 最高人民法院（2018）最高法行申209号行政裁定书。

践有全面、清晰、准确的理解与认知，不断提高分析和解决问题的能力。与此同时，财税法是一门理论性极强的部门法，学生对财税法的正确理解和适用需要建立在对整个财税法学理论和基础知识有一定认知的基础上。因此，尽管本教材旨在重点梳理和分析财税法实务问题，但并未忽视对财税法学前沿理论的梳理和介绍，以便让学生更系统地了解我国财税法学理论体系、知识框架和制度理念，理解财税民主、财税公平、财税法治等理念和原则的生成过程，为知识的实际运用扎牢根基。

基于此，本教材的编写从“知识”和“案例”两大视角切入，对财税法制度的学理和实践进行解析，力求从整体上廓清财政法学总论和税法学总论的基本问题，分析财政立法和税收立法的制度设计，在此基础上回归实践视角，穿插精心选择的典型案例或热点实务事例，使更多的财税法方向法律硕士研究生能够从中掌握财税法学的基本原理、知识和技巧，理清财税法立法、执法和司法的行为逻辑，深化对财税法治问题的理解和思考。在内容框架上，本教材共划分为财政法律实务、税收法律实务、财税程序法实务三大领域：第一编为财政法律实务，包括财政与财政法基础、预算法律实务、国债法律实务、政府采购与转移支付法律实务、国有资产管理法律实务五个专题的内容，主要介绍了财政法总论、预算法、国债法、政府采购与转移支付法、国有资产管理法的基本概念、理论问题和实践案例。第二编为税收法律实务，包括税收与税法基础、流转税法律实务、所得税法律实务、财产税和行为税法律实务、环境资源税法律实务五个专题的内容，详细介绍了我国现行税收体系中各税种的主要内容、构成要素和实践案例。第三编为财税程序法实务，包括税收征管法律实务、财税复议法律实务、财税诉讼法律实务三个专题的内容。第三编是本教材的特色内容，将“财”与“税”领域的财税复议和财税诉讼进行了一体介绍，便于学生对财税救济程序的整体理解。

本教材的编写主要具有以下特点：

1. 突出思政性。2016 年 12 月，习近平总书记在全国高校思想政治工作会议上首次提出“各类课程与思想政治理论课同向同行”。2017 年 5 月，习近平总书记在中国政法大学考察时强调“立德树人，德法兼修，培养大批高素质法治人才”。中共中央办公厅、国务院办公厅《关于深化新时代学校思想政治理论课改革创新的若干意见》要求“统筹推进思政课课程内容建设”。教育部办公厅《关于推进习近平法治思想纳入高校法治理论教学体系的通知》（教高厅函［2021］17 号）更是要求“将习近平法治思想贯穿法学类专业课程”。2023 年 2 月，中共中央办公厅、国务院办公厅《关于加强新时代法学教育和法学理论研究的意见》要求“加快完善法学教育体系”“创新发展法学理论研究体系”。因此，本教材的编写始终坚持将课程思政融入法律硕士研究生教育，力图将思政教育贯穿到教材编写的全过程和全环节，在编写过程中充分挖掘国家治理、纳税人权益保障与财税法理论和实务问题之间的关联，将理财治国观、人本税法、公共财产法、财税公平正义理念等贯穿于整个教材的编写和内容设计之中，结合实例进行法治宣传和法治教育，体现了新时代立德树人的新要求和新目标，具有鲜明的时代价值。

2. 具有新颖性。本教材的编写密切关注国家政策和经济形势发展，依据最新税收法律规定编写，捕捉理论前沿与实务问题，做到与时俱进。自“十三五”以来，我国财税体制改革从夯基垒台到全面推进，现代财政制度框架基本建立。在“十四五”时期继续启动现代财税体制改革的重大举措。而在财税立法方面，截至 2022 年 4 月 1 日，我国 18 个税种中实现税收法定的税种已达 12 个。本教材的编写融合了 2019 年 1 月 1 日新《个人所得税法》正式实施后的内容，顺应了个人所得税制度由分类所得税制向“综合+分类”相结合的所得税制转变的趋势，也顺应了增值税税率进一步下调并在实践中不断简化和优化的趋势。此外，本教材的编写还融合了最新实现税收法定的《印花税法》《契税法》《城市维护建设税法》《车辆购置税法》《耕地占用税法》《环境保护税法》《资源税法》的主要内容，体现了知识更新的基本要求。本教材的编写及时吸收了本学科领域的最新立法和最新实践，以确保知识体系的及时更新和教学内容贴近实际。

3. 突出应用性。财税法学是一门技术性、专业性极强的学科，本教材中通过引用大量典型司法案例、设计应用实例等方式，帮助学生将财税法学专业理论知识与实践操作技能有机结合，进而达到全面提升学生财税法问题处理能力的效果。本教材中的案例覆盖面广泛，且具有较强的针对性，既有对最新案件的引用，也有对疑难问题的分析，还有对实务争议问题的讨论。例如，在编写过程中，融入了全国首例拒不完成个税汇算清缴被罚案例、某头部主播因逃税被处罚案例等，通过贴近生活的案例让学生深入了解财税法在实践中的运行样态，突出了财税法的现实性、可操作性、务实性和实战性。

4. 具有系统性。财税制度既是收入制度和支出制度的统一体，是国家财政权力和纳税人基本权利的结合体，也是财政收益和财政风险的共生体，具有很强的复合性。本教材在编写时采用了“财税一体化”的思维，融财政和税收法律制度的理论与实践为一体，注重教学内容之间的内在关联，所选取的内容中既有财政法的理论知识和实务案例，也有税法的理论知识和实务案例，体系完整融合，内容翔实具体，能够满足学生了解财税法整体实务知识的需求。本教材在编写时还考虑到，财税法治领域改革是财税立法、执法、司法、守法等领域的多维统一，需要解决各个领域的突出矛盾和问题，在编写过程中既围绕公共财产的收入、支出、监管向度进行制度构建，也围绕财税立法、执法、司法和守法各方面进行体系化的推动。此外，财税法问题并非单一学科问题，而是具有领域法特色的问题。本教材在教学内容和体系设计上，除了注重理论诠释和实践说理，还着重考虑了财税法制度与其他法律制度的内容衔接。例如，在“广州德发房产建设有限公司与广州市地方税务局第一稽查局税务处理决定上诉案”“陈建伟诉福建省地税局等税务行政处理及行政复议案”等案例中，便涉及税法与民法之间的衔接和调整问题。再如，在影视明星逃税案例、国有财产保护的涉税公益诉讼案例中便涉及税法救济制度与行政法、刑法等的衔接问题。对此，本教材注重内容衔接，从事理、税理和法理层面予以系统阐释，使学生对相关知识内容的理解更加系统，更具有体系性。

5. 突出模块性。本教材在编写时根据学习规律和教学需求设置了“基础理论”、“案例分析”、“课程思政”（以二维码形式展现）和“知识拓展”四大板块，每个专题的开篇都提供了基本知识介绍，侧重于对财税法基础知识的介绍，并将财税法治改革和相关理论成果贯穿其中，故具有前沿性、综合性。每个专题的案例分析板块设置了案例导入、财政行政与法官释法、疑难问题和类案练习子板块，便于学生从事实和法理层面了解实务问题，故具有实用性和可操作性。每个专题的结尾均有“拓展阅读”、“毕业论文选题指导”和“推荐文献”，故具有延展性和启发性。各板块之间是层层递进的关系，由内而外逐渐拓展知识体系。如此既有利于学生巩固课程基础知识，也有利于学生不断丰富自身的知识体系，为其开展实务工作和进行毕业论文写作奠定根基。

6. 注重通用性。本教材以应用型法律硕士和税务硕士研究生为使用对象，以培养高层次、专业化、“法—商—税”相融合的财税法人才为目标，故在编写过程中始终坚持“知识、能力、素质一体化”的指导思想，注重“专业性”和“兴趣性”的区分与融合，加入了编著者在教学和科研中的收获。本教材在内容上注重基本理论、基本常识和热点实务问题的结合，能够同时契合经济法学科财税法方向法律硕士研究生对实务技能的掌握要求和应用经济学科税务硕士研究生在税法理论领域提升的需求，故既可以适用于财税法硕士、税务硕士，也可以作为其他法律类、经济类、政治类等相关专业研究生的参考教材。

本教材的编写团队在教材设计和内容编写方面做了很多开创性、建设性的工作。本教材的编写始终以专业学位研究生的能力培养为中心，注重思想政治教育的引导、财税法律基础知识的夯实，以及财税法实务处理和案例分析能力的培养，为提升学生的综合素质和实务处理能力创造了条件。本教材的编写融入了财税法学理论、财税体制改革和财税法治实践的最新成果，能够准确反映财税法的立法和政策变化，为学生捕捉前沿财税法学知识、接触最新财税法实务问题提供了最大便利。本教材顺应了新时代财税法治人才培养的时代背景，回应了高层次、应用型法律硕士、税务硕士研究生教学改革创新的基本要求，是推进财税法领域专业学位研究生教育“质量革命”的一次重要实践。

是为序！

张　怡

2023 年 10 月 1 日

编写说明

本教材是为落实立德树人根本任务，推进优质课程建设，推动课程思政与专业课程同向同行，支撑高层次卓越法律实务人才培养，打造全国法律专业学位研究生教育一流品牌，全面提高法律硕士研究生教育教学质量而编写的；是西南政法大学财税法学教学团队挖掘学科专业特色优势、总结优质教学经验、整合优秀教学资源，在财税法案例教学、实务教学和思维训练领域长期探索形成的最新成果。

由于财税法课程是一门专业性、实务性强，跨学科知识延伸较广、跨领域法学问题交织的课程，围绕财税法如何开展实务教学这一问题，我们的编写团队在编写过程中反复思索：如何设计一本兼具学理性、知识性、实务性的教材，配上专门的案例分析和实务知识，供法律硕士研究生和税务硕士研究生进行研习使用？在编写的过程中，为了更好地帮助读者准确理解财税法的精神内涵和规范原意，解释法律规范，辨析财税法律关系，掌握财税实务的基本技能，我们从海量的财税文本和案例中经过反复筛选和分析整理，采用统一的“基础理论”“案例分析”“课程思政”“知识拓展”四大板块，内设基本知识介绍、重点和难点、相关立法综述、疑难问题、拓展阅读、毕业论文选题指导、推荐文献等子板块，以深入浅出的知识点拨、丰富翔实的数据为支撑，力求从形式、方法到内容为读者铺设一条财税法实务的研习之道。在我们看来，财税法实务不仅包括司法案例，还包括大量的财税行政；教学不能仅仅停留在将案例中的相关信息提取、加工后提供给学生，还应当注重科学地阐释财税法的基本原理、培养学生高效研读司法裁判文书和财税法律文件的方法，引导他们对财税实务问题产生兴趣，锻炼他们分析财税法律问题的能力。

本教材编写采用了“财税一体化”的思维，分“财政法律实务”“税收法律实务”“财税程序法实务”三编，全面介绍了财税法的基本理论和知识内容，共划分为13个专题，每个专题都配有案例分析、课程思政、拓展阅读、毕业论文选题指导、推荐文献等内容，侧重于对财税法实务知识进行系统介绍，并将财税法基本理论和立法变革的内容贯穿其中，力求具有前瞻性、综合性和实用性。

本教材主编为张怡（西南政法大学教授、博士研究生导师），副主编为王婷婷（西南政法大学经济法学院副教授、硕士研究生导师）、葛静（西南政法大学商学院副教授、硕士研究生导师）。

教材的撰稿人员包括法律硕士研究生招生院校的博士、硕士研究生导师和来自律师事务所、税务师事务所、会计师事务所等机构的实务工作者，撰稿具体分工和撰稿人基本情况如下：

专题一“财政与财政法基础”：胡元聪（西南政法大学经济法学院教授、博士研究生导师）。

专题二“预算法律实务”：陈治（西南政法大学经济法学院教授、博士研究生导师）。

专题三“国债法律实务”：陈司谨（西南政法大学经济法学院和商学院副教授、硕士研究生导师）。

专题四“政府采购与转移支付法律实务”：张成松（西南政法大学经济法学院讲师、硕士研究生导师）。

专题五“国有资产管理法律实务”：廖呈钱（西南政法大学经济法学院讲师、硕士研究生导师）。

专题六“税收与税法基础”：廖呈钱、廖莹毅（大华国际管理咨询有限公司重庆分公司总经理）。

专题七“流转税法律实务”：王婷婷（西南政法大学经济法学院副教授、硕士研究生导师）、任志刚（重庆税通律师事务所主任）。

专题八“所得税法律实务”：葛静（西南政法大学商学院副教授、硕士研究生导师）、白云燕［致同京华（重庆）税务师事务所有限责任公司主管合伙人］。

专题九“财产税和行为税法律实务”：葛静、白云燕。

专题十“环境资源税法律实务”：蒋亚娟（西南政法大学经济法学院教授、硕士研究生导师）、廖莹毅。

专题十一“税收征管法律实务”：王婷婷、任志刚。

专题十二“财税复议法律实务”：王婷婷、任志刚。

专题十三“财税诉讼法律实务”：王婷婷、任志刚。

本教材的编写参考和借鉴了学界同人的相关研究成果，在此表示诚挚谢意。由于作者能力、水平有限，加之财税法律规定变化较快等客观条件，本教材的内容难免存有疏漏之处，恳请读者提出改进意见，以便我们进一步修订和完善。

编　者

2023 年 10 月 1 日

目录

第一编　财政法律实务

专题一　财政与财政法基础 …… 3
基础理论 …… 3
一、基本知识介绍 …… 3
（一）财政基本知识 …… 3
（二）财政法基本知识 …… 5
二、重点和难点 …… 13
（一）财政收入中税和费辨析 …… 13
（二）财政收入中的非税收入 …… 15
三、相关立法综述 …… 15
案例分析 …… 16
案例：张某诉A街道办事处预算公开案 …… 16
一、案例导入 …… 16
二、财税行政与法官释法 …… 17
三、疑难问题 …… 17
（一）财政信息公开的主体问题 …… 18
（二）财政信息公开的内容问题 …… 18
（三）财政信息公开的对象及程度问题 …… 18
（四）财政信息公开的方式问题 …… 18
四、类案练习 …… 19
知识拓展 …… 20
一、拓展阅读 …… 20
二、毕业论文选题指导 …… 20
三、推荐文献 …… 21

专题二　预算法律实务 …… 22
基础理论 …… 22
一、基本知识介绍 …… 22
（一）预算的界定 …… 22
（二）预算的类别 …… 24
（三）预算法的基本原理 …… 25
（四）预算法的基本制度 …… 27
二、重点和难点 …… 36
（一）预算的性质 …… 36
（二）四本公共预算之间的关系 …… 38
（三）社会公众预算参与 …… 39
三、相关立法综述 …… 40
案例分析 …… 42
案例：X 区财政局与陈某某财政信息公开案 …… 42
一、案例导入 …… 42
二、财税行政与法官释法 …… 43
三、疑难问题 …… 44
（一）预算公开对象与除外事项的边界不明晰 …… 45
（二）预算公开方式的非均衡发展 …… 45
（三）预算公开法律关系的内容缺陷 …… 46
四、类案练习 …… 47
知识拓展 …… 48
一、拓展阅读 …… 48
二、毕业论文选题指导 …… 49
三、推荐文献 …… 49
专题三　国债法律实务 …… 51
基础理论 …… 51
一、基本知识介绍 …… 51
（一）国债基础知识 …… 51
（二）国债法基础知识 …… 54
二、重点和难点 …… 60
（一）国债发行风险的控制 …… 60
（二）地方政府债务的风险与监管 …… 62
三、相关立法综述 …… 66
（一）我国国债立法的历程 …… 66
（二）我国现行国债立法体系 …… 67
案例分析 …… 71

案例：D县400亿元债务下的地方政府财政风险 …… 71
一、 案例导入 …… 71
二、 财税行政与法官释法 …… 71
（一）D县政府债务的合法性 …… 71
（二）D县政府债务的依法应急处置 …… 72
（三）相关主体的责任 …… 72
三、 疑难问题 …… 72
四、 类案练习 …… 73
知识拓展 …… 74
一、 拓展阅读 …… 74
二、 毕业论文选题指导 …… 75
三、 推荐文献 …… 76
专题四　政府采购与转移支付法律实务 …… 77
基础理论 …… 77
一、 基本知识介绍 …… 77
（一）政府采购法概述 …… 77
（二）政府采购法的基本原则与基本制度 …… 80
（三）政府采购当事人 …… 81
（四）政府采购的方式和程序 …… 82
（五）政府采购合同 …… 84
（六）政府采购救济 …… 85
（七）财政转移支付的基本内涵 …… 86
（八）财政转移支付的类型划分 …… 86
二、 重点和难点 …… 88
（一）政府采购的法律界定 …… 88
（二）政府采购合同的认定 …… 88
（三）财政转移支付的目标定位 …… 88
（四）财政转移支付的问题评析与制度建构 …… 89
三、 相关立法综述 …… 91
（一）政府采购立法综述 …… 91
（二）财政转移支付立法综述 …… 93
案例分析 …… 94
案例：C大学游泳馆泳池设备采购项目投诉案 …… 94
一、 案例导入 …… 94
二、 财税行政与法官释法 …… 95
三、 疑难问题 …… 96
四、 类案练习 …… 96

知识拓展 …… 98
一、 拓展阅读 …… 98
二、 毕业论文选题指导 …… 99
三、 推荐文献 …… 99
专题五 国有资产管理法律实务 …… 101
基础理论 …… 101
一、 基本知识介绍 …… 101
(一) 国有资产管理法概述 …… 101
(二) 国有资产管理体制 …… 106
(三) 国有资产的产权界定 …… 107
(四) 国有资产的产权登记 …… 111
(五) 国有资产评估法律制度 …… 112
二、 重点和难点 …… 116
(一) 国有资产的定义及范围 …… 116
(二) 国有资产管理的基本原则 …… 116
(三) 国有资产的监管体制 …… 116
(四) 国有资产评估的原则及方法 …… 117
三、 相关立法综述 …… 117
案例分析 …… 118
案例：A公司资产评估案 …… 118
一、 案例导入 …… 118
二、 财税行政与法官释法 …… 120
(一) 案涉资产收购价 27 220.38 万元是否真实有效 …… 120
(二) “资产重组协议”是否因违反法律、行政法规的强制性规定而无效 …… 120
三、 疑难问题 …… 121
(一) 国有资产法与其他法律之间的关系 …… 121
(二) 如何防止国有资产的流失 …… 121
四、 类案练习 …… 122
知识拓展 …… 123
一、 拓展阅读 …… 123
二、 毕业论文选题指导 …… 124
三、 推荐文献 …… 125

第二编 税收法律实务

专题六 税收与税法基础 …… 129
基础理论 …… 129

一、 基本知识介绍 …… 129
（一）税收与税法概念 …… 129
（二）税法基本原则 …… 138
（三）税法要素 …… 143
二、 重点和难点 …… 149
（一）税收的分类 …… 149
（二）税收法定原则 …… 149
（三）实质课税原则 …… 149
三、 相关立法综述 …… 150
案例分析 …… 151
案例：DF公司诉某市地方税务局第一稽查局税务处理决定案 …… 151
一、 案例导入 …… 151
二、 财税行政与法官释法 …… 152
三、 疑难问题 …… 153
四、 类案练习 …… 154
知识拓展 …… 155
一、 拓展阅读 …… 155
二、 毕业论文选题指导 …… 156
三、 推荐文献 …… 157
专题七 流转税法律实务 …… 159
基础理论 …… 159
一、 基本知识介绍 …… 159
（一）增值税法基本知识 …… 159
（二）消费税法基本知识 …… 170
（三）关税法基本知识 …… 176
二、 重点和难点 …… 182
（一）流转税的特征及各税种之间的联系 …… 182
（二）增值税的计税原理 …… 183
（三）视同销售的情形 …… 184
（四）消费税的征税目的 …… 184
三、 相关立法综述 …… 184
案例分析 …… 186
案例1：L公司进项税额抵扣案（增值税法） …… 186
一、 案例导入 …… 186
二、 财税行政与法官释法 …… 186
三、 疑难问题 …… 187

四、 类案练习 …… 188
案例 2：纳税人销售成品油是否满足消费税抵免资格条件
(消费税法) …… 188
一、 案例导入 …… 188
二、 财税行政与法官释法 …… 189
三、 疑难问题 …… 190
四、 类案练习 …… 190
案例 3：货运代理合同项下加征关税由谁承担（关税法） …… 191
一、 案例导入 …… 191
二、 财税行政与法官释法 …… 192
三、 疑难问题 …… 192
四、 类案练习 …… 193
知识拓展 …… 194
一、 拓展阅读 …… 194
二、 毕业论文选题指导 …… 195
三、 推荐文献 …… 195
专题八 所得税法律实务 …… 197
基础理论 …… 197
一、 基本知识介绍 …… 197
（一）企业所得税法基本知识 …… 197
（二）个人所得税法基本知识 …… 211
二、 重点和难点 …… 226
（一）企业所得税法的重点和难点 …… 226
（二）个人所得税法的重点和难点 …… 228
三、 相关立法综述 …… 229
（一）企业所得税立法综述 …… 229
（二）个人所得税立法综述 …… 231
案例分析 …… 232
案例 1：Z 集团有限公司企业所得税税前扣除案
(企业所得税法) …… 232
一、 案例导入 …… 232
二、 财税行政与法官释法 …… 233
三、 疑难问题 …… 234
四、 类案练习 …… 234
案例 2：林某网络直播缴纳个人所得税案（个人所得税法） … 235
一、 案例导入 …… 235
二、 财税行政与法官释法 …… 236

三、 疑难问题 …… 236
四、 类案练习 …… 237
知识拓展 …… 238
一、 拓展阅读 …… 238
二、 毕业论文选题指导 …… 240
三、 推荐文献 …… 241

专题九 财产税和行为税法律实务 …… 243

基础理论 …… 243
一、 基本知识介绍 …… 243
（一）财产税法基本知识 …… 243
（二）行为税法基本知识 …… 253
二、 重点和难点 …… 259
（一）房地产税法重点和难点 …… 259
（二）土地增值税法重点和难点 …… 260
（三）契税法重点和难点 …… 261
（四）车船税法重点和难点 …… 262
（五）印花税法重点和难点 …… 262
三、 相关立法综述 …… 263
（一）财产行为税的整体立法形式 …… 263
（二）房产税的立法历程 …… 263
案例分析 …… 265
案例 1：房产税的课税要素如何确定？（财产税法） …… 265
一、 案例导入 …… 265
二、 财税行政与法官释法 …… 265
三、 疑难问题 …… 266
四、 类案练习 …… 266
案例 2：甲公司收购资产如何缴纳契税？（财产税法） …… 266
一、 案例导入 …… 266
二、 财税行政与法官释法 …… 267
三、 疑难问题 …… 268
四、 类案练习 …… 268
案例 3：提供一般流动资金融资贷款如何缴纳印花税？（行为税法） …… 268
一、 案例导入 …… 268
二、 财税行政与法官释法 …… 268
三、 疑难问题 …… 269
四、 类案练习 …… 269

案例 4：谁是耕地占用税的纳税人？（行为税法） …… 269
一、 案例导入…… 269
二、 财税行政与法官释法…… 270
三、 疑难问题…… 270
四、 类案练习…… 270
知识拓展 …… 271
一、 拓展阅读…… 271
二、 毕业论文选题指导…… 272
三、 推荐文献 …… 272

专题十 环境资源税法律实务 …… 273

基础理论 …… 273
一、 基本知识介绍…… 273
（一）环境保护税法基本知识 …… 273
（二）资源保护税法基本知识 …… 280
二、 重点和难点…… 287
（一）环境保护税的征税目的 …… 287
（二）资源税的计税依据 …… 287
（三）资源税“视同销售”的情形 …… 288
三、 相关立法综述…… 289
案例分析 …… 289
案例 1：湖南省长沙市圭塘河环境保护税征管案（环境保护税法） …… 289
一、 案例导入…… 289
二、 财税行政与法官释法 …… 290
三、 疑难问题…… 291
四、 类案练习…… 292
案例 2：A 砂石场与某税务局税务行政管理案（资源税法） … 292
一、 案例导入…… 292
二、 财税行政与法官释法…… 293
三、 疑难问题…… 294
四、 类案练习…… 294
知识拓展 …… 295
一、 拓展阅读…… 295
二、 毕业论文选题指导…… 296
三、 推荐文献 …… 296

第三编 财税程序法实务

专题十一 税收征管法律实务 …… 301

基础理论 …… 301

一、基本知识介绍 …… 301

（一）税收征收管理法概述 …… 301

（二）税务管理法律制度 …… 302

（三）税款征收法律制度 …… 308

（四）税务检查法律制度 …… 314

（五）税收征管法律责任 …… 316

二、重点和难点 …… 322

（一）税收征纳法律关系中的纳税人权利和义务 …… 322

（二）纳税担保的成立和担保方式 …… 322

三、相关立法综述 …… 323

案例分析 …… 324

案例1：拒不完成个人所得税汇算清缴被行政处罚案 …… 324

一、案例导入 …… 324

二、财税行政与法官释法 …… 324

三、疑难问题 …… 325

四、类案练习 …… 326

案例2：沈阳市国家税务局第二稽查局税收代位权纠纷 …… 326

一、案例导入 …… 326

二、财税行政与法官释法 …… 327

三、疑难问题 …… 327

四、类案练习 …… 328

案例3：Y房地产公司与B税务局退税纠纷 …… 328

一、案例导入 …… 328

二、财税行政与法官释法 …… 328

三、疑难问题 …… 329

四、类案练习 …… 330

知识拓展 …… 331

一、拓展阅读 …… 331

二、毕业论文选题指导 …… 332

三、推荐文献 …… 332

专题十二 财税复议法律实务 …… 334

基础理论 …… 334

一、 基本知识介绍 …… 334
(一) 财税复议法概述 …… 334
(二) 财税行政复议的原则 …… 335
(三) 财税行政复议的基本制度 …… 337
(四) 政府采购行政复议的基本内容 …… 338
(五) 税务行政复议法律制度 …… 338
(六) 海关行政复议法律制度 …… 343
二、 重点和难点 …… 349
(一) 财税救济法律制度的价值 …… 349
(二) 税收复议前置制度的内容 …… 349
(三) 经重大税务案件审理程序后复议机关的确定 …… 350
三、 相关立法综述 …… 350
案例分析 …… 351
案例 1：政府采购类行政复议案件中的陈述申辩权如何保障 …… 351
一、 案例导入 …… 351
二、 财税行政与法官释法 …… 352
三、 疑难问题 …… 353
四、 类案练习 …… 354
案例 2：财税复议主体资格中"利害关系标准"如何认定 …… 355
一、 案例导入 …… 355
二、 财税行政与法官释法 …… 356
三、 疑难问题 …… 357
四、 类案练习 …… 358
案例 3：税务行政复议的起算点如何确定 …… 358
一、 案例导入 …… 358
二、 财税行政与法官释法 …… 358
三、 疑难问题 …… 359
四、 类案练习 …… 359
知识拓展 …… 360
一、 拓展阅读 …… 360
二、 毕业论文选题指导 …… 361
三、 推荐文献 …… 361
专题十三 财税诉讼法律实务 …… 363
基础理论 …… 363
一、 基本知识介绍 …… 363
(一) 财税行政诉讼概述 …… 363

（二）财政行政诉讼的类型 …… 364
（三）财税行政诉讼的内容 …… 365
（四）财税行政公益诉讼 …… 372
二、 **重点和难点** …… 374
（一）财税诉讼与财税复议的关系 …… 374
（二）纳税人诉讼与财税行政公益诉讼的区别 …… 375
三、 **相关立法综述** …… 376
案例分析 …… 377
案例 1：财税行政诉讼的诉讼主体资格如何确定 …… 377
一、 **案例导入** …… 377
二、 **财税行政与法官释法** …… 377
三、 **疑难问题** …… 378
四、 **类案练习** …… 379
案例 2：税务机关不履行法定职责被提起公益诉讼案 …… 379
一、 **案例导入** …… 379
二、 **财税行政与法官释法** …… 380
三、 **疑难问题** …… 380
四、 **类案练习** …… 381
知识拓展 …… 382
一、 **拓展阅读** …… 382
二、 **毕业论文选题指导** …… 383
三、 **推荐文献** …… 383

第一编　财政法律实务

专题一　财政与财政法基础

财政是以国家为主体，通过政府的收支活动，集中一部分社会资源，用于履行政府职能和满足社会公共需要的经济活动。广义上的财政法泛指国家权力机关和政府部门发布的在各种有关国家为满足公共需求而取得、使用和管理资财的过程中发生的经济关系的法律、行政法规、部门规章和其他规范性文件，即调整财政关系的法律规范的总称。狭义上的财政法仅指国家权力机关制定的作为财政管理基本法的“财政法”。本专题的学习要求是了解财政与财政法的基本理论知识，包括财政的起源、概念和特征等，以及财政法的定义、调整对象、地位作用、基本原则、体系和渊源等，以使学生能够综合运用相关知识加强对实际问题进行分析，初步具备解决财政法一般问题的能力。本专题的重点难点主要有财政收入中税、费和非税收入之间的概念辨析等内容。

【基础理论】

一、基本知识介绍

财政与财政法是经济基础和上层建筑的关系。一方面，作为经济基础的财政决定了作为上层建筑的财政法，即财政经济的不断发展变化必然要反映到财政立法中，财政法的内容也要适应财政经济的变化。另一方面，作为上层建筑的财政法反作用于作为经济基础的财政，即财政法要规范财政分配关系，财政法为实现国家财政职能提供保障。

（一）财政基本知识

1. 财政的起源、使用和发展

在人类文明史上，财政是作为一个历史范畴，随着国家的产生而产生的。在国家产生以前，在原始公社的后期已经存在着从有限的剩余产品中分出一部分，用来满足公社共同需要的经济现象，但这只是将公社内部集体成员的劳动成果，通过分配用于公社内部的共同需要，还不是真正意义上的财政。国家产生以后，为了维持它的存在并实现其职能，通过产品分配和再分配使其掌握必要数量的社会产品，用于保证国家机器运转的需要，财政应运而生，具体而言：

（1）起源："财政"一词最早起源于西欧。在13世纪—15世纪，拉丁文finis是指结算支付期限的意思，后来演变为finare，有支付款项、裁定款项或罚款支付的含义；到18世纪曾狭义地指国家收入。

（2）使用：16世纪末，法国政治家波丹将法语finances作为财政一词使用，认为财政是"国家的神经"，随后逐步泛指国家及其他公共团体的理财。同时为了加以区分，一般对国家的货币收支惯用public finance（公共财务）。

（3）发展：日本在1868年明治维新以后，从西欧各国引用finance一词，同时吸收中国早已分开存在和使用的"财"和"政"二字的含义，创造了"财政"一词。该词于1903年传入中国，逐步取代以前的各种名称。

2. 财政的概念

对"财政"一词可以从多个维度进行诠释。因为语境的不同，"财政"可以被赋予多重含义。作为一项制度的"财政"是指财政活动据以运行的机构和规则体系。作为一种行为的"财政"是指国家为了满足公共需要而参与国民收入分配的活动，包括财政收入、财政支出、财政管理等。作为一种社会关系的"财政"则包括了国家机关之间及国家机关与财政行政相对人之间相互制约或者具有管理性质的财政行政关系与财政经济关系。

总体来看，财政是以国家为主体，通过政府的收支活动，集中一部分社会资源，用于履行政府职能和满足社会公共需要的经济活动。

3. 财政的特征

对私人个别需要与社会共同需要的划分是解释财政的逻辑起点，正如美国著名财政学家马斯格雷夫认为："以资源利用的决定为转移并以私人需要和公共需要之间的区别为基础，这种区别的需要是我们所关心的，因为这是财政职能的核心。"① 具体而言，可以从财政活动的主体、财政活动的目的、财政活动的客体和财政活动的基础四个方面来理解财政的特征。

（1）财政活动的主体是政府。公共产品作为一种特殊的物品，在消费上具有非排他性和非竞争性，即任何一个人消费它并不会减少它对其他人的供给量。换言之，把公共产品提供给任何人，无须负担额外的成本。公共产品的非排他性特征，导致在公共产品的消费上极容易发生"搭便车"的现象，即不承担任何成本而消费或使用公共产品的行为。而"搭便车"现象的存在使追求利润最大化的私人企业不愿或不能提供公共产品，因为其无法排除不付费者，或者虽能排除但排除成本过高以至于得不偿失。因此，不可能通过市场交换的方式获得公共产品，即市场对此无能为

---

① 理查德·A. 马斯格雷夫. 比较财政分析. 董勤发，译. 上海：上海人民出版社，1996：4.

力。这就出现了“市场失灵”的问题。但是社会对公共产品的需要依然存在，此时就必须有一个提供者，这个提供者只能是政府，即由政府来决定财政分配的对象、数量、范围和方式。

（2）财政活动的目的是保证政府履行其职能和提供公共产品的需要。为了实现社会管理和经济管理职能，政府需要有一定的财力作为保证。财政分配的直接目的就是满足政府实现其职能的需要。同时，政府为发展社会主义市场经济进行宏观调控、弥补市场失灵、提供必要的公共产品和公共服务，以社会和经济管理者身份筹集财政资金，满足社会公共需要，保障国家安全，维护社会秩序，提高公共服务水平，实现社会资源的优化配置，从而促进社会经济持续、稳定、健康、有序地发展。当然，除了满足以上一般的履行职能和提供公共产品，财政活动还具有很强的激励功能，或者说以上一般的履行职能和提供公共产品中就已经体现了财政活动的激励功能，如通过增加相关收益和给予特殊荣誉等进行激励。[①] 党的十八届三中全会通过的《中共中央关于全面深化改革若干重大问题的决定》（以下简称“十八届三中全会《决定》”）提出“使市场在资源配置中起决定性作用和更好发挥政府作用”，其中的要“更好发挥政府作用”就需要财政工具的使用。

（3）财政活动的客体是国民生产总值。国民生产总值是指一个国家在一定时期内（通常是一年）所产生的最终产品和服务的市场价值的总和，其是国家取得财政收入的基本源泉。由于社会成员所拥有的生产要素的种类、数量与质量，以及社会所需资源的稀缺程度差异，个体创造财富的能力差异，信息传递差异，垄断定价或机会不均等，不同成员之间的收入会有很大的差距。政府通过对参与收入分配的国民生产总值及各主体利益关系进行调节，克服市场机制缺陷造成的收入与财富分配不公以及按劳分配不能完全保证实现的财富分配不公问题，使社会需求与社会供给得到平衡，从而实现财富的公平合理分配。

（4）财政活动的基础是法律法规。财政收支行为必须规范化运作。财政活动以满足社会公共需要为基本出发点，与全体社会成员的切身利益直接挂钩，不仅财政收入要来自社会成员的缴纳，财政支出要用于向社会成员提供公共物品和服务，而且财政收支出现差额带来的成本和效益，最终仍要落到社会成员身上。这就要求和决定着财政收支行为的规范化并最终实现法治化，即所有财政活动都必须以法律法规作为依据和基础。

（二）财政法基本知识

1. 财政法的定义

现代意义上的财政法概念有广义与狭义之分。

广义上的财政法泛指国家权力机关和政府部门发布的各种有关国家为满足公共需求而取得、使用和管理资财的过程中发生的经济关系的法律、行政法规、部门规章和其他规范性文件，即调整财政关系的法律规范的总称。

---

① 胡元聪. 正外部性的经济法激励机制研究. 北京：人民出版社，2021：220.

狭义上的财政法仅指国家权力机关制定的作为财政管理基本法的“财政法”。我国目前尚没有出台基本法意义上的“财政法”。

2. 财政法的调整对象

国家在通过财政活动筹集公共资金为社会提供公共物品或服务的过程中，形成了各种各样的社会关系，如在向公民征税过程中会产生税收征纳关系，在预算过程中会产生财政部门和预算部门及行政机关和立法机关之间的关系，在国债发行过程中会产生国债关系，在中央和地方及地方各级政府之间会产生财政调整关系等。这些各种各样的财政关系构成了财政法的调整对象，其具体又可被分为财政收入关系、财政支出关系与财政管理关系。

财政关系作为财政法的调整对象，经财政法确认、规范和调整后形成财政法律关系。财政法律关系是由财政法律规范确认和调整的，以国家强制力保障其实现的，各方当事人在国家财政活动中形成的具有财政权利和财政义务内容的社会关系，是财政关系在法律上的具体表现。

财政法律关系的主体是指依照财政法的规定，参加财政法律关系，享受财政权利并承担财政义务的当事人。其范围由财政法的调整对象决定。其主体资格由财政法直接规定，具体包括国家、企事业单位和其他组织、公民（自然人）。其中，国家是最主要的主体。

财政法律关系的客体是指财政法律关系的主体享有的财政权利和承担的财政义务所共同指向的对象，主要包括物、行为、货币和有价证券等。

财政法律关系的内容是指财政权利与财政义务，具有法定性、非对等性与国家意志性，即财政权利与义务的设定必须源于法律的直接规定，不允许当事人自由协商予以变更。财政权利是财政主体在财政活动中，为实现某种利益，而依法具有的为某种行为或不为某种行为的权利，也是要求对方主体为某种行为或不为某种行为的资格。财政权利主要包括财政立法权、预算权、税收征管权、税收减免权、国债发行管理权、资金分配权、财政监督权等，多表现为财政职权，而职权与职责紧密联系在一起，故财政权利不能随意放弃。财政义务是财政主体在国家财政活动中，为对方财政权利的实现依法为某种行为或不为某种行为的必要性，主要包括依法履行职责、遵守财政法律规范、依法纳税、依法接受财政监督与管理等。财政义务与财政法律责任紧密联系，一般也应由义务主体来承担，不能随便转移。

3. 财政法的地位作用

财政法作为一个与经济法、行政法、社会法、国际法等多个法律部门相交织的法律部门，以其独特的调整对象、调整手段以及适用范围等，保障财政权的有效运行，规范政府财政行为，维护市场主体合法利益，促进市场经济全面发展，对我国经济社会发展发挥着独特的作用。具体而言：

（1）财政法是规范市场经济主体、维护市场经济秩序的重要工具。现代市场经济有序运行必须以同步的法律规范为基础。财政法通过规定税收、预算管理等方面的行为、程序等的法律规范成为市场主体活动的重要准则，为市场主体的经济活动创造了公正、公平的竞争环境；同时通过其鲜明的导向性和承担责任的确定性来规范财政经济秩序，维护市场主体合法权益，促进社会主义市场经济平稳有序运行。

（2）财政法是调节社会分配、规范财政收支的法律依据。在国家财政分配过程中，财政法以其确定性、稳定性、规范性为调节社会分配提供法律依据。一方面，国家依法组织财政收支活动，以确保国家宏观调控职能有序开展；另一方面，财政法通过公平税负、财政转移支付等手段调整国民收入在国民经济各部门之间的分配比例，以及国家、企业、个人之间的分配比例，实现社会总供给与总需求的动态平衡。

（3）财政法是激发市场主体活力的重要法律。十八届三中全会《决定》提出"财政是国家治理的基础和重要支柱"的新论断。完善国家治理需要完善财政治理，在社会经济活动中，各级政府经常会将财政法作为经济干预工具以激发市场主体的活力，即将财政法作为激励工具，能够直接起到激励相关主体供给正外部性的作用。这具体体现在通过增加收益和减少成本来实现对市场主体正外部性的激励。这也是财政法具有激励功能上的独特优势的具体体现之一。[①]

（4）财政法是发展对外经济合作关系的重要条件。吸引外资、发展对外经济合作关系必须有一个良好的法治环境。财政法中有关外商投资企业和外国企业的立法，将我国实际情况与国际惯例相结合，成为促进对外经济交往的可靠法律保证。

4. 财政法的基本原则

财政法的基本原则，是指贯穿于一切财政法律法规之中，在财政法体系中处于指导与核心地位，对政府各项财政活动具有一般指导意义和普遍约束力的稳定的基础性法律规范。财政法治建设的各个环节包括财政立法、财政执法、财政司法、财政守法等都必须以财政法的基本原则为基础。

关于财政法基本原则的范围，目前学术界的认识尚未统一，甚至差异十分明显。如有的学者认为，财政法的基本原则包括民主理财、维护社会主义制度、统一领导分级管理、正确处理物质利益关系、坚持财政收支平衡略有节余、依法治财等六项[②]；有的学者认为，财政法包括保障供需原则、宏观调控原则、社会福利原则和收支平衡原则[③]；有的学者认为，财政法的基本原则应当包括财政透明度原则、财政收支法定原则、财政收支效率原则、财政收支平衡原则、财政宏观调控原则[④]；有的学者主张，财政法包括财政民主主义、财政法定主义、财政健全主义和财政平等主义四项基本原则[⑤]；还有学者对财政法基本原则进行了专题研究，认为其包括财政民主原则、财政法治原则、财政集权与财政分权相结合原则、财政公平原则、财政效率原则。[⑥] 其中有些关于财政法基本原则的研究由于受特定历史条件限制等原因，存在一定不妥之处，如将财政法的一般目标"维护社会主义制度"与基本原

① 胡元聪. 正外部性的经济法激励机制研究. 北京：人民出版社，2021：221.
② 蔺翠牌. 中国财政法学研究. 北京：中国财政经济出版社，1993：92-111.
③ 张守文. 财税法教程. 北京：中国政法大学出版社，1996：45-47.
④ 宋槿篱. 财税法学. 长沙：湖南大学出版社，2003：23-25.
⑤ 刘剑文. 财税法学. 北京：高等教育出版社，2004：33-51.
⑥ 王源扩. 财政法基本原则研究. 北京：中国人民大学，2001：30.

则混为一谈，将“开源节流”等财政法调整手段上升为基本原则，将仅适用于某一财政领域的如“财政集权与财政分权相结合原则”作为普遍适用的基本原则等。

综合财政法基本原则的定位与要求来看，财政法的基本原则应由财政民主原则、财政法定原则、财政健全原则和财政公平原则四项构成。[①]

（1）财政民主原则。财政民主原则着眼于财政的民主参与，是宪法上人民主权原则在财政法领域的具体落实，位居整个财政法原则体系的核心地位。具体包括：第一，财政决策民主，即国家一切财政收入和支出活动的决策必须由民主程序作出，并反映人民切身利益与需求。第二，财政事务公开。人民对财政事务享有知情权，财政事务的公开程度是衡量财政民主程度的一个重要标志。第三，财政监督有效。财政收支全过程应当通过各种途径公开，接受公众的监督，最终使体现人民意志的财政决策不折不扣地得到实现。

（2）财政法定原则。财政法定原则着眼于财政法的形式规范，旨在保障财政民主原则在制度上的实现，同时也是全面依法治国方略在财政法领域的具体体现。财政法定原则要求一切基于国家权力或以国家名义进行的收支活动，必须依照宪法和法律的规定进行，非经法定程序，不得改变。具体包括：第一，财政权利（力）法定。一方面，政府所享有的财政决策权、执行权、监督权等法定；另一方面，财政相对人所享有的监督权、请求权等法定。第二，财政程序法定。法律明确规定财政立法、财政执法、财政监督及财政救济的程序，以保障财政行为在既定的制度框架内公开、透明、规范运行。第三，财政责任法定。财政责任旨在惩戒财政违法行为，对当事人施加财产、职位等方面的处分、处罚，故必须于法有据。

（3）财政健全原则。国家治理的现代化需要财政治理的现代化。财政健全原则着眼于财政的安全稳健功能，旨在降低财政风险，保持财政收支的动态平衡，即在传统税收、非税收入之外，对财政公债的发行主体、审批程序、发行方式和限额、适用范围、管理与偿还等作出严格限制，以防止不必要的财政危机。在现代社会财政开支数额剧增，而传统财政收入来源有限，财政赤字目前已成为各国的普遍现象。财政制度作为化解公共风险的一种手段，与其他制度一样，对防范公共风险起着不可或缺的作用。[②] 在此背景下，强调预防财政风险的财政健全原则仍然十分必要。

（4）财政公平原则。财政公平原则着眼于财政的公平合理价值，以保障财政法本身的正义，是宪法上平等原则在财政法领域的延伸。当前我国仍然存在较明显的地区差距和城乡差距，强调财政公平具有突出的现实意义。具体包括：第一，财政收入方面义务人平等牺牲，如根据纳税人税负能力大小量能课税，收入多的人承担更多的税负义务。第二，财政开支方面权利人平等受益，如政府公共设施建设全体受益，财政保障每一位公民的生存权、受教育权等。第三，财政程序方面同等条件同等处理。财政公平同时要求我们严格遵守最基本的正当法律程序，保证财政过程的公平、合理以及财政权益的平等维护。

---

① 刘剑文，熊伟. 财政税收法. 北京：法律出版社，2017：23－27.

② 刘尚希. 公共风险论. 北京：人民出版社，2018：16.

5. 财政法的体系

财政法是一个庞大的法律规范群或者说财政法是法律规范束。一般而言，根据财政法的调整对象，可将财政法律的体系归纳为财政收入法、财政支出法、财政管理法三部分。

(1) 财政收入法

财政收入是一系列收入，如税、国债、费、彩票以及国有资产收益等组成的有机整体。与此相对应，财政收入法律规范体系主要包括税法、国债法、费用法、彩票法、资产收益法等。

第一，税法。从广义上看，税收收入为财政收入的主要来源，财政法当然包括税法。税法是各种税收法律规范的总称，对征税机关、纳税人、课税对象、税率、纳税环节、纳税期限、减免税和违法处理等内容进行了详细规定。相较于其他财政法规范体系而言，目前我国税法体系发展较为成熟，包括《个人所得税法》《企业所得税法》《车船税法》《环境保护税法》等 12 部税收单行法和 1 部税收程序法——《税收征收管理法》，以及其他一系列税收规范性文件。

第二，国债法。国债是国家运用政府信用基础，采取证券发行的方式与公民或其他经济主体签订的负债契约。它是现代政府财政收入的重要形式，同时也是国家进行宏观调控的重要工具。国债法是指调整在国债发行、使用、偿还和管理过程中发生的以国家为一方主体的经济关系的法律规范的总称。1981—1992 年国务院每年都发布《国库券条例》，并于 1989 年、1990 年、1991 年相继发布了三个《特种国债条例》。当前规范我国国债发行和流通的法规主要是 1992 年由国务院颁布的《国库券条例》，除此之外还有大量关于国债流通、监管的部门规章、通知以及证券交易场所的通知、办法等，立法位阶较低。虽然国债也属于证券的范畴，但《证券法》并未将有关国债的事项全部纳入其中，其相关监管体系也并不完全适用于国债。

第三，费用法。费用是政府基于一定的受益关系或行政管制目的而收取的代价的总称。长期以来，由于我国对收费不太注意从法律的高度加以规范，其征收依据、标准程序及权利救济等缺乏法律支撑，政府行使费用征收权的随意性比较大，造成企业和个人的不合理负担明显加重。财政部于 2016 年颁布《政府非税收入管理办法》，其中第 9、10 条对费用的开征、停征、免征等进行了严格规定，从而对政府费用法治化建设具有十分重要的意义。

第四，彩票法。彩票是政府获取收入的一种新途径，如我国当前发行的福利彩票和体育彩票等，所获得的收入专门用于发展福利事业和体育事业。由于彩票的发行关系到金融市场的稳定，彩票收入的使用关系到部门利益的平衡，彩票的中奖关系到彩民切身利益，因此，有必要对彩票进行管理和规范。彩票法就是有关彩票的设立、发行、销售、开奖、兑奖，彩票收入的入库、管理、使用以及法律责任等方面的法律规范的总称。目前，我国已有由国务院制定的《彩票管理条例》对彩票进行专门管理，但其立法层次较低，有关非法彩票问题等缺乏执法依据。制定《彩票法》列入全国人大常委会 2021 年度立法工作计划预备审议项目。

第五，资产收益法。国有资产收益是国家基于对国有资产的所有权而获取的收益，主要包括国有土地使用权出让金收入、矿产资源使用费收入、国有资本投资收入、国有资产转让收入等。资产收益法即对这些国有资产收益进行管理的法律规范的总称。目前对这些资产收益大多已形成专门的管理法规，如《矿产资源法》《国有资产收益收缴管理办法》等，但是没有对收益之后的费用使用情况作出进一步规定。

(2) 财政支出法

从经济性质角度考察，财政支出可被分为购买性支出与转移性支出。前者属于市场性再分配活动，主要由政府采购法和财政投资法进行调整；后者属于非市场性再分配活动，主要由财政转移支付法进行调整。相应地，财政支出法律规范体系主要包括政府采购法、财政投资法、转移支付法等。

第一，政府采购法。政府采购，是指各级国家机关、事业单位和团体组织使用财政性资金采购依法制定的集中采购目录以内的或者采购限额标准以上的货物、工程和服务的行为。政府采购法是为了规范政府采购行为，提高政府采购资金的使用效益，维护国家利益和社会公共利益，保护政府采购当事人的合法权益，促进廉政建设而制定的法律。其主要规范政府有对价的资金拨付行为，如采购物资、工程和服务等。我国于 2002 年 6 月 29 日颁布《政府采购法》，并于 2014 年进行了修正。随着政府采购事业的深入推进和发展，实践中如采购人主体责任缺失、公共采购制度不衔接等问题逐渐突出，对《政府采购法》进行修订也被提上日程。

第二，财政投资法。财政投资法是调整财政投资关系即国家在对财政投资主体直接投资进行调控、监督过程中发生的各种社会关系的法律规范的总称。通过财政投资法治建设，可以明确政府的投资职责、投资权限和投资范围，规范财政投资行为，加强和改善国家对财政投资的调控和监督，保护财政投资关系各方主体的权益，使财政投资活动在法治化的轨道上健康发展。但我国目前有关财政投资的综合性基本法律还没有出台，甚至连一部综合性的行政法规也没有颁布。调整财政投资关系的法律规定分散在相关的部门法律法规中，导致财政投资法系统性、科学性不强，法律的协调性不够。完善财政投资领域立法规范也是当前的题中应有之义。

第三，转移支付法。转移支付法是指调整在财政转移支付的过程中所发生的权利义务关系的法律规范的总称。这里的转移支付一般指政府间的财政转移支付，即各级政府在既定的事权、财权和财力划分框架下，为实现双向均衡而进行的财政资金的无偿转移，包括上级政府对下级政府的各项补助、地方政府间发达地区对不发达地区的补助等。我国没有专门的转移支付法，国务院和财政部曾经制定过一些有关转移支付的规则，如《国务院关于实行分税制财政管理体制的决定》规定了中央与地方的税收返还、地方对中央的上缴、中央对地方的补助等，是目前我国关于转移支付最基本的法律依据。

2018 年修正的《预算法》第 16 条规定："国家实行财政转移支付制度。财政转移支付应当规范、公平、公开，以推进地区间基本公共服务均等化为主要目标。财政转移支付包括中央对地方的转移支付和地方上级政府对下级政府的转移支付，以为均衡地区间基本财力、由下级政府统筹安排使用的一般性转移支付为主体。按照法律、行政法规和国务院的规定可以设立专项转移支付，用于办理特定事项。建立健全专项转移支付定期评估和退出机制。市场竞争机制能够有效调节的事项不得设立专项转移支付。上级政府在安排专项转移支付时，不得要求下级政府承担配套资金。但是，按照国务院的规定应当由上下级政府共同承担的事项除外。”这是我国关于财政转移支付的具有最高法律效力的规定。

(3) 财政管理法

财政管理法主要是指对政府筹集、使用和管理资金的活动进行规范的法律规范的总称，具体包括财政体制法（收支划分法）、预算法、国库管理法、国有资产管理法、财政监督法（审计法）等。

第一，财政体制法（收支划分法）。财政体制法（收支划分法）主要涉及财政法的一些基本制度，是调整中央和地方以及地方各级政府之间的财政收支权限划分的过程中所发生的社会关系的法律规范的总称。其主要对财政级次即财政管理的组织机构及运行体系与职责权限、财政支出职责、财政收入权限、政府间财政联系等内容进行规定。但目前我国尚无明确的财政体制法（收支划分法），立法层次无法匹配现实需求，应在未来立法中予以完善。

第二，预算法。预算法素有“经济宪法”之称，是政府财政行为科学、民主、公开、规范的重要制度保障。其主要包括预算编制、审批、执行和监督等方面的内容，也包括财政资金入库、管理和出库等相关内容。我国虽然于1994年制定了《预算法》，但其对预算编制程序的规定较为粗糙，预算审批监督也软弱乏力。之后《预算法》先后经过2014年及2018年两次修改，作出实行全口径预算管理、预算公开等新的部署，更加适应现代财政制度改革的要求。

第三，国库管理法。国库是国家财政资金的总出纳机关，负责办理国家预算收入的收纳、划分和留解以及预算支出的拨付。我国1985年颁布的《国家金库条例》明确规定由中国人民银行经理国库。现行国库管理法律法规体系主要包括《预算法》、《中国人民银行法》以及《国家金库条例》，主要对国库组织体系、账户体系、预算收支执行、会计核算、内控与监管等内容进行规范，以保证国家预算顺利进行，促进财政政策与货币政策协调配合，支持国家经济与社会事业健康发展。

第四，国有资产管理法。国有资产包括企业性国有资产、资源性国有资产和行政事业性国有资产三大部分，这三部分资产与财政的关系具有不同的性质，因此需要分别加以规范。关于企业性国有资产，我国已通过《企业国有资产监督管理暂行条例》（2003年发布，2019年修正）、《企业国有资产法》（2008年公布）等一系列法律法规予以规范；关于资源性国有资产，主要由各类资源法予以规范。而行政机关和事业单位占用的国有资产与财政的关系更为密切，事关财政资金的有效使用和服务型、节约型政府的建设。目前我国尚未制定专门的行政事业单位国有资产法，相关的法律依据包括国务院于2021年出台的《行政事业性国有资产管理条例》，财政部于2006年出台的《行政单位国有资产管理暂行办法》（2017年修正）、《事业单位国有资产管理暂行办法》（2006年出台，2017年和2019年两次修正）和2008年出台的《中央级事业单位国有资产管理暂行办法》等规范性文件。

第五，财政监督法（审计法）。财政监督法（审计法）是指在有关国家财政资金筹集、分配与使用过程中，由财政监督机关对国民经济各部门和各单位的财政活动进行监督和制约的法律规范的总称。其主要涉及财政监督机关的设立、职权，以及财政监督的途径与程序等内容。目前我国的财政监督机关为审计机关，故相关的法律规范也主要表现为《审计法》。但我国审计机关隶属于同级政府，审计监督仍属于政府内部监督的范畴。而财政监督尤其强调中立与效率，未来可考虑采用另设财政监督机关的独立审计模式。

6. 财政法的渊源

财政法的渊源即财政法的外在表现形式，主要包括财政宪法、财政法律、财政法规、财政规章等。

(1) 财政宪法

由于宪法具有最高的法律地位和法律效力，宪法中有关财政问题的条款在财政法的渊源中也居于首要地位，成为整个财政法的立法依据和效力来源。我国现行《宪法》中大多是关于财政立法的原则性规定，如公民的基本权利、国家基本制度、国家机构设置等，直接涉及财政的条款主要有第 56 条[①]、第 62 条[②]、第 67 条[③]、第 117 条[④]等。

(2) 财政法律

根据财政法定原则及税收法定原则，有关财政的基本制度只能由法律规定，如《预算法》；税种的设立、税率的确定以及税收征收管理等税收基本制度也只能由法律进行规定，如《税收征收管理法》。但与广泛的财政税收事项相比，法律仅仅涉及其中很小一部分，仍然有大量财政行为处于法律规范的范围之外。根据《立法法》的规定，财政税收的基本制度如果尚未制定法律，全国人大及其常委会有权作出决定，授权国务院根据实际需要，对其中的部分事项先制定行政法规。这种做法虽然从形式上可以填补立法的空白，但也只是权宜之举，相关立法进程仍需加快步伐。

(3) 财政行政法规

根据《立法法》的规定，全国人大及其常委会对财政税收事项拥有专属立法权，但同时也可以授权国务院对法律未作规定的财政税收问题制定行政法规。自新中国成立以来，国务院制定的大量财政行政法规如《预算法实施条例》《国家金库条例》《增值税暂行条例》等，在财政法律规范体系中占有举足轻重的地位。在《立法法》颁布以前，我国并未规定财税基本制度只能由法律规定，也没有对授权立法作出明确要求，因此，即使没有经过全国人大或其常委会的授权，上述行政法规也不归于无效。但是自《立法法》生效之日起，财政行政法规的制定必须经过立法机关授权，特别是在 2015 年 3 月 15 日《立法法》修正后，授权制定财税行政法规事项受到更加

① 该条规定："中华人民共和国公民有依照法律纳税的义务。"

② 该条第 11 项规定，全国人民代表大会"审查和批准国家的预算和预算执行情况的报告"。

③ 该条第 5 项规定，全国人民代表大会常务委员会审查和批准"国家预算在执行过程中所必须作的部分调整方案"。

④ 该条规定："民族自治地方的自治机关有管理地方财政的自治权。凡是依照国家财政体制属于民族自治地方的财政收入，都应当由民族自治地方的自治机关自主地安排使用。"

严格的限制。

(4) 地方性财政法规、自治条例和单行条例

根据《立法法》的规定，省、自治区、直辖市的人民代表大会及其常务委员会根据本行政区域的具体情况和实际需要，在不同宪法、法律、行政法规相抵触的前提下，可以制定地方性财政法规。设区的市的人民代表大会及其常务委员会根据本市的具体情况和实际需要，在不同宪法、法律、行政法规和本省、自治区的地方性法规相抵触的前提下，可以制定地方性法规，除非法律另有规定。其范围仅限于城乡建设与管理、生态文明建设、历史文化保护、基层治理等方面的事项，不包括财税制度。

民族自治地方的人民代表大会有权依照当地民族的政治、经济和文化特点，制定自治条例和单行条例。其中涉及财政税收的内容，可以依照当地民族的特点，对法律和行政法规的规定作出变通规定，但不得违背法律或行政法规的基本原则。

(5) 部门财政规章和地方财政规章

财政部、国家税务总局等发布的有关财政方面的规定、决定、命令、细则等规范性文件，属于部门财政规章。部门财政规章一般是对所执行法律或者国务院的行政法规、决定、命令规定的事项的具化，或者为了更好地履行相关部委等的行政管理职责。

省、自治区、直辖市和设区的市、自治州的人民政府根据法律、行政法规和本省、自治区、直辖市的地方性法规所制定的财政规章，属于地方财政规章。地方财政规章主要规定为执行法律、行政法规、地方性法规而需要制定规章的事项，或者属于本行政区域的具体行政管理事项。

(6) 特别行政区的财政法律

根据《宪法》和特别行政区基本法的规定，特别行政区享有高度自治权，保持独立的财政与税收系统，其财政收入全部由特别行政区自行支配，不上缴中央人民政府，中央人民政府不在特别行政区征税。特别行政区的财政法律包括特别行政区予以保留的原有法律和特别行政区立法机关制定的法律。全国性的财政法律、行政法规不在特别行政区实施，不是特别行政区财政法的渊源。

(7) 国际条约

国际条约，是指我国同外国缔结的双边或多边条约及协定性质的文件。其主要调整国家与国家之间的财政税收关系，也是我国财政法的重要渊源。我国同外国缔结的有关财政税收的条约、协定同我国税法有不同规定的，依照条约、协定的规定办理。目前，联合国制定的《关于发达国家与发展中国家间避免双重征税的协定范本》和经济合作与发展组织制定的《关于对所得和资本避免双重征税的协定范本》，是大多数国家对外谈判和缔结双边税收协定的依据。不过，其只代表一种国际惯例，不具有法律约束力。

二、重点和难点

(一) 财政收入中税和费辨析

我国财政收入主要来源于税收收入、收费收入、国债收入、国有资产收益以及

捐赠收入、基本建设收入等其他收入。其中，税收作为财政收入的主要来源，是政府依靠国家权力并按照特定标准，强制地、无偿地取得的一种收入形式。按照征税对象税收可被分为流转税、所得税、财产税、资源税与行为税五类。2021 年，全国税务部门组织税收收入（已扣除出口退税）15.46 万亿元，占全国一般公共预算收入比重达 76.3%。收费是政府部门及其授权单位在行使国家职能时，或在提供公共物品或服务时向受益人收取一定费用的一种收入形式，具体可被分为使用费与规费两种。

1. 税收和收费具有一定的共性

税收和收费的共性主要体现在两个方面：（1）税收和收费的主体均为政府及其授权单位。（2）税收和收费均为政府参与国民收入分配的一种形式，都是以国家权力为依托，具有一定的行政强制性；两者筹集的资金均为财政性资金。

2. 税收和收费也有很大的区别

（1）可以从税收具有的“三性”特点的角度进行比较。税收具有强制性、无偿性、固定性的特征。第一，强制性是指纳税人要依法纳税，否则要受到法律的制裁。第二，无偿性是指交税是一种纳税人单方面的支付，纳税人并不因此而得到任何补偿。纳税人纳税多少与其从政府提供的公共物品或服务中受益的大小并不存在直接对应关系。也就是说，纳税多的人未必从政府所提供的公共物品或服务中得到更多的好处，反之，纳税少或不纳税的人也未必得到较少的好处或不能得到好处。第三，固定性是指在征税前，通过法律形式预先规定征税对象和征税数额之间的比例等，未经国家批准，不得随意变动。

相对应地，收费具有自愿性、有偿性与灵活性的特征。第一，一般来说，收费是以自愿为前提的，但如果要享受服务的话，就必须缴费，故又具有一定的行政强制性。第二，收费是满足特定需要、以受益为特征的有偿性行为。收费对象在缴费的同时，能够得到政府的管理性服务给自己带来的好处（如各种签证许可收费），缴费者获证后便意味着获得某一生产经营资格或相应的经济利益。这一特征表明收费对象的支出与受益是直接对应的。第三，收费，特别是事业性收费，不具有固定性，其立项和收费标准具有很大的灵活性。政府收费用于特定支出，这就决定了不可能也无必要由最高权力机关或地方权力机关立法决定费用的开收与停收，特殊情况下收费标准也可由政府制定。

（2）可以从税收和收费的范围、征收对象和使用方向进行比较。税收和收费的范围、征收对象和使用方向也不一样。一般来说，收费多适用于对公共事业（如水、电、煤、医疗、教育、公有住房等）的开支，收费对象是那些特定行政管理和某些公共物品或服务的直接受益者。税收则是政府提供公共物品或服务的主要资金来源，这些公共物品或服务具有正外部性（如基础教育），或具有非竞争性和非排他性的特征，受益者是全体居民，因而，税收的征收对象具有普遍性，包括税法规定范围内的所有纳税人。就使用方向来说，收费除一小部分上缴国家财政统一使用外，一般是用于满足特定行为的支出需要，如道路建设、社会福利等。税收收入除少数情况外由国家统一使用，用于一般性的财政支出，满足全社会的共同需要。

（二）财政收入中的非税收入

非税收入指除税收收入以外，由各级国家机关、事业单位、代行政府职能的社会团体及其他组织依法利用国家权力、政府信誉、国有资源（资产）所有者权益等取得的各项财政收入。2004 年财政部发布《关于加强政府非税收入管理的通知》，将各种名目的预算外资金统称为“非税收入”，具体包括行政事业性收费、政府性基金、国有资源有偿使用收入、国有资产有偿使用收入、国有资本经营收益、彩票公益金、罚没收入、以政府名义接受的捐赠收入、主管部门集中收入以及政府资金产生的利息收入等。2016 年财政部出台了《政府非税收入管理办法》，将非税收入范围进一步扩大，将特许经营收入、中央银行收入等列入非税收入管理。非税收入同样具有灵活性、非确定性、非普遍性、资金特定用途性等特征。

三、相关立法综述

从我国实际来看，随着我国财税体制改革的深入，越来越多的财政活动领域需要法律规范，但相应的立法还比较滞后。可以说，在诸多领域，还是以财政政策、财政习惯和财政实践为主而没有规范意义上的财政法。

十八届三中全会《决定》明确指出“财政是国家治理的基础和重要支柱”。这是一个站在历史和理论高度提出的新论断，其把财政提升到了国家治理基础的高度，对我国当前财税改革和立法具有十分重要的指导意义。从我国实际来看，围绕加快建立现代财政制度，以推进国家治理体系和治理能力现代化为目标，主动适应经济社会发展和财政改革需要，各项财政立法工作稳步推进。其中，在主要财政立法领域，《预算法》于 1994 年颁布之后历经两次修改；《政府采购法》于 2002 年通过，即将完成第二次修订；一部税收程序法《税收征收管理法》与 12 部税收单行法已完成立法；《土地增值税法（征求意见稿）》《增值税法（征求意见稿）》《消费税法（征求意见稿）》《关税法（草案）》等针对主要税种的单行立法工作也接近尾声。

然而有关我国财政最基本的问题，如对全部财政资金的覆盖、财政收支权限的划分等，《宪法》中的表述基本缺失，专门调整政府间财政关系的基本法律也缺失，《预算法》也只有局限在财政体制与预算管理等有限领域的原则性表述。为了解决单行法律调整对象单一、法律漏洞不可避免的问题，政府不得不制定大量位阶/效力偏低的规范性文件以增强相关法律适用的确定性，由此导致了部分财政事权的任意性，一些地方土地财政、乱收费、乱罚款等问题长期得不到有效解决。财政法治是现代公共财政的必然要求，我国财政基础性立法落后，十分不利于我国财税体制改革的深入推进，不能有效回应我国经济社会发展的客观需求。为满足现代财政法治建设的更高要求，促进财政法的整合、系统和稳定，推动新时代中国特色社会主义财政治理体系和治理能力现代化，对基本财政制度和规则通过“财政法”的形式加以确立十分必要。

2014 年 12 月，时任财政部部长楼继伟指出：“在修订预算法的基础上，还应当制定财政基本法、财政转移支付法等实体法。”就其定位而言，“财政法”作为财政领域的纲领性法律，应该是规范我国政府间财政关系、规范我国各级政府财税收支管理等财政活动的基本方面的基本法，是我国其他各部财税法律的母法。2015 年，全国人大常委会预算工委牵头起草了《财政法（专家稿）》。在此基础上，2016 年 8 月，上海财经大学组织了《财政法（草案）》专家评审会，对“财政法”的基本框架进行修改和完善，形成了总则、财政收入、财政支出、公共资产、公共债务、财政监督、法律责任和附则这样一个能全面反映财政活动的法律文本框架，并在此框架内对具体条文进行了审议。这个“财政法”的文本框架不仅对财政收入和支出的流量状态进行规范，而且对公共资产和公共负债的存量状态进行法治化约束，并且特别突出了运用多重权力制衡的原理构建科学严密的财政监督规则，强化了对违反财政基本法律的责任追究，为“财政法”提供了必要的基础。

在全面深化财税体制改革的新时期，“财政法”不但要彻底解决传统上的央地财政事权和支出责任划分、政府间转移支付关系、财税制度改革、社会保障支出欠账等老问题，而且要承载起面向当下和未来的国有企业垄断性收入、政府采购与社会资本合作、依法规范和引导各类资本健康发展、互联网＋财政、政府性基金和债务等新问题与挑战，从而形成以《宪法》为指引、以“财政法”为核心的财政基本法律体系。这注定是一个漫长的过程，但是也是必须尽快完成的事业。

面向未来，我国是否可以考虑采取“双向并进”的财政法立法模式，即：一方面，继续推动核心财政法治化进程，稳步推进《会计法》修订、《注册会计师法》修订、《全国社会保障基金投资管理暂行办法》修订、国有金融资本管理条例起草等立法进程。另一方面，对立法薄弱环节如财政事权和支出责任划分、财政转移支付等稳步开展立法的调查与研究，不断积累与总结财政基本制度经验，适时启动适用于所有财政资金类型、涵盖财政基本实体和程序的“财政法”立法研究与规划，推动中国特色社会主义财政法律体系进一步完善。

【案例分析】

案例：张某诉 A 街道办事处预算公开案①

一、案例导入

2016 年 8 月 20 日，张某向 A 街道办事处（以下简称“A 街道办”）提出公开 A 街道办 2012 年度财政预算报告及报表的申请。A 街道办答复称未制作此类信息。法院审理认为，此前 A 街道办已将 2012 年街道办财政预算情况上报 C 区财政局，A 街道办称未制作此类信息的答复明显缺乏主要证据。

本案的焦点问题是财政信息公开答复的合法性问题，即 A 街道办以未制作此类信息为由拒绝公开财政信息是否具有事实和法律依据？

---

① 参见江苏省南通市中级人民法院（2017）苏 06 行终 248 号行政判决书。

二、财税行政与法官释法

根据《预算法》的规定，行政机关应当主动依法公开《预算法》第 14 条规定公开的内容。又根据《政府信息公开条例》第 12 条第 2 项的规定，乡（镇）人民政府应当依照该条例第 9 条的规定，在其职责范围内确定主动公开的政府信息的具体内容，并重点公开财政收支、各类专项资金的管理和使用情况。A 街道办行使的是相当于乡（镇）人民政府的行政管理职责，依照上述规定，财政收支、各类专项资金的管理和使用情况的信息，属于 A 街道办履职过程中制作的政府信息，应当依照申请人的申请予以公开。2015 年修改之前的《预算法》未明确要求对 2012 年的财政预算情况主动公开，并不意味着免除 A 街道办依申请公开 2012 年度财政预算情况的法定义务，也不意味着该信息必然不存在。

根据《预算法实施条例》第 27 条的规定，县级以上地方各级政府财政部门审核本级各部门的预算草案，编制本级政府预算草案，汇编本级总预算草案，经本级政府审定后，按照规定期限报上一级政府。同时根据该条例第 2 条，县级以上地方政府的派出机关根据本级政府授权进行预算管理活动。A 街道办作为 C 区政府的派出机构，应当依据上述法律、法规的规定，编制预算草案，并报 C 区财政局审核。从张某申请内容来看，指向的是 A 街道办 2012 年财政预算信息。而 C 区财政局网站上公布的《关于 C 区 2011 年财政预算执行情况和 2012 年财政预算草案的报告》（C 区预算支出安排情况）列明了 A 街道办的预算支出安排情况，可见 A 街道办曾向 C 区财政局报送过相关预算支出安排的信息。A 街道办制作、保存有此类信息，只要符合公开条件就应当依法公开，而不应当拘泥于信息名称径行答复未制作。

《最高人民法院关于审理政府信息公开行政案件若干问题的规定》第 5 条第 1 款明确规定，被告拒绝向原告提供政府信息的，应当对拒绝的根据以及履行法定告知和说明理由义务的情况举证。这里的“拒绝”包括“信息不存在，未制作信息”等在内的任何理由的拒绝。据此，A 街道办在有线索指向 A 街道办曾上报过相关预算支出安排信息的情况下，对拒绝公开财政信息的答复理由说明不充分、不合理，事实和法律依据不足。

三、疑难问题

财政信息公开不仅是公民行使知情权、参政权和监督权的基本前提和重要内容，而且是规范财政权力的行使、限制财政权滥用的重要措施。[①] 作为财政民主的基本要求之一，财政事务的公开程度，是衡量财政民主程度的重要标志。

---

① 宋槿篱. 关于财政公开问题的研究//刘剑文. 财税法论丛：第 4 卷. 北京：法律出版社，2004：337-356.

(一) 财政信息公开的主体问题

财政信息公开作为一项主体性义务，主要涉及国家机关、事业单位、社会团体、国有企业等，其中最主要的是政府。因为政府既是财政预算和决算的编制者和组织执行者、财政政策的制定者，又是日常财政活动的主体、财政信息的主要拥有者，毫无疑问应承担财政信息公开的主要义务。

(二) 财政信息公开的内容问题

公开的财政信息原则上应包括一切财政事务，如财政法律法规、财政政策文件、财政收入的主要来源与具体数字、财政支出的具体用途和使用效益、预算执行的进展情况和存在的问题以及财政行政执法情况等等。财政活动事关国民全体利益，其全过程均应置于公开接受监督的范围之内。

但是也允许存在例外情况，主要是涉及国家防务、需要保密的财政事项；或者公开后短期内会对市场造成冲击与经济波动，可能严重影响我国国际经济利益的财政事务；或者涉及特定主体个人隐私或商业秘密的事项。除此之外，凡涉及公共利益或可能影响公众决策选择的财政事务，均应公开。

(三) 财政信息公开的对象及程度问题

财政信息公开应当以能够使社会公众充分和方便地了解财政事务为原则。同时应当尽可能详尽和具体，使公众最为关心的财政资金的来源和使用情况以清晰、直观的形式呈现在公众面前，尤其是使利害关系人的相关知情权利得到保证。

(四) 财政信息公开的方式问题

财政信息公开包括主动公开与申请公开两种方式。前者是指财政信息公开义务主体依照法律规定主动公开财政信息，后者则主要是指由公民、法人等组织依法申请公开财政信息。这两种方式都应当得到法律的保障，其程序既可以直接适用国家有关政府信息公开的法律规定，也可以反映在预算程序之中。政府应当尽可能地通过各种各样的正式与非正式的渠道公开财政信息，如政府网站、报刊、公共查阅室、广播电视、政务公众号（微博）等。

围绕财政信息公开与WTO透明度原则要求，国际货币基金组织（IMF）和经济合作与发展组织（OECD）展开了卓有成效的工作，先后制定了一系列有关财政透明度的指导性文件，如1998年IMF发布《财政透明度良好做法守则》(Code of Good Practices on Fiscal Transparency)，2001年OECD发布《预算透明度的最佳做法》(Best Practices for Budget Transparency)。这些文件得到了国际社会的公认，目前已经成为财政透明度建设的国际标准，对我国财政信息公开规范化进程具有十分重要的借鉴意义。一方面，一系列零散的财政信息公开规范需要加以整合系统；另一方面，尤其在违反财政信息公开的法律责任方面，尚需要立法加以明确。

四、类案练习

钱某诉江苏省如皋市审计局政府信息公开案①

2014年7月16日，钱某通过如皋市政府信息公开网站，向如皋市审计局提出信息公开申请，要求公开“如皋市如城镇大明村1、2、3、7、11、12、14组等163户房屋拆迁评估、补偿、安置结果的审计报告与审计意见”。如皋市审计局答复称其无此信息，涉及的“百亿花木产业园工程”系平等主体之间的商业行为，故“如皋市如城镇大明村1、2、3、7、11、12、14组等163户房屋拆迁评估、补偿、安置结果”不属于其审计监督的职权范围，其实际也未制作、获取案涉信息。

根据《审计法》第2条、《审计法实施条例》第3条的规定，国务院各部门和地方各级人民政府及其各部门的财政收支，依法接受审计机关的审计监督。财政收支是指依照《预算法》和国家其他有关规定，纳入预算管理的收入和支出，行政事业性收费、国有资源、国有资产收入、应当上缴的国有资本经营收益、政府举借债务筹措的资金中未纳入预算管理的收入和支出及其他未纳入预算管理的财政资金。

法院审理查明，如皋市如城镇大明村1、2、3、7、11、12、14组等163户房屋搬迁的实施主体为原如皋市如城镇人民政府，该府为实施搬迁设立了百亿花木产业创意园项目搬迁指挥部，并以该指挥部为拆迁人与各被拆迁户签订房屋拆迁补偿安置协议，并非平等主体间商业行为，原如皋市如城镇人民政府作为一级地方人民政府，其财政收支应属审计机关的审计监督范围。故对于如皋市审计局认为因钱某申请要求公开的信息所涉事项不属于其审计监督的范围，从而未制作、获取相关信息的主张不予采信。判决撤销如皋市审计局的答复。

结合上述案例思考：

对比以上案件裁判的结果，依申请公开的财政信息以“未制作或获取相关信息”为由拒绝公开的情形中，哪些是事实与法律依据充分的？哪些是事实与法律依据不充分的？标准是什么？

课程思政教学指导

① 参见江苏省南通市中级人民法院（2015）通中行终字第00239号行政判决书。

【知识拓展】

一、拓展阅读

财政是国家治理的基础和重要支柱

财政的演变大致经历了国家财政、公共财政到今天的治理财政。党的十八届三中全会明确指出，财政是国家治理的基础和重要支柱，其在优化资源配置、维护市场统一、促进社会公平、实现国家长治久安中承担着重要职责。纵观人类文明史，在任何的经济社会和任何发展阶段，国家治理的主体都是政府部门，国家治理的“工具箱”中必然包括财政工具。因此，财政是政府部门履行职能的基础所在。通俗地说，政府部门提供任何公共产品和公共服务都需要花钱，所筹措的钱构成了财政收入，所花的钱来自财政支出的拨付。这一收一支之间或财政收支的过程，实际上便是作为国家治理主体的政府部门履行各项职能的活动。没有财政收入的筹措，就没有财政支出的拨付，就不可能有政府职能的履行，也就不可能有国家治理的实现。因此，要充分发挥财政在国家治理中作用，就需要加快推进财政体制改革，建设现代财政制度；要实现国家治理的现代化，就需要实现财政治理的现代化，就需要制定现代的财政基本法。

二、毕业论文选题指导

党的十八届三中全会着眼于推进国家治理体系和治理能力现代化，提出“财政是国家治理的基础和重要支柱”的重大判断。习近平总书记指出：“科学的财税体制是优化资源配置、维护市场统一、促进社会公平、实现国家长治久安的制度保障。”在实现第二个百年奋斗目标新征程上，应当积极推进新时代财政理论建设，完善现代财政制度，为充分发挥财政在国家治理中的基础性、制度性、保障性作用提供理论支撑。全国人大代表早在2018年即建议全国人大及其常委会将《财政法》立法工作尽快提上议事日程。对于硕士研究生而言，可从以下方面思考财政法律制度的毕业论文选题方向，并借助文本分析法、实证分析法、比较分析法进行研究。

1. 财政法的基本原则研究。关于财政法的基本原则的研究文献并不少，但是并没有完全达成共识。在新时代，在“财政是国家治理的基础和重要支柱”的重大判断下，可以运用文本分析法研究财政法的基本原则并进行与时俱进的阐释。

2. 财税法一体化研究。建立现代财税制度需要对现有财税制度进行改革与创新，还需要实现财税法的一体化建设。基于税收在国家财政中的重要地位，学界开始倡导财政法与税法的一体化研究，这就形成了统一的财税法学新形态。可以运用比较分析法研究财政法与税法的不同功能并对财税法一体化的理论基础与制度架构问题进行分析。

3. 财政法的激励功能。财政属于国家对经济进行适度干预的工具，这个工具的使用产生激励功能。可以通过文本分析法与实证分析法对我国财政法实施中的激励功能进行系统研究。

三、推荐文献

1. 尼尔·布鲁斯. 公共财政与美国经济. 隋晓，译. 崔军，校译. 北京：中国财政经济出版社，2005.

2. 詹姆斯·M. 布坎南，理查德·A. 马斯格雷夫. 公共财政与公共选择：两种截然不同的国家观. 类承曜，译. 北京：中国财政经济出版社，2001.

3. 理查德·A. 马斯格雷夫. 比较财政分析. 董勤发，译. 上海：格致出版社，2017.

4. 刘剑文. 财政法学. 4 版. 北京：高等教育出版社，2021.

5. 刘剑文. 财税法学研究述评. 北京：法律出版社，2015.

6. 刘剑文. 法治新时代的公共财政监督. 北京：北京大学出版社，2021.

7. 张守文. 财税法学. 7 版. 北京：中国人民大学出版社，2022.

8. 刘尚希. 公共风险论. 北京：人民出版社，2018.

9. 张怡，邓甲明. 财税法实务教程. 北京：中国人民大学出版社，2013.

10. 马珺. 新中国财政基础理论 70 年. 北京：中国财政经济出版社，2020.

11. 杨志勇. 新中国财政政策 70 年. 北京：中国财政经济出版社，2020.

12. 闫坤，谢伏瞻. 新中国财政学研究 70 年. 北京：中国社会科学出版社，2019.

13. 张德勇，孙琳. 新中国财政体制 70 年. 北京：中国财政经济出版社，2020.

14. 胡元聪. 正外部性的经济法激励机制研究. 北京：人民出版社，2021.

专题二　预算法律实务

预算制度作为现代国家财政体系中的核心制度，其功能与本质在于对政府财政行为进行民主化、法治化的约束，这与公共财政、民主法治的理念一脉相承。[①] 本专题学习需了解预算的概念、预算的分类及预算法的概念、预算法的权力配置及预算法的基本制度等内容，掌握预算编制、审批、执行的运行过程及相关法律制度的基本构成、价值功能、实施效用，并借助预算的相关案例分析，引导学生综合运用相关知识解决涉及预算的法律实务问题。本专题的重点难点在于不同公权主体之间的预算权力配置、预算收支范围的法律控制、预算审批权的合理界定、预算运行与普通纳税人之间的关系等内容。

【基础理论】

一、基本知识介绍

（一）预算的界定

预算可从广义和狭义两个维度进行理解。广义上的预算是指稀缺资源约束之下对潜在支出目标的优先性排序和选择配置的过程，强调预算活动的内容实质，而不论主体是公权主体抑或个人、家庭、企业等私权主体。狭义上的预算则特指以国家为主体按照一定法定要件开展的财政收支活动，即公共预算，具有特定的主体类型并遵循法定化的运作程序。

不同学科对预算的理解亦有区别。财政学意义上的预算侧重于揭示其“预先算定”的计划性及实现国家公共政策目标的工具性，如认为预算是“一定时期内政府

① 刘剑文. 财税法专题研究. 3 版. 北京：北京大学出版社，2015：128.

为实现其特定目标所必须完成的各种项目的计划”，“是制定政府计划和政策的重要工具”①；而法学意义上的预算侧重于揭示特定的法律程序及其法律效果，将预算视为控制约束政府收支的工具。

如果仅从有财政收支记录的角度界定预算，那么预算在历史上早已有之。但前现代国家的预算将税收、支出与借贷混杂在一起，并且收入和支出都采取分散化的管理方式。而现代国家的预算“是经法定程序批准的、政府机关在一定时期的财政收支计划。它不仅仅是财政数据的记录、汇集、估算和汇报，而且必须由行政首脑准备与提交，经代议机构批准与授权后方可实施，并公之于众”②。

本专题探讨的预算限定为狭义预算、法学意义上的预算与现代国家预算，是指国家按法定程序编制、审查、批准以约束政府财政行为的收支计划。它既反映了稀缺资源优化配置的经济性，又反映了“量入为出”理财行动的管理性，还反映了公共管理者利益协调的政治性和制度安排与规范约束的法律性，是一个具有交叉学科属性的典型概念。它具有以下特征：(1) 法定性。预算依法编制并经法定机构审批；经批准的预算具有法律效力，必须严格执行；预算的调整必须经过法定机构的批准。(2) 年度性。预算具有期限，通常以一个预算年度为限。各国预算年度的起讫日期并不完全相同，但必须严格按预算年度编列公共收支。(3) 完整性。要求将所有的财政收支全面纳入预算，不允许有游离于预算之外的财政收支。(4) 民主性。预算的民主性一方面要求预算安排整体上应当反映人民意志，体现社会公共利益的需要；另一方面，要求预算编制、审批、执行的全过程要尽可能地向公众公开，而且要接受公众的监督。

预算经立法机关审批通过便成为正式生效的法案，但与一般法律不同，预算具有年度性并且集中于对特定财政收支活动作出安排。需要强调的是，预算具有若干不同于法律的特殊属性，并不表明预算本身可以游离于法律之外，预算不是一个法外“自由王国”。相反，一方面，预算本身如何制定、如何审批、如何调整、如何决算等一系列问题都必须在预算法律框架内予以解决；另一方面，行政机关、立法机关如何组织收入和安排支出，涉及公共政策裁量和权衡问题，是预算法之外的其他收入征收立法（各税种立法）、支出安排立法（如教育法、农业法等）需要斟酌和决定的事项。预算本身不能修改法律。

除在学理上进行正确的界分之外，于实践层面而言，更重要的是回答预算究竟意味着什么，一个国家通过制定审批预算并向社会公布，究竟传达出怎样的信号。预算自产生起便作为政府财政收支安排的一种工具，用以支撑政府的各项活动，保障政府机器的正常运转。而一个现代意义上的预算不仅是对政府财政收支的预先规划，还包含对规划的全面性、统一性、准确性、约束性、时效性等方面的要求，更重要的是预算须提交立法机关批准与授权后方可实施。因此，现代预算是一个融合资源分配与权力配置，兼具形式要件与实体内容的制度化构造的产物。

---

① 邓子基，陈工，林致远. 财政学. 北京：高等教育出版社，2020：237.

② 王绍光. 从税收国家到预算国家. 读书，2007 (10)：4.

(二) 预算的类别

按照预算主体的纵向层级划分标准，公共预算分成中央预算和地方预算。而无论哪一级政府预算，都是由政府各部门预算组成，部门预算又是由本部门及所属单位的预算组成。此外，预算还可以按照收支编制的不同方式划分为单式预算和复式预算。

1. 中央预算和地方预算

中央预算是反映中央政府及其职能部门活动的财政收支计划，由最高权力机关审批，对中央政府的财政收支行为具有约束力。地方预算是反映地方政府及其职能部门的财政收支计划，由本级权力机关审批，对所属区域范围内的政府财政收支行为具有约束力。根据我国《预算法》第3条规定，我国实行一级政府一级预算。中央预算和地方预算的划分体现非常鲜明的一级政府一级预算的层级性特点，有利于发挥中央宏观调控与地方自治的双重优势。①

2. 政府预算、部门预算与单位预算

《预算法》规定："地方各级一般公共预算包括本级各部门（含直属单位，下同）的预算和税收返还、转移支付预算。""各部门预算由本部门及其所属各单位预算组成。"可见，部门预算与单位预算是政府预算的组成部分，也是反映政府预算活动的具体载体，反过来，政府预算应当包括部门预算和单位预算的全部信息。值得注意的是，我国自2000年开始推行的部门预算改革其实比现在预算法中规定的部门预算范围更大，主要原因是，部门预算改革中所称的"部门预算"包括预算内资金，也包括预算外资金。② 而现在预算法规定的部门预算及由此形成的政府预算是要求将政府全部资金纳入的，不再区分预算内与预算外。因而，随着预算改革的深入推进，尤其是2014年《预算法》修订确定全口径预算之后，部门预算将反映纳入预算的政府全部资金收支情况。

3. 单式预算和复式预算

单式预算和复式预算的区分表现在预算编制方法及其反映的财政收支性质的差异上。单式预算是将政府一个财政年度内的全部财政收支汇编于单一格式的预算表内，并不区分各种财政收支的经济属性。复式预算则是将政府一个财政年度内全部财政收支按经济性质归类，分别汇编成两个或两个以上的预算，以特定的预算收入来源保证特定的预算支出，并使收支两方面具有相对稳定的对应关系。③ 两种预算编制方法各有利弊。单式预算编制简便易行，在财政收支规模较小、收支结构单一

---

① 需要指出的是，尽管预算的运行与权力机关、行政机关的一定层级相对应，但预算仍然具有内在的统一性、整体性要求。对此，《预算法》规定："全国人民代表大会审查中央和地方预算草案及中央和地方预算执行情况的报告；批准中央预算和中央预算执行情况的报告。""县级以上地方各级人民代表大会审查本级总预算草案及本级总预算执行情况的报告；批准本级预算和本级预算执行情况的报告。"这意味着全国人大要对地方预算草案及执行情况、地方人大要对汇总的地方预算草案和总预算执行情况进行审议，而批准通过的权力仍然交由同级人大行使。

② 刘剑文，熊伟. 财政税收法. 8版. 北京：法律出版社，2019：83.

③ 翟继光. 财政法学原理：关于政府与纳税人基本关系的研究. 北京：经济管理出版社，2011：214.

的情况下可以较好地适应预算管理的要求。但随着政府职能活动范围的扩大，收支结构日趋复杂，各种收支形式在经济性质上各有差异，笼统放入单一格式预算表内加以反映已经无法适应现实发展的需求，因而单式预算逐步为复式预算所取代。复式预算表明预算编制技术朝精细化方向发展的趋势。

《预算法》尽管形式上没有采用复式预算的提法，但实质上采取了"四大账本"的复式预算体系，包括一般公共预算、政府性基金预算、国有资本经营预算、社会保险基金预算，四大预算各自代表了不同的财政收支范围。其分类标准是否合理，可以进一步讨论思考。例如国有资本经营预算的独立性、社会保险基金预算和保险资金非财政属性的矛盾，政府性基金预算是否遵循"一笔基金、一个预算"的原则等。

（三）预算法的基本原理

1. 预算法的概念和调整对象

预算不仅是一种财务管理技术，更是一种涉及公共资源分配、利用、管理的关乎纳税人整体利益的重大事务，而能够保障这一系列预算活动顺畅进行并且最终有利于纳税人整体利益的根本因素在于法治的健全。预算法的使命就在于通过赋予相关主体一定的分配利用管理公共资源的预算权力，同时对该预算权力实行严格的控制和监督，规定权力行使的正当程序和违反法定义务的问责机制，实现国家受托管理的公共资源产生效益最优化的效果。从其概念上看，任何一个法律部门和法律领域的界定都是与一定社会关系相对应的。预算法的调整对象即预算社会关系，是在国家依法定程序进行预算资金的筹集、分配、使用和管理过程中发生的社会关系。[①]预算法便是调整国家在预算资金的筹集、分配、利用和管理过程中所发生的社会关系的法律规范的总称。

2. 预算法的规范体系

广义预算法涵盖所有涉及预算社会关系调整内容的规范，既包括法典意义上的《预算法》及其实施条例，也包括宪法及其他法律法规中涉及预算法内容的法律规范，以及针对特定预算事务制定的专门立法，如表 2－1 所示。狭义预算法则仅指《预算法》及其实施条例。[②]

表 2－1 预算法的规范体系

法律位阶	主要法律文件
宪法	《宪法》
法律	《预算法》
行政法规	《预算法实施条例》《财政违法行为处罚处分条例》《政府信息公开条例》等

① 张守文. 财税法学. 5版. 北京：中国人民大学出版社，2016：37.

② 以下若无特别说明，预算法均指《预算法》及其实施条例。

续表

法律位阶	主要法律文件
部门规章	《中央本级项目支出预算管理办法》《项目支出绩效评价管理办法》等
地方性立法	地方人大预算审查监督条例，如《北京市预算审查监督条例》《重庆市预算审查监督条例》等

3. 预算法的权力配置

预算法的权力配置意指预算法上对于国家立法机关、行政机关及其所属部门之间在预算管理方面的职权的分割和配置，即预算管理职权的分配。在学理上，也将此权力概括为“预算权”，主要反映的是公权主体依法享有的预算权力，因而实质上与立法上采用的“预算管理职权”的说法是一致的。但值得注意的是，目前越来越多的学者研究开始反思预算权为公权主体统领的格局，提出如何为私权主体获得预算参与的法权地位的主张，认为预算权应当是预算权力与预算权利辩证统一的产物。[①]

各级权力机关的预算管理职权：(1) 全国人大及其常委会的预算管理职权。全国人大的预算管理职权包括：审查中央和地方预算草案及中央和地方预算执行情况的报告；批准中央预算和中央预算执行情况的报告；改变或者撤销全国人大常委会关于预算、决算的不适当的决议。全国人大常委会的预算管理职权包括：监督中央和地方预算执行；审批中央预算的调整方案、审批中央决算；撤销国务院制定的同宪法、法律相抵触的关于预算、决算的行政法规、决定和命令；撤销省、自治区、直辖市人民代表大会及其常务委员会制定的同宪法、法律和行政法规相抵触的关于预算、决算的地方性法规和决议。(2) 地方各级人大及其常委会的预算管理职权。县级以上地方各级人大的预算管理职权包括：审查本级总预算草案及本级总预算执行情况的报告；批准本级预算和本级预算执行情况的报告；改变或撤销本级人大常委会关于预算、决算的不适当的决议；撤销本级政府关于预算、决算的不适当的决定和命令。县级以上地方各级人大常委会的预算管理职权包括：监督本级总预算的执行；审查和批准本级决算；撤销本级政府和下一级人民代表大会及其常务委员会关于预算、决算的不适当的决定、命令和决议。乡级人民代表大会的预算管理职权包括：审查和批准本级预算和本级预算执行情况的报告；监督本级预算的执行；审查和批准本级预算的调整方案；审查和批准本级决算；撤销本级政府关于预算、决算的不适当的决定和命令。

各级行政机关的预算管理职权：(1) 国务院的预算管理职权。包括：编制中央预算、决算草案，编制中央预算调整方案；向全国人民代表大会作关于中央和地方预算草案的报告，将省、自治区、直辖市政府报送备案的预算汇总后报全国人民代

---

① 核心观点是主张将预算权概念扩大为既涵盖预算公权力也包括预算私权利的更为宽泛的概念。相关讨论可参见朱大旗. 现代预算权体系中的人民主体地位. 现代法学，2015 (3)；张学博. 现代财产权观念中的预算权概念研究：兼论预算法之完善. 河南财经政法大学学报. 2016 (5)：22.

表大会常务委员会备案，向全国人民代表大会、全国人民代表大会常务委员会报告中央和地方预算的执行情况；组织中央和地方预算的执行；决定中央预算预备费的动用；监督中央各部门和地方政府的预算执行；改变或者撤销中央各部门和地方政府关于预算、决算的不适当的决定、命令。(2) 县级以上地方各级政府的预算管理职权。包括：编制本级预算、决算草案，编制本级预算的调整方案；向本级人民代表大会作关于本级总预算草案的报告，将下一级政府报送备案的预算汇总后报本级人民代表大会常务委员会备案，向本级人民代表大会、本级人民代表大会常务委员会报告本级总预算的执行情况；组织本级总预算的执行；决定本级预算预备费的动用；监督本级各部门和下级政府的预算执行；改变或者撤销本级各部门和下级政府关于预算、决算的不适当的决定、命令。(3) 乡级政府的预算管理职权。包括：编制本级预算、决算草案，编制本级预算的调整方案；向本级人民代表大会作关于本级预算草案的报告，向本级人民代表大会报告本级预算的执行情况；组织本级预算的执行；决定本级预算预备费的动用。

各级财政部门的预算管理职权：(1) 国务院财政部门的预算管理职权。包括：具体编制中央预算、决算草案，具体编制中央预算的调整方案；具体组织中央和地方预算的执行；提出中央预算预备费动用方案；定期向国务院报告中央和地方预算的执行情况。(2) 地方各级政府财政部门的预算管理职权。包括：具体编制本级预算、决算草案，具体编制本级预算的调整方案；具体组织本级总预算的执行；提出本级预算预备费动用方案；定期向本级政府和上一级政府财政部门报告本级总预算的执行情况。

部门单位的预算管理职权。包括：编制本部门预算、决算草案；组织和监督本部门预算的执行；定期向本级政府财政部门报告预算的执行情况。

各单位预算管理职权。包括：编制本单位预算、决算草案；按照国家规定上缴预算收入，安排预算支出，并接受国家有关部门的监督。

(四) 预算法的基本制度

1. 预算收支制度

在明确政府所有财政收入与财政支出都必须纳入预算的前提下，需要进一步规范预算收入和预算支出的具体范围。预算收入是在预算年度内按照法定的形式和程序取得的资金，预算支出是在预算年度内对取得的收入进行再分配和利用的过程。依据《预算法》的规定，我国形成了由一般公共预算、政府性基金预算、国有资本经营预算和社会保险基金预算构成的复式预算体系，不同的预算有相应的收支范围。

(1) 一般公共预算及其收支范围

一般公共预算是对以税收为主体的财政收入，安排用于保障和改善民生、推动经济社会发展、维护国家安全、维持国家机构正常运转等方面的收支预算。

一般公共预算收入包括各项税收收入、行政事业性收费收入、国有资源（资产）

有偿使用收入、转移性收入和其他收入。[①] 一般公共预算支出按照功能和经济性质进行分类：功能分类主要反映的是政府各项职能活动及政策目标，按功能分类，一般公共预算支出包括一般公共服务支出，外交、公共安全、国防支出，农业、环境保护支出，教育、科技、文化、卫生、体育支出，社会保障及就业支出和其他支出；经济性质分类主要反映的是政府支出的经济性质和具体用途，按经济性质分类，一般公共预算支出包括工资福利支出、商品和服务支出、资本性支出和其他支出。对一般公共预算支出按功能和经济性质分类，可以较为全面地考察政府预算支出的结构和方向，进而判断政府各项职能活动回应社会公共需要的程度和水平，决定是否予以调整以及如何调整。

对一般公共预算还可按照预算层级划分为中央一般公共预算和地方一般公共预算。中央一般公共预算包括中央各部门、各直属单位预算，中央对地方的税收返还、转移支付预算。中央一般公共预算收入包括中央本级收入和地方向中央上解收入；中央一般公共预算支出包括中央本级支出和中央对地方的税收返还和转移支付支出。地方一般公共预算包括本级各部门、各直属单位预算，向下级政府的税收返还、转移支付预算。地方一般公共预算收入包括地方本级收入、上级政府对本级政府的税收返还和转移支付、下级政府的上解收入；地方一般公共预算支出包括地方本级支出、对上级政府的上解支出、对下级政府的税收返还和转移支付。

(2) 政府性基金预算及其收支范围

政府性基金预算是对依照法律、行政法规的规定在一定期限内向特定对象征收、收取或者以其他方式筹集的资金，专项用于特定公共事业发展的收支预算。

关于政府性基金预算的具体收支范围，《预算法》规定："按照法律、行政法规和国务院的规定执行"。《预算法》将规范的重心放在政府性基金预算的基本运作原则上。如要求"政府性基金预算应当根据基金项目收入情况和实际支出需要，按基金项目编制，做到以收定支"。这就意味着，政府性基金预算实行严格的基金项目与预算的对应性原则，每个基金项目之间具有相对独立的收支情况，需要通过不同的预算加以反映和管理，因而，每一种基金都编制与之对应的一本预算，再按照一定的管理层级，报送同级人民代表大会审批。同时，政府性基金预算实行"以收定支"，其征收要件、程序是由相关法律法规明确规定的，只要社会主体的行为符合该征收要件，就负有依法缴纳的义务。但是，政府性基金征收主体不得在法律法规规定之外基于支出的需要扩大征收范围或提高征收数额，支出规模必须严格受制于收入规模。因而在政府性基金运作中应当坚持收支平衡原则。这就与一般公共预算有所不同，一般公共预算支出是用于支撑整个社会的公共产品和公共服务供给，而从税收征收获取的资金并不能有效保障政府职能行使，因此，往往需要通过举债融资或者允许跨年度预算平衡的方式保障政府职能正常行使。

---

① 对于税收收入之外其他一般公共预算收入形式的内涵与外延，可参见 2020 年修订的《预算法实施条例》第 12 条、第 14 条、第 15 条、第 16 条。

（3）国有资本经营预算及其收支范围

国有资本经营预算是对国有资本收益作出支出安排的收支预算。国有资本经营预算应当按照收支平衡的原则编制，不列赤字，并安排资金调入一般公共预算。

国有资本经营预算的收入范围即国有资本的收益，按照《国务院关于试行国有资本经营预算的意见》、《企业国有资产法》以及《预算法实施条例》的规定，国家取得的国有资本收益包括：从国家出资企业分得的利润收入、从国有资本控股和参股公司获得的股息红利收入、国有资产转让收入、从国家出资企业取得的清算收入和其他国有资本收入。对于国有资本经营预算的支出范围，《预算法》并未作出明确规定，授权按照法律、行政法规和国务院的规定执行。《预算法实施条例》规定国有资本经营预算支出包括资本性支出、费用性支出、向一般公共预算调出资金等转移性支出和其他支出，该规定延续了《国务院关于试行国有资本经营预算的意见》中对国有资本经营预算支出范围的界定。

（4）社会保险基金预算及其收支范围

社会保险基金预算是对社会保险缴款、一般公共预算安排和其他方式筹集的资金，专项用于社会保险的收支预算。社会保险基金预算的收支范围按照不同类型的社会保险基金分别确定。《社会保险法》确定了我国社会保险基金由基本养老保险基金、基本医疗保险基金、工伤保险基金、失业保险基金和生育保险基金五大险种基金构成，并且各项社会保险基金按照社会保险险种分别建账，分账核算；相应地，社会保险基金预算按照险种项目分别编制。《预算法》涉及社会保险基金预算的规定承继了《社会保险法》的相关内容，规定社会保险基金预算应当按照统筹层次和社会保险项目分别编制，做到收支平衡。

2. 预算编制制度

预算编制是制定财政收支计划草案的过程。在该收支计划提交人大审批通过之前，只是政府行动的草案，尚不具有法律约束力。但要获得人大授权，政府必须首先编制预算草案，因而预算编制是预算运行过程的基础性环节。《预算法》对预算编制设置了程序性和实体性两方面的规范要求。

《预算法》规定，国务院应当及时下达关于编制下一年预算草案的通知。编制预算草案的具体事项由国务院财政部门部署。各级政府、各部门、各单位应当按照国务院规定的时间编制预算草案。因此，预算编制是一种自上而下统一部署启动，各级政府、各部门、各单位分头实施的过程。各级政府、各部门、各单位形成本级政府或部门单位的预算草案之后，再按预算层级归属和预算管理权力要求，在政府行政体系内部完成汇总、审核及调整，形成比较定型的提交人大正式审批的预算草案。

预算编制遵循如下原则：一是节约统筹原则。按照《预算法》“各级预算应当遵循统筹兼顾、勤俭节约、量力而行、讲求绩效和收支平衡的原则”要求，在预算编制环节，应当首先奉行节约原则，在保证基本公共服务合理需要的前提下，严格控制各部门、各单位的机关运行经费和楼堂馆所等基本建设支出。在此基础上，各级一般公共预算支出的编制，应当统筹兼顾，将预算资金优先安排国家确定的重点支出。二是体现绩效原则。“讲求绩效”是《预算法》明确规定的贯穿于预算运行过程的一项基本原则。在预算编制环节应当着重体现绩效与预算的关系，反映上一年度绩效结果对本年度预算分配的影响，从而激励政府部门提高预算资金使用效果。[①]三是债务控制原则。《预算法》强调了“收支平衡”原则，具体落实在预算编制环节，即在中央预算上，“中央一般公共预算中必需的部分资金，可以通过举借国内和国外债务等方式筹措”[②]；在地方预算上，“地方各级预算按照量入为出、收支平衡的原则编制，除本法另有规定外，不列赤字”[③]。从上述规定看，落实预算收支平衡原则，关键在于合理控制债务。

3. 预算审批制度

如果说预算编制环节更多承载信息汇集、集思广益、协商合作的柔性职能的话，那么从预算草案形成之后到提请人大审批之前的初步审查环节则应当彰显自上而下地纠错、修正的刚性职能。尤其是在目前《预算法》层面没有正式确认人大预算修正权的情况下，对预算草案的初步审查一定程度上能够起到弥补制度不足的作用。从现有的初步审查制度内容看，主要规定的是各级财政部门提交人大财政经济委员会或有关专门委员会进行初步审查的义务，还缺乏比较完善的初审意见反馈处理机制，审查者与被审查者之间的权责关系尚不明晰；另外，初审主体范围比较狭窄，初审时间有限。这就使初步审查本应承担的修正功能大打折扣。事实上，在一些地方性预算审查监督立法中，通过细化初步审查的操作规则增加审查者与被审查者的权责配置，使初步审查承担起人大审批前的部分修正职能，弥补了人大审批环节预算修正权或者单项表决机制的不足。[④]

预算草案经初步审查进行调整完善之后，提交人大审议。中央预算由全国人大审查和批准；地方预算由本级人大审查和批准。相关重要的制度内容有：（1）预算报告制度。国务院在全国人民代表大会举行会议时，向大会作关于中央和地方预算草案以及中央和地方预算执行情况的报告。地方各级政府在本级人民代表大会举行会议时，向大会作关于总预算草案和总预算执行情况的报告。（2）预算重点审查制度。全国人民代表大会和地方各级人民代表大会对预算草案及其报告、预算执行情况的报告重点审查下列内容：上一年预算执行情况是否符合本级人民代表大会预算决议的要求；预算安排是否符合本法的规定；预算安排是否贯彻国民经济和社会发展的方针政策，收支政策是否切实可行；重点支出和重大投资项目的预算安排是否适当；预算的编制是否完整，是否符合《预算法》第46条的规定；对下级政府的转

---

① 《预算法实施条例》在《预算法》“参考绩效评价结果”编制预算的规定基础上，进一步明确“绩效评价结果应当按照规定作为改进管理和编制以后年度预算的依据”，增强了绩效评价结果对预算编制的影响。

② 国债举借应当控制在适当的规模内，并保持合理的结构。对国债实行余额管理，余额的规模不得超过全国人民代表大会批准的限额。国务院财政部门具体负责对中央政府债务的统一管理。

③ 地方债举借是预算法控制的重心，《预算法》第35条对举债用途、举债主体、举债规模及方式、举债程序以及举债风险控制制度作了细致规定。

④ 比如《上海市闵行区人民代表大会常务委员会预算审查监督办法》不仅规定了提交初步审查的预算草案的具体内容，而且重点规定了审查主体履行初步审查的职责、权限、内容以及受监督者修正预算草案的义务；《武汉市人民代表大会常务委员会关于市本级预决算初步审查工作若干规定》则采取要求受监督者限期内回复审查意见的方式，将是否采纳人大审查意见的自由交给财政部门，但从程序上作出明确限制。

移性支出预算是否规范、适当；预算安排举借的债务是否合法、合理，是否有偿还计划和稳定的偿还资金来源；与预算有关重要事项的说明是否清晰。(3) 预算审查结果报告制度。全国人民代表大会财政经济委员会向全国人民代表大会主席团提出关于中央和地方预算草案及中央和地方预算执行情况的审查结果报告。省、自治区、直辖市、设区的市、自治州人民代表大会有关专门委员会，县、自治县、不设区的市、市辖区人民代表大会常务委员会，向本级人民代表大会主席团提出关于总预算草案及上一年总预算执行情况的审查结果报告。审查结果报告应当包括下列内容：对上一年预算执行和落实本级人民代表大会预算决议的情况作出评价；对本年度预算草案是否符合本法的规定，是否可行作出评价；对本级人民代表大会批准预算草案和预算报告提出建议；对执行年度预算、改进预算管理、提高预算绩效、加强预算监督等提出意见和建议。

4. 预算执行制度

各级预算由本级政府组织执行，具体工作由本级政府财政部门负责。各部门、各单位是本部门、本单位的预算执行主体，负责本部门、本单位的预算执行，并对执行结果负责。

(1) 有关预算执行中财政部门及单位职责的原则规定

《预算法》缺乏对预算执行中财政部门及单位职责的原则规定，但在新修订的《预算法实施条例》中弥补了这一缺失。根据《预算法实施条例》的规定，预算执行中，政府财政部门应当履行研究和落实财政税收政策，制定组织预算收入制度，督促各部门和单位依法征缴预算收入等职责。① 各部门、各单位应当履行制定本部门、本单位预算执行制度，依法组织收入，实施绩效监控，开展绩效评价等职责。②

(2) 预算收入执行

预算收入执行是按照法律、行政法规规定的相关课征要件展开的，因而预算本身并不是决定是否以及如何征收的依据。尽管预算效力在收入方面作用有限，但是，《预算法》及其实施条例仍然对收入执行作出了明确要求，主要表现在四个方面：一是将政府全部收入纳入预算，预测、评估收入规模、变化趋势，为预算支出决策提供可行基础。二是规范预算收入上缴国库行为。各级政府财政部门和税务、海关等预算收入征收部门和单位必须依法组织预算收入，按照财政管理体制、征收管理制度和国库集中收缴制度的规定征收预算收入，除依法缴入财政专户的社会保险基金等预算收入外，应当及时将预算收入缴入国库。三是指示收入征缴与管理方式。要求政府的全部预算收入应当上缴国库，任何部门、单位和个人不得截留、占用、挪用或拖欠。四是设置预算收入执行中的禁止性事项。包括："不得违反法律、行政法规规定，多征、提前征收或者减征、免征、缓征应征的预算收入，不得截留、占用或者挪用预算收入。各级政府不得向预算收入征收部门和单位下达收入指标。"

---

① 参见《预算法实施条例》第51条。

② 参见《预算法实施条例》第53条。

（3）预算支出执行

预算支出执行严格按照人大批准通过的预算进行。《预算法》第 13 条明确规定，各级政府、各部门、各单位的支出必须以经批准的预算为依据，未列入预算的不得支出。须注意的是，《预算法》第 57 条规定，各级政府财政部门必须依照法律、行政法规和国务院财政部门的规定，及时、足额地拨付预算支出资金，加强对预算支出的管理和监督。同时，该条还规定，各级政府、各部门、各单位的支出必须按照预算执行，不得虚假列支。《预算法》第 57 条规定提及的“依照法律、行政法规和国务院财政部门的规定”和“必须按照预算执行”两者并不矛盾。“法律、行政法规和国务院财政部门的规定”主要涉及预算资金拨付的管理主体及具体实施程序[①]，经人大批准通过的预算则是授权政府使用财政资金的依据。各级政府、各部门、各单位应当加强对预算支出的管理，严格执行预算，遵守财政制度，强化预算约束，不得擅自扩大支出范围、提高开支标准；严格按照预算规定的支出用途使用资金，合理安排支出进度。

预算支出执行除了遵循规范性要求，还应当强调资金使用绩效。《预算法》规定，各级政府、各部门、各单位应当对预算支出情况开展绩效评价。

（4）国库集中收付

预算收入和支出集中于预算不仅是一种账表意义上的数字归集，更意味着需要采取一种有效的集中管理方式确保财政收支正常运转。国库集中收付便是这一实践需求的产物。《预算法》规定国家实行国库集中收缴和集中支付制度，对政府全部收入和支出实行国库集中收付管理。国库集中收付包括集中收缴与集中支付两个方面：集中收缴，即全部政府收入进入国库，不允许设立过渡账户。除法律明确规定或经国务院批准设定特定专用资金的，可以依照国务院规定设立财政专户，在一般情况下，政府全部收入都要进入国库单一账户。[②] 集中支付，即政府所有财政资金通过国库拨付，不允许预算单位自收自支。[③]

（5）临时预算安排

我国按公历年制实行预算年度，但实践中人大会期一般安排在年初 2—3 月份，对于一些具有跨期性、连续性或者有法律专门规定的支出项目，就面临预算年度已经开启但尚未取得预算授权的困境。为解决预算年度性与跨期性、连续性预算支出

---

① 《预算法实施条例》还在《预算法》规定基础上增补了预算资金拨付的基本原则。参见《预算法实施条例》第 57 条。

② 财政专户和国库单一账户都是国库单一账户体系的重要组成部分。2001 年我国开始建立以国库单一账户体系为基础、资金缴拨以国库集中收付为主要形式的现代国库管理制度。其中一项重要内容即是建立国库单一账户体系。无论是用于一般资金征缴的国库单一账户，还是用于特定专用资金征缴的财政专户，都属于国库单一账户体系的组成部分。国库单一账户体系包括在中央银行开设的国库单一账户，统一核算政府财政收支活动；在代理国库集中收付业务的商业银行开设的零余额账户，用于办理国库集中收付业务清算，日终余额为零；按照法律、法规以及国库改革确定的业务流程在银行业金融机构设立的财政专户。

③ 在实践中，国库集中支付又分为财政直接支付和财政授权支付。国库集中支付改变了传统以拨代支、层层转拨的资金拨付方式，通过国库单一账户体系将资金直接支付给收款人，实现资金由“中转”变为“直达”，加快预算资金执行进度，减少资金被截留、挤占、挪用等现象。

的矛盾，《预算法》作出了临时预算安排。预算年度开始后，各级预算草案在本级人民代表大会批准前，可以安排下列支出：1）上一年度结转的支出；2）参照上一年同期的预算支出数额安排必须支付的本年度部门基本支出、项目支出，以及对下级政府的转移性支出；3）法律规定必须履行支付义务的支出，以及用于自然灾害等突发事件处理的支出。根据前述规定安排支出的情况，应当在预算草案的报告中作出说明。预算经本级人民代表大会批准后，按照批准的预算执行。

（6）特殊资金预算执行

针对预备费、预算周转金、超收收入、结余资金这些特殊资金，《预算法》规定了相应的预算执行规则。《预算法》第 64 条规定，各级预算预备费的动用方案，由本级政府财政部门提出，报本级政府决定。第 65 条规定，各级预算周转金由本级政府财政部门管理，不得挪作他用。第 66 条规定，各级一般公共预算年度执行中有超收收入[①]的，只能用于冲减赤字或者补充预算稳定调节基金。《预算法实施条例》在此基础上进一步针对政府性基金预算与国有资本经营预算执行中的超收问题作出规定：政府性基金预算年度执行中有超收收入的，应当在下一年度安排使用并优先用于偿还相应的专项债务；国有资本经营预算年度执行中有超收收入的，应当在下一年度安排使用。各级一般公共预算的结余资金，应当补充预算稳定调节基金。

5. 预算调整制度

预算经人大批准通过后就具有法定约束力，政府及其所属部门、单位应当严格依照预算执行，无权擅自变更。但是实践的发展变化较快，预算作为财政收支的一种事先计划不可能准确预计各种支出需求，尤其是当各种突发事件发生需要追加支出时，有必要对预算作出一定变更，以适应实践发展的资金需求。因而，预算执行过程中，既要维系预算固有的刚性和约束力，也须根据外部因素的变化适时调节预算，使预算在稳定性、法定性与灵活性、回应性之间保持平衡。为达到这一目标，《预算法》建立了预算调整法律制度，一方面赋予预算执行过程中变更预算的权力，另一方面对这种变更权力本身作出严格规范。

《预算法》第 67 条规定，经全国人民代表大会批准的中央预算和经地方各级人民代表大会批准的地方各级预算，在执行中出现下列情况之一的，应当进行预算调整：需要增加或者减少预算总支出的；需要调入预算稳定调节基金的；需要调减预算安排的重点支出数额的；需要增加举借债务数额的。纳入预算调整范围的并非政府执行预算过程中的所有资金变动行为，而是属于影响预算总支出或者重点支出安排、影响财政可持续发展的重大资金变动。包括预算总支出变化（包括增加与减

① 依据《预算法实施条例》规定，超收收入是指年度本级一般公共预算收入的实际完成数超过经本级人民代表大会或者其常务委员会批准的预算收入数的部分。超收收入容易演变为政府自主支出的资金来源，削弱预算约束效力，进而带来实际执行中超支的连锁反应。2006 年全国人大常委会通过《各级人民代表大会常务委员会监督法》，规定常委会重点审查内容包括“预算超收收入的安排和使用情况”。此后，实践中采取将一般公共预算超收收入纳入中央预算稳定调节基金的做法，而不再追加作为具体支出。《预算法》修订后，对此做法予以确认。

少），预算安排的重点支出数额调减，调入预算稳定调节基金，增加举债。属于上述情形之一的，应当按照《预算法》规定的预算调整程序实施预算变动。关于预算调整的适用情形，《预算法》修订之前更为关注预算收支平衡问题，当时立法规定“在执行中因特殊情况需要增加支出或者减少收入，使原批准的收支平衡的预算的总支出超过总收入，或者使原批准的预算中举借债务的数额增加的部分变更”应当进行预算调整，可见，修法之前是将凡影响收支平衡的变动都视为需要进行预算调整的情形。这种规定一方面与实施跨年度预算平衡机制的发展趋势相背离，因为在允许跨年度平衡预算的前提下，不必再僵化地要求当年预算执行中必须实现平衡；另一方面，由于过于关注预算收支平衡问题，修订前的《预算法》对于其他关系社会公共利益的重大资金变动反而未给予应有重视。修订后的《预算法》适应建立跨年度预算平衡机制的需要，淡化年度内预算平衡刚性要求，相应增加重点支出调减和举债增加的规定，更为合理。

预算调整程序与初始预算编制程序一样，也要制定预算调整方案。预算调整方案应当说明预算调整的理由、项目和数额。编制好的预算调整方案分层级提请人大机关审查和批准。[①] 未经批准，不得调整预算。

6. 预算决算制度

决算是对预算执行情况进行全面总结的环节，也是整个预算运行过程的最后一个环节。决算本身也是一个动态进行的过程，包括决算草案的编制、审查、批准等具体阶段。

决算草案由各级政府、各部门、各单位在每一预算年度终了后按照国务院规定的时间编制。编制决算草案的具体事项，由国务院财政部门部署。编制决算草案，首先，应当具有合法性，即必须符合法律、行政法规规定，做到收支真实、数额准确、内容完整、报送及时。其次，应当具有对应性、明确性，即决算草案应当与预算相对应，按预算数、调整预算数、决算数分别列出。

县级以上政府决算草案经财政部门审核之后，须报审计部门审计和本级政府审定。这一点体现了决算环节相对于预算环节具有更强的监督性和纠错性特征。《预算法》规定，国务院财政部门编制中央决算草案，经国务院审计部门审计后，报国务院审定，由国务院提请全国人民代表大会常务委员会审查和批准。县级以上地方各级政府财政部门编制本级决算草案，经本级政府审计部门审计后，报本级政府审定，由本级政府提请本级人民代表大会常务委员会审查和批准。乡、民族乡、镇政府编制本级决算草案，提请本级人民代表大会审查和批准。同时，在人大审查和批准决算草案之前，还应当将决算草案提交人大机构进行初步审查。[②]

各级决算经批准后，财政部门应当在20日内向本级各部门批复决算。各部门应

---

① 中央的预算调整方案应当提请全国人民代表大会常务委员会审查和批准；县级以上地方各级的预算调整方案应当提请本级人民代表大会常务委员会审查和批准；乡、民族乡、镇的预算调整方案应当提请本级人民代表大会审查和批准。

② 参见《预算法》第77条规定。

当在接到本级政府财政部门批复的本部门决算后15日内向所属单位批复决算。地方各级政府应当将经批准的决算及下一级政府上报备案的决算汇总，报上一级政府备案。县级以上各级政府应当将下一级政府报送备案的决算汇总后，报本级人民代表大会常务委员会备案。

决算备案与预算备案一样都具有监督和纠错的作用。《预算法》第82条规定，国务院和县级以上地方各级政府对下一级政府依照本法第81条规定报送备案的决算，认为有同法律、行政法规相抵触或者有其他不适当之处，需要撤销批准该项决算的决议的，应当提请本级人民代表大会常务委员会审议决定；经审议决定撤销的，该下级人民代表大会常务委员会应当责成本级政府依照本法规定重新编制决算草案，提请本级人民代表大会常务委员会审查和批准。

7. 预算监督制度

监督是贯穿于预算运行每一个环节的基本法律机制。依据监督主体的不同，预算法设置了三种预算监督机制，即权力机关监督、政府内部监督与社会监督。

（1）权力机关监督

按照不同预算层级划分，一定预算层级的权力机关对本级和下级预算、决算进行监督。《预算法》第83条规定，全国人民代表大会及其常务委员会对中央和地方预算、决算进行监督；县级以上地方各级人民代表大会及其常务委员会对本级和下级预算、决算进行监督；乡、民族乡、镇为政府最低层级，则由人民代表大会对本级预算、决算进行监督。

权力机关进行预算、决算监督过程中享有的具体职权包括：调查权，即就预算、决算中的重大事项或者特定问题组织调查，有关的政府、部门、单位和个人应当如实反映情况和提供必要的材料；询问或质询权，即依照法律规定程序就预算、决算中的有关问题提出询问或者质询，受询问或者受质询的有关政府或者财政部门必须及时给予答复；接受政府报告权，国务院和县级以上地方各级政府应当在每年6月至9月期间向本级人民代表大会常务委员会报告预算执行情况。

（2）政府内部监督

按照监督主体与监督对象的不同，政府内部监督可进一步划分为上级政府对下级政府预算决算监督，财政部门对本级各部门及其所属各单位预算决算监督，审计部门预算决算监督和政府部门对所属单位预算决算监督。

（3）社会监督

社会监督是前述权力机关监督、政府内部监督的重要补充，是体现预算民主、落实预算法定的重要保障。《预算法》主要通过赋予公民、法人或其他组织对违反预算法行为的检举控告权达到社会监督的目的。公民、法人或者其他组织发现有违反本法的行为，可以依法向有关国家机关进行检举、控告。接受检举、控告的国家机关应当依法进行处理，并为检举人、控告人保密。任何单位或者个人不得压制和打击报复检举人、控告人。

8. 预算责任制度

预算法律责任是指预算法律关系主体违反预算法规定的义务而应依法承担的法

律后果。从《预算法》规定看，立法建立了行政问责的基本架构，由此形成的预算法律责任主要是行政法律责任。

(1) 预算一般违法行为的法律责任

各级政府及有关部门有下列行为之一的，责令改正，对负有直接责任的主管人员和其他直接责任人员追究行政责任：未依照本法规定，编制、报送预算草案、预算调整方案、决算草案和部门预算、决算以及批复预算、决算的；违反本法规定，进行预算调整的；未依照本法规定对有关预算事项进行公开和说明的；违反规定设立政府性基金项目和其他财政收入项目的；违反法律、法规规定使用预算预备费、预算周转金、预算稳定调节基金、超收收入的；违反本法规定开设财政专户的。

(2) 预算执行违法行为的法律责任

各级政府及有关部门、单位有下列行为之一的，责令改正，对负有直接责任的主管人员和其他直接责任人员依法给予降级、撤职、开除的处分：未将所有政府收入和支出列入预算或者虚列收入和支出的；违反法律、行政法规的规定，多征、提前征收或者减征、免征、缓征应征预算收入的；截留、占用、挪用或者拖欠应当上缴国库的预算收入的；违反本法规定，改变预算支出用途的；擅自改变上级政府专项转移支付资金用途的；违反本法规定拨付预算支出资金，办理预算收入收纳、划分、留解、退付，或者违反本法规定冻结、动用国库库款或者以其他方式支配已入国库库款的。

各级政府、各部门、各单位违反本法规定举借债务或者为他人债务提供担保，或者挪用重点支出资金，或者在预算之外及超预算标准建设楼堂馆所的，责令改正，对负有直接责任的主管人员和其他直接责任人员给予撤职、开除的处分。

各级政府有关部门、单位及其工作人员有下列行为之一的，责令改正，追回骗取、使用的资金，有违法所得的没收违法所得，对单位给予警告或者通报批评；对负有直接责任的主管人员和其他直接责任人员依法给予处分：违反法律、法规的规定，改变预算收入上缴方式的；以虚报、冒领等手段骗取预算资金的；违反规定扩大开支范围、提高开支标准的；其他违反财政管理规定的行为。

二、重点和难点

(一) 预算的性质

预算究竟属于一种特殊的法律还是属于行政行为？台湾大学法学院教授蔡茂寅先生介绍了日本学界的三种代表性学说。

第一，预算行政说，即把预算定性为一种行政行为。美浓部达吉教授认为，“预算乃是国会对政府一年期的财政计划加以承认之意思表示，仅于国会与政府间有其效力”，这使得预算与法律区别开来。“法律是国家对国民所为之意思表示”，“法律对国民具有法规创造力，而预算只不过是国家之一机关；对他机关之行为事先给与承认之形式而已"[①]。依此种学说，预算的本质在于行政机关安排财政收支的方式，仅在程序上经过国会的承认，因而是一种行政行为。显然，这种将预算仅仅看作行政机关的自主行为，完全不受立法机关的控制与约束的观点已经不符合现代财政民主主义发展潮流，也与现实中各国立法的普遍选择及其实施状况不相一致，难以获得正当性支持。

第二，预算法规范说，又称特殊国法形式说，即把预算看作与法律或命令等并立的特殊规范。一方面，该学说吸纳了预算行政说中区别对待预算与法律观点的合理成分，承认预算不同于一般的法律；但另一方面，指出预算仍然具有对政府的一定拘束力，例如岁入预算除指明收入之财源外，亦产生限定收入时期之效力，岁出预算除限定支出时期、目的、金额外，主要具有授权效果，因而经过立法机关通过的预算仍然赋予了预算新的法律效果，与仅具有自我授权、自我约束力的行政行为有所区别。基于预算同时包含法律规范效力之一般属性与特殊属性，故采取特殊国法形式的认知方式。

第三，预算法律说，即把预算直接看作法律的一种。该学说认为预算同法律一样都须按法定程序经过立法机关审议，即便立法上对两种议决程序有不同规定，也是原则与例外的关系，是预算为特殊之法律的合理解释。相对于预算法规范说，预算法律说对预算包含的一般法属性给予了更加充分的肯定和强调，不再用"并立"处理预算和法的关系，而是直接把预算"归属"到法律中。预算法律说与预算法规范说对于预算都给予了相对特殊的定位，毕竟预算与法律的差异难以一概否认，所不同者在于是在法律体系之中审视预算的特殊性，还是放在法律体系之外单独赋予像预算这类特殊"文件"以一定地位。

是否将预算定性为一种法律抑或是在法律之外单独赋予其特别的属性，其意义更多在于揭示预算与法律的学理区分。但需要强调的是，预算具有若干不同于法律的特殊属性，并不表明预算本身可以游离于法律之外，预算不是一个法外"自由王国"。相反，一方面，预算本身的制定、审批、调整、决算等一系列问题都必须在预算法律框架内予以解决；另一方面，行政机关、立法机关要如何组织收入和安排支出，涉及公共政策裁量和权衡问题，是预算法之外的其他收入征收立法（各税种立法）、支出安排立法（如教育法、农业法等）需要斟酌和决定的事项。预算本身不能修改法律。除了在学理上进行正确的二元界分，于实践层面而言，更重要的是回答预算究竟意味着什么，一个国家通过制定审批预算并向社会公布，究竟传达出怎样的信号。预算自产生起便作为政府收支安排的一种工具，用以支撑政府的各项活动，保障政府机器的正常运转。而一个现代意义上的预算不仅是对政府收支的预先规划，还包含对规划的全面性、统一性、准确性、约束性、时效性等方面的要求，更重要的是预算须提交代议机构批准与授权后方可实施。因此，现代预算是一个融合资源分配与权力配置，兼具形式要件与实体内容的制度化构造的产物。通过预算编制、执行、监督、评估的运行过程，人们可以审视政府在一定时期内的活动选择及其相

---

① 蔡茂寅. 预算法之原理. 台北：元照出版有限公司，2008：46-47.

应的成本估算，判断公共资金是否用于公共目标或者是否实现资源的有效配置，从而促使政府向其公民承担公共责任。[①] 因而，预算通过之后，不能随意调整、变更，更不能弃之不理，如果违反预算，未按照立法机关批准通过的预算执行，还应当承担相应的法律责任。[②] 无论是从法律体系的“内部视角”还是法律体系的“外部视角”定位预算，只要能够确定预算一定的拘束效力，就没有偏离现代国家设置预算并制定实施预算法的本质初衷。

（二）四本公共预算之间的关系

我国预算分为一般公共预算、政府性基金预算、国有资本经营预算、社会保险基金预算“四大账本”，《预算法》规定，“一般公共预算、政府性基金预算、国有资本经营预算、社会保险基金预算应当保持完整、独立”。应当说，我国建立“四大账本”的复式预算体系的初衷就是要更加精细化地反映并规范具有不同性质和用途的财政收支，使四本预算具有各自的完整性和独立性。但同时，在四本预算各自完整、独立的前提下，也存在衔接和联系。

作为复式预算中的一大分支，政府性基金预算与一般公共预算相互独立，同时按《预算法》规定也应当与一般公共预算衔接。但如何“衔接”，《预算法》并未提供具体操作方案。从理论上分析，这种“衔接”既包括一般公共预算对政府性基金预算的支持，如安排资金作为政府性基金预算的收入，也表现为将政府性基金预算的资金转入一般公共预算。从实践情况分析，依据《国务院关于深化预算管理制度改革的决定》、《国务院关于印发〈推进财政资金统筹使用方案〉的通知》（以下简称《关于统筹使用方案的通知》）、《财政部关于完善政府预算体系有关问题的通知》（以下简称《关于完善预算体系的通知》），两者的衔接主要表现为政府性基金预算转入一般公共预算。

政府性基金预算与一般公共预算的衔接包括两种具体操作机制：一种机制是政府性基金预算“转列”一般公共预算，即只要不属于政府性基金目录清单中的收入项目都不再纳入政府性基金预算管理，而是归并到一般公共预算中；另一种机制是政府性基金预算“调入”一般公共预算，即对于保留在政府性基金预算管理中的资金与一般公共预算投向类似的，该部分资金应与一般公共预算资金统筹使用或通过制定统一的资金管理办法，实行统一的资金分配方式。综合而言，“转列”或“调入”都在不同程度上影响了政府性基金预算与一般公共预算的独立性边界。要确保各个预算都能规范高效地运转，根本措施不是“转列”或者“调入”，而在于回到该基金项目设置的源头上，首先权衡是否应当及有无必要设立，已有的政府性基金项目以及一般公共预算支出项目中是否存在能够实现类似用途的安排，能否最大限度地利用已有的项目资金达到目的，而不是为征收而盲目开设。对于将要新设或者准

---

① 陈治. 国家治理转型中的预算制度变革：兼评新修订的《中华人民共和国预算法》. 法制与社会发展，2015（2）：90.

② 熊伟. 财政法基本问题. 北京：北京大学出版社，2012：262.

备新制定立法授权开立的基金项目而言，应当置于更加严格的标准之下进行判断和取舍。而对于之前实践中已经不当设立的基金项目，的确存在一个如何统筹利用现有资金的问题。因而“衔接”的提出主要是用于解决政府性基金管理的历史遗存问题，更为重要的治本之策当是清理政府性基金项目，不符合征收标准和条件的项目应当停止征收，在此基础上进一步完善立法，规范征收标准和条件。

国有资本经营预算与一般公共预算都属于公共财政的复式预算体系的范畴，两者从本质上讲都是国家提供公共产品、满足社会公共需要的重要方式，但是在对公共性本身的定位上有所差异。国有资本经营预算的公共性反映“国家以国有资产所有者的身份依法取得国有资本收益，并对所得收益进行的分配，这种分配主要用于经济建设及国有资产经营”，而一般公共预算的公共性体现在“维持政府公共管理职能活动，保障国家安全和社会秩序，发展各项社会公益事业支出，不涉及任何的资本增值活动”①。

实践中，国有资本经营预算与一般公共预算的收入范围基本明晰，但支出上两者存在交叉、重复和错位，主要表现在：本该由国有资本经营预算支出的部分却由一般公共预算承担；反过来，一般公共预算本应当集中于解决民生保障、收入分配及国家基本机器运转等领域的支出，却参与经济建设投资或者帮助国有企业改制脱困，这就表明对两种预算的公共性定位发生偏差，由此导致两种预算在实践中边界模糊。基于此，应当划清两者的适当边界，重新调整两个预算范围内涉及的具有重复性、交叉性的支出项目，将政府通过国有企业这一组织形式实施的资本性支出都纳入国有资本经营预算中列支，对于企业改革补助产生的成本亦应从国有资本经营收益中支出。

社会保险基金预算与一般公共预算的关系较为明确。《预算法》第5条规定，社会保险基金预算应当保持完整、独立，并应当与一般公共预算相衔接；同时，根据《预算法实施条例》第3条和第16条规定，一般公共预算可以根据需要和财力适当安排资金补充社会保险基金预算，但社会保险基金预算支出相对封闭，具有较强的专款专用性，并不能反向补助一般公共预算。因此，社会保险基金预算与一般公共预算既保持各自体系的完整性、独立性，又体现了在相互衔接机制上的单向性、特殊性。

(三) 社会公众预算参与

预算参与权的法理依据源自一般意义的公民参与权，是公民参与权在预算法领域的体现和延伸，其反映了预算民主性的本质特征。社会公众预算参与权当然不能只是代表学理上的一套权利话语，而应当反映现实中与纳税人参与预算活动相关的利益需要，应当在预算运行的各个环节中体现出来，其具体实现方式根据预算层级、预算事项的不同而有所区别，但都应当保障人民意愿的充分实现。

在预算编制环节，社会公众预算参与意味着负责预算编制的行政机关或其所属

① 顾功耘，胡改蓉．国有资本经营预算的“公共性”解读及制度完善．法商研究，2013（1）：78．

部门单位应听取人大代表、社会公众的意见，尤其是在地方基层政府编制预算过程中，由于预算层级越低，预算编制事项越细化，与社会公共利益的关系也密切，因而，更应保障社会公众直接参与民生相关事项的预算分配的权利。

在预算审批环节，社会公众预算参与主要通过人民选举产生的代议机构对预算收支安排进行审查并决定是否批准该预算。其进一步体现在两个方面：一是人大会议对预算草案的正式审批。在实践中，湖北、重庆、广东、云南等省市出台地方性的预算法实施办法或者地方性法规对人大预算修正权作出规定。地方人大通过行使预算修正权的形式部分变更预算草案，避免了在全部通过或者全部否决之间不得不选择全部通过的形式审查弊端，增强了人大预算监督的实效性。二是人大会议之前就预算草案听取意见。在浙江温岭、四川盐津、上海闵行等县、区的地方性预算实践中，已经尝试在保持公权主体基本权力格局（行政机关负责编制预算、立法机关负责审批预算）的前提下，将社会主体从低位阶的“听取意见”层次提升到协商（如温岭新河镇）乃至分享预算决策权力（如温岭泽国镇）的更高层次的位阶上①，反映了在地方基层实现预算民主的更为多元的实践形式和探索的可能。

预算的执行、预算的绩效评估等环节同样需要保障社会公众的预算参与。由此，预算执行以及预算绩效评估都不应局限于行政内部运作，而应当接受社会监督，社会公众通过预算听证程序、预算公开程序等程序机制对行政部门利用预算资金的行为进行监督。

三、相关立法综述

宪法是国家的根本大法，是立国之本，具有最高的法律效力。宪法中有关预算的规定是形成《预算法》以及其他各类相关立法的原则，如宪法中关于人大预算权力的规定。我国确定实行社会主义市场经济体制以后，为了强化预算的分配和监督职能，健全国家对预算的管理，依据宪法，制定和颁布了《中华人民共和国预算法》，该法于 1994 年 3 月 22 日由第八届全国人民代表大会第二次会议通过并于 1995 年 1 月 1 日起施行，是我国预算领域的基本法，从法律层面规范了预算程序，明确了预算管理权，强化了预算的法律效力。第十二届全国人民代表大会常务委员会第十次会议在 2014 年 8 月 31 日表决通过了《全国人民代表大会常务委员会关于修改〈中华人民共和国预算法〉的决定》，修订后的预算法于 2015 年 1 月 1 日起施行。至此，预算法在出台 20 年后，终于完成了首次修改。新《预算法》不仅立法宗旨焕然一新，权限分配、制度安排、程序设计和责任追究等方面也有很大突破，成为落实党的十八届三中全会决定的有力推进器，对提升国家治理能力、建立现代财

---

① 按照学者 Sherry R. Arnstein 在《公民参与的阶梯》一文中的观点，参与可以划分为操纵（manipulation）、治疗（therapy）、告知（informing）、咨询（consultation）、安抚（placation）、合作伙伴（partnership）、代理权（delegated power）和民众控制（citizen control）八个层次，参与者对决策的影响力逐级提高。“听取意见”处于“告知”和“咨询”的层级。SHERRY R ARNSTEIN. A ladder of citizen participation，35 AIP Journal，217（1969）.

政制度影响至深。现行《预算法》是2018年第二次修正后颁布的版本。新《预算法》虽然对提高政府财政行为的规范性起到了一定的作用，但仍存在缺乏支出控制预算机制、绩效预算实施机制尚不完备、不能满足公私合作背景下的预算法治需求及尚未形成分权激励与约束并重的预算弹性机制等制度局限。[①]

国务院于1995年11月22日发布实行了《中华人民共和国预算法实施条例》，该条例与《预算法》成为预算管理的重要手段。2020年8月3日，修订后的《中华人民共和国预算法实施条例》公布，并于2020年10月1日施行。这是继2014年《预算法》修改以来，在预算法治领域发生的又一次重大立法修法活动。该法严格遵循并贯彻落实修改后的预算法要求，与近年来推行的各项财政改革相衔接，旨在进一步健全完善预算管理体制机制，为加快建立与国家治理体系和治理能力现代化相适应的现代财政制度、更好地发挥财政在国家治理中的基础和重要支柱作用提供了法治保障。国务院还于2004年11月颁布《财政违法行为处罚处分条例》，同时，财政部也出台了涉及预算管理的相关立法，以指导预算运行中的相关问题，使预算管理更加规范。此外，2018年中共中央办公厅印发的《关于人大预算审查监督重点向支出预算和政策拓展的指导意见》及2021年修正后的《全国人民代表大会常务委员会关于加强中央预算审查监督的决定》等规范性文件，对于我国预算编制、审查、监督层面的规制完善和机制建设都具有十分重要的指导意义。

地方性的预算立法也积极跟进，主要表现在预算审查监督方面，各省相继出台了规范性法律文件，来指导本地区的预算审查监督工作，如表2-2所示。

表2-2 关于预算审查监督的地方性法规

省级政府	出台部门	名称
北京市	市人大常委会	《北京市人民代表大会常务委员会关于加强市级预算审查监督的决定》《北京市预算审查监督条例》
青海省	省人大常委会	《青海省预算审查监督条例》
山西省	省人大常委会	《山西省预算审查监督条例》
上海市	市人大常委会	《上海市预算审查监督条例》（2021年）
黑龙江省	省人大常委会	《黑龙江省预算审查监督条例》
西藏自治区	自治区人大常委会	《西藏自治区预算审查监督条例》
湖南省	省人大常委会	《湖南省县级以上人民代表大会常务委员会预算审查监督条例》（2020年修正）
陕西省	省人大常委会	《陕西省预算审查监督条例》
广东省	省人大常委会	《广东省预算审批监督条例》（2019年修正）
河南省	省人大常委会	《河南省预算审查监督条例》

① 陈治. 国家治理转型中的预算制度变革：兼评新修订的《中华人民共和国预算法》. 法制与社会发展，2015 (2).

续表

省级政府	出台部门	名称
四川省	省人大常委会	《四川省预算审查监督条例》
内蒙古自治区	自治区人大常委会	《西藏自治区预算审查监督条例》
宁夏回族自治区	自治区人大常委会	《宁夏回族自治区预算审查监督条例》(2018 年修订)
天津市	市人大常委会	《天津市预算审查监督条例》
辽宁省	省人大常委会	《辽宁省预算审查监督条例》
吉林省	省人大常委会	《吉林省预算审查监督条例》(2017 年修订)
贵州省	省人大常委会	《贵州省预算审查监督条例》
浙江省	省人大常委会	《浙江省预算审查监督条例》(2016 年)
重庆市	市人大常委会	《重庆市预算审查监督条例》
广西壮族自治区	自治区人大常委会	《广西壮族自治区预算监督条例》(2016 年修订)
云南省	省人大常委会	《云南省预算审查监督条例》(2016 年修订)
甘肃省	省人大常委会	《甘肃省预算审批监督条例》(2015 年修订)
河北省	省人大常委会	《河北省预算审查监督条例》
安徽省	省人大常委会	《安徽省预算审查监督条例》(2015 年修订)
海南省	省人大常委会	《海南省各级人民代表大会及其常务委员会审查监督预算条例》(2007 年修正)
江西省	省人大常委会	《江西省预算审查监督条例》

【案例分析】

案例:X 区财政局与陈某某财政信息公开案[①]

一、案例导入

2018 年 2 月 26 日,X 区财政局收到陈某某提交的“政府信息公开申请表”,请求公开“关于 X 土征补编号为×××等 3 份《某市 X 区征收集体土地经济补偿协议书》的区财政一次性支付清单表及支付时间清单”。同月 28 日,X 区财政局作出答复称“编号为×××等 3 份《某市 X 区征收集体土地经济补偿协议书》,为 X 区征地拆迁办公室(区国土分局下属单位)与 Y 街道 Z 社区签订的,建议其向区国土分局申请信息公开。另经核查,X 土征补[2007]79 号我局已于 2009 年 4 月拨付城厢街道,X 土征补[2009]620-2 号已于 2011 年 6 月拨付 Y 街道”,并向陈某某提

① 参见浙江省杭州市中级人民法院(2018)浙 01 行终 841 号行政判决书。

供“综合价结算清单明细”和“预算拨款凭证（回单）”。同年3月17日，陈某某向X区财政局请求公开“X土征补［2009］620－2号中1 590 768元的村级补偿资金、2 406 036.6元的青苗和地上附着物补偿费以及X土征补［2009］619号中2 547 816元的村级补偿资金、2 547 816元的土地补偿费、4 063 384.35元的20%返还安置补助费、3 853 571.7元的青苗和地上附着物补偿费的财政预算、财政拨款凭据、拨款对象、拨款用途”。同月19日，X区财政局作出被诉答复称“X土征补［2007］79号我局已于2009年4月拨付Y街道，X土征补［2009］620－2号已于2011年6月拨付Y街道，上述情况已反馈。按规定Y街道应拨付Z社区，具体拨付社区凭证建议询Y街道。因征收集体土地补偿文件由区国土分局起草，按照谁制定、谁公开的原则，建议拨款用途询国土部门”。

二、财税行政与法官释法

本案的争议焦点在于被诉信息公开答复是否合法，即X区财政局所作信息不存在的答复是否具有事实和法律依据。

《政府信息公开条例》（2007年）第21条规定：“对申请公开的政府信息，行政机关根据下列情况分别作出答复：（一）属于公开范围的，应当告知申请人获取该政府信息的方式和途径；（二）属于不予公开范围的，应当告知申请人并说明理由；（三）依法不属于本行政机关公开或者该政府信息不存在的，应当告知申请人，对能够确定该政府信息的公开机关的，应当告知申请人该行政机关的名称、联系方式；（四）申请内容不明确的，应当告知申请人作出更改、补充。”在本案中，陈某某申请公开的信息包括两部分内容，一是“X土征补［2009］620－2号中1 590 768元的村级补偿资金、2 406 036.6元的青苗和地上附着物补偿费的财政预算、财政拨款凭据、拨款对象、拨款用途”，二是“X土征补［2009］619号中2 547 816元的村级补偿资金、2 547 816元的土地补偿费、4 063 384.35元的20%返还安置补助费、3 853 571.7元的青苗和地上附着物补偿费的财政预算、财政拨款凭据、拨款对象、拨款用途”。关于第一部分申请，X区财政局在2018年2月28日作出答复称“X土征补［2009］620－2号已于2011年6月拨付Y街道”，在同年3月19日作出答复重复同样内容，实际是告知“拨款对象”信息；在2018年2月28日作出答复的同时向陈某某公开“预算拨款凭证（回单）”，实际是告知“财政拨款凭据”信息；公开“综合价结算清单明细”，实际是告知“拨款用途”信息；始终没有就“财政预算”信息作出答复。在诉讼中，X区财政局辩称“协议书涉及的款项不属于财政预算的内容”，但在答复中并未作出告知。关于第二部分申请，X区财政局并未作出任何答复。

本案中，X区财政局对陈某某申请公开的X土征补［2009］619号《某市X区征收集体土地经济补偿协议书》征地费用的财政预算、财政拨款凭据、拨款对象、拨款用途信息完全没有涉及，明显属于遗漏申请事项；对于X土征补［2009］620－2号《某市X区征收集体土地经济补偿协议书》的答复仅提及了部分情况，关于征地费用的财政预算信息未作答复，因此没有依法履行答复职责，故应当责令X区财政局限期答复。

三、疑难问题

现代预算被称为公共预算，意在限定预算目的的公共性、内容的公共性、监督的公共性[①]，即目标在于通过汲取社会财富、整合公共资源提供社会满意的公共产品和公共服务，相应地在内容安排上要求纳税人或者以组成代议制机关的形式间接参与或者直接参与到公共资源的分配利用决定中，并在运行过程中始终保证处于公共监督之下。因而，公共预算之公共性决定了纳税人参与和实施监督的必要性。而要真正理解预算并在参与预算过程中不同程度影响预算权力主体的行动方向，就需要矫正因预算信息分布不对称给参与者带来的理解障碍以及为预算权力主体实施自利行为创造的寻租空间，从获取必要预算信息为开端，进而理解预算、接纳预算，最终达致完善预算、促进公共预算目标的实现。“只有保障预算公开，为预算监督主体及时提供准确和全面的财政信息，使公共预算主体间达到信息平衡，才能真正约束和制约财政机会主义行为”[②]，也才能保障纳税人预算知情权、参与权与监督权的实现，推动国家治理体系和治理能力现代化建设。这不仅成为学界共识[③]，而且在有关预算公开的制度规范中，均开宗明义将预算公开视为纳税人实现预算权利的重要保障。[④]

预算公开的直接法律依据在《预算法》上有较为集中的体现：确立公开透明预算的基本宗旨，形成涵盖预算公开主体、对象、时间节点、重点说明事项等内容的基本制度框架，规定预算公开法律责任等方面。国务院颁布的《国务院关于深化预算管理制度改革的决定》对“积极推进预决算公开”作了细化规定，财政部出台的《财政部关于进一步推进财政预算信息公开的指导意见》（财预〔2008〕390 号）（现已废止）、《财政部关于进一步做好预算信息公开工作的指导意见》（财预〔2010〕31 号）（现已废止）、《财政部关于深入推进地方预决算公开工作的通知》（财预〔2014〕36 号）等构成专门规范财政信息公开的规范性文件。此外，在国家近年来推行的触及人大预算审查监督与政府预算绩效管理等重大核心领域的预算制度改革中，亦频繁出现预算公开的内容，显示出对预算公开法律规制的高度重视。再者，有两部财税法领域之外的法律规范对于预算公开实践发挥着重要作用，一是《政府信息公开条例》，构成预算公开法律依据的重要补充，为纳税人申请预算信息公开提供支撑；二是《保守国家秘密法》，从反面规定预算公开的例外事项，但也面临如何更好界定预算公开信息与国家保密信息之间的界限问题。整体观之，我国的预算公开是依照预算法及其他相关规范实施的一项法定行动，已经形成具有操作性的基本制度框架，

---

① 黎江虹. 预算公开的实体法进路. 法商研究，2015（1）：19.

② 蒋悟真. 预算公开法治化：实质、困境及其出路. 中国法学，2013（5）：43.

③ 甘功仁. 预算公开的目标及其实现路径. 法学杂志，2012（12）：55.

④ 参见《财政部关于进一步推进财政预算信息公开的指导意见》（财预〔2008〕390 号）（现已废止）、《财政部关于进一步做好预算信息公开工作的指导意见》（财预〔2010〕31 号）（现已废止）、《财政部关于深入推进地方预决算公开工作的通知》（财预〔2014〕36 号）。

实践中预算公开的推行也起到了提升财政透明度和促进预算参与的作用。但不容回避的是，仍然存在以下问题：

(一) 预算公开对象与除外事项的边界不明晰

依据《预算法》的规定，依法应予公开的是特定范围的财政预算信息，即经人大批准通过的预算决算及其执行情况报告等，这似乎意味着除此之外的其他财政预算信息均属不公开之列。然而，《预算法》同时又规定了一个除外事项，“涉及国家秘密的除外”，而关于国家秘密的界定并不取决于《预算法》。依据《保守国家秘密法》，国家秘密是指涉及国家安全和利益，泄露后可能损害国家在政治、经济、国防、外交等领域的安全和利益的七类事项，其中与财政预算有所关联的是第四项“国民经济和社会发展中的秘密事项”，但并未直接回应财政预算信息中究竟哪些内容属于国家秘密范畴从而豁免公开的义务性规定；同样模糊的是《保守国家秘密法实施条例》中“机关、单位不得将依法应当公开的事项确定为国家秘密，不得将涉及国家秘密的信息公开”的规定，对于究竟如何认定国家秘密并未作出细化。因而，两部直接关乎国家秘密保护的立法都未对财政预算信息公开的除外规定作出明确指引，这实际上将《预算法》上“涉及国家秘密的除外”条款置于一种几乎“闲置”但又潜藏巨大裁量权力的状态，一旦超越了法定主动公开的范围，则都有可能被这一除外条款所涵盖而免于承担公开义务。更严重的是，一些在实践中长期发挥作用且迄今并未明确失效的立法，如《经济工作中国家秘密及其密级具体范围的规定》等规定了国家预算、决算及各种财务机密事项属于国家机密，应当保密，这些规定尽管伴随着近年来预算公开法治的持续推进而逐渐淡出人们的视野，但对于实践中判断预算公开与保密事项的界限，尤其是涉及并未纳入依法主动公开范畴的事项是否应当保密、有限公开的范围以及密级层次的确定等，仍然起到潜在的影响。实践中当纳税人启动依申请公开时，究竟如何回应申请诉求而公开相关事项就涉及两者关系的处理问题。由于预算公开的除外条款缺乏具体明确的适用标准，即便其他关于预算公开的立法非常翔实，其实施效果也将大受影响。

(二) 预算公开方式的非均衡发展

财税法领域中的预算公开主要是指预算权力主体的依法主动公开，尽管立法明确此种主动公开不仅是面向立法机关的公开，也是向不特定多数的纳税人公开，即面向二元主体框架，但是由于法律条文中的“向社会公开”只是一种笼统的指向，受众带有极大的不确定性，并且反馈回应机制欠缺，导致大量预算公开只是一种单向度的信息传递，纳税人处于虚位状态，很难在实质意义上实现对预算权力的监督与控制。因而，需要更真实地建构“纳税人监督＋立法机关制衡”的双重机制。①对此，除了对主动公开本身进行机制完善，增强程序过程的交互性，还应当弥补依申请公开的立法不足。

---

① 刘剑文. 由管到治：新《预算法》的理念跃迁与制度革新. 法商研究，2015 (1)：7.

现有立法在依申请公开上存在的不足主要表现在：一是《预算法》缺乏依申请公开的直接规定。预算公开的质量基本取决于预算权力主体依法履行主动公开义务的程度，这在一定程度上削弱了预算公开的实际效果，也从根本上制约了财政部以及地方有关预算公开的规范性文件的调整范围，因为上位法规定的缺失，使得下位法更多是在既有的上位法框架内进行细化而非拓展。二是《政府信息公开条例》修订的有限价值。《政府信息公开条例》对依申请公开提供了行动支撑，2019 年立法修改后删去了“特殊需要”规则更是为依申请公开扫清了一个主要障碍。但是该立法毕竟是普遍适用于所有政府信息的公开规制立法，财政预算信息既有政府信息的共通性特征，亦有自身的特殊性，相比于其他政府信息具有更明显的分布广泛性、内容基础性以及与政府行政履职过程的紧密相关性，因而，财政预算信息事实上是普遍存在并且高度流动性的；同时财政预算与国家秘密一直存在边界模糊的情况，需要对如何甄别预算公开的除外事项作出针对性制度安排，这些因素都决定了政府信息公开方面的一般行政性立法无法完全适应预算公开的规制需要。三是财政部颁布的财政预算信息公开的指导意见[①]具有较强的依附性，即基本上是对《预算法》以及《政府信息公开条例》相关内容的细化，这是其作为下位法必然存在的局限性。然而，即便是这样的体系框架中，《政府信息公开条例》的修订并未触发财政预算信息公开法治的同步调整，致使预算公开尤其是在依申请公开方面始终存在先天规制不足的局限。

（三）预算公开法律关系的内容缺陷

预算公开的制度构造在本质上应当是法律主体之间的权力（利）义务关系构造，一定主体享有知悉财政预算信息以及请求公开财政预算信息的权利，并由相关主体承担预算公开义务。在现有制度框架下，承担公开义务的主体及义务内容是比较明确的，即各级政府、各部门和各单位，也就是负责形成预算信息的行政机关及预算单位依法负有公开预算的义务，但是与该义务对应的权利处于缺位或受限的状态。

1. 在主动公开情形中，立法对于承担主动公开义务的主体、公开的对象、公开的具体方式等制度要素均作出明确规定，这种公开义务是依法产生，而并不是基于某种权利请求，换言之，即便缺乏权利配置，相关主体依然要承担法定义务，这是否意味着权利配置并无必要？

在预算公开法律关系框架中，预算权力主体的主动公开义务并不是直接源自特定主体的公开请求，在前述归纳的部分预算公开规范性文件中，明确将保障预算知悉权、参与权、监督权等预算权利作为建构一系列预算公开义务的出发点，而且近年来预算公开法治改革还不断从宏观整体层面的制度规划向诸多细分领域（例如预算绩效管理、政府债务管理、政府与社会资本合作等）延伸，形成适应相关领域透明度发展需要的预算公开规制体系，恰恰反映的是在预算权利价值引导下预算公开

---

① 2008 年财政部曾下发《财政部关于进一步推进财政预算信息公开的指导意见》（财预〔2008〕390 号）（现已废止）。

改革向纵深领域推进的过程。预算权利是由预算知悉权、预算参与权和预算监督权等细分权利构成的权利束，预算参与权与预算监督权的配置都有助于促进预算公开，但预算参与权与监督权行使的基本前提是知悉财政预算相关信息，因而，引导预算主动公开义务的价值规范应当首先定位于预算知悉权。换言之，在主动公开情形中，尽管预算权力主体依法负有公开预算的义务，纳税人不能提出公开的特定请求，但基于预算知悉权的规范化建构，可以形成引导预算权力主体不断推进预算主动公开广度和深度改革的价值秩序。以预算知悉权规范化建构为切入点，弥补预算主动公开情形中权利缺位状态，形成以价值引导为主要内容的预算主动公开义务与预算权利的对应关系。

2. 在依申请公开情形中，法律关系主体相对更为明确，申请人以及接受申请的行政机关都具有特定化身份，主体间的权利义务内容容易确定。依据《政府信息公开条例》规定，公民、法人或者其他组织可以向地方各级人民政府、对外以自己名义履行行政管理职能的县级以上人民政府部门申请获取相关政府信息，但局限性在于依申请公开程序安排的限制。

申请人启动程序之后，能否真正进入实质性审查环节还取决于被申请人的选择是否准确和具体，申请人希望公开的信息是否属于被申请人负责制作或获取的范畴，信息本身是否足够清晰确定以便被申请人作出判断和公开决定，以及其他申请形式和内容方面的具体要求。这一专业性极强的程序安排对于并不熟悉了解的社会公众而言构成潜在的参与障碍。程序有一定的形式化要件和参与条件设置是必要的，这是保障程序公平亦是兼顾程序效率的要求。但是程序制度有别于单纯的形式化要求，程序制度的关键在于凸显其过程性和交涉性。通过对交涉过程的制度化，促进议论和决定过程的反思性整合，既克服形式法的功能滞后，也可以防止实质法过度开放的弊端。[①] 在现有的依申请公开的程序安排中，增加了告知、反馈、解释、说明理由的交互性程序内容，但如何在财政预算领域的程序机制中加以体现还需要进一步考量。另外，除了以上措施，如何增强依申请预算公开程序的交互性，对于《政府信息公开条例》中新设的依申请公开转化为主动公开的程序机制如何体现申请人的参与等也有进一步回应的必要。[②]

四、类案练习

基本案情： 2019 年 11 月 21 日，潘某某等 5 人通过 EMS 向青岛市 A 区 B 街道办事处邮寄“政府信息公开申请表”，载明：“申请人在山东省青岛市 A 区 C 村合法拥有宅基地并建有住宅，现因 D 河片区拆迁改造项目面临征收，特依法申请书面公

① 季卫东. 法治秩序的建构. 北京：中国政法大学出版社，1999：19 - 20.

② 参见《政府信息公开条例》第 44 条第 2 款的规定。该规定创设了依申请公开转化为主动公开的制度可能，有利于回应具有普遍性、广泛性的利益关切，同时也有利于降低主体双方的程序成本。但是如果行政机关经审核认为该申请公开信息不具备转化为主动公开的条件，是否赋予申请人获得听证的权利，有待进一步研究。

开涉案的：该项目的拆迁补偿和安置补助费预算总额、拆迁费用的实际支出总额、征收范围内每家每户的分户补偿明细。”该街道办答复其所申请公开的第一、二项信息不存在；第三项信息属于“个人隐私”，根据《政府信息公开条例》第32条规定，由于该信息涉及第三方人数众多，无法征求全部第三方意见，且该信息与申请人无利益关系，故不予公开。

结合该案思考：

1. 财政预算信息是否只是简单定性为政府信息？两者的关系是什么？

2. 《预算法》中预算公开的相关规定与《政府信息公开条例》在法律适用上的冲突如何解决？

课程思政教学指导

【知识拓展】

一、拓展阅读

突发事件背景下应急支出的预算授权

支出的预算授权是立法机关经由预算赋予行政机关在批准限额范围内动用财政资金权力的基本形式，因而，约束是预算授权的基本功能，强化预算约束既是建立现代财政制度的题中之义，又是完善预算管理制度的核心要义。在预算法理论上，预算授权的支出约束应当全面涵盖常规财政支出与应急财政支出，然而从我国当前用以应对突发事件的预备费、先行支付及预算调整等应急支出机制的具体内容来看，对应急处置环节的支出约束功能明显弱化，如何平衡预算授权的一般法理与应对突发事件背景下资金保障应急需求之间的关系，成为亟待解决的问题。

预算法治的核心要义在于如何通过合理的制度供给保障预算权力的有效运行，并最终将政府财政支出转化落实为有效的公共服务，满足需求侧人民群众日益增长的物质文化需求。因为对于公众而言，其对预算法治的直接感知，来自政府是否有效提供了足够的公共产品，而使公众“免于匮乏的自由”得以实现。公众在基本公共服务领域的“积极权利”的保障，有赖于政府是否有效地发挥了其预算支出的能动性。因此，预算法治并不排斥政府财政支出的能动性，为政府在财政支出方面留下了较大的自由裁量空间，使政府在支出范围确定、支出方向优先性选择、支出方式权衡等方面可以依据客观情势以及社会公共需求的变化而相机调整，而这种裁量灵活性在面对需要动用财政支出工具，化解各种公共风险的现实情况时显得尤为重要。

然而，应对突发事件的能动支出与预算授权固有的规范性、约束性要求存在现实冲突。预算授权的规范性是预算约束力的基本保障，而财政支出的能动性又是适应政府财政事权动态调整的必然趋势。在突发事件背景下对预算功能的积极性与回应性定位，容易淡化对预算本质上乃是约束政府财政权力尤其是支出权力的认知。由此，应将法治作为预算授权规范性与政府财政支出能动性冲突的消解器。支出的预算授权机制通过法定程序约束政府的财政支出行为，其以约束为基本功能导向，不能抽离授权的约束功能实质，片面强调授权的自主性、灵活性，由疫情等突发公共事件产生的政府应急财政支出，同样必须遵循预算授权并受预算约束。

二、毕业论文选题指导

预算法律制度关乎如何管好国家“钱袋子”，使其既能支撑国家公共政策目标的实现，又能确保财政收支可持续运行。考虑到未来社会与风险相伴，应积极探讨预算领域的突发事件应对；同时，不断提高预算治理能力和加强预算的公众参与，调节预算法收支预算的单边运作轨迹、协调预算法授权与控权的制度冲突以及建立预算法收支联结的有效桥梁，彰显预算法旨在提供社会满意的公共产品的价值追求。对于硕士研究生而言，可以从以下几个方面思考相关毕业论文选题。

1. 应对突发公共事件的预算法进路研究。围绕预算法现有相关制度在应对突发公共事件中的不足，思考可以采取哪些有针对性的解决措施，如何将突发公共事件应急实践与应急预算及其法治化有机联系起来。

2. 预算绩效管理的制度保障。强化全过程的预算绩效管理是当前预算改革实践的重要特征，但往往政策性因素多，有效的制度建设及相关保障明显滞后。可以思考预算绩效管理对于相关制度供给提出了哪些需求，如何结合预算法对预算绩效管理的制度保障提供可行建议，进行深入思考。

3. 公民预算参与权研究。公民能否参与预算以及通过何种方式参与预算，是否有必要赋予其预算参与权，通过何种途径构造此种参与权等，相关问题涉及公民预算参与权的理论基础与制度构造。可以结合宪法上的公民参与权进一步思考预算法上建立公民预算参与权的意义和路径。

4. 预算信息公开的基本原则研究。预算公开已经作为一种理念体现在预算法立法及其实施过程中，但对于预算公开立法、执法、司法活动本身应当遵循怎样的原则却没有明确规定，预算公开背后应当还存在一种“元规则”指引其法治运行各个环节的活动。可以结合政府信息公开相关立法以及预算信息自身特点，思考确定基本原则保障预算信息公开有效开展。

三、推荐文献

1. 理查德·A. 马斯格雷夫，艾伦·T. 皮考克. 财政理论史上的经典文献. 刘守则，王晓丹，译. 上海：上海财经大学出版社，2015.

2. 艾伦·希克. 国会和钱——预算、支出、税收. 苟燕楠，译. 北京：中国财政经济出版社，2012.

3. 爱伦·鲁宾. 公共预算中的政治：收入与支出，借贷与平衡. 北京：中国人民大学出版社，2001.

4. 史蒂芬·霍尔姆斯，凯斯·R. 桑斯坦. 权利的成本：为什么自由依赖于税. 毕竟悦，译. 北京：北京大学出版社，2011.

5. 维托·坦齐，卢德格尔·舒克内希特. 20世纪的公共支出：全球视野. 胡家勇，译. 北京：商务印书馆，2005.

6. 罗伯特·黑勒. 德国公共预算管理. 赵阳，译. 北京：中国政法大学出版社，2013.

7. 张守文. 财税法疏议. 2版. 北京：北京大学出版社，2016.

8. 熊伟. 财政法基本问题. 北京：北京大学出版社，2012.

9. 刘剑文，等. 民主视野下的财政法治. 北京：北京大学出版社，2006.

10. 叶姗. 财政赤字的法律控制. 北京：北京大学出版社，2013.

11. 韦森. 国家治理体制现代化：税收法定、预算法修改与预算法定. 北京：商务印书馆，2017.

专题三 国债法律实务

国债是以国家信用为基础向社会筹集财政资金，以弥补政府提供财政公共产品资金的不足，用未来的财政收入承担偿还责任的政府债务，当过度发债导致偿还困难时将引发财政金融风险、政府信用丧失并影响社会稳定。通过本专题学习，学生可以了解国债的概念、分类、功能，知晓国债法的改革发展历程，掌握国债法律制度的基本内容，包括国债的发行规模、期限、结构、价格、使用、转让、偿还、监督等。国债法规制的重点在于如何在保障政府有效提供公共产品的同时，防止因政府失灵而过度影响市场职能的发挥。学习本专题需要重点领会国债法如何赋予政府发债权，如何监督政府发债，债务资金的使用、评价以及偿债的保障。尤其需要重点关注中央与地方政府的权责、地方政府债务的控制、防止政府利用公共债务损害公共利益等法律问题，充分认识和运用政府债务绩效评价的法律规定，最终形成政府间协调一致的公共产品的提供效率与秩序。

【基础理论】

一、基本知识介绍

（一）国债基础知识

1. 国债的概念和分类

国债，以国家作为债务主体，区别于公司和企业债券，实质上还是债权债务关系的范畴。国债是以国家信用为基础，以国家财政承担偿还责任，到期还本付息，通过借款或发行有价证券等方式向社会筹措资金的行为，因其拥有低风险和较高收益的固有特性，所以又被称为金边债券。[①]

按是否可流通的标准，国债可分为记账式国债和凭证式国债。记账式国债是指财政部通过记账式国债承销团向社会各类投资者发行的以纸质或电子方式记录债权的可流通国债。凭证式国债是指财政部在中华人民共和国境内发行，通过承销团成员面向个人投资者销售的，采用填制“中华人民共和国储蓄国债（凭证式）收款凭证”方式记录债权关系的不可流通人民币国债，因此凭证式国债又被称为储蓄国债。储蓄国债不得更名，不可流通转让，可以挂失、提前兑取、质押贷款、约定转存等。

按资金用途的标准，国债分为一般国债和特别国债。特别国债是针对特殊事项而专门发行的国债产品，与一般国债相比，其审批和发行更为便捷，资金募集更为迅速，预算管理更具弹性，资金投向也更为明确，有利于快速弥补财政资金缺口，有效应对突发危机或处理特殊事项，但也存在冲击市场流动性、增加国家债务偿付风险以及破坏债券定价机制等潜在风险。但是，特别国债仍然是一种政府负债，其规模、发行、期限及使用效率将最终影响中央政府的资产负债表及主权信用。

按资金使用主体的标准，国债可分为中央债和地方债。国债资金由中央政府支配的债务为中央债，国债资金由地方政府支配的债务为地方债。

2. 国债的基本特点

现代国债的基本特点是：(1) 国债具有低风险性。国债以国家信用为担保，以政府财政为偿还基础，所以投资者基本不会担心到期能否还本付息的问题。(2) 国债具有快速流动性。国债作为一种融资手段发行规模巨大，加之其良好的信用、市场和收益率，所以国债具有十分强劲的市场流动性。(3) 国债的收益较为平稳。由于国债是由国家财政承担还本付息的责任，又有国家良好的信用作为保证，在所有债券种类中信用度最佳，所担风险最弱，所以很好地保证了投资者的稳定收益。不仅如此，国债本息较为固定，并且较长时期内不会出现大幅度变化所以收益较为稳定。[②]

3. 国债的功能

国债发行规模与支出方向是财政政策的重要组成部分，构成政府有效的宏观调控政策和手段，同时国债又属于金融范畴，国债作为金融资产的特殊属性，这使其与金融市场货币政策等密切相关。[③] 因此，国债是财政与金融的重要连接点，其运行是政府实施财政政策与货币政策配合与协调的重要环节。整体上，国债主要有弥补财政赤字、平衡财政预算、调控宏观经济运行三大功能作用。

4. 国债理论

(1) 古典公债理论。以大卫·休谟、李嘉图、亚当·斯密以及穆勒等为代表的古典公债理论认为：“公债是筹划财源，以供给战争或其他非生产性支出的手段。公债是从资本取出来的借款，所以必定要使得国家贫穷。但是当以公债为财源而实施

---

① 刘剑文，熊伟，施正文. 财税法学. 4版. 北京：高等教育出版社，2021：88.

② 同①89.

③ 同①90.

大型财政支出时，尽管这是非生产性支出，但也谈不上减少国家财富和资源，显示国家繁荣。”[①] 该理论主张政府的收入和支出应以“量入为出”的平衡预算为原则，过度扩大财政赤字预算，再采用发行公债作为融资的财政政策，不仅会产生隔代不公平现象，并有可能引发经济危机、以债养债的结果，严重者会导致政府财政破产的命运。因此，主张政府应当是“小政府”，认为税收比公共债务更有利于遏制政府的财政支出和赤字。

(2) 新兴学派公债理论。主要代表人物有英国的迪策耳、道尔顿，德国的瓦格纳。迪策耳在其1853年出版的《从人民经济关系观察国家公债法》一书中，以国家经费具有生产性为国债论的基础，展开国家经费论的生产性理论及公共信用论的讨论。迪策耳认为：“公债将游资转移到公共经济，通过提供公共物质资料，满足共同欲望形成固定资本，所以不是消灭资本而是再生产，主张以公债促进积累资本扩大生产的所谓再生产学说。他认为公共信用是所有信用结构中最高的国家信用制度的适当运用，是国家经济高度发展的必然现象，国家债务是表现国家财富的标志。”[②]

德国学者瓦格纳提出了社会政策学派的公债理论体系，他探讨了赋税与公债的作用，当选择公债代替赋税时，按构成公债源泉的资本种类，区分为三种公债：一是来自国民经济中现实处于自由资金状态的资本公债；二是来自外国国民经济资本的公债（外债）；三是来自国内资本的公债。瓦格纳一方面从保持原有财政秩序的愿望出发，赞同继续维持传统的平衡预算收支的财政政策；另一方面，他又从满足膨胀的财政支出的需要出发，主张用举借外债的办法来弥补预算赤字。不过瓦格纳指出，应当根据财政支出的不同性质筹措资金，凡属于经常性的财政支出，必须以租税方式来筹集，凡属临时性的财政支出则可用举借外债的方式来筹集。[③]

道尔顿在其1922年出版的《财政学原理》中阐述了他的公债理论。第一，道尔顿把公债分为国内公债与国外公债。外债按其负担分为直接负担和间接负担。直接负担又分为直接的货币负担与直接的实质负担。而直接的实质负担，则根据债务国支付债务所受经济福利损失的程度而定。间接负担依据阻碍社会生产力发展的程度而定。国内公债只不过是在同一国家内财富的转移，和外债不同，既无直接货币负担，也无直接货币利益。第二，道尔顿依公债与公有财产的关系把公债分为再生产公债与沉重公债。前者系指其背后有等值之资产的公债，而后者则指没有相对资产存在的债务。再生产公债后备有充分的公有资产使公债恰似公司的资本，对债权人所支付的利息来自由这种资产所得的收益。反之，沉重公债支付利益的来源则必须从一般赋税中获得。

(3) 凯恩斯公债理论。凯恩斯认为妨碍克服危机、复苏的主要原因，是有效需求减退而导致投资不足，因而危机——失业发生。通过发行公债的财政投资贷款将补充投资不足；通过乘数——经济效果的扩散影响将诱发有效需求；通过提高投资

① 史锦华. 公债学. 北京：中国社会科学出版社，2011：57-89.

② 毛程连，庄序莹. 西方财政思想史. 上海：复旦大学出版社，2010：21-22.

③ 同②38-40.

引诱将给予失业者以就业机会，达到充分就业目的。凯恩斯认为："公债无害而有益、公债非债、公债无须偿还、公债可以随经济的发展而不断增长、公债不会造成下一代的负担。"①

凯恩斯公债理论是在经济危机时期经济学界对原有的自由竞争时期的经济理论的反思，在自由竞争资本主义进入垄断资本主义的初期，凯恩斯的经济干预措施对于恢复市场经济起到了一定的作用，包含在其中的公债理论也是具有一定合理性的。但在经济平稳发展时期，如果政府过度依赖发行公债维持政府预算，必然造成政府奢侈成风，浪费社会资源，最终会导致公债过度，政府资不抵债，最后陷入破产的境地，损害纳税人和债权人的利益。

（4）新公共选择理论。代表人物是詹姆斯·布坎南，其主张通过宪法修正案，制定预算平衡条款，在制度上限制政府支出及公共债务过度膨胀，以缩减政府预算。布坎南的公债理论第一次全面反映了公债对社会经济的正面和负面的作用：从正面看，公债的发行能够为社会基础设施的建设筹集资金，未来一代为之还本付息符合"代际公平"原则；从负面看，过度的公债发行，将可能导致未来的财政危机，破坏"代际公平"。对于一般消费性支出和转移支出来说，为了维护纳税人的利益，应从财政民主的角度出发，实施财政立宪，防止政府滥用公共债务损害公共利益。公共选择理论是对现代公债理论的一大重要贡献，为公共债务立法提供了一定的理论基础。

（二）国债法基础知识

1. 国债法的概念

国债可以弥补政府提供公共产品的资金不足，从而提高人民的获得感、幸福感，但同时也要防止政府举债的失灵所带给人民的安全感受挫。对此，需要政府依法举债、依法用债、依法还债，全过程、全方位对政府举债进行法律约束。因此，国债法是指调整国债发行、流通、转让、使用、偿还、监管的法律规范总称。

2. 国债法的基本内容

（1）国债的发行

国债发行依据法律、规范性文件规定的发行主体、发行方式、发行程序进行资金募集。国债发行是指由财政部将国债推行到一级市场并被个人或机构投资者认购的过程，它是国债运行的起点和基础环节，是运用国债进行宏观调控的前提，核心是确定国债售出的方式即国债发行方式。国债的发行方式主要包括以下方面：

1）直接发行。直接发行一般指由财政部代表中央政府直接将国债定向摊派给投资者如特定的大型金融机构。直接发行方式的发行周期较长，不利于准确计算国债的收益率，一般适用于不可上市流通的国债。随着国债市场的发展，该种发行方式已基本不存在。

2）连续发行。发行人预先不确定固定的发行条件，而是根据市场情况常年销售，如果国债的销售达到一定程度，市场利率水平变化，则停止本期销售，然后调

① 毛程连，庄序莹．西方财政思想史．上海：复旦大学出版社，2010：22，45．

整利率，再销售下一期国债。因此，连续发行方式是可以随时调整发行条件的一种发行方式。连续发行方式有两种办法：一是通过国债承销商将新发行的债券直接在二级市场上销售，要求国债承销商首先要包销国债，造成投资者在一级市场上购买新发行国债和在二级市场上购买已发行国债在形式上没有区别。二是通过销售网点和代理销售机构在柜台上向投资者代理销售。

3）间接发行，间接发行是指财政部委托中介发行机构发行，具体包括代销、承购包销、公开招标和拍卖发行四大类。

代销发行。代销发行方式指由中央政府委托代销者代为向社会出售，充分利用代销者的分布网点，与代销者签订代销协议，约定代销期，代销期限届满未销出余额可全部退给中央政府，由中央政府承担未出售的责任。

承购包销发行方式指审批大型金融机构为承购包销团，由发行人和承销商签订承销合同，由承销商按照约定的价格、条件和方式全额购买发行人发行的国债，承销商购买全部国债后，负责在市场上发售给其他机构或个人，若有未售出的余额均由承销者包购。

公开招标发行也称为密封式拍卖，是一种较为市场化的发行手段，它是指中央政府直接向大型金融机构招标，投资者中标认购后，没有再向社会销售的义务，中标者即为国债认购者，但是中标者也可以按自己意愿以自定价格向社会再行兜售，这个方式免去了中间环节，是一种较为低成本的发行方式。

拍卖发行方式，指将国债直接投入拍卖市场，按照法律规定的拍卖方式和程序，由中央政府主持，公开向广大社会公众拍卖，完全由市场决定国债发行价格与利率。拍卖发行是一种高度自由化、公平化、市场化的科学发行方式，是国债发行市场高度发展的标志，美国国债的发行就主要采取这种方式。

（2）国债的流通

国债流通是依据法律和规范性文件实施的国债买卖、转让、回购、交易。国债流通是指国债进入买卖、转让、回购的过程，国债流通市场是国债买卖、转让的场所。国债作为一种信誉极高的金融商品，其内在属性离不开流通，因而流通市场的存在和发展是国债机制运行的内在必然要求。① 一个高度灵活、发达的国债流通市场是国债机制正常运行和稳步发展的基础和保证。② 国债流通市场又称为国债二级市场。在我国主要分为交易所国债市场、银行间国债市场和柜台国债市场，自 2002 年国债实现跨市场发行后，银行间国债市场成为国债流通的主要场所。③

1）国债流通市场的组织形式

根据市场组织形式划分，我国国债流通市场分为场外市场和场内市场。场外市场包括银行间债券市场和柜台交易市场。场内市场又称证券交易所市场，是指经过政府有关部门批准的在一定时间、按一定规则买卖上市证券的固定场所。场内市场

① 张文君. 我国国债流通市场存在的问题分析及对策建议. 商业经济，2021（9）：184.

② 杨宇婷，宁琦. 我国国债流通市场问题分析与对策建议. 中国财政，2013（15）：62.

③ 温来成，姚晨程. 中国国债市场 70 年回顾与展望. 经济问题，2019（10）：3.

有上海证券交易所国债交易市场和深圳证券交易所国债交易市场。目前，我国的各个国债流通市场处于相互分割状态。

银行间债券市场是指依托于中国外汇交易中心暨全国银行间同业拆借中心（以下简称“同业拆借中心”）和中央国债登记结算有限责任公司（以下简称“中央结算公司”）的，面向商业银行、农村信用联社、保险公司、证券公司等金融机构进行债券买卖和回购的市场。同业拆借中心的主要职能是：提供国债交易系统并组织市场交易；提供市场信息服务；负责国债交易的清算监督。中央结算公司为国债提供登记和结算服务。

银行间债券市场与交易所国债市场同为国债流通市场，但在交易主体、交易机制、交易品种和流动性上存在很大不同，银行间债券市场占据了我国国债流通市场的主导地位。

柜台交易市场是指商业银行通过银行营业网点柜台向投资人发售国债，按公开报价与投资人进行债券买卖、办理国债的托管及相关业务。主要针对记账式国债的发行。

2）国债交易类型

国债流通主要包括回购交易和期货交易。

a. 国债回购交易是指国债持有人在卖出一笔国债的同时，与购买人约定，在一定期限后以约定的价格将其购回。国债回购交易是一种资金融通行为，不是为了投资，其包括质押式回购和买断式回购。

质押式国债回购交易是投资者与其指定的证券公司之间就特定债券开展质押回购，由证券公司提供债券作为质押物，按标准券折算比例计算的质押债券标准券数量为依据，核定融资额度，向投资者融入资金，投资者按合同约定收回资金并取得收益。1993年上海证券交易所首次开展质押式国债回购业务。上海证券交易所等机构详细规定了质押式国债回购交易的操作程序。

买断式国债回购交易是指国债持有人在卖出一笔国债的同时，与购买方签订协议，在约定的日期，以约定的价格向购买方购买同样数量和品种的国债券。买断式国债回购交易有较高的条件，根据上海证券交易所的规定，开展买断式国债回购交易的投资者是符合条件的机构投资者，按照证券账户进行申报，实行一次交易、两次清算的原则，且实行保证金制度。和质押式国债回购交易相比，买断式国债回购交易实行实券过户制度，即发生债券所有权的转移。

b. 国债期货交易是在证券交易所进行的标准化国债合约远期买卖，即买卖双方通过交易所约定，在未来特定交易日，按约定的价格数量，交易收割国债的交易活动。和国债现货交易相比，期货交易是一种远期的合同买卖，具有较大的风险性，要求在证券交易所内交易，不得在场外交易，实行标准化合约以及保证金制度。国债期货交易的主要功能是价格发现、套期保值等。

从我国国债市场发展的实际情况看，国债回购交易、期货交易方式的发展，有效扩大了国债交易规模，推动了国债二级市场的发展，也有利于国债的发行，即一级市场的发展，形成较为完整的国债市场体系，并为我国债券市场以及证券市场和整个国家市场体系作出了重要贡献。

3）国债流通市场的比较

记账式国债是最具典型性的流通国债。目前国债流通市场上记账式国债占了国债发行和流通总量的绝大比重。

从交易主体上看，我国银行间债券市场实行准入备案制，金融机构若要进入银行间债券市场交易需申请办理债券交易联网手续，再向中央结算公司申请开立债券托管账户，并由同业拆借中心和中央结算公司对其申请进行审查后按程序办理。证券交易所市场的交易主体包括试点银行和非银行的各类投资者；在柜台交易市场进行交易的投资者是个人或机构。

从交易机制上看，银行间债券市场由参与者通过询价方式与选定的交易对手自主谈判，通过对话报价、公开报价、匿名报价等方式询价后逐笔达成交易，辅以经纪商制度和做市商制度，以满足不同供求方对流动性的交易要求；交易所国债市场采用的是竞价机制，借助于股票交易系统进行交易，由众多投资者通过竞价撮合成交；柜台交易市场，主要采取一对一协商交易或报价交易方式进行交易。

综上，国债公开交易市场包含银行间债券交易和以银行金融机构为结算机构的交易所交易、场外交易。国债市场交易关系图见3－1。

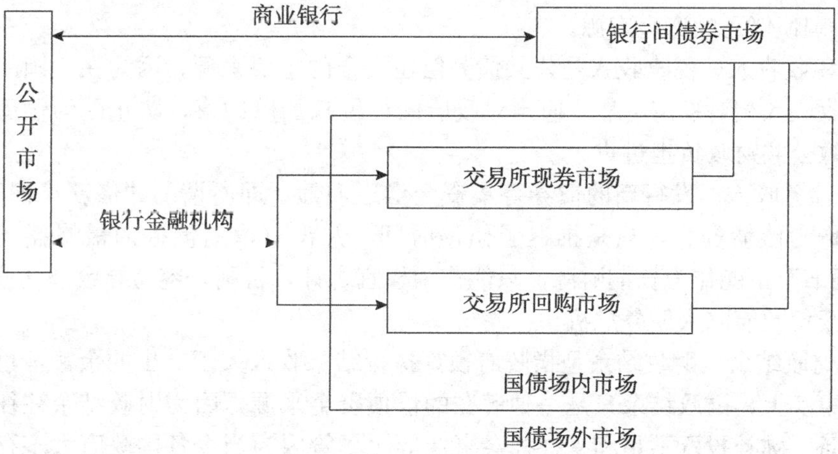

图3－1 国债交易市场关系图

资料来源：温来成，姚晨程. 中国国债市场70年回顾与展望. 经济问题，2019（10）：3.

（3）国债资金的使用

国债资金的使用是指按照预算法和相关规范性文件、国债发行的用途进行使用，以实现国民经济和地区均衡发展。

国债资金主要有以下用途：1）为国民经济的发展筹集国家建设资金，用于重点项目的建设。2）遏制通货膨胀，协调平衡经济，起到宏观经济调控的作用。其目的是回笼资金，减少现钞发行，促进经济协调发展。3）扩大有效需求，推动经济增长。主要为了应对金融危机和国内日益严重的通货紧缩，财政部大量发行国债。4）弥补财政赤字，这是我国国债发行的主要用途之一。5）偿还债务本息，为了防止财政因还债而加重负担，我国国债也采取了举新债还旧债的形式筹集资金。6）其他用途。

（4）国债的偿还

国债的偿还是依据《预算法》等法律、规范性文件规定的国债兑付主体、期限、方式、程序、资金来源进行的资金偿付。我国建立了比较完善的国债偿还体系。通过银行网点、证券公司、信托投资公司以及专业银行柜台等多种渠道办理偿还业务，方便投资者及时兑付。

1）国债偿还方式。国债偿还方式包括到期一次支付、分次支付、投资者选择支付、发行者选择兑付以及随时兑付。利息的支付方式包括到期一次支付、按年支付和每半年支付。我国的偿付方式基本上采取到期一次性支付为主的方式。2000 年开始国债利息支付开始列入财政经常性预算。

2）国债兑付期。我国国债兑付期分为集中兑付和常年兑付。财政部集中兑付期为国债到期之后 4 个月之内。国债兑付需向经办单位支付手续费，目前我国国债兑付的手续费为本金的 0.3%。国债提前兑付因国债持有者违约，需按照兑付本金的 0.1%收取手续费。

3）国债兑付报告。为监督各地的国债偿还情况，财政部规定国债偿还需要建立兑付报告。

4）国债偿还的资金来源。

a. 税收收入。税收收入是公共债务偿还资金的主要来源，因为在一国的财政收入中税收收入相对稳定可靠。应当对政府的征税权加以约束，防止因为偿还公共债务而导致公共财政负担过重。

b. 债务收入。发行新的债券筹集资金偿还旧债，即所谓的“借新还旧”。以债务收入作为偿债资金，只是推迟了偿债时间，并没有取消债务的最终偿还，因此“借新还旧”不能作为长期财源，只能作为权宜之计，否则，容易导致公共债务的积累，甚至使政府陷入债务危机。

c. 财政结余。财政结余是指政府预算执行结果收入大于支出的余额，也称预算盈余。事实上，财政结余只是一种潜在的偿债资金来源，因为财政结余往往被用于财政储备、弥补投资不足和兴办社会事业等。尽管因为当今各国政府大多存在财政赤字，所以财政结余用来偿还公共债务的现实可能性不是很大，但是规定以财政结余偿还公共债务有利于政府减少公共债务，至少会传递一种财政理念，公共债务是要偿还的，不可永远向后推迟偿还。

d. 公共投资项目的投资收益。一般来说，以公共投资项目收益偿还的债务属于自偿性的债务。公共投资项目的投资收益是指在修建某项公共基础设施而发行收入公债，为偿还公债而向受益者收取的费用。特别基金理论认为在收入公债中，政府不是债务人，政府只是作为一个单纯的代理机构去筹款并供这些机构使用，资产所有者和公共项目的使用人才是真正的债务人。一般来说，如果该公共项目仅仅由受益者所缴纳的费用偿还债务，则该公共债务不受各国公共债务法法定上限的限制，但是一旦由政府动用税收来偿还债务，则该公债需要纳入公共债务法律制度的限制。

e. 公共债务偿债基金，又称为“减债基金”。为了保证公共债务的偿还，就必须建立偿债基金制度。所谓偿债基金制度，是指一国为了确保公共债务制度的运行，确立公共债务信用，保证公共债务的偿还而建立的一种基金运行制度。偿债基金的资金来源主要包括：一是由政府从每年的财政预算拨付一定比例的专款或者从其他专项收入中拨付一定数量的资金建立专项基金。二是公共债务发行超收部分的资金。三是收回超过法定期限不再兑付债券部分的本息。四是偿债基金管理运行中的收入。五是每年举新债还旧债的收入也会转入偿债基金统一管理。

（5）国债的监管

国债有其自身不可替代的重要性，需要加强监管。这是因为，国债的持有者相当广泛，从个人投资者到机构投资者都会是国债的持有者，没有任何一种其他的金融资产可以与其相较。国债价格的变动会波及居民消费、企业资产性活动以及其他的金融投资产品价格。国债市场的影响及于整个债券市场。国债操作失当可能引发巨大的风险，也决定了需要对其加强监管。从国债发行来说，国债总量与GDP的比例关系怎样，国债规模是否合理，都可能直接影响一国的经济、政治稳定。

1）国债监管主体。根据有关法律，国债监管的主体主要包括各级权力机关、各级人民政府及财政机关、中国人民银行和中国证券监督管理委员会（以下简称“证监会”）等。这些主体依照法定程序、权限和方式行使监管权。中国人民银行是我国银行间交易市场的主要监管机构。场内交易的监管主要以证监会的行政监管为主，中央结算公司对登记结算的监管、交易所以及证券业协会的自律管理为补充。沪深交易市场的所有国债账户及结算账户均由中国证券登记结算有限公司（简称“中证登公司”）设立并管理，该公司同时还为交易所国债提供存管与过户服务，对国债持有人的权益进行登记，清算交收债券交易的资金。

2）国债监管内容。全国人民代表大会及其常务委员会审查或者调整举债额度。中央政府的专门公共债务管理机构根据统筹原则负责协调、监督和管理全国的公共债务，负责制定中央政府和地方政府的借款计划，对于中央和地方政府举债的数量、种类、期限、条件和时间等享有一定的监管权。财政部作为国债的发行机关，对于国债的发行和交易都要监管。作为中国债券市场的总托管人，中央结算公司接受三方监管，在资产与财务管理上受财政部监管；在业务上受中国人民银行和财政部监管；在人事和组织机构上受中国银行保险监督管理委员会领导，并接受定期审计。

3）国债监管范围。其是公共债务制度运行的全过程所涉及的行为。具体包括国债的预算编制、发行的程序和规模、流通、使用、偿还和管理等。

4）国债监管的程序和方式。国债监管包括从国债发行、募集资金使用到偿还、流通、回购等全过程。具体程序主要有获取数据资料、核对财务数据、资金绩效评价，交易安全评价。监管的具体方式主要有现场监管、信息监管、安全监管、审计监督。

5）国债的监管法律依据。国债监管的法律依据主要有《宪法》《预算法》《审计法》《会计法》《证券法》等相关法律，还有一些行政法规如《国库券条例》等，地方性行政规章和部门规章等规定的宗旨、目标、程序和方式。

二、重点和难点

(一) 国债发行风险的控制

国债的发行规模、结构、期限是控制国债风险的前提，如何保证量入为出财政平衡的政府举债，关系到财政能否稳定运行。

政府举债来提供或满足公共财政产品时，应当遵守《预算法》规定，控制适当的规模、保持合理的结构，目的是要求政府举债时保证风险最低。因此，政府举债要做到适度规模和结构最优。

1. 适度国债规模

国债适度规模问题亦称国债限度问题、国债最优规模问题，有理论指出国债规模应满足以下两个条件：一是国债政策正负效应抵消后，国债净效应达到最大化；二是国债价格实现供需平衡基础上的相对稳定，国债规模方能实现最优。政府发债规模超过一定的限度，不仅会加重政府债务负担、挤占一般性财政收入；而且沉重的利息支出会加大政府债务风险，成为影响国家经济增长的潜在隐患。在理论研究中，往往从社会效益与经济效益两个方面来定义国债的适度规模。一方面，发行国债为国家带来的净效应呈现出先上升后下降的趋势，而国债净效用最大时的规模就是国债产品的适度规模。另一方面，发行国债会对市场行为产生挤出效应，也可以认为国债的适度规模是国债边际收益与个体用户投资边际收益之和最高时的规模。如图 3-2 所示，当国债规模小于 A 时，此时边际收益（MR）小于边际成本（MC），国债带来的净收益小于零；随着国债规模增加，当国债的规模处于 A 与 B 之间时，发行国债带来的净收益大于零；当国债的发行规模继续增加，大于 B 值时，边际收益持续下降，小于边际成本，可见 B 点为国债的最优规模：

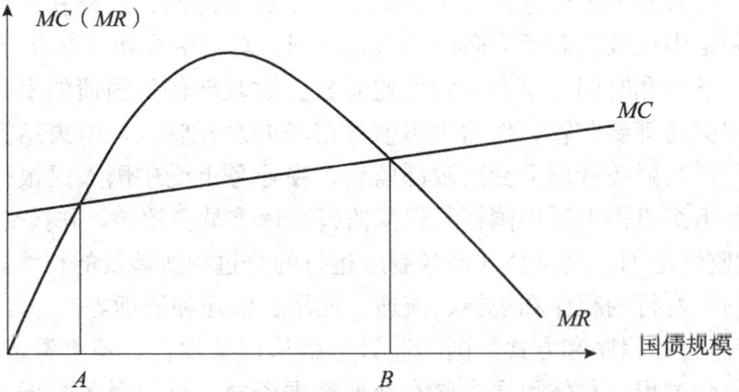

图 3-2 国债发行的适度规模模型

2. 国债期限结构最优

根据国债期限结构所要尽可能满足的付息成本最低和流动性要求，国债期限结构优化理论就是通过建立多目标模型来求解最优期限结构。以上述两大要求为例，最优国债期限结构可以通过如下方式构建：假设只存在短期和长期两种类型的国债，构建等成本曲线要求在曲线上任意一点短期国债及长期国债的利息成本之和相等。根据等利息成本线特点，可以构造出具有内凹性的等利息成本线曲线簇。而长期国债和短期国债根据流动性偏好理论可以构建出等流动性曲线，等流动性曲线与原点的距离代表了不同的流动性水平，距离原点越近，流动性水平越低，债券数量就越少；反之，则流动性水平越高。基于上述假设可以构建理论上的国债期限结构优化模型，即政府保持一定的流动性，而实现国债发行利息成本最小的短期国债搭配。

由于国债的发行会直接构成国家财政负担，因此一国经济能够承担国债的增长还取决于国债规模增长率与国民经济增长率之间的对比，只要前者小于后者，那么该国经济就被认为是可承受的，国债规模再大，也不会造成严重负担。反之，则存在极大风险。国债发行规模的控制，既是国债发行适应经济社会发展以及财政安全的需要，也是有力监管国债发行使用的方式。①

一般来讲，可以用以下几个主要指标来衡量国债风险（见表 3-1）：（1）国债负担率。国债负担率是指一国政府本年度的国债余额与本年度该国的国内生产总值之比，反映了一国经济总量的债务化程度以及未来的债务空间。国际公认的国债负担率的警戒线为发达国家不超过 60%，发展中国家不超过 45%。（2）赤字率。赤字率是指一国政府本年度的财政赤字总额与本年度该国的国内生产总值之比，反映了一国财政收支情况。如果该国政府的财政赤字依靠发行新债进行弥补，那么赤字率刚好可以反映该国新增债务占 GDP 的比率。（3）国债依存度。国债依存度是指一国政府本年度新发行的债务额度与该国本年度的财政赤字之比，如果该国政府该年度的财政赤字完全依靠发行债务的方式进行融资，那么该指标的数值就为 1。一般来讲，该指标的国际警戒线为 20%～30%。（4）国债偿债率。国债偿债率是指一国政府本年度债务的还本付息总额与本年度财政收入之比，该指标越大意味着该国政府要用更大比例的财政收入进行还债，因此债务负担压力较大。（5）居民应债能力。居民应债能力指标是指一国政府本年度发行的债务额度与本年度该国居民储蓄存款余额之比。

表 3-1　常用国债规模衡量指标及安全界限

指　标	安全界限
国债负担率	60%
赤字率	3%
国债依存度	20%
国债偿债率	10%
居民应债能力	<100%

资料来源：国家统计局. 中国统计年鉴（2021）. 北京：中国统计出版社，2021.

① 国家统计局. 中国统计年鉴（2021）. 北京：中国统计出版社，2021：58.

(二) 地方政府债务的风险与监管

1. 地方政府债务的风险

总体上，地方政府债务的风险主要存在于以下几个方面：

(1) 规模风险：债务规模膨胀，缺乏适度性。地方政府债务增速过快、缺乏适度性，导致债务规模膨胀，如果不加以控制，将会带来风险，这就是所谓的规模风险。当地方政府债务增长速度和规模都超过了经济增长的速度，超过了地方政府还款付息能力的时候，不仅地方政府会产生信用危机，作为单一制国家的我国的中央政府不会袖手旁观，信用危机也必会向中央政府转嫁，所以控制地方政府债务规模势在必行，只有规模得到有效的控制，债务危机才能有效得到解决，以维护国家整体经济和财政安全。

(2) 结构风险：债务结构失衡，缺乏合理性。结构风险主要是指地方政府债务的各个构成部分不合理、债务偿还期限错配，种种结构问题将会形成的各种潜在风险。有的地方政府债务举借债务的主体不在政府的财政范围内，资金投向也不受财政预算体制的约束，对应的债务对地方政府造成的影响和危害程度也不同；有的地方债务比重过大，存在向地方政府转移偿还责任的可能，因此，不确定因素变大，更会加大地方政府债务的结构风险。地方政府债务存在的结构风险主要体现为：投融资平台债务比重过大且隐蔽性较强，政府资金投向不合理，市级和县级债务比例过大，债务偿还期限错配。

(3) 金融风险：贷款来源单一，缺乏科学性。在地方政府债务来源中，我们看到贷款主要是银行贷款，其占比 56.56%，这说明，我国地方政府债务来源单一，与银行之间存在着密不可分的联系。上面提到我国地方政府债务的主要形式是地方融资平台，而地方融资平台作为地方政府主要举债主体，其主要运作方式是：融资公司通过地方政府以土地等资源进行抵押担保，向银行贷款。在社会主义市场经济体制下，虽然银行是独立的企业，但大多数银行都主要由国家控股或国有企业控股，银行的经济行为会受到政府的影响甚至干预，进而会将资金贷给一些有政府背景的公司。例如，对于政府背景的客户，银行因其信用高于一般企业而放松了对贷款对象的调查监督和管理，并没有做好充分的市场调查、贷款用途的确认与核实等工作而盲目增加贷款，一旦地方政府出现无力清偿债务，无法对下级单位的财政窟窿进行填补时，就会把风险转嫁给银行，银行的不良资产将会增加，进而影响到银行的资本充足率，最终会影响到整个国家经济的正常运转。

地方政府债务的偿还资金不足时，中央政府为缓解地方政府债务风险，就推行债务置换，将短期较高利率银行债务转换为利率较低的长期银行债务，这在一定程度上缓解了地方债务爆发的风险，但债务风险并没有因此消失，风险转移到了后期，同时增加了后期债务资金。

(4) 局部地区债务规模超过了地方政府的偿还能力。国际上主要以负债率（负债率＝债务余额/GDP）不高于60％作为债务风险控制标准。依据该标准，中国地方政府债务风险总体上仍在安全范围内，但个别地方政府债务超过了其偿债能力。我国审计署表示，各级地方政府都有债务融资需求，但不同级别的政府有不同的债务水平和偿还能力。当然造成这种差异的直接原因在于不同地区的GDP增长和经济发展的差异性，不同地方的资源和政策都不同，政府的负债能力和地方债的数量也会有很大的差异。总体而言，部分西部地区为了当地经济的发展，盲目扩大负债，导致政府负债率远超警戒线，超过了地方政府的偿还能力。

此外，我国还缺乏管理地方政府债务的专门机构。我国管理地方债的机构比较多，甚至出现多个部门管理一个政府的债务的情况，缺乏监管的专业性，导致出现多头监管和管理不到位的现象。那么设立专门的机构对地方政府债务进行管理就显得尤为重要，毕竟现在地方债的情况不容乐观，设立专门机构是十分必要的。

（5）债务资金使用不合理。按照黄金法则来说，政府债务资金应该运用在基础设施建设和非营利项目。但是很多地方政府债务资金使用不合理，表现在以下三个方面：一是举债用于事业单位及国有企业下岗工人的安置费。二是举债用于维持地方的行政管理开支，发放工资、弥补经费不足。三是扶持效益低下的国有企业。这些资金的投向不会产生正向的反馈，而会加重地方政府的偿债压力。由此可见，政府债务使用不合理的现象十分突出，地方政府的债务没有运用于具有强大收益的项目，大多用于最初级的扶持，这样根本无法发挥政府债务资金的作用，也不会促进地方经济的发展，只会使得政府的负债规模逐渐增加，而偿还能力逐渐降低，使得政府公信力逐步下降。

（6）地方政府债务风险向银行集中。地方政府债务的风险转向银行，从而使银行产生呆坏账的可能性大幅提高。法律上明确规定地方政府不能发行地方政府债券，很多地方政府就把目光投向了银行。一方面，这类举债还没有相应的法律法规进行制约。撇开地方政府本身的财务状况不谈，这种融资会给当地银行业带来很大的风险。融资平台向银行申请贷款时，因为地方政府不提供详细的财政收支变化情况，所以银行很难对融资平台的信用进行评级。另一方面，贷款利息是银行的主要收入来源，各银行为了收入而竞争，从而放宽贷款条件的审查及贷后监督，就单个银行来看，就很难对项目融资进行有效监控，由此加剧了地方政府债务风险向银行集中。

2. 地方政府债务的监管

在一级市场监管方面，地方政府通过债券市场融资需要接受财政监督。财政部针对地方政府债券制定了预算管理、发债规模、期限结构、会计核算、承销机制、免税条件和信息披露等政策。在二级市场（债券流通市场）监管方面，地方政府债务与其他债券品种一样，在证券交易所上市的债券由证监会监管，在银行间市场上市的债券由中国人民银行监管。监管机构的职责内容见表3-2、表3-3。

表 3-2　地方政府债券发行阶段监管机构及其职责①

品种	监管机构	审核方式
地方政府债券	国务院	审批制（审批额度）
	财政部	代理发行

表 3-3　地方政府债券上市阶段监管机构及其职责

市场	监管机构	监管内容
场内市场	证监会	审核承销团成员的承销资格/审核企业债券的上市申报材料
场外市场	中国人民银行、证券交易所、银行间交易市商协会	信息披露及持续性义务

根据我国监管法律，我国的债券发行基本实行审批制度，发行债券需要相关监管机构审批同意。不同类型发行审批的差异主要有两个方面：一是根据不同债券确定不同的发行标准，二是根据发行人的性质确定其监管机构作为发行监管机构。

根据 2000 年《全国银行间债券市场债券交易管理办法》规定，在全国银行间债券市场上市交易的债券，需经中国人民银行批准。为了减少行政审批程序，提高效率，增加透明度，2003 年《中国人民银行关于全国银行间债券市场债券上市交易的通知》规定，对于在全国银行间债券市场发行的国债、国家开发银行金融债券和中国进出口银行金融债券，中国人民银行不再逐期审批其在全国银行间债券市场上市交易。地方政府债务实行风险控制管理，主要采取指标法加以判断控制，具体见表 3-4。

表 3-4　地方政府债务各项风险指标计算公式

指标类型	指标名称	含义	公式
短期偿债能力指标	偿债率	反映财政收入的偿债能力	当年还本付息额/地方政府综合财力
	财政支出补偿系数	度量本级财政的实际支出能力	当年公共财政预算收入/当年财政收入
	刚性支出收入比	度量财政收入的刚性支出能力	当年刚性支出/地方政府综合财力

① 张文君. 我国国债流通市场存在的问题分析及对策建议. 商业经济，2021 (9)：184-185；宾建成. 国债流通市场发展亟需解决的几个问题. 商业研究，2003 (4)：104-107；杨宇婷，宁琦. 我国国债流通市场问题分析与对策建议. 中国财政，2013 (15)：62-63；温来成，姚晨程. 中国国债市场 70 年回顾与展望. 经济问题，2019 (10)：1-9.

续表

指标类型	指标名称	含义	公式
长期偿债能力指标	债务率	反映本级财力的偿债能力	年末债务余额/地方政府综合财力
	负债率	反映本地区经济的偿债能力	年末债务余额/当年地区 GDP
	赤字率	度量财政赤字占 GDP 的比重	当年财政赤字/当年地区 GDP
	债务依存度	度量财政赤字对债务的依赖程度	当年新增债务/当年财政支出

第一，地方政府债务实行规模控制和预算管理。地方政府债务规模实行限额管理，地方政府举债不得突破批准的限额。地方政府一般债务和专项债务规模纳入限额管理，由国务院确定并报全国人大或其常委会批准，分地区限额由财政部在全国人大或其常委会批准的地方政府债务规模内根据各地区债务风险、财力状况等因素测算并报国务院批准。地方政府在限额内举借债务，必须报本级人大或其常委会批准。地方政府不得通过企事业单位等举借债务。地方政府举借的债务，只能用于公益性资本支出和适度归还存量债务，不得用于经常性支出。地方政府要将一般债务收支纳入一般公共预算管理，专项债务收支纳入政府性基金预算管理，政府与社会资本合作项目中的财政补贴等支出按性质纳入相应政府预算管理。

第二，控制和化解地方政府性债务风险。首先，建立地方政府性债务风险预警机制。列入风险预警范围的债务高风险地区要积极采取措施，逐步降低风险；债务风险相对较低的地区要合理控制债务余额的规模和增长速度。其次，建立债务风险应急处置机制。要硬化预算约束，防范道德风险，地方政府对其举借的债务负有偿还责任，中央政府实行不救助原则。各级政府要制定应急处置预案，建立责任追究机制。最后，严肃财经纪律。建立对违法违规融资和违规使用政府性债务资金的惩罚机制，加大对地方政府性债务管理的监督检查力度。

第三，完善政府债务管理配套制度。首先，完善债务报告和公开制度。完善地方政府性债务统计报告制度，建立权责发生制的政府综合财务报告制度，全面反映政府的资产负债情况。各地区要定期向社会公开政府性债务及其项目建设情况，自觉接受社会监督。其次，建立考核问责机制，把政府性债务作为一个硬指标纳入政绩考核。对脱离实际过度举债、违法违规举债或担保、违规使用债务资金、恶意逃废债务等行为，要追究相关责任人责任。最后，强化债权人约束。金融机构等不得违法违规向地方政府提供融资，不得要求地方政府违法违规提供担保。

在规范地方政府债务管理，防范化解财政风险方面，《国务院关于深化预算管理制度改革的决定》（国发〔2014〕45 号）提出了以下原则和要求：

第一，赋予地方政府依法适度举债权限，建立规范的地方政府举债融资机制。经国务院批准，省、自治区、直辖市政府可以适度举借债务；市县级政府确需举借债务的由省、自治区、直辖市政府代为举借。政府债务只能通过政府及其部门举借，不得通过企事业单位等举借。地方政府举债采取政府债券方式。剥离融资平台公司政府融资职能。推广使用政府与社会资本合作模式，鼓励社会资本通过特许经营等方式参与城市基础设施等有一定收益的公益性事业投资和运营。

第二，对地方政府债务实行规模控制和分类管理。地方政府债务规模实行限额管理，地方政府举债不得突破批准的限额。地方政府债务分为一般债务、专项债务两类，分类纳入预算管理。一般债务通过发行一般债券融资，纳入一般公共预算管理。专项债务通过发行专项债券融资，纳入政府性基金预算管理。

第三，严格限定政府举债程序和资金用途。地方政府在国务院批准的分地区限额内举借债务，必须报本级人大或其常委会批准。地方政府举借债务要遵循市场化原则。建立地方政府信用评级制度，逐步完善地方政府债券市场。地方政府举借的债务，只能用于公益性资本支出和适度归还存量债务，不得用于经常性支出。

第四，建立债务风险预警及化解机制。财政部根据债务率、新增债务率、偿债率、逾期债务率等指标，评估各地区债务风险状况，对债务高风险地区进行风险预警。债务高风险地区要积极采取措施，逐步降低风险。对甄别后纳入预算管理的地方政府存量债务，各地区可申请发行地方政府债券置换，以降低利息负担，优化期限结构。要硬化预算约束，防范道德风险，地方政府对其举借的债务负有偿还责任，中央政府实行不救助原则。

第五，建立考核问责机制。把政府性债务作为一个硬指标纳入政绩考核。明确责任落实，省、自治区、直辖市政府要对本地区地方政府性债务负责任。地方各级政府要切实担负起加强地方政府性债务管理、防范化解财政金融风险的责任，政府主要负责人要作为第一责任人，认真抓好政策落实。

三、相关立法综述

(一) 我国国债立法的历程

我国国债立法主要历经了三个阶段：

1. 发行一次国债就颁布一次国债条例阶段

新中国成立后，于1950年、1954—1958年、1980年至今发行过国内公债。各期国债发行以前，由国务院制定国债条例，具体规定国债的发行、转让、利率、还本付息及其他有关管理事项。国债条例是规范我国国债管理活动、调整国债主体之间关系的法律依据。1968年国家偿付了全部内外债本息，1968—1981年，我国是一个既无内债、又无外债的国家。1981年1月，国务院通过《中华人民共和国国库券条例》（以下简称《国库券条例》），决定发行国库券来弥补财政赤字，以后又发行了国家重点建设债券、财政债券、重点企业债券、保值公债、特种公债等。到1992年止，每年都颁布一个国库券条例，对发行对象与方式、发行数额及利率、还本付息的期限、国库券及其他债券的贴现、抵押和转让、国债法律责任、国债管理机构等内容予以规定。1989—1991年每年还颁布了一个特种国债条例，对特种国债的发行对象、发行数额、发行期限、利率及偿还期等内容予以规定。1981—1991 年，我国基本每年出台一部年度国库券条例，对当年国库券发行工作进行规范。

2. 普适性规范阶段

1992 年 3 月，国务院颁布《中华人民共和国国库券条例》，对国库券发行的普适性内容作了较为统一的规范，该条例一直沿用至今。1994 年，《预算法》颁布，赋予了政府依法举债的权利。1995 年，《中国人民银行法》颁布，要求中国人民银行不得对政府财政透支，从此财政预算出现赤字时，只能依靠发行国债进行弥补。1998 年，《证券法》颁布，后经多次修改，成为现行最高位阶的规范国债上市交易行为的法律文件，但其对政府债券的规定并不完整，一是政府债券发行和交易，以法律和行政法规另行规定；二是未对政府债券的使用作规定；三是未对发行的审批程序作规定。

3. 余额管理和限额管理阶段

2005 年，全国人大常委会批准，自 2006 年起采取国债余额管理的方式管理国债发行活动，国债管理制度实现了从年度发行额管理到余额管理的重大转变。2014 年《预算法》以法律形式确定了中央政府对地方政府债务实行余额管理和限额管理。

（二）我国现行国债立法体系

我国国债法现行立法体系体现在四个层面：

1. 法律层面

目前，我国《宪法》主要从民主财政和财政收支平衡方面给予规定，国债管理的专项法律有《预算法》《中国人民银行法》《证券法》等从发行、交易等各自角度作出规定，对所涉及国债市场管理的某些领域和环节进行规范。如《预算法》对发行规模和地方政府债务的限额管理规定、监督主体及层级的规定、纳入预算的监督、绩效评价等规范（见表 3-5）。

表 3-5 《预算法》关于政府举债的规定

项目	内容
举债主体	经国务院批准的省、自治区、直辖市
举债资金类型	省、自治区、直辖市预算中必需的建设投资部分资金可以通过发行地方政府债券
举债资金用途	只能用于公益性资本支出
举债规模	由国务院报全国人大或全国人大常委会批准的举债限额
举债方式	只能采取政府债券方式
举债程序	国务院报全国人大或全国人大常委会批准、国务院向省、自治区、直辖市下达的限额，列入本级预算调整方案，报本级人大常委会批准
举债资金的偿还条件	举债的债务应当有偿还计划和稳定的偿还资金来源
担保限制	除法律另有规定外，地方政府及其所属部门不得为任何单位和个人的债务以任何方式提供担保

2. 行政法规层面

从1950年至今，关于政府举债的标志性规范，具体见表3-6，典型规范有1992年颁布的《国库券条例》和2014年国务院发布的《关于加强地方政府性债务管理的意见》。

表3-6 政府举债的行政法规的标志性规范

时间	标志性规范
新中国成立时期	1950年中央人民政府政务院《关于发行1950年东北生产建设折实公债的命令和条例》； 1958年《关于发行地方公债的决定》
20世纪60—80年代	停止地方债发行，以中央发行国债补贴地方的举债方式
20世纪90年代	1992年颁布《国库券条例》；各地陆续出现城投债务
2009年	《国务院关于发行2009年地方政府债券有关问题的通知》
2014年	《预算法》修改了地方政府不得发行地方政府债券的规定，允许发行地方政府债券； 国务院发布《关于加强地方政府性债务管理的意见》(国发〔2014〕43号)； 国务院发布《关于深化预算管理制度改革的决定》(国发〔2014〕45号)
2016年	《国务院办公厅关于印发〈地方政府性债务风险应急处置预案〉的通知》(国办函〔2016〕88号)
2019年	中共中央办公厅、国务院办公厅印发《关于做好地方政府专项债券发行及项目配套融资工作的通知》

3. 部门规章和规范性文件

财政部、中国人民银行、证监会等部委依据各自职能管理范围发布了大量的部门规章、联合规章及规范性文件，内容涉及国债发行、交易、兑付、登记托管结算等国债管理各主要环节。可具体分为两类：一类是专项规范国债管理的有关规定；另一类是规范债券管理的有关规定，也适用于国债。规章和性规范文件详细地阐述了政府债券发行主体、发行期限、发行方式、信用等级等方面的要求，对规范地方政府债券发行、规范发行行为、保护投资者合法权益具有重要的借鉴意义。具体的标志性规范见表3-7。

表3-7 政府举债的部门规章和规范性文件的标志性规范

时间	标志性规范
2000年	《全国银行间债券市场金融债券发行管理办法》(中国人民银行令〔2000〕第2号发布)
2003年	《外债管理暂行办法》(国家发展和改革委员会、财政部、国家外汇管理局令〔2003〕第28号)
2005年	《全国银行间债券市场债券远期交易管理规定》(中国人民银行公告〔2005〕第9号)

续表

时间	标志性规范
2009年	财政部《2009年地方政府债券资金项目安排管理办法》
	《银行间债券市场债券登记托管结算管理办法》（中国人民银行令〔2009〕第1号）
	塔克拉玛干市发展改革委员会《关于下达政府债券建设项目投资计划的通知》（塔发改投资〔2009〕29号）
2013年	财政部、中国人民银行《关于印发〈储蓄国债（电子式）管理办法〉的通知》（财库〔2013〕7号）
2014年	国家发展改革委员会《关于开展政府和社会资本合作的指导意见》（国发改〔2014〕2724号）
	财政部《地方政府存量债务纳入预算管理清理甄别办法》（财预〔2014〕351号）
2015年	财政部《地方政府一般债券发行管理暂行办法》（财库〔2015〕64号）
	财政部《地方政府专项债券发行管理暂行办法》（财库〔2015〕83号）
	《关于对地方政府债务实行限额管理的实施意见》（财预〔2015〕225号）
2016年	《关于印发〈地方政府性债务风险分类处置指南〉的通知》（财预〔2016〕152号）
	《关于印发〈地方政府一般债务预算管理办法〉的通知》（财预〔2016〕154号）
	《关于印发〈地方政府专项债务预算管理办法〉的通知》（财预〔2016〕155号）
2017年	《关于印发〈新增地方政府债务限额分配管理暂行办法〉的通知》（财预〔2017〕35号）
	《关于进一步规范地方政府举债融资行为的通知》（财预〔2017〕50号）
	《关于印发〈地方政府土地储备专项债券管理办法（试行）〉的通知》（财预〔2017〕62号）
	《关于印发〈地方政府收费公路专项债券管理办法（试行）〉的通知》（财预〔2017〕97号）
2018年	《关于印发〈地方政府债务信息公开办法（试行）〉的通知》（财预〔2018〕209号）
2019年	《信用评级业管理暂行办法》（中国人民银行、国家发展和改革委员会、财政部、中国证券监督管理委员会令〔2019〕第5号）
2020年	中国人民银行等五部委《关于加强金融违法行为行政处罚的意见》
	《关于加快地方政府专项债券发行使用有关工作的通知》（财预〔2020〕94号）
	财政部《关于修订印发〈记账式国债发行远程招标现场管理与监督办法〉的通知》（财库〔2020〕8号）
2021年	《关于印发〈地方政府债务信息公开平台管理办法〉的通知》（财预〔2021〕5号）
	《关于印发〈地方政府专项债券项目资金绩效管理办法〉的通知》（财预〔2021〕61号）

续表

时间	标志性规范
2021 年	《关于印发〈地方政府专项债券用途调整操作指引〉的通知》（财预〔2021〕110 号）
	中国人民银行、财政部《关于印发〈储蓄国债（凭证式）管理办法〉的通知》（银发〔2021〕20 号）
	财政部、中国人民银行《关于印发〈手机银行销售储蓄国债（电子式）试点办法〉的通知》（财库〔2021〕15 号）
2022 年	财政部、中国人民银行《关于印发〈储蓄国债发行额度管理办法〉的通知》（财库〔2022〕43 号）
	《关于印发〈记账式国债招标发行规则〉的通知》（财库〔2022〕004 号）
	《银行间债券市场债券借贷业务管理办法》（中国人民银行公告〔2022〕第 1 号）
	《中国人民银行行政处罚程序规定》（中国人民银行令〔2022〕第 3 号）
2023 年	《关于印发〈政府债券登记托管结算管理办法〉的通知》（财库〔2023〕18 号）

4. 协会自律监管规范

分为国债协会和银行间市场交易商协会规范。国债协会正式成立于 1991 年 8 月，是一家经财政部和民政部批的准非营利性社团人。国债协会的会员构成类似于银行间市场交易商协会，但是仅有机构会员而不包括个人会员。国债协会以促进中国的国债市场健康发展为宗旨，接受财政部监管，制定协会内部的章程，对国债业进行自律管理。银行间市场交易商协会，是银行间市场的自律组织，于 2007 年经民政部批准成立。其作为非营利性社团法人，成员包括个人和单位。单位会员主要有政策性银行、商业银行、信用社、保险公司、证券公司、信托公司、投资基金、财务公司、信用评级公司、大中型工商企业等各类金融机构和非金融机构。协会对自己的成员制定相关的交易规范、操作标准，为成员们树立职业道德范式，对成员的各项经营行为进行监督，如果发现违反协会规定的行为，协会有权按规定对其进行处罚。具体的主要规范见表 3-8。

表 3-8　协会自律监管标志性规范

时间	标志性规范
2015 年	《债券登记、托管与结算业务细则》（中国证券登记结算有限责任公司 2015 年修订）
	《关于发布〈上海证券交易所债券质押式协议回购交易业务指引〉的通知》（上证发〔2015〕27 号）
2021 年	《关于发布〈深圳证券交易所债券质押式协议回购交易业务办法〉的通知》（深证上〔2021〕240 号）
2022 年	中国人民银行办公厅《关于全国银行间债券市场实行准入备案制有关事宜的通知》

续表

时间	标志性规范
2022 年	《关于发布施行〈上海证券交易所债券交易规则〉及有关事项的通知》（上证发〔2022〕24 号）
	《关于发布〈深圳证券交易所债券交易规则〉的通知》（深证上〔2022〕113 号）

【案例分析】

案例：D 县 400 亿元债务下的地方政府财政风险

一、案例导入

2020 年，D 县公共财政负债 400 亿元事件进入公众视野，只有 1 个街道和 8 个乡镇的 D 县，却借了 400 亿元债务打造景观，平均每个乡级行政单位负债 44 亿元，由此引发的地方政府财政风险问题备受关注。公开数据显示，D 县财政长期处于入不敷出状态，该县 2004—2017 年的年度财政收入从 4 730 万元增至 4.49 亿元，年度财政支出却从 4.45 亿元增至 27.17 亿元。2018 年，D 县财政总收入 10.08 亿元，2018 年末户籍人口 35.606 5 万人。400 亿元的债务意味着，D 县人均负债达 11.2 万元。

二、财税行政与法官释法

（一）D 县政府债务的合法性

根据官方信息，D 县政府 2014—2017 年进行建设投资资金的举债没有获得批准、不符合政府举债的程序，其规模超过经济发展实际，无稳定的偿债资金来源，虽然投资项目可能有未来收益，但是收支能否平衡并无测算。2019 年 8 月 7 日，《中国纪检监察报》刊文披露：D 县债务高达 400 多亿元，绝大多数融资成本超过 10%。

《预算法》第 35 条第 2、3 款规定："经国务院批准的省、自治区、直辖市的预算中必需的建设投资的部分资金，可以在国务院确定的限额内，通过发行地方政府债券举借债务的方式筹措。举借债务的规模，由国务院报全国人民代表大会或者全国人民代表大会常务委员会批准。省、自治区、直辖市依照国务院下达的限额举借的债务，列入本级预算调整方案，报本级人民代表大会常务委员会批准。举借的债务应当有偿还计划和稳定的偿还资金来源"。"除前款规定外，地方政府及其所属部门不得以任何方式举借债务。"

(二) D县政府债务的依法应急处置

D县公共财政负债400亿元，各级政府已经按照相关法律规定完成了相关工作，展开了风险评估、实施了应急处置和责任追究，D县已经按要求逐步推进整改。

对此，《预算法》第35条第5款规定："国务院建立地方政府债务风险评估和预警机制、应急处置机制以及责任追究制度。国务院财政部门对地方政府债务实施监督。"

(三) 相关主体的责任

2019年1月D县委原书记潘某被免职、立案侦查。

《预算法》第94条规定："各级政府、各部门、各单位违反本法规定举借债务或者为他人债务提供担保，或者挪用重点支出资金，或者在预算之外及超预算标准建设楼堂馆所的，责令改正，对负有直接责任的主管人员和其他直接责任人员给予撤职、开除的处分。"

三、疑难问题

上述材料涉及的几个核心问题主要可以从以下方面进行分析：

1. 债务的性质认定

D县400亿元债务虽然属于《预算法》规定的建设投资资金，但一旦无力偿还或延期偿还（已经被起诉），就形成连带政府公信力、政府诚信、政府财政风险，因此，政府债务是关系到社会稳定、政府治理的重大问题。

2. 是否依法举债

地方各级政府应严格按照相关法律法规规定举借债务，但地方政府往往为了形象、政绩等不顾法律法规规定，违法举债，将法律规定的经济变量的不确定性作为举债的依据，或不考虑经济依据，或者规避法律法规规定。

3. 债务的监督与监管

相关法律法规赋予了对政府债务的监督与监管，但只有做到由事后监督变革为有效的事前、事中、事后的全过程监督与监管，更注重事前监督与监管，多层面的监督与监管，才能实现《预算法》的立法宗旨，降低政府财政风险。

4. 债务的绩效评价

根据《预算法》纳入财政预算的政府债务，应该进行绩效评价，但从2014年全面推行预算绩效管理以来，预算绩效评价始终处于艰难的推进过程中。

5. 政府的干预边界

十八届三中全会通过的《中共中央关于全面深化改革若干重大问题的决定》表达了政府与市场的关系：充分发挥市场配置资源的决定性作用和更好发挥政府作用。而在经济社会发展过程中，如何处理政府与市场的边界，发挥政府的引导作用，需要不断加强制度建设，明确哪些是政府做的，哪些是市场做的。

四、类案练习

2022年的《政府工作报告》提出，今年拟安排地方政府专项债券3.65万亿元。去年12月，财政部提前下达地方2022年新增专项债券额度1.46万亿元；3月30日，又向各地下达了剩余的新增专项债券限额。

提前下达的专项债券额度大部分已发行完毕。截至2022年3月末，累计发行约1.25万亿元，占提前下达额度的86%；各级财政部门累计向项目单位拨付债券资金8 528亿元，占已发行新增专项债券的68%。

“今年的专项债券发行进度明显提前。”许宏才说，“去年12月，财政部提前下达2022年新增专项债券额度1.46万亿元，比去年提早了三个月。已发行的1.25万亿元比去年同期发行额增加了1.23万亿元，这是一个比较明显的指标增加。”

据介绍，在中央财政下达省和省往市县分配时，主要遵循以下几个原则：一是充分考虑各地区财力和债务风险水平，向财政实力强、债务风险低的省份倾斜。二是坚持“资金跟着项目走”，对成熟和重点项目多的地区予以倾斜，重点支持有一定收益的基础设施和公共服务等重大项目以及国家重大战略项目。三是体现“奖罚分明”，对违反财经纪律和资金使用进度慢的地区扣减额度，对管理好、使用快的地区予以适当奖励。四是严格落实专项债券负面清单管理，明确专项债券资金不得支持楼堂馆所、形象工程和政绩工程、非公益性资本项目支出。

各地聚焦重点投向领域，带动扩大有效投资。数据显示，在已经发行的专项债券中，支持市政和产业园区基础设施4 157亿元、交通基础设施2 316亿元、社会事业2 251亿元、保障性安居工程2 016亿元、农林水利1 004亿元、生态环保468亿元，能源、城乡冷链等物流基础设施251亿元。“这些项目对稳定宏观经济起到十分重要的作用。”许宏才说。

此外，按照《政府工作报告》提出的专项债券“合理扩大使用范围”的要求，财政部也采取了一系列举措——

一是加大惠民生、解民忧等领域投资。近期，财政部会同国家发展改革委组织各地补报了一批2022年专项债券项目，指导地方将城市管网建设、水利等重点领域项目作为补报重点。二是支持增后劲、上水平项目建设。主要是围绕新基建等加大支持力度，研究将具有公益性且有一定收益的信息基础设施、融合基础设施、创新基础设施作为支持重点。三是推动“补短板、强弱项”项目建设。要求各地围绕全面推进乡村振兴、加快农业农村现代化，做好农业农村领域项目储备，将粮食仓储物流设施作为专项债券支持重点，支持重要农产品特别是粮食供给，保障国家粮食安全。①

问题：1. 本案中政府专项债券的合法性如何界定？

2. 政府专项债券与一般债券如何发行、使用、偿还及监管？

---

① 资料来源：聚焦重点领域 带动扩大有效投资——有关负责人解读地方政府专项债券热点问题.（2022-04-13）. https://www.gov.cn/zhengce/2022—04/13/content_5689691.htm.

3. 政府债券的安全性如何保障?

课程思政教学指导

【知识拓展】

一、拓展阅读

2021 年 12 月地方政府债券发行和债务余额情况①

1. 全国地方政府债券发行情况

(1) 当月发行情况。2021 年 12 月，全国发行新增债券 1 136 亿元，其中一般债券 125 亿元、专项债券 1 011 亿元。全国发行再融资债券 2 043 亿元，其中一般债券 242 亿元、专项债券 1 801 亿元。合计，全国发行地方政府债券 3 179 亿元，其中一般债券 367 亿元、专项债券 2 812 亿元。2021 年 12 月，地方政府债券平均发行期限 9.0 年，其中一般债券 5.7 年，专项债券 9.5 年。2021 年 12 月，地方政府债券平均发行利率 3.14%，其中一般债券 2.94%，专项债券 3.17%。

(2) 1—12 月发行情况。2021 年 1—12 月，全国发行新增债券 43 709 亿元，其中一般债券 7 865 亿元、专项债券 35 844 亿元。全国发行再融资债券 31 189 亿元，其中一般债券 17 804 亿元、专项债券 13 385 亿元。合计，全国发行地方政府债券 74 898 亿元，其中一般债券 25 669 亿元、专项债券 49 229 亿元。2021 年 1—12 月，地方政府债券平均发行期限 11.9 年，其中一般债券 7.7 年，专项债券 14.2 年。2021 年 1—12 月，地方政府债券平均发行利率 3.36%，其中一般债券 3.26%，专项债券 3.41%。

(3) 1—12 月还本付息情况。2021 年 1—12 月，地方政府债券到期偿还本金 26 685亿元，其中发行再融资债券偿还本金 23 019 亿元、安排财政资金等偿还本金 3 666 亿元。12 月当月到期偿还本金 316 亿元。2021 年 1—12 月，地方政府债券支付利息 9 280 亿元。其中，12 月当月地方政府债券支付利息 462 亿元。

2. 全国地方政府债务余额情况

经第十三届全国人民代表大会第四次会议审议批准，2021 年全国地方政府债务限额为 332 774.3 亿元，其中一般债务限额 151 089.22 亿元，专项债务限额 181 685.08 亿元。

---

① 财政部预算司. 2021 年 12 月地方政府债券发行和债务余额情况. (2022-02-09) [2022-03-14]. http://yss.mof.gov.cn/zhuantilanmu/dfzgl/sjtj/202202/t20220209_3786613.htm.

截至 2021 年 12 月末，全国地方政府债务余额 304 700 亿元，控制在全国人大批准的限额之内。其中，一般债务 137 709 亿元，专项债务 166 991 亿元；政府债券 303 078 亿元，非政府债券形式存量政府债务 1 622 亿元。

截至 2021 年 12 月末，地方政府债券剩余平均年限 7.8 年，其中一般债券 6.3 年，专项债券 9.0 年；平均利率 3.51%，其中一般债券 3.51%，专项债券 3.51%。

二、毕业论文选题指导

对于国债法律实务部分的论文选题，可以关注的问题很多，例如国债的发行机理、地方政府专项债券的发行以及抗疫特别国债的发行等，对此，我们需要从路径和方法上进行关注和学习。做好选题的前提是：我们要熟悉国债法的法律、法规、部门规章、规范性文件的规定，如政府债务举借的合法性，如何加强对政府债务的监管等问题，在此基础上，可以从以下方面进行选题分析：

第一，我们要时时关注媒体报道的关于政府债务的事件或者参加实践，如希腊政府债务危机、D 县政府债务事件、财政年鉴数据资料。

第二，根据事件资料，分析该事件的发生是属于国债法规定的实体法问题，还是属于程序法问题，还是实体法、程序法都无规定，从而将问题聚焦在法律和事件的融合上。从而拟定需要解决的问题，以此形成我们的观点，也就是明确题目和论文主题。

如希腊政府债务危机是债务发行过度还是过度提高福利，违背的是实体法律制度还是程序法律制度。如果程序合法，继续往下走，是资金使用不透明还是监督不到位，如果没有问题，继续往下搜索问题，那么是否是经济发展无法控制，导致负债安全线突破，从而认为问题是降低政府债务的举借比例，进而寻找到论文题目。

第三，阅读报纸理论版、期刊论文和著作，结合实务，发现写作的题目。如政府债务用于基础设施的资金，实务中有绩效评价，也有绩效评价的论文。此时，论文的切入点是政府债务资金绩效的评价方法还是评价的标准，还是法律规定，抑或是写作方法问题，我们加以对比判断将采取的是什么切入点。同一个问题，已有的论文从评价方法上去完成，那么我们可以从评价标准上去切入，抑或从制度规范上切入，这样就容易找到写作的方向和题目。

第四，关注中国裁判文书网、北大法宝、Westlaw 中关于国债或政府债务的纠纷裁判文书，通过案例进行研究，综合多个案例进行归纳分析。

关于国债法律问题选题的具体思路见图 3-3：

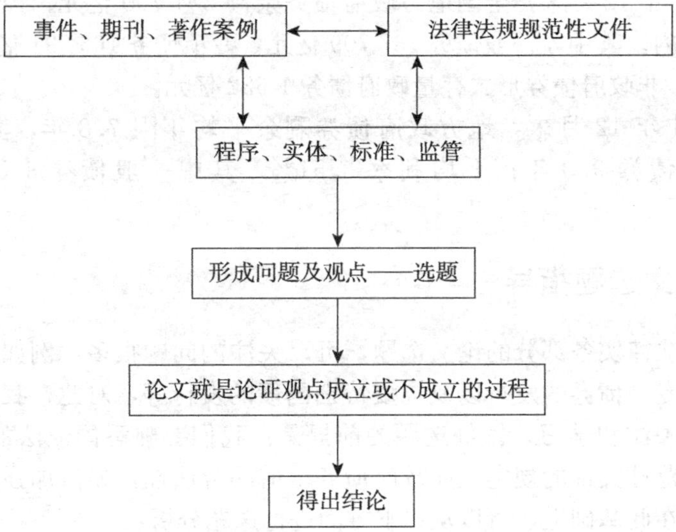

图 3-3 国债法律实务部分的选题思路

三、推荐文献

1. 道尔顿. 财政学原理. 周玉津，译. 台北：正中书局，1969.

2. 刘剑文，熊伟. 财政税收法. 北京：法律出版社，2019.

3. 刘剑文 . 财政法学. 北京：法律出版社，2021.

4. 詹姆斯·M. 布坎南，戈登·图洛克. 同意的计算：立宪民主的逻辑基础. 陈光金，译. 上海：上海人民出版社，2017.

5. 张怡. 财税法教程. 北京：法律出版社，2019.

6. 熊伟. 预算管理制度改革的法治之轨. 法商研究，2015 (1).

7. 刘继峰，曹阳. 我国地方政府债务法律监管研究. 法学杂志，2017 (8).

8. 秦勇，李凤霞. 税收国家框架下的“土地财政”法律制度改革. 现代经济探讨，2012 (11).

9. 向东. 我国政府债券法律制度研究. 北京：中央民族大学，2007.

10. 郭栋. 以人民为中心践行社会主义公债理论的中国方案. 金融理论与实践，2021 (6).

11. 陈秀山，张启春. 政府国债资金使用与区域社会福利增进. 经济理论与经济管理，2004 (11).

专题四　政府采购与转移支付法律实务

财政支出包括购买性支出和转移性支付，而政府采购属于购买性支出，它既不同于一般的民事采购，也有别于政府的一般行政行为。本专题需要学习政府采购法与财政转移支付法的基本知识，重点掌握政府采购当事人、政府采购方式、政府采购合同、政府采购救济、财政转移支付的目标、财政转移支付的类型等内容，并借助政府采购相关案例分析的研讨，使学生综合运用相关知识对实际问题进行分析，初步具备解决政府采购与转移支付问题的实践能力。本部分的重点难点主要有政府采购的法律界定、政府采购合同的认定、财政转移支付的标准设计与类型划分等。

【基础理论】

一、基本知识介绍

（一）政府采购法概述

“政府采购具有民事行为和行政行为的双重性质”①，既受私法的约束，也受公法的制约。对于政府采购，国际上没有一个权威的定义，各国对它的定义、范围的认识也并不一致。② 在我国，学术界同样没有对政府采购的定义形成统一观点。依照我国《政府采购法》第 2 条规定，政府采购是指各级国家机关、事业单位和团体组织，使用财政性资金采购依法制定的集中采购目录以内的或者采购限额标准以上的货物、工程和服务的行为。其中，“采购”是指以合同方式有偿取得货物、工程和服务的行为，包括购买、租赁、委托、雇用等。“货物”是指各种形态和种

① 湛中乐，杨君佐．政府采购基本法律问题研究（上）．法制与社会发展，2001（3）：19.

② 杨蔚林，杨诗媛．论法国政府采购主体的构成和特点．中国政府采购，2015（11）：70－74.

类的物品，包括原材料、燃料、设备、产品等。“工程”是指建设工程，包括建筑物和构筑物的新建、改建、扩建、装修、拆除、修缮等。“服务”是指除货物和工程以外的其他政府采购对象，包括政府自身需要的服务和政府向社会公众提供的公共服务。

政府采购主体指向的是各级国家机关、事业单位和团体组织，具体包含各级国家机关及其派出机构、政党组织、社会团体、事业单位、行会组织、自治组织以及其他社会组织。其中，事业单位是指依法设立的履行科教文卫体等公共事业发展职能的机构和单位；团体组织是指依法设立的财政供养的从事公共社会活动的团体组织。

政府采购不同于普通买卖行为的关键，不在于采购人是政府机关，而在于采购资金的财政性，其主要来自财政拨款和需要由财政偿还的官方贷款。[①] 从《政府采购法》第 2 条、第 6 条等规定来看，采购资金看似限于预算内资金，财政性资金是指纳入预算管理的资金。《政府采购法实施条例》第 2 条第 1、2 款规定，“政府采购法第二条所称财政性资金是指纳入预算管理的资金。以财政性资金作为还款来源的借贷资金，视同财政性资金”。财政性资金的公共性决定了政府采购是国家行为，同时也是国家机关、事业单位和团体组织的民事行为。政府采购的国家行为和民事行为的双重性质，决定了其既能适用合同法等私法规则，也能适用《政府采购法》等特殊规则。但是，并非所有的事业单位和团体组织的经费都来自财政拨款，因此，国家机关、事业单位和团体组织的采购项目既使用财政性资金又使用非财政性资金的，使用财政性资金采购的部分，适用《政府采购法》及其实施条例；财政性资金与非财政性资金无法分割采购的，统一适用《政府采购法》及其实施条例。比如，我国的事业单位被分为财政全额拨款、财政部分拨款和自筹经费事业单位三类，因而来自对社会提供服务所收取的相关费用之事业单位经费便不属于财政性资金，其使用过程也就不适用《政府采购法》。需要指出的是，国有企业的全部财产属于全民所有，可以看作是广义上的财政性资金，但《政府采购法》适用的主体范围不包括企业，因此国有企业的采购活动不适用《政府采购法》。[②]

对于政府集中采购目录和采购限额标准，依照法律规定的权限制定。按照《政府采购法》第 7 条规定，集中采购的范围由省级以上人民政府公布的集中采购目录确定。属于中央预算的政府采购项目，其集中采购目录由国务院确定并公布；属于地方预算的政府采购项目，其集中采购目录由省、自治区、直辖市人民政府或者其授权的机构确定并公布。其第 8 条规定，政府采购限额标准，属于中央预算的政府采购项目，由国务院确定并公布；属于地方预算的政府采购项目，由省、自治区、直辖市人民政府或者其授权的机构确定并公布。

政府采购法是指调整国家机关、事业单位和团体组织使用财政性资金采购货物、工程和服务的行为的一系列法律规范的总称。至于其法律渊源，包括法律层面之

① 张传. 政府采购法比较研究. 北京：中国方正出版社，2007：1-12.
② 陈兆霞. 政府采购法律问题研究. 现代法学，2003 (2)：56-62.

《政府采购法》和《招标投标法》，行政法规层面之《政府采购法实施条例》，部门规章层面之《政府采购信息发布管理办法》《政府采购质疑和投诉办法》《政府采购非招标采购方式管理办法》《政府采购货物和服务招标投标管理办法》，以及政府采购目录和标准等其他。对于政府采购法适用范围的例外情况，《政府采购法实施条例》第7条第1款更是具体规定："政府采购工程以及与工程建设有关的货物、服务，采用招标方式采购的，适用《中华人民共和国招标投标法》及其实施条例；采用其他方式采购的，适用政府采购法及本条例。"使用国际组织和外国政府贷款进行的政府采购，贷款方、资金提供方与中方达成的协议对采购的具体条件另有规定的，可以适用其规定，但不得损害国家利益和社会公共利益。

政府采购法兼具静态属性与动态特质，政府采购不仅要满足自身的消费需求，还体现出政府一定的经济社会政策意图。过往理论普遍认为我国的政府采购包括促进环境保护、扶持特定产业和特定地区、购买国货等三项公共政策功能，也表明政府采购是化解管理危机、走出政府信用危机和摆脱财政危机的有效方式。政府采购制度建立初期的目标在于节省财政资金，提升采购效率。政府采购成为国家进行经济和社会调控，实现经济和社会政策目标的重要工具。《政府采购法》第9条明示："政府采购应当有助于实现国家的经济和社会发展政策目标，包括保护环境，扶持不发达地区和少数民族地区，促进中小企业发展等。"《政府采购法实施条例》第6条中更是具体明示："通过制定采购需求标准、预留采购份额、价格评审优惠、优先采购等措施，实现节约能源、保护环境、扶持不发达地区和少数民族地区、促进中小企业发展等目标。"结合《政府采购法》第1条的"立法目的"规定，政府采购法的功能主要表现在：一是规范政府采购行为和程序，促进企业公平竞争，推进反腐倡廉建设。二是通过公开招标等竞争性采购方式，提高政府采购资金的使用效益。三是通过质疑、投诉等方式，保护政府采购当事人的合法权益，维护国家利益和社会公共利益。四是实现宏观经济调控目标，表现为应当采购自主创新、节能环保产品、扶持不发达地区和少数民族地区经济发展、促进中小企业发展，不得对中小企业实行差别待遇。《政府采购法》虽规定政府采购应有助于促进中小企业发展，但规则尚需细化。①

从财政立法实践来看，政府采购政策功能逐渐发力。我国先后发布了《节能产品政府采购实施意见》（财库〔2004〕185号）、财政部、国家环保总局《关于环境标志产品政府采购实施的意见》（财库〔2006〕90号，现已废止）、《政府采购促进中小企业发展管理办法》（财库〔2020〕46号）、《关于促进残疾人就业政府采购政策的通知》（财库〔2017〕141号），逐步建立起涵盖支持绿色产业、中小企业、残疾人就业等的政府采购政策支持体系。比如，《国务院关于进一步深化预算管理制度改革的意见》（国发〔2021〕5号）要求拓展政府采购政策功能，严禁超预算、无预算开展政府采购，推进政府采购意向等信息按规定向社会公开。

---

① 肖军. 德国政府采购法促进中小企业发展规则之嬗变与启示. 法学评论，2011（2）：71-76.

（二）政府采购法的基本原则与基本制度

政府采购法的原则有一般原则和特别原则之分。其中，《政府采购法》第 3 条规定的“公开透明原则、公平竞争原则、公正原则和诚实信用原则”，为政府采购的一般原则。至于其他原则，则包括以下几个：

第一，工程采购的法律适用原则。依照《政府采购法》第 4 条规定，政府采购工程进行招标投标的，适用招标投标法。

第二，维护政府采购市场国内开放性原则。根据《政府采购法》第 5 条规定，任何单位和个人不得采用任何方式，阻挠和限制供应商自由进入本地区和本行业的政府采购市场。

第三，预算约束原则。根据《政府采购法》第 6 条的规定，政府采购应当严格按照批准的预算执行，旨在强调财政预算的约束力，防止随意突破。

第四，集中采购与分散采购相结合原则。按照《政府采购法》第 7 条规定，政府采购实行集中采购和分散采购相结合。纳入集中采购目录的政府采购项目，应当实行集中采购。集中采购最大的好处在于实现规模效应，节约采购成本，提高财政资金的使用效率。为适应集中采购的要求，我国相继在设区的市、自治州以上人民政府设立了集中采购机构，一般称为政府采购中心。

第五，采购本国货物原则。依据《政府采购法》第 10 条的规定，政府采购应当采购本国货物、工程和服务。但有下列情形之一的除外：其一，需要采购的货物、工程或者服务在中国境内无法获取或者无法以合理的商业条件获取的；其二，为在中国境外使用而进行采购的；其三，其他法律、行政法规另有规定的。前款所称本国货物、工程和服务的界定，依照国务院有关规定执行。

政府采购法的基本制度包括以下几项：

第一，信息公开制度。不仅要求政府采购的信息应当在政府采购监督管理部门指定的媒体上及时向社会公开发布，但涉及商业秘密的除外；也要求政府采购项目的采购标准应当公开。采购人在采购活动完成后，应当将采购结果予以公布。

第二，回避制度。根据《政府采购法》第 12 条的规定，在政府采购活动中，采购人员及相关人员与供应商有利害关系的，必须回避。供应商认为采购人员及相关人员与其他供应商有利害关系的，可以申请其回避。前款所称相关人员，包括招标采购中评标委员会的组成人员，竞争性谈判采购中谈判小组的组成人员，询价采购中询价小组的组成人员等。

第三，监督管理制度。依照《政府采购法》第 13 条的规定，各级人民政府财政部门是负责政府采购监督管理的部门，依法履行对政府采购活动的监督管理职责。各级人民政府其他有关部门依法履行与政府采购活动有关的监督管理职责。政府采购的监督包括财政主管部门的监督，政府采购主体的内部监督，审计部门、监察机关的外部监督，新闻媒体和媒体公众的监督。其中，财政部门监督管理部门针对业务监督和管理，监察部门监督部门是针对“人”的监督，而审计部门从审计角度对采购单位进行审计监督。

(三) 政府采购当事人

政府采购法是公私耦合之法，采购中的公私关系包括采购人与供应商的关系，采购人与其工作人员或其代理机构、聘用专家等的关系，供应商与其员工的关系等。[①] 依照《政府采购法》第 14 条的规定，政府采购当事人是指在政府采购活动中享有权利和承担义务的各类主体，包括采购人、供应商和采购代理机构等。

第一，采购人。采购人是指依法进行政府采购的国家机关、事业单位、团体组织。[②] 采购人在政府采购活动中应当维护国家利益和社会公共利益，公正廉洁，诚实守信，执行政府采购政策，建立政府采购内部管理制度，厉行节约，科学合理确定采购需求。采购人不得向供应商索要或者接受其给予的赠品、回扣或者与采购无关的其他商品、服务。[③]

第二，采购代理机构。根据《政府采购法实施条例》第 12 条的规定，采购代理机构是指集中采购机构和集中采购机构以外的采购代理机构。集中采购机构是设区的市级以上人民政府依法设立的非营利事业法人，是代理集中采购项目的执行机构。集中采购机构应当根据采购人委托制定集中采购项目的实施方案，明确采购规程，组织政府采购活动，不得将集中采购项目转委托。集中采购机构以外的采购代理机构，是从事采购代理业务的社会中介机构。其中，集中采购机构与采购人的关系通常具有强制性，属法定代理。其他采购代理机构与采购人的关系具有任意性，属意定代理。其他采购代理机构通常是具有相应经营资质的公司、企业。需要指出的是，不管是由集中采购机构或其他采购代理机构代理采购，还是由采购人自行采购，皆应遵循《政府采购法》所规定的采购方式和程序。

集中采购机构为采购代理机构。根据《政府采购法》第 16 条的规定，设区的市、自治州以上人民政府根据本级政府采购项目组织集中采购的需要设立集中采购机构。集中采购机构是非营利事业法人，根据采购人的委托办理采购事宜。根据《政府采购法》第 17 条的规定，集中采购机构进行政府采购活动，应当符合采购价格低于市场平均价格、采购效率更高、采购质量优良和服务良好的要求。根据《政府采购法》第 18 条的规定，采购人采购纳入集中采购目录的政府采购项目，必须委托集中采购机构代理采购；采购未纳入集中采购目录的政府采购项目，可以自行采购，也可以委托集中采购机构在委托的范围内代理采购。纳入集中采购目录属于通用的政府采购项目的，应当委托集中采购机构代理采购；属于本部门、本系统有特殊要求的项目，应当实行部门集中采购；属于本单位有特殊要求的项目，经省级以上人民政府批准，可以自行采购。

采购人可以委托集中采购机构以外的采购代理机构，在委托的范围内办理政府采购事宜。从性质上看，其他采购代理机构是从事采购代理业务的社会中介机构。

---

① 孙景怡. 公共采购制度之公私关系研究. 法学杂志，2017（7）：98.

② 参见《政府采购法》第 15 条。

③ 参见《政府采购法实施条例》第 11 条。

由于这种代理关系属于意定委托，因此根据《政府采购法》第19条的规定，采购人有权自行选择采购代理机构，任何单位和个人不得以任何方式为采购人指定采购代理机构。而根据《政府采购法》第20条的规定，采购人依法委托采购代理机构办理采购事宜的，应当由采购人与采购代理机构签订委托代理协议，依法确定委托代理的事项，约定双方的权利义务。采购人在自行采购时，可以委托经国务院有关部门或省级人民政府有关部门认定资格的采购代理机构，在委托的范围内代理政府采购事宜。

第三，供应商。根据《政府采购法》第21条的规定，供应商是指向采购人提供货物、工程或者服务的法人、其他组织或者自然人。供应商参加政府采购活动应当具备下列条件：一是具有独立承担民事责任的能力；二是具有良好的商业信誉和健全的财务会计制度；三是具有履行合同所必需的设备和专业技术能力；四是有依法缴纳税收和社会保障资金的良好记录；五是参加政府采购活动前3年内，在经营活动中没有重大违法记录；六是法律、行政法规规定的其他条件。采购人可以根据采购项目的特殊要求，规定供应商的特定条件，但不得以不合理的条件对供应商实行差别待遇或者歧视待遇。

根据《政府采购法》第23条的规定，采购人可以要求参加政府采购的供应商提供有关资质证明文件和业绩情况，并根据本法规定的供应商条件和采购项目对供应商的特定要求，对供应商的资格进行审查。而根据该法第24条的规定，两个以上的自然人、法人或者其他组织可以组成一个联合体，以一个供应商的身份共同参加政府采购。以联合体形式进行政府采购的，参加联合体的供应商均应当具备本法第22条规定的条件，并应当向采购人提交联合协议，载明联合体各方承担的工作和义务。联合体各方应当共同与采购人签订采购合同，就采购合同约定的事项对采购人承担连带责任。

此外，《政府采购法》第25条规定，政府采购当事人不得相互串通损害国家利益、社会公共利益和其他当事人的合法权益；不得以任何手段排斥其他供应商参与竞争。供应商不得以向采购人、采购代理机构、评标委员会的组成人员、竞争性谈判小组的组成人员、询价小组的组成人员行贿或者采取其他不正当手段谋取中标或者成交。采购代理机构不得以向采购人行贿或者采取其他不正当手段谋取非法利益。

（四）政府采购的方式和程序

根据《政府采购法》第26条的规定，政府采购的法定方式包括公开招标、邀请招标、竞争性谈判、单一来源采购、询价和国务院政府采购监督管理部门认定的其他采购方式。其中，公开招标应作为政府采购的主要采购方式。

第一，公开招标。《政府采购法》第27条规定，采购人采购货物或者服务应当采用公开招标方式的，其具体数额标准，属于中央预算的政府采购项目，由国务院规定；属于地方预算的政府采购项目，由省、自治区、直辖市人民政府规定；因特殊情况需要采用公开招标以外的采购方式的，应当在采购活动开始前获得设区的市、自治州以上人民政府采购监督管理部门的批准。该法第28条规定，采购人不得将应当以公开招标方式采购的货物或者服务化整为零或者以其他任何方式规避公开招标采购。而政府采购工程进行招标投标的，适用招标投标法。因此，只有以招标方式采购货物和服务的，才适用《政府采购法》规定的程序。公开招标的特殊情况，包括否定投标、废标和中标无效。

第二，邀请招标。《政府采购法》第34条规定，货物或者服务项目采取邀请招标方式采购的，采购人应当从符合相应资格条件的供应商中，通过随机方式选择三家以上的供应商，并向其发出投标邀请书。该法第29条规定，对于符合下列情形之一的货物或者服务，可以依照本法采用邀请招标方式采购：其一，具有特殊性，只能从有限范围的供应商处采购的；其二，采用公开招标方式的费用占政府采购项目总价值的比例过大的。相较于公开招标是面向所有符合条件的供应商，邀请招标只面向采购人随机选择的3家以上的有限供应商。在程序方面，其与公开招标无异。

第三，竞争性谈判。《政府采购法》第30条规定，符合下列情形之一的货物或者服务，可以依照本法采用竞争性谈判方式采购：其一，招标后没有供应商投标或者没有合格标的或者重新招标未能成立的；其二，技术复杂或者性质特殊，不能确定详细规格或者具体要求的；其三，采用招标所需时间不能满足用户紧急需要的；其四，不能事先计算出价格总额的。《政府采购法》第38条明确了采用竞争性谈判方式采购的具体程序。

第四，单一来源采购。这是采购人直接将采购合同授予一家供应商的采购方式。《政府采购法》第31条规定，采用单一来源方式采购的货物或者服务限于以下情形：其一，只能从唯一供应商处采购的；其二，发生了不可预见的紧急情况不能从其他供应商处采购的；其三，必须保证原有采购项目一致性或者服务配套的要求，需要继续从原供应商处添购，且添购资金总额不超过原合同采购金额10%的。而《政府采购法》第39条规定，采取单一来源方式采购的，采购人与供应商应当遵循本法规定的原则，在保证采购项目质量和双方商定合理价格的基础上进行采购。由于单一来源采购方式为非竞争方式，对于其是否符合法定采用情形，应当从严解释，即从严控制其采用。

第五，询价。询价采购是采购人向不少于3家供应商发出询价通知书让其报价，根据供应商一次报出的不得更改的价格，比较并确定最优供应商的一种采购方法。《政府采购法》第32条规定，采购的货物规格、标准统一、现货货源充足且价格变化幅度小的政府采购项目，可以依照本法采用询价方式采购。该法第40条规定，采取询价方式采购的，应当遵循以下程序：一是成立询价小组。询价小组由采购人的代表和有关专家共3人以上的单数组成，其中专家的人数不得少于成员总数的2/3。询价小组应当对采购项目的价格构成和评定成交的标准等事项作出规定。二是确定被询价的供应商名单。询价小组根据采购需求，从符合相应资格条件的供应商名单中确定不少于3家的供应商，并向其发出询价通知书让其报价。三是询价。询价小组要求被询价的供应商一次报出不得更改的价格。四是确定成交供应商。采购人根据符合采购需求、质量和服务相等且报价最低的原则确定成交供应商，并将结果通知所有被询价的未成交的供应商。

第六，竞争性磋商。依照《政府采购竞争性磋商采购方式管理暂行办法》（财库〔2014〕214号）第2条规定，竞争性磋商采购方式，是指采购人、政府采购代理机构通过组建竞争性磋商小组（以下简称“磋商小组”）与符合条件的供应商就采购货物、工程和服务事宜进行磋商，供应商按照磋商文件的要求提交响应文件和报价，采购人从磋商小组评审后提出的候选供应商名单中确定成交供应商的采购方式。同时，该暂行办法第3条规定了可以采用竞争性磋商方式开展采购的范围：一是政府购买服务项目；二是技术复杂或者性质特殊，不能确定详细规格或者具体要求的；三是因艺术品采购、专利、专有技术或者服务的时间、数量事先不能确定等不能事先计算出价格总额的；四是市场竞争不充分的科研项目，以及需要扶持的科技成果转化项目；五是按照《招标投标法》及其实施条例必须进行招标的工程建设项目以外的工程建设项目。

（五）政府采购合同

政府采购法之所以规定政府采购必须采用不同于私人采购的特殊缔约方式，根本原因在于政府采购是一种特殊的市场交易行为，政府采购合同是一种特殊的民事合同。其特殊性主要体现在政府是采购人、使用财政性资金进行采购、采购具有公共性等。政府采购合同具有公法与私法的兼容性[①]，“本质上是两个独立的合同行为所构成，二者是政府采购程序和政府采购合同的法律关系。政府采购使用公共资金，选择交易对象必然受到法律的约束，预约属于行政合同；而本约按照政府采购的目的以及采购时政府身份地位的不同，不能一言蔽之，可能是民事合同或者行政合同”[②]。即便作为民事合同的政府采购合同占比较大，也不可简单地要求一律适用私法。[③]

《政府采购法》对政府采购行为性质认定采取了分段处理的方式：一方面，政府采购合同适用合同法。采购人和供应商之间的权利和义务，应当按照平等、自愿的原则以合同方式约定。采购人可以委托采购代理机构代表其与供应商签订政府采购合同。由采购代理机构以采购人名义签订合同的，应当提交采购人的授权委托书作为合同附件。[④] 另一方面，《政府采购法》对于合同订立前采购人与供应商就采购文件、采购过程和中标、成交结果发生的纠纷却并未规定适用民事法律制度予以解决，而是规定了质疑、投诉处理和行政救济的争端解决方式。换言之，签订的政府采购合同被明确归类为民事合同，因此，签订合同及其履行适用民事合同法之相关规定。在法律上确认政府采购合同签订前，采购部门在招标、审标和决标过程中的行为性质为行政行为，发生相关争议的，当事人可以直接以采购人为被申请人或被告寻求行政救济。[⑤] 而合同订立前采购人与供应商就采购文件、采购过程和中标、成交结

---

① 于安. 我国政府采购法的几个问题. 法商研究，2003（4）：76-79.

② 赵飞龙. 论政府采购的法律性质. 行政法学研究，2016（6）：94.

③ 同①10-15.

④ 参见《政府采购法》第43条。

⑤ 陈又新. 政府采购行为的法律性质：基于对“两阶段理论”的借鉴. 行政法学研究，2015（3）：110-118.

果发生的纠纷则适用另一套制度。

政府采购合同应当采用书面形式，国务院政府采购监督管理部门应当会同国务院有关部门，规定政府采购合同必须具备的条款。① 采购人与中标、成交供应商应当在中标、成交通知书发出之日起 30 日内，按照采购文件确定的事项签订政府采购合同。中标、成交通知书对采购人和中标、成交供应商均具有法律效力。中标、成交通知书发出后，采购人改变中标、成交结果的，或者中标、成交供应商放弃中标、成交项目的，应当依法承担法律责任。② 政府采购项目的采购合同自签订之日起 7 个工作日内，采购人应当将合同副本报同级政府采购监督管理部门和有关部门备案。③ 经采购人同意，中标、成交供应商可以依法采取分包方式履行合同。政府采购合同分包履行的，中标、成交供应商就采购项目和分包项目向采购人负责，分包供应商就分包项目承担责任。④

政府采购合同履行中，采购人需追加与合同标的相同的货物、工程或者服务的，在不改变合同其他条款的前提下，可以与供应商协商签订补充合同，但所有补充合同的采购金额不得超过原合同采购金额的 10%。⑤ 政府采购合同的双方当事人不得擅自变更、中止或者终止合同。政府采购合同继续履行将损害国家利益和社会公共利益的，双方当事人应当变更、中止或者终止合同。有过错的一方应当承担赔偿责任，双方都有过错的，各自承担相应的责任。⑥

（六）政府采购救济

完善的政府采购救济制度，是实现政府采购公开、公平、公正目标的重要保证。《政府采购法》除了专章规定“监督检查”和“法律责任”，还专章规定了“质疑与投诉”，规定政府采购救济制度包括询问、质疑、投诉、行政复议和行政诉讼几种方式，具体内容如下：

第一，询问。依据《政府采购法》第 51 条的规定，供应商对政府采购活动事项有疑问的，可以向采购人提出询问，采购人应当及时作出答复，但答复的内容不得涉及商业秘密。

第二，质疑。依照《政府采购法》第 52 条的规定，供应商认为采购文件、采购过程和中标、成交结果使自己的权益受到损害的，可以在知道或者应知其权益受到损害之日起 7 个工作日内，以书面形式向采购人提出质疑。

第三，投诉。根据《政府采购法》第 55 条的规定，质疑供应商对采购人、采购代理机构的答复不满意或者采购人、采购代理机构未在规定的时间内作出答复的，可以在答复期满后 15 个工作日内向同级政府采购监督管理部门投诉。

---

① 参见《政府采购法》第 45 条。
② 参见《政府采购法》第 46 条。
③ 参见《政府采购法》第 47 条。
④ 参见《政府采购法》第 48 条。
⑤ 参见《政府采购法》第 49 条。
⑥ 参见《政府采购法》第 50 条。

第四，行政复议和行政诉讼。依照《政府采购法》第58条的规定，投诉人对政府采购监督管理部门的投诉处理决定不服或者政府采购监督管理部门逾期未作处理的，可以依法申请行政复议或者向人民法院提起行政诉讼。

（七）财政转移支付的基本内涵

财政转移支付制度是一种通过转移支付调整中央和地方财政之间的纵向不平衡和各区域之间的横向不平衡的财政制度。广义上讲，财政转移支付“是指国家为了特定的法律和政策目标，依据严格的法律权限和法定程序，将国家财政资金在上下级政府或同级政府之间以及政府与企业、居民之间进行再分配的活动”①。而狭义的财政转移支付是指发生在各级政府间资金的无偿转移，尤其是上级政府按法定标准对下级政府的纵向转移支付。其中，转移支付资金在下级政府预算中列为财政收入，在上级划出资金的政府预算中应列为财政支出。

在现代法治国度，政府的主要职能是向社会提供公共产品和公共服务，而履行这一职能所需要的公共资源主要通过税收、收费等方式获得。要保障地方的财源稳定，除了在法治范畴下赋予地方适度的财政自主权，还有必要根据事权与财权相一致原则合理划分财政比重，利用财税工具均衡政府间的财政收支划分，确保最低的行政服务水平和地方均衡发展的机会。② 通过财政转移支付制度的实施，实现各级政府之间的纵向财政平衡和地区间横向财政平衡，这是财政转移支付的主要目标，也是建立财政转移支付制度的目的所在。

（八）财政转移支付的类型划分

财政转移支付的类型较多，依据不同的标准有不同的类型划分。例如，按照资金流动的方向，可以将其划分为纵向转移支付和横向转移支付。横向转移支付的目的是提高贫困地区财政服务水平，具体数额为依法测算的地区税收能力指数与全国平均税收能力指数之差。我国虽未实行横向转移支付制度，但有具有中国特色的“对口支援”，其被视为“纵向转移支付的有益补充”③，也是横向财政平衡的需要和地区合作博弈的结果。

而按照政府对财政资金用途安排的不同，可将财政转移支付制度划分为一般性转移支付和专项转移支付。其中，一般性转移支付是上级政府依法将其财政资金转作下级政府财政收入的一种补助方式，目的是弥补财政实力薄弱地区的财力缺口，均衡地区间的财力差距，具体数额按因素法确定。上级政府一般不规定一般性转移支付资金的具体用途，由地方政府依法自主支配使用。我国《预算法实施条例》第9条未对一般性转移支付类型采穷尽列举模式，而以“其他一般性转移支付”为兜底。而“专项转移支付，是指上级政府为了实现特定的经济和社会发展目标给予下

---

① 徐阳光. 财政转移支付制度的法学解析. 北京：北京大学出版社，2009：23.

② 张成松. 共享税减免条件下的地方财政赋权. 重庆社会科学，2016（5）：26－33.

③ 石绍宾，樊丽明. 对口支援：一种中国式横向转移支付. 财政研究，2020（1）：3.

级政府，并由下级政府按照上级政府规定的用途安排使用的预算资金”[①]。财政转移支付逐渐被作为财税法保障实现公平正义的一项具体政策工具[②]，其主要应用于教育、医疗卫生、社会保障等领域，主要在于实现国家的政策意图，其财政均衡化能力相对偏弱。

整体来说，一般性转移支付不规定具体用途也不附加具体使用条件，整体性考虑地方财力，追求公共服务均等化；而专项转移支付则侧重效率，强调每一笔资金都只能用于特定的用途，被俗称为“项目资金”，但中央政府对地方政府的转移支付资金用途指定不宜过细。[③]“一般性转移支付的逆向激励问题可以通过政绩考核制度得到部分纠正，使其有可能在平衡区域发展中提高整体经济效率；专项转移支付属于‘积极均衡策略’，可部分纠正地方政府偏好错位问题。”[④] 但受诸多因素影响，两类转移支付功能发挥产生混同与偏差，导致转移支付整体功能受限，转移支付结构调整陷入困境。[⑤] 因此，若要构建效率与公平兼具的转移支付体系，便要谨慎对待属于“消极均衡策略”的一般性转移支付与属于“积极均衡策略”的专项转移支付。在立法中合并一般性转移支付，依据更加注重公平的方式对资金进行统一分配，加大对贫困地区一般性转移支付的比例，突出对贫困地区的财政扶持。要规范专项转移支付，设置严格的评估和退出机制，体现国家政策导向。

“促进地区间基本公共服务均等化的财政转移支付制度，包括财力性转移支付的权义结构及计算标准、专项转移支付的权义结构及程序规则以及地方政府间财政转移支付的一般规定。”[⑥]《国务院关于实行分税制财政管理体制的决定》（国发〔1993〕第 85 号）规定了维护原包干财政体制下地方既得利益的税收返还制度和原体制补助、上解和结算制度。2002 年中央财政将“过渡期转移支付”正式更名为“一般性转移支付”，2009 年中央财政将“一般性转移支付”更名为“均衡性转移支付”。现阶段，我国转移支付形式分散地表现为均衡性转移支付、民族地区转移支付、县乡财政奖金转移支付、调整工资转移支付、年终结算财力补助、税收返还等多种方式。概括而言，我国财政转移支付制度主要包括一般性转移支付、专项转移支付、税收返还等，其中税收返还是指中央财政先集中大部分税收收入，再根据国家宏观调控的需要将一部分税收收入返还给地方。其形式主要包括“两税返还”、所得税基数返还、成品油价格和税费改革税收返还、地方上解等。[⑦] 但有学者认为，由于税收返还既不属于一般性转移支付，也不属于专项转移支付范畴，因而需要取消这种不合理的转移支付形式。[⑧]

---

① 《预算法实施条例》第 10 条。

② 张婉苏. 我国财税法中转移支付的公平正义：以运行逻辑与实现机制为核心. 政治与法律，2018（9）：80-92.

③ 岳希明，蔡萌. 现代财政制度中的转移支付改革方向. 中国人民大学学报，2014（5）：20-26.

④ 吕冰洋. 国家能力与中国特色转移支付制度创新. 经济社会体制比较，2021（6）：29.

⑤ 夏冬泓. 财政转移支付结构调整困境及其人权再定位. 法学杂志，2018（2）：11-24.

⑥ 徐孟洲，叶姗. 论政府间财政转移支付的制度安排. 社会科学，2010（7）：69.

⑦ 刘剑文，熊伟. 财政税收法. 北京：法律出版社，2017：127-128.

⑧ 熊伟. 财政转移支付亟待结构优化与法治规范. 东方早报，2013-06-18（8）.

二、重点和难点

(一) 政府采购的法律界定

依照《政府采购法》第 2 条规定，一项采购行为是否纳入政府采购管理范围，主要从采购主体、资金来源、采购标的、采购项目等要素方面展开分析。其中，政府采购主体包括各级国家机关、事业单位和团体组织；资金来源为“财政性资金”，判断基准在于其是否为“纳入预算管理的资金”，将采购管理与预算管理相衔接，将《政府采购法》与《预算法》相衔接，但实践中对于“财政性资金”的把握存在争议；采购标的为货物、工程和服务，其中虽然货物这一概念未有争议，但实践中工程以及与工程建设有关的货物和服务政府采购与招标投标法规定的适用范围存在重叠，对于服务是否包含政府向社会公众提供的公共服务认识尚不统一。

(二) 政府采购合同的认定

政府采购以公共利益为中心，兼具民事行为和行政行为的二元属性，决定了其既受《民法典》私法的约束，也受《政府采购法》公法的制约。一方面，作为采购人的政府是民事主体，行使的是民事权利，其与供应商因民事行为而形成的是民事法律关系；另一方面，政府与生俱来为公权力者，公权力始终伴随其左右，因此政府采购行为必然要受到公法约束，如此才能确保政府采购关系之平等。因此，政府采购合同是一种特殊的民事合同，主要体现为政府是采购人、使用财政性资金进行采购、采购具有公共性等。

(三) 财政转移支付的目标定位

财政转移支付“既是一个经济问题，也是一个政治问题，更是一个法律问题”[①]。它的存在基础在于公共财政理论、财政宏观调控理论以及分权与制衡理论。[②]比如，根据公共财政理论，应按照公共产品的层次性和受益范围来细化各级政府事权，对于外溢性较强能惠及其他地区居民的公共产品，则通过上级政府的介入和协调考虑由上下级政府共同提供。比如，保障县级政府基本财力，实现基本公共服务在县域之间的均等化主要责任在于省级政府。[③] 政府间财政转移支付制度表现出再分配性、无偿性、赠与性、间接调控性等多重特点[④]，其目标既在于满足下级政府的支出需要、均衡政府间财政能力、协调区域利益，更在于推进基本公共服务均等化。考察域外的财政实践，不论是联邦国家还是单一制国家，财政转移支付制度在平衡政府间财力差距中都扮演着重要角色，并以财政均等化为目标形成了较为成熟的转移支付模式，典型如美国之补助金转移支付模式、德国之“纵横均衡”

---

① 徐阳光. 论财政转移支付法与地方分权自治. 安徽大学法律评论，2007 (2)：74.

② 刘剑文. 中国财政转移支付立法探讨. 法学杂志，2005 (5)：31-35.

③ 马海涛，任致伟. 转移支付对县级财力均等化的作用. 财政研究，2017 (5)：2-12.

④ 张道庆. 论中央与地方财政转移支付关系的法律调控. 现代法学，2007 (6)：56.

财政转移支付模式、日本的地方交付税模式、法国的一般性补助和专项补助模式等。对于实行单一制政体的中国来说，财政转移支付制度在于通过调节政府间财政关系，调整各地区间的横向不平衡，缩小地区间经济发展的差距，实现财税利益的均衡分配。

新中国成立后，我国财政管理体制历经“统收统支”“分灶吃饭”等几个阶段，而严格意义的财政转移支付制度是 1994 年分税制财政管理体制改革的产物。改革后，虽从整体上勾画出我国财政体制立法的基本框架，但尚未构建出形式完备、内容规范的分税制立法体系，且可能造成横向和纵向财力之不均衡。正是这种不彻底的分税制改革，一定程度上导致了央地关系不明晰、财权和事权配置不合理，地方政府的财政收入无法满足财政支出，使得财政转移支付制度应运而生。众所周知，中国地区之间经济发展差距较大，不同地方的财力不一，城乡之间差距明显，公共服务的水平极不平衡。鉴于欠发达地区的财力与事权的不匹配，政府间财政转移支付可以增强欠发达地区的财力，促使公共服务的均等化实现，其制度设计的意义即在于此。

财政转移支付手段应以自主财源为基础，只有在地方财源难以自给时，其方可发挥补给作用来保障地方的财政平衡。换言之，在财政分权的制度框架下，基本公共服务的供给责任主要由地方政府承担，而国家负有建立财政调整制度的宪法义务。随着财政转移支付规模的扩张，转移支付由最初的“收入分享和补助”逐渐成为调节中央和地方财政关系的重要枢纽，致力于“促进财政均等化”①，即主导功能由财力补偿向基本公共服务均等化转变。也即，实施财政转移支付制度的目的，是通过中央财力的转移分配来调节地区间经济发展的不平衡，在促进地区间财力均等化和经济增长之间适当权衡②，从而达到运用财政分配职能贯彻中央宏观调控政策的目标。研究表明，财政分权扩大了基本公共服务差距，而转移支付则起到一定的“矫正”作用③，在总体上能够优化区域间资本配置效率。尽管财政纵向失衡不利于地方财政可持续，但转移支付对地方财政可持续性的综合影响为正，起到了降低财政纵向失衡程度的作用。另外，转移支付对地方财政可持续性的影响存在显著的门槛效应，在地方政府财政纵向失衡程度较小时，转移支付对财政可持续性具有消极影响，反之则具有积极影响。④

(四) 财政转移支付的问题评析与制度建构

在分税制财政体制下，科学、规范的财政转移支付制度是分税制财政体制的一

---

① 杨六妹，钟晓敏，叶宁. 分税制下财政转移支付制度：沿革、评价与未来方向. 财经论丛，2022 (2)：26-36.

② 马光荣，郭庆旺，刘畅. 财政转移支付结构与地区经济增长. 中国社会科学，2016 (9)：105-125.

③ 吉富星，鲍曙光. 中国式财政分权、转移支付体系与基本公共服务均等化. 中国软科学，2019 (12)：170-176.

④ 杜彤伟，张屹山，杨成荣. 财政纵向失衡、转移支付与地方财政可持续性. 财贸经济，2019 (11)：5-18.

个有机组成部分，且由央地对应谈判的机制向法治化转向。但是，财政转移支付制度的运作也出现了“粘蝇纸效应”、地方财政支出“重投资、轻民生”等问题，偏离了现代财政治理应有的制度激励效应。除却政府间事权和财权划分不清、立法侧重于转移支付资金的计算、省以下转移支付立法缺乏规范性，还存在转移支付资金分配不规范、纵向财力结构不平衡问题凸显、横向财政转移支付缺失、转移支付监督评价体系不健全等弊端。

之所以出现上述问题，除了财政转移支付制度本身存在缺陷的原因，还有非均衡经济制度致财政转移支付效用减损之经济因素和权力凌驾于市场和资源之上致潜在隐忧积聚之政治因子，以及承续国家本位思想引发财力分化棘手问题之法律文化因素。具体来说：第一，与财政法定原则相悖。财政转移支付的主体及其权利义务、转移支付的计算等均应由法律规定，但我国宪法中并没有关于财政转移支付的相关规定，财政转移支付立法层次太低，只有大量的国务院行政法规、政策性文件以及财政部的办法。第二，财政事权与财权不统一。受财政收支划分不够明晰的影响，央地事权界限模糊，地方财权较为薄弱，财政转移支付缺乏衡量各地区财政能力的统一标准。① 第三，财政转移支付结构不合理。长期以来，我国一般性转移支付规模偏小、计算方式不尽科学，且一般性转移支付专项化特征明显，导致无法有力地平衡全国财政格局。专项转移支付一直占据主导地位，涉及领域过宽，比重偏大，且数量繁多、种类庞杂、资金分散，不利于发挥转移支付资金的规模效益。第四，缺乏程序监督机制。对于财政转移支付的程序，我国没有法律明确规定，相关救济程序规定不足。

要加强财政转移支付的法律体系建设，就有必要明确财政转移支付制度的立法权归属、指导思想、立法宗旨、基本形式等。首先，可以考虑在宪法修正案中增加财政平衡的规定，明确中央政府有义务均衡各地区经济社会的发展，全国范围内的公民有权利享受大致均等的基本公共服务，从而也解决了立法位阶低的问题。其次，制定《财政转移支付法》，明确财政转移支付原则，规范财政转移支付行为，统筹安排、管理一般性转移支付与专项转移支付。同时，提供一套行之有效的法定运作程序，规定财政转移支付的决策、审批、支付、监督、法律救济、责任追究等各环节。最后，除了《预算法》中的一些抽象规定，相应的实施细则以及《财政收支划分法》《税收总则》等配套法律也应尽快出台，以构建一个完整的财政转移支付法律体系。在内容上，既要明确财政转移支付的决策机关应当是国家权力机关，也应明示国家行政机关是财政转移支付制度的执行主体。在转移支付的形式及结构上，以一般性转移支付为主，专项转移支付为补充，突出均等化的战略目标。此外，作为大国分权治理的重要机制，我国需要创新财政转移支付机制，以重构政府间竞争的激励结构。②

① 唐金倍，苏志诚．中央专项转移支付存在的主要问题及对策建议．财政科学，2018（2）：117－122．

② 李永友．转移支付与地方政府间财政竞争．中国社会科学，2015（10）：114－133．

三、相关立法综述

(一) 政府采购立法综述

我国政府采购立法肇兴于 20 世纪 80 年代初开始实行的招标投标制度，《招标投标法》于 20 世纪末出台。政府采购立法则在 1995 年才开始进行地方立法试点工作，直到 2002 年我国才正式颁布《政府采购法》，并于 2014 年对其进行了部分调整，2015 年《政府采购法实施条例》正式施行。同时，国务院及各部门围绕《招标投标法》和《政府采购法》颁布了一系列法律法规，如《中央国家机关政府采购中心电子竞价管理办法》(国机采〔2020〕9 号) 对电子竞价需求、电子竞价程序、竞价终止情形、履约管理、违约责任等方面进行系统规定；《政府采购促进中小企业发展管理办法》(财库〔2020〕46 号) 细化预留份额的规定、完善政府采购项目价格评审优惠方法、多措并举支持中小企业发展、增强可操作性，完善中小企业扶持政策。在中小企业扶持原则下初步建立了具体的配套制度。再如，2021 年《政府采购需求管理办法》(财库〔2021〕22 号) 明确规定编制采购需求、确定采购实施计划、风险控制等，补齐对采购需求规制不足的“短板”，健全采购需求管理制度。又如，2022 年《政府采购框架协议采购方式管理暂行办法》按照第一章“总则”→第二章“一般规定”→第三章“封闭式框架协议采购”→第四章“开放式框架协议采购”→第五章“法律责任”→第六章“附则”的体例结构，体系性地规定了“政府采购框架协议采购方式管理”。截至当前，我国已形成了以《政府采购法》为统领，以《政府采购法实施条例》为支撑，以《政府采购货物和服务招标投标管理办法》等规章办法为依托，以各级指导性文件为补充的较为完善的政府采购法律框架，涵盖体制机制、程序操作、政策执行、基础管理及监督处罚等。

当前，我国政府采购的法治化、规范化水平显著提高，政府采购的乘数效应和带动效应进一步凸显，市场主体参与政府采购活动的积极性和获得感不断提升。但过往的单一主义与经验主义立法，抑或经验主义的分散立法模式的弊端过于明显，应在立法中维护法律的一致性，对我国政府采购进行统一立法。2020 年 12 月 4 日，为了贯彻落实《深化政府采购制度改革方案》的要求，追求价值的实现和绩效治理，完善政府采购法律制度，财政部研究起草了《中华人民共和国政府采购法（修订草案征求意见稿）》。虽然 2021 年 11 月在第十三届全国人大常委会第一百零六次委员长会议审议并原则通过的全国人大常委会 2022 年度工作要点和立法、监督、代表工作计划中，尚未出现修订《政府采购法》的身影，但财政部公布《财政部 2022 年立法工作安排》要求力争年内完成《政府采购法》的修订，同时要求稳步推进《政府采购非招标采购方式管理办法》(修订)、《政府采购货物和服务招标投标管理办法》(修订)。因此，要不断推进科学立法、民主立法、依法立法，加快政府采购法修订进程，为建立现代财税体制提供有力法治保障。

体系化构建政府采购法制，不仅需要找到符合实践要求的立法模式，更应面对政府采购的主体、客体以及程序问题，处理好《政府采购法》和《招标投标法》之关系、政府采购合同的属性定位、地方政府采购的法律规制[①]、采购人与采购代理机构的关系、政府采购中的招标投标、中标、成交、优化政府采购营商环境等问题。总结财政立法实践，现行政府采购制度主要存在以下问题：一是法际协调与整合问题。在同一个采购项目中不可能同时适用《政府采购法》与《招标投标法》，但缺乏协调统一的政府采购制度，不仅表现在两法并行所带来的矛盾与割裂，两法在法律类型、交易主体、适用范围等方面有交叉、有差异。[②] 此外，还涉及与《预算法》及其实施条例、《民法典》相关规定等之衔接与协调。[③] 二是现行集中采购机构制度的缺陷，如集中采购机构设置较为随意，主管不明，属性不清，难以依法竞争；强制委托法定化，代理双方缺乏选择权，阻碍自由竞争；各地集采目录范围、限额标准不一，有碍竞争。涉及集中采购机构的完善、代理采购机构的完善、采购人主体意识与专家评审制度之协调完善、政府采购法政策功能的实现等。三是政府采购监管制度不完善，缺乏畅通的政府采购争议解决制度。此外，政府采购实践面临的变革与问题，也需正视。

既有问题之症结，归因于政府采购主体、质疑投诉、合同等具体制度之缺失，根本原因在于其背后深层的立法思维模式、立法力量主导模式、政府采购权体制结构安排等。由是，解决政府采购现实问题之根本之道在于，“促进政府采购立法思维模式从片面吸收国际先进法制向注重中国语境基础上与国际法制接轨转换，立法力量主导模式要由行政主导向立法博弈转换，采购权体制结构设计模式需由侧重监督向侧重制约转变，进而依统一立法模式、循采购权制约理路对制度进行重构”[④]。

较之于《政府采购法》，《政府采购法（修订草案征求意见稿）》的相关内容变化较大，包括完善政府采购法的适用范围、充分发挥政府采购政策功能、加强政府采购需求管理、健全政府采购方式和程序、完善政府采购合同制度、强化采购人主体地位、简化供应商资格条件、完善法律责任等。[⑤] 具体包括政府采购范围扩大，第 2 条新增“其他采购实体”，且不再限制“使用财政性资金”，也可以使用其他公共资源，主要是将 PPP 项目纳入政府采购法管理范畴，不再限制在“采购依法制定的集中采购目录以内的或者采购限额标准以上”；第 3 条增加讲求绩效原则；第 48 条之评审因素不再要求必须量化；第 49 条之采购人确定评审专家更自主、评审更自主；第 55 条要求招标文件标准文本全国统一、竞争性磋商采购方式可能合并到竞争性谈判中；第 75 条明示询价不再仅适用于货物、新增框架协议采购方式、采购需求管理独立成章、政府采购政策独立成章等，试图落实深化政府采购制度改革关于强化政府采购政策功能措施方面的要求。

针对《政府采购法（修订草案征求意见稿）》的条款设计与修改，学界也提出

---

① 任际，曹荠. 我国《政府采购法》修订的重点问题. 中国政府采购，2010（10）：17－20.

② 姜爱华. 中国政府采购制度改革：成就、挑战与对策. 地方财政研究，2018（4）：60－65.

③ 张建文. 关于《政府采购法》与《民法典》相互配合的建议. 中国政府采购，2021（3）：47－48.

④ 肖北庚. 我国政府采购法制之根本症结及其改造. 环球法律评论，2010（3）：30.

⑤ 财政部. 关于《中华人民共和国政府采购法（修订草案征求意见稿）》的说明. 中国政府采购，2020（12）：22.

了诸多修改建议，包括但不限于：明确政府采购合同成立时间、明确其他采购实体采购项目、政府采购限额标准以下采购项目的监管和采购程序、完善绩效评价的具体实施制度；对于供应商的“有意愿”建议以客观标准予以界定；政府采购合同的法律性质建议清晰界定；明确中标（成交、入围）通知书发出后的法律后果；明确政府采购中民事诉讼司法救济权的适用范围；规范供应商的救济渠道，限制恶意质疑、恶意举报、滥用权利等行为；界定供应商严重违法责任时考虑供应商的主观故意情况。

（二）财政转移支付立法综述

1993 年，《国务院关于实行分税制财政管理体制的决定》（国发〔1993〕85 号）奠定了分税制的基础框架，确立了财政转移支付制度。2014 年《预算法》第 16 条首次以法律形式确认了财政转移支付制度，但直至 2020 年《预算法实施条例》才对财政转移支付的目的、设立条件、拨付期限、主要形式等进行规定。其中，对专项转移支付的规范力度较大，取消了下级政府配套资金的要求，并且规定了定期评估和退出机制。鉴于财政转移支付以推进地区间基本公共服务均等化为主要目标的定位，要建构一般性转移支付为主体，专项转移支付作为补充的财政转移支付制度体系，2014 年《国务院关于改革和完善中央对地方转移支付制度的意见》第 3 条也对此予以确认。但由于其操作的有限性，有关转移支付制度的具体内容主要是由国务院、财政部及地方政府以规范性文件的形式加以规定，包括《过渡期财政转移支付办法（1995）》、《国务院关于印发所得税收入分享改革方案的通知》（国发〔2001〕37 号）、《国务院批转财政部关于完善省以下财政管理体制有关问题意见的通知》（国发〔2002〕26 号）、《2003 年农村税费改革中央对地方转移支付办法》（财预〔2003〕355 号）、《革命老区专项转移支付资金管理办法》（财预〔2006〕61 号）、《中央对地方专项转移支付绩效目标管理暂行办法》（财预〔2015〕163 号）、《革命老区转移支付资金管理办法》（财预〔2012〕293 号）、《边境地区转移支付资金管理办法》（财预〔2013〕267 号）、《国务院关于改革和完善中央对地方转移支付制度的意见》（国发〔2014〕71 号）、《中央对地方重点生态功能区转移支付办法》（财预〔2019〕94 号）、《中央对地方均衡性转移支付办法》（财预〔2019〕108 号）等法律规范性文件。而地方相关规范性文件则过于庞杂，如广东省财政厅《关于建立推进基本公共服务均等化横向财政转移支付机制的指导意见》。因此，目前以《预算法》《预算法实施条例》等为核心，其他规范性文件为补充的财政转移支付制度尚不足以形成完备的体系框架，法律的权威性不足、制度稳定性较差、立法的科学性和民主性难以保证。

即便财政部每年制定《中央对地方均衡性转移支付办法》来规范一般性转移支付，专项转移支付则以《中央对地方专项拨款管理办法》作为依据，但财政转移支付的法律规范性有待提高。我国曾在 2003 年十届全国人大常委会上将“财政转移支付法”列入五年立法规划之中，但由于各种原因此后一直被搁置，迟迟未有进展。十一届全国人大常委会的立法规划甚至将其剔除，不再列为考虑对象。鉴于财政转移支付制度的重要性和迫切性，从长远看，财政转移支付法必须提上议事日程。立法机关应尽快制定一部专门调整政府转移支付行为的“财政转移支付法”，完善公共财政法律制度体系，保证政府间转移支付行为的规范化和科学化，从而有效地平衡地区间的财力差距，促进收入分配改革的法治化。与之关联，目前已有一些学者呼吁制定《财政法》[①]，但在分税制尚未彻底、政府间财权事权不够明晰等情况下，制定《财政法》还有一定难度。

【案例分析】

案例：C大学游泳馆泳池设备采购项目投诉案[②]

一、案例导入

采购人C大学委托代理机构G公司就“C大学游泳馆泳池设备采购项目”（以下称“本项目”）进行公开招标。2019年4月10日，代理机构G公司发布招标公告。4月15日，供应商N公司提出质疑。4月19日，代理机构G公司答复质疑。5月17日，供应商N公司向财政部提起投诉，投诉事项为：(1) 本项目采用综合评分法，价格分采用合理低价法，未采用低价优先法计算，违反了《政府采购货物和服务招标投标管理办法》(财政部令第87号) 第55条的规定。(2) 招标文件要求供应商按照“货物采购清单”中的品牌等进行报价，指定特定品牌，属于“以不合理的条件对供应商实行差别待遇或者歧视待遇”的情形。(3) 招标文件将“投标人具有‘信用中国’守信红名单”作为评审因素，属于“以不合理的条件对供应商实行差别待遇或者歧视待遇”的情形。财政部依法受理本案，并向相关当事人调取证据材料。采购人C大学、代理机构G公司称：(1) 本项目参照《J省房屋建筑和市政基础设施工程货物招标评标办法（试行）》执行，价格分未采用低价优先法计算。(2) 采购人C大学已主动暂停采购活动，同时组织专家论证，拟将招标文件修改为“同档次及以上品牌”。(3) 供应商具有“信用中国”守信红名单是诚信履约的重要指标，拟降低相应分值。

经查，招标文件“第二章 招标书”中“三、评标办法”显示，“（一）本项目按照综合评分法评标”，评审项目“投标报价”的评审细则为“价格分采用合理低价法，以有效投标文件的评标价算术平均值为A（当有效投标文件≥7家时，去掉最高和最低后进行平均）；招标控制价为B，则：评标基准价＝A×K1×Q1＋B×K2×Q2”“Q2＝1－Q1，Q1取值范围为65%～85%；K1的取值范围为95%～98%；Q1、K1值在开标时由招标人随机抽取确定。K2的取值范围为：95%”“投标价等

① 乔新生. 为何要制定财政法. 人大研究，2019 (3)：49－51.

② 财政部政府采购行政裁决指导性案例22号。

于评标基准价的得满分，每高于基准价 1%扣 0.9 分，每低于基准价 1%扣 0.6 分。偏离不足 1%的，按照插入法计算得分”。评审项目“企业综合能力”的评审细则为“1. 投标人具有‘信用中国’守信红名单，有一个得 2 分，最多得 4 分；（提供网站彩色截图）”。“第四章 招标技术规格及要求”中注释显示，“3. 投标人须按附件中招标货物清单的技术要求、数量及品牌进行报价”。“第五章 货物采购清单”中关于各具体设备的“品牌”栏均列明三种不同品牌，如“德高、雷帝、汉高”“爱克、喜活、美人鱼”等。国家公共信用信息中心回函表示，“信用中国”网站公示的是有关部门认定的守信联合激励对象名单，简称“红名单”。相关信息包括海关高级认证企业名单、纳税信用 A 级纳税人名单、2018 年公路水运工程建设领域守信典型企业名单，分别由海关总署、税务总局、交通运输部提供。

关于投诉事项 1，本项目采购游泳馆泳池设备及相关服务，应按照《政府采购法》及《政府采购货物和服务招标投标管理办法》（财政部令第 87 号）等相关规定执行。招标文件评审细则中价格分未采用低价优先法计算，违反了《政府采购货物和服务招标投标管理办法》（财政部令第 87 号）第 55 条第 6 款的规定。关于投诉事项 2，本项目招标文件“货物采购清单”中列明了 75 种设备，每种设备均指定三种品牌，并要求投标人按照所列品牌进行报价。上述行为属于《政府采购法实施条例》第 20 条第 6 项规定的“限定或指定特定的专利、商标、品牌或者供应商”的情形，违反了《政府采购法》第 22 条第 2 款的规定。关于投诉事项 3，将“信用中国”守信红名单作为评审因素没有相关法律法规依据，且名单中包含纳税信用 A 级纳税人等相关信息，与供应商经营年限及经营范围等挂钩，与《中小企业促进法》第 40 条第 3 款、《政府采购法》第 22 条第 2 款的规定不符。

根据《政府采购质疑和投诉办法》（财政部令第 94 号）第 31 条第 1 项的规定，投诉事项 1、2、3 成立，责令重新开展采购活动。相关当事人在法定期限内未就处理决定申请行政复议、提起行政诉讼。

二、财税行政与法官释法

结合政府采购法基本内容，依照《政府采购法》第 22 条和第 71 条、《中小企业促进法》第 40 条、《政府采购法实施条例》第 20 条、《政府采购货物和服务招标投标管理办法》（财政部令第 87 号）第 55 条、《政府采购质疑和投诉办法》（财政部令第 94 号）第 31 条、《政府采购促进中小企业发展暂行办法》（财库〔2011〕181 号，现已废止）第 3 条等规定，财政部门对“C 大学游泳馆泳池设备采购项目投诉案”所涉及的限定品牌、差别歧视待遇、优化营商环境等知识要点进行解析，其基本观点为：第一，相关部门、行业对市场主体的信用评价与经营年限、经营规模、经营范围等因素存在直接关联，采购人、代理机构将相关信用记录、信用名单作为政府采购的资格条件或评审因素，与优化营商环境、促进中小企业发展的相关法规不符。第二，采购人、代理机构可以通过减免投标保证金等方式，为符合条件的守信市场主体提供激励。但除《政府采购法》第 22 条规定的条件外，采购人、代理机构不得将具有特定等级的信用记录、信用名单作为资格条件或评审因素，影响政府采购的公平竞争。第三，采购人、代理机构不得通过限定或者指定特定的品牌、专利等方式，对供应商实行差别待遇或者歧视待遇。

三、疑难问题

关于政府采购法律实务内容，需要明晰的是，哪些公共组织的采购活动应当纳入其范畴，使用哪些公共资金进行采购，政府采购活动由哪些机构或组织来进行？如果国有企业使用经营性收入从事私法行为是否属于政府采购的范围？结合《政府采购法》《政府采购法实施条例》等相关规定，“C大学游泳馆泳池设备采购项目投诉案”中需要重点思考以下核心问题：

第一，如何理解“以不合理的条件对供应商实行差别待遇或者歧视待遇”？差别待遇或者歧视待遇的判断基准有哪些？如何设置精细化、体系化的差别待遇或歧视待遇规定？如何因应采购实践中的歧视待遇？

第二，什么是政府采购评审？政府采购评审因素有哪些？如何营造公平的政府采购环境？

第三，在政府采购中，谁来认定供应商虚假应标？供应商提供虚假材料谋取中标、成交的认定标准是什么？

四、类案练习

截至2022年6月，财政部已发布三批共计32个政府采购指导性案例、行政裁决指导性案例，如“××监控系统采购项目投诉案”“××信息服务云平台采购项目投诉案”“×局监管系统项目投诉案”。本部分从中选择了D大学校园网基础设施改造更新工程项目举报案①，以供练习。

基本案情：采购人D大学就“D大学校园网基础设施改造更新工程项目”（以下称“本项目”）进行公开招标。2017年6月30日，采购人D大学发布招标公告，后组织了开标、评标工作。同日，采购人D大学发布中标公告，B公司为中标供应商。9月12日，财政部收到采购人D大学的举报材料。采购人D大学反映：(1) 招标文件关于“交换机生产厂商通过CMMI4级（或以上）国内认证且时间不少于3年”的评分设置不合理。(2) 个别评审专家涉嫌未按招标文件规定的评审方法和评审标准独立评审，部分评审专家涉嫌泄露评审细节。(3) 相关供应商C公司与M公司在采购人D大学供应商库中注册时所留邮箱相同，且M公司投标文件内容简单，投标产品技术参数与其官网技术参数不一致，C公司和M公司涉嫌恶意串通。

财政部依法启动监督检查程序，并向相关当事人调取证据材料。C公司称：(1) 其与M公司无任何业务往来。负责本次投标事宜的员工私自委托第三方完成供应商入库注册，未得到C公司授权。(2) 其完全按招标文件要求的格式编制投标文件。M公司称：其与C公司没有任何业务往来。M公司员工委托熟人办理供应商入

① 参见财政部政府采购指导性案例18号。

库注册，该员工不知道该熟人是否与其他供应商有联系。

经查，本项目招标公告要求“潜在供应商须在采购人D大学采购信息网‘供应商入口’注册、审核通过后，方可参加本项目”，并要求“(2) 将以下资料扫描件在本项目报名截止前发送至指定邮箱办理入库手续：①企业法人营业执照副本；②公司法定代表人身份证复印件（加盖供应商公章）；③开户许可证；④近三个月的纳税证明材料；⑤最近三个月缴纳社会保障金凭证”。本项目招标文件“评分标准”中“制造厂商能力”要求，“交换机生产厂家在国内具有成熟的软件开发能力，通过CMMI4级（或以上）认证以保障投标产品代码质量与稳定性，要求为国内认证（由国内CMMI认证组织或企业颁发），且获得时间不少于3年，提供证书复印件并加盖厂商投标专用授权章的得100分，无不得分”，权重为“5%”。经查询采购人D大学“供应商库”，C公司与M公司注册信息中的电子邮箱相同。招标文件“评分标准”中“评分说明”要求，“若评标委员会组成为7人或7人以上时，去掉1个最高分和1个最低分后的平均分，即为该投标人综合得分”。

关于采购人D大学反映的问题1，招标文件要求“交换机生产厂商通过CMMI4级（或以上）国内认证且时间不少于3年”的评分设置要求过高，与国家扶持中小企业政策不符。关于采购人D大学反映的问题2，未发现评审专家打分存在畸高畸低情形，也未发现评审专家存在未按招标文件规定的评审程序、评审方法和评审标准进行独立评审的情形，且现有证据不足以证明评审专家存在泄露评审细节的情形。关于采购人D大学反映的问题3，仅依据C公司、M公司注册邮箱相同及M公司投标文件所列参数与投标产品的官网参数不一致，不能认定存在恶意串通的情形。同时，经查阅C公司与M公司的投标文件，未发现存在恶意串通的情形。

此外，本项目还存在以下两个问题：一是要求潜在供应商须在采购人D大学采购信息网供应商库注册、审核通过后，才能购买招标文件，且要求供应商办理入库注册必须提供社保缴纳证明等材料，属于《政府采购法实施条例》第20条第8项规定的“以其他不合理条件限制或者排斥潜在供应商”的情形，构成以不合理的条件对供应商实行差别待遇或者歧视待遇，违反了《政府采购法》第22条第2款的规定。二是招标文件要求“若评标委员会组成为7人或7人以上时，去掉1个最高分和1个最低分后的平均分，即为该投标人综合得分”，违反了《政府采购货物和服务招标投标管理办法》（财政部令第18号）第52条、《财政部关于加强政府采购货物和服务项目价格评审管理的通知》（财库〔2007〕2号）的规定。

根据《政府采购法》第22条第2款、《政府采购法实施条例》第20条第8项的规定，本项目存在“以不合理的条件对供应商实行差别待遇或者歧视待遇”的情形。采购人D大学反映的其他问题缺乏事实依据。鉴于本项目采购活动中出现了影响采购公正的违法、违规行为，根据《政府采购法》第36条第1款第2项的规定，责令采购人废标。根据《政府采购法》第71条第3项、《政府采购货物和服务招标投标管理办法》（财政部令第18号）第52条、《财政部关于加强政府采购货物和服务项目价格评审管理的通知》（财库〔2007〕2号）的规定，责令采购人D大学限期改正。

在行政处罚阶段，财政部向采购人D大学送达行政处罚事项告知书，告知其存在“以不合理的条件对供应商实行差别待遇或者歧视待遇”的情形。采购人D大学申辩称，其要求供应商在注册入库时要求其提交“开户许可证”“近三个月纳税证明材料”“最近三个月缴纳社会保障金凭证等材料”，符合《政府采购法》第22条、《政府采购法实施条例》第17条的规定，不存在以不合理的条件对供应商实行差别待遇或者歧视待遇。关于采购人D大学的申辩理由，财政部认为：采购人可以对供应商进行资格审查，但是应当按照法定条件和程序进行，不应前置到报名阶段。根据《政府采购法》第71条第3项的规定，对采购人D大学作出了警告的行政处罚。相关当事人在法定期限内未就处理处罚决定申请行政复议、提起行政诉讼。

结合该案思考：

1. 供应商参加政府采购活动应当具备什么条件？政府采购的评审因素有哪些？
2. 如何认定政府采购中的“恶意串通”？对于恶意串通行为，该如何处罚？
3. 政府采购评分方法有哪几种？如何看待综合评分法？

课程思政教学指导

【知识拓展】

一、拓展阅读

建立特殊转移支付机制

2020年6月12日，时任国务院总理李克强主持召开国务院常务会议，明确建立特殊转移支付机制，确保新增财政资金直达市县基层、直接惠企利民。之所以建立特殊转移支付机制，其原因既在于避免对省级财政的投入产生“挤出效应”，压实省级政府的主体责任，强化省级政府的保障职责，将更多的财力下沉到基层，市县财政部门要统筹上级直达资金和其他的资金；也在于确保中央确定的保就业保民生保市场主体举措真正落到实处，是纾困和激发市场活力的重要工具，系宏观调控方式的制度创新。

特殊转移支付是指将资金由中央不经省级政府而直达市县级基层政府的机制。[①]“直达资金”这一方式内嵌于现有转移支付体系，除了省级政府这一中间环节，实现资金从行政层级上直达基层市县，从受惠客体上直达民众，资金拨付期限较短，使

① 郭维真，马鑫阳. 法治视角下的财政均衡：特殊转移支付解读. 财政监督，2020（18）：11-16.

用效率高，有助于改善民生、均等化基本公共服务。[①] 从设置目的上看，特殊转移支付是为了实现经济社会健康平稳发展、促进基本公共服务均等化和区域协调发展。其不仅具有应急功能，也具有实现基本公共服务均等化、公平和效率、人权保障机能。从资金来源看，中央财政通过增加财政赤字、发行抗疫特别国债等措施增加对地方的转移支付资金，同时省级财政统筹中央转移支付和省级自有资金，增加对县级财政的转移支付规模。省级财政当好“过路财神”，有利于提高资金拨付使用的时效性，快速发挥资金救急救难作用。

从支付对象上看，特殊转移支付制度虽有范围限定，但其支出目的仍主要在于缓解地方政府因突发公共事件带来的财政收支矛盾和财政运行困难，稳定经济发展和社会秩序。从资金用途与分配方法看，通过特殊转移支付机制转移的资金将直达市县基层，重点用于保就业、保基本民生、保市场主体，并且沿用了因素法进行资金分配。从资金监管的角度看，财政部将建立全覆盖、全链条监控系统，完善“中央到省、省到市县”的监控机制。市县政府要建立资金使用台账，确保资金流向明确、账目可查。审计部门要开展专项审计。同时，依法依规严肃问责、坚决处理截留挪用、虚报冒领的责任主体。换言之，要想防止弄虚作假、截留挪用、套取骗取等行为的发生，就必须建立严密的监控系统，对资金分配、拨付、使用等实现全链条的跟踪，如实现全链条的监控、推进市县实名台账制、健全部门的联动机制、同步加强审计监督、强化公开公示制度。

二、毕业论文选题指导

关于政府采购相关的研究，虽从法学视角研究了政府采购法律性质、政府采购法律关系、政府采购合同、政府采购责任、政府购买公共服务、政府采购法律规制等议题，但既有研究的广度与深度都有待提升。在研究方法上，根植于政府采购的领域法特性，未来有必要运用规范实证研究法等方法对《政府采购法》中的核心概念、关键条款与重要制度予以深入研究。

关于财政转移支付的研究成果较为丰富，不仅涉及法学、经济学、管理学等学科，法学角度的文献也较多，且立足于分税制财政体制改革，探讨财政转移支付与地方分权自治、财政转移支付立法等论题。至于未来财政转移支付制度的研究，可秉持精细化的研究方法，结合实证素材对政府财政转移支付制度相关联的分税制、财权、事权、中央和地方共同事权等核心概念与问题进行细致研究，对教育、生态环保等不同领域以及边境地区、民族地区等不同区域的财政转移支付问题进行类型化研究。

三、推荐文献

1. 熊伟. 财政法基本问题. 北京：北京大学出版社，2012.

---

① 余欣艺，许坤，许光建. 新冠疫情下的特殊转移支付机制：特点与效果. 价格理论与实践，2020 (7): 8-12.

2. 郭维真. 中国财政支出制度的法学解析：以合宪性为视角. 北京：法律出版社，2012.

3. 姚文胜. 政府采购法律制度研究. 北京：法律出版社，2009.

4. 湛中乐，杨君佐. 政府采购基本法律问题研究（上）. 法制与社会发展，2001（3）.

5. 肖北庚. 我国政府采购法制之根本症结及其改造. 环球法律评论，2010（3）.

6. 陈又新. 政府采购行为的法律性质：基于对“两阶段理论”的借鉴. 行政法学研究，2015（3）.

7. 邓搴. 论政府在购买公共服务中的角色定位及其法律责任：以法律关系基本构造为分析框架. 行政法学研究，2018（6）.

8. 徐阳光. 财政转移支付制度的法学解析. 北京：北京大学出版社，2009.

9. 廖明月. 衡平理念下财政转移支付法律规制研究. 北京：法律出版社，2021.

10. 夏冬泓. 财政转移支付结构调整困境及其人权再定位. 法学杂志，2018（2）.

专题五　国有资产管理法律实务

我国国有资产无论是在规模上还是在重要性上，都是其他国家无法比拟的，因而国有资产管理一直是我国理论和实务的重大命题。自我国 1978 年改革开放以来，国有资产管理一直都是我国经济体制改革的重要内容。习近平总书记强调“加强国有资产监管，坚定不移把国有企业做强做优做大”。因而，研习国有资产管理法具有理论和现实意义。本专题的学习，要求准确理解国有资产、国有资产管理的概念以及国有资产管理的原则，掌握国有资产产权界定、国有资产评估、国有资产登记等基本制度。尤其是结合我国社会主义国家的性质以及基本经济制度，理解我国国有资产存在的正当性，其所肩负的社会责任，以及国有资产管理体制改革的方向等；并通过法经济学和制度经济学的视野，结合我国国有资产管理体制改革历程，加深理解国家治理现代化、经济体制改革的意义，最终树立制度自信。

【基础理论】

一、基本知识介绍

（一）国有资产管理法概述

1. 国有资产管理基础

理清国有资产的概念是学习国有资产管理和国有资产管理法的前提。虽然国有资产在我国经济现实中占据重要的地位，但是学者们对其理解存在不少分歧，简要列举如下：有学者认为国有资产是指国家所有并授权企业运营的能以价值计量的经济资源，按其形态可以分为流动资产、长期投资、固定资产、无形资产、递延资产和其他资产，按其用途可以分为经营性资产和非经营性资产[①]；有学者认为“国有资产是指在法律上由国家代表全民所有权的各类资产，是属于国家所有的一切财产和财产权利的总称”[②]；有学者认为国有资产仅包括经营性国有资产，及国家依法取得或以国家权力取得的，或者由国家投资等形成的各种形态的资产。[③] 从上述定义我们可以发现，学者们对于国有资产的界定有广义和狭义之分。广义上的国有资产包括依法归国家所有的一切财产，其相当于国有财产；而狭义上的国有资产仅仅指增值型或者经营性财产。

本书认为，国有资产法上的国有资产应当从广义上理解和界定，即“国有资产概括来讲是指所有权属于国家的财产，具体来讲是指国家依法取得和认可的，或者国家以各种形式对企业投资和投资收益、国家向行政事业单位拨款等形成的财产。国有资产是国家所有权的客体，国家是国有资产所有权的唯一主体”[④]。因此，国有资产包括国有经营性资产、国有非经营性资产与国有资源性资产三类。[⑤] 经营性国有资产是指国家以投资者身份，投资于各类企业而形成的国有资产及其收益，其是国有资产中分布最广、数额最大、活跃程度最高的部分。非经营性国有资产是指国家以拨款或者其他形式形成的资产，其一般配置于党政机关、事业单位和人民团体等非经营性领域，因而其不以营利为目的，其使用具有服务性。资源性国有资产的典型体现便是《宪法》第 9 条第 1 款的规定：“矿藏、水流、森林、山岭、草原、荒地、滩涂等自然资源，都属于国家所有，即全民所有；由法律规定属于集体所有的森林和山岭、草原、荒地、滩涂除外。”即，依法属于国家的具有开发价值的自然资源，具体范围包括土地、矿藏、水流、森林、草原、海洋、湖泊、滩涂等。

传统上对于国有资产存在的正当性多是从社会主义国家性质这一政治角度进行论证的。诚然，这是我国国有资产存在的根本原因，以及国有资产管理改革和完善的基本价值取向。但是，我国国有资产的存在依然有着经济上的合理性与正当性。众所周知，在市场经济条件下，对资源配置起决定性作用的是市场。然而，自由经济时期理论上完美的市场机制，遭受了现实中经济危机的冲击。这让人们意识到市场虽然对资源配置起决定性作用，但是其自身具有的盲目性、自发性和滞后性，导致其无法解决资源配置领域的所有问题，此即理论上所言的市场失灵。[⑥] 面对市场失灵的种种表现，需要政府积极采取各种措施予以防范和克服。而政府本身亦非是万能的，如果政府直接通过行政政策或行政行为解决市场失灵，又极易出现效率低

---

① 张宏森. 国有资产法基点略论. 当代财经，1994 (1).

② 刘玉平，李小荣. 国有资产管理. 4 版. 北京：中国人民大学出版社，2020：1-2.

③ 顾功耘. 经济法教程. 上海：上海人民出版社，2002：378.

④ 李昌麒. 经济法学. 2 版. 北京：法律出版社，2008：513.

⑤ 当然同样基于广义上国有资产的定义，有学者认为可以分为经营性国有资产、非经营性国有资产、资源性国有资产、国有无形资产与金融性国有资产这五类。但是，我们认为这五类的分类标准并不是统一的，即后两类其实可以并入前三类之中。王全兴. 经济法基础理论专题研究. 北京：中国检察出版社，2002：644-651.

⑥ 一般认为市场失灵的表现有以下几个：市场处于不完全竞争状态、无法满足公共物品的供给、外部效应、信息的不对称、市场的不完整性、收入分配不公平以及不能有效实现宏观经济的稳定与增长。

下、过度干预、公共物品供应不足、政府不受产权约束、预算偏离社会需要以及权力寻租等政府失灵现象。因而，通过设立国有企业（国有资产最为重要之组成部分）成为一种较为理想的方式。其不以追求赢利和增加政府财政收入为主要目的，而是为了提供公共物品以及执行政府政策。① 因而，从克服市场失灵和政府失灵的角度看，国有资产的存在也具有正当性和必要性。

据《国务院关于2020年度国有资产管理情况的综合报告》，我国国有企业资产总额268.5万亿元、国有金融企业资产总额323.2万亿元、全国行政事业性国有资产总额43.5万亿元、全国国有土地总面积52 333.8万公顷。如此庞大的资产，从积极面上讲，其具体的运行必将对我国经济发展和社会进步具有十分重要的意义；从消极面而言，如果管理不当极易出现权力寻租乃至国有资产流失的问题。因而，设置科学合理的国有资产管理制度就显得尤为重要。

国有资产管理是指国家作为国有资产的所有者对属于国家的各类资产进行经营、使用、组织、指挥、协调、监督和控制的一系列活动的总称。具体包括：依据法律规定对国有资产所有权的行使、管理权限的划分、资本运营、收益获取、资产处分等。国有资产管理在资产的保值增值、安全性与完整性、资产收益最大化等方面与一般资产管理具有共同点。但是，更为关键的是其相较于一般资产管理的特殊性：其一，国有资产管理突出社会公益性，因为政府代表全体国民拥有所有权，这是其与一般资产管理的根本区别，同时也是国有资产管理法律制度设计的价值取向；其二，国有资产除了追求保值增值，其更为重要的功能在于执行社会经济政策，当然这些社会经济政策也是为了公共利益；其三，由于市场在资源配置中起决定性作用，因而国有资产主要分布在关系国计民生的重要行业和领域。

2. 国有资产管理法基础

根据我国部门法定义的一般规律，本书认为国有资产管理法是指调整在管理国有资产过程中发生的经济关系的法律规范的总称。关于国有资产管理法的范围，学者们基于不同的标准对其进行了具体的类型划分。有学者认为包括国有资产管理和经营体制法律制度、国有资产产权界定法律制度、国有资产评估法律制度、国有资产产权交易法律制度、侵吞国有资产行为的认定和查处制度等②；有学者认为国有资产管理法包括国有资产投资管理法、国有资产经营管理法、国有资产收益分配管理法、国有资产产权处理管理法。③

国有资产管理法相对于其他部门法和一般资产管理法具有以下特征：其一，国有资产管理法是财产法与管理法的结合。一方面，确定国有资产的归属、明确国有资产的所有权主体是国有资产管理法的重要内容，因而其具有一般财产法的功能。

---

① 其主要通过以下几个方面发挥作用：1）克服自然垄断，解决市场的不完整性，实行公共定价和政府管制，为经济社会发展提供必要的基础设施。2）提供某些特定的公共物品，如武器装备等国防产品。3）校正商品和劳务的外部效应问题，合理配置资源。4）在一定程度上实现收入公平分配。5）为政府宏观经济政策服务。刘玉平，李小荣. 国有资产管理. 4版. 北京：中国人民大学出版社，2020：27.

② 李昌麒. 经济法学. 2版. 北京：法律出版社，2008：514.

③ 刘玉平，李小荣. 国有资产管理. 4版. 北京：中国人民大学出版社，2020：2-3.

另一方面，相对于一般财产法，对国有资产进行控制、监督与管理同样是国有资产管理法的重要组成部分，国有资产管理法的大部分内容都是围绕管理而展开的，因而其又是作为管理法而存在的。其二，国有资产管理法是以国有资产所有权的实施为中心的法律制度。作为国有资产所有权主体的国家是国有资源管理法的主体，其客体为归属于国家的资产。主体对客体的管理是在相应价值和目标的指引下，以国家所有权的实施为中心，综合运用法律手段、经济手段和行政手段实现的。其三，国有资产管理法是由众多单行规范构成的法律规范体系。相较于传统成熟的部门法在法律渊源上的法典化或者准法典化，国有资产管理法的法律渊源主要表现为国家行政机关制定和颁布的行政法规和部门规章，规范体系庞大且立法层级相对较低。

我国国有资产管理法律制度的建立与经济体制改革相伴随，其重要性有目共睹。但是，国有资产管理法在法律体系中的地位，一直存在着不小的争议。总体而言，分为经济法说、财政法说和独立部门法说。其一，国有资产管理法属于经济法的组成部分。持经济法说学者的观点有：国有资产管理法是调整在国有资产的占有、使用、收益、处分过程中，因对国有资产的监督管理而产生的社会关系的法律规范的总称，它属于经济法中国家投资经营法的组成部分①；国有资产管理法是社会主义经济管理职能的一部分，因而属于经济法的范畴②；在经济法体系中形成了国有资产管理法这一相对独立的部门。③ 其二，国有资产管理法应当归属财政法。④ 持该学说的学者认为国有资产管理属于国家收支活动的范畴或领域，或与国家收支活动密切相关，因而应当属于财政法规范的对象⑤；财政法包括财政收入法、财政支出法和财政管理法三个部分，国有资产管理法属于财政管理法的重要内容。⑥ 其三，国有资产管理法属于独立的法律部门。持该学说的学者认为国有资产管理法并非经济法的组成部分，亦非应当归属为财政法或者行政法，而是与经济法、民法、行政法相并列的独立法律部门。同时，国有资产管理法作为综合部门法，由于其调整对象的特殊性以及法律渊源的广泛性，兼具民法、经济法、行政法的属性。从民法角度而言，国有资产与其他一般的财产具有平等的地位，对其的管理首先应当遵循市场规律；从经济法角度而言，相较于一般企业，国有资产所承担的社会责任是法定的且更为广泛，由此导致国家对其的干预要远强于其他资产；从行政法角度而言，国家对国有资产的管理属于行政管理，其必然要遵守行政法的相关规范要求。⑦ 除了上述三类主要观点，还有学者基于国有资产关系属于财产关系而将国有资产管理法

---

① 漆多俊. 经济法学. 武汉：武汉大学出版社，1998：257.

② 谢次昌. 制定国有资产管理法的构想（上）. 法学杂志，1993（1）.

③ 石少侠. 经济法新论. 长春：吉林大学出版社，1996：17.

④ 虽然，我国主流学说认为财政法属于经济法的组成部分。即便如此，国有资产管理法属于财政法的观点依然具有意义，因为即使国有资产管理法属于经济法，也必然引发在经济法中的地位问题，即是与财政法并列的二级法律部门还是其他二级法律部门的组成部分。

⑤ 王源扩. 财政法基本原则研究. 北京：中国人民大学，2001.

⑥ 刘剑文. 财税法学研究述评. 北京：高等教育出版社，2004：145.

⑦ 王全兴. 经济法基础理论专题研究. 北京：中国检察出版社，2002：657.

划归民商法。[①] 我们认为，对国有资产管理法性质的认定除了要理清其具体范围，还需要考量现代社会部门法广泛存在的相互渗透交融的趋势。部门法的划分是基于一定的理论（调整对象和调整方法的差异）而进行的人为划分，即使不谈论其本身是否科学的问题，也需要面对随着社会的发展各部门法相互渗透交融的趋势愈发明显的现实。就如沿用两千多年的公法与私法之划分，在现代社会随着公私法的渗透交融，已难以找到一部完全是私法或者完全是公法的部门法。因而，国有资产管理法的定性需要区分规范内容的性质和部门法上的定性。本书认为，国有资产管理法从其内容上看属于综合性法律部门，但是在法律体系上应当归入财政法。

学者对于法律基本原则的归纳，一般存在实质内容的高度统一和外在形式的巨大分歧的情况。国有资产管理法的基本原则概莫能外。有学者认为国有资产管理法的原则应当包括国有资产神圣不可侵犯原则、公共管理者与国有资产所有者职能相对分开原则、国家所有权与企业经营权适当分离原则、经济效益与社会效益兼顾原则、国家统一所有与分级分类管理相结合原则。[②] 有学者认为国有资产管理法的原则应当包括政政分离原则、资本股权化原则、国家投资调节经济原则、经济责任制原则、审计监督和会计监督原则。[③]

综合学界观点，结合我国经济体制改革的成果，本书认为国有资产管理法的基本原则包括以下几个方面。其一，国家统一所有，政府分级监督原则。国有资产所有权的唯一主体是国家，而在具体的行使过程中则由县级以上各级政府依照法律规定或者国务院授权，对其辖区内的国有资产行使具体的所有权管理职能。其集中体现了国有资产管理中央与地方权限的划分。总体而言，国务院享有对国有资产管理的立法权、资产划拨权、财产处置的决定权、收益权和监督权，地方各级政府对其管辖的国有资产享有一定的占有权、使用权、收益权和处分权。其二，国家的社会经济管理职能与国家资产所有者职能分开原则。管理职能与所有者职能的分开是1978年以后国有资产改革的重要内容，因为这两种职能产生的依据和性质不同。即，国家的社会经济管理职能依据的是国家政治权力，而国家资产所有者职能则是基于财产权利而产生的。如果不能实现科学合理的分开将导致政企不分的现象，最终不利于国有资产的保值增值。其三，国有资产所有权与经营权相分离的原则。一般认为经营权是从所有权中派生出来的独立权力，所有权与经营权分离是我国经济体制改革的成果之一。其是指在保持国有资产所有权不变的前提下，国有资产占有者、使用者对国家授予其经营管理的财产依法享有经营权。《全民所有制工业企业法》第2条“全民所有制工业企业（以下简称企业）是依法自主经营、自负盈亏、独立核算的社会主义商品生产和经营单位。企业的财产属于全民所有，国家依照所有权和经营权分离的原则授予企业经营管理。企业对国家授予其经营管理的财产享有占有、使用和依法处分的权利。企业依法取得法人资格，以国家授予其经营管理

① 金福海. 制定《国有资产法》若干问题探讨. 政法论丛，1994（4）.

② 王全兴. 经济法基础理论专题研究. 北京：中国检察出版社，2002：669-671.

③ 曾筱清. 论国有资产管理法的基本原则. 法学杂志，2002（5）.

的财产承担民事责任”的规定便是其规范上的体现。

（二）国有资产管理体制

国有资产管理体制是关于国有资产管理的机构设置、职能划分以及管理方式方法等有关制度的总称。其核心在于划分中央和地方之间以及地方各级政府之间国有资产管理的权限。科学合理的管理体制，对于解决国有资产管理中产权代表方式、经营机构及行使以及与之相应的权利义务责任的配置，贯彻国家宏观经济政策和微观经济调节都具有重要的意义。我国国有资产管理体制可以追溯到中国共产党领导下各个历史时期的革命根据地的公营企业管理体制。学界一般将我国国有资产管理体制的历史总体上划分为如下六个阶段，分别为计划经济体制下的国有资产管理体制（1950—1978 年）、放权让利阶段（1979—1987 年）、承包经营责任制阶段（1988—1991 年）、国有资产管理体制初步形成阶段（1992—1997 年）、国有资产分散监管阶段（1998—2002 年）、国有资产统一监管阶段（2003 年至今）。[①]

2002 年，党的十六大报告提出要“继续调整国有经济的布局和结构，改革国有资产管理体制”；“建立中央政府和地方政府分别代表国家履行出资人职责，享有所有者权益，权利、义务和责任相统一，管资产和管人、管事相结合的国有资产管理体制”；“中央政府和省、市（地）两级政府设立国有资产管理机构”等。为了落实党的十六大相关精神，2003 年 4 月，国务院成立国有资产监督管理委员会（简称“国务院国资委”）作为国有资产出资人代表。国务院国资委的设立标志着我国建立起了全新的国有资产管理体制，国务院国资委具体的职责为由国务院授权代表国家履行出资人职责、监管国有资产、确保国有资产的增值保值等。由此，在中央层面第一次实现了政府的公共管理职能与国有资产出资人职能的分离。为了落实和完善相关制度设计，2003 年 5 月国务院颁布了《企业国有资产监督管理暂行条例》，2008 年 10 月 28 日第十一届全国人大常委会第五次会议通过了《中华人民共和国企业国有资产法》。

经过二十多年制度完善，我国形成了国家统一所有、政府分级监管、统一机构监管、企业自主经营的国有资产管理体制。第一，国家统一所有。国家作为国有资产所有权的主体，由国务院统一行使国有资产所有权职能。第二，政府分级监管体制。根据目前的制度设计，中央、省、市（地）三级人民政府根据国家授权，可以对其管辖范围内的国有资产行使监督、管理的职责。具体权限划分为：国务院代表国家对关系国民经济命脉和国家安全的大型国有及国有控股、国有参股企业，重要基础设施和重要自然资源等领域的国有及国有控股、国有参股企业，履行出资人职责；省级人民政府和设区的市、自治州人民政府代表国家对国务院履行出资人职责以外的国有及国有控股、国有参股企业，履行出资人职责；上级政府国有资产管理机构依法对下级政府国有资产管理工作进行监督和指导。第三，统一机构监管。相

---

① 李昌麒，岳彩申．经济法学．北京：法律出版社，2013：595－600；刘玉平，李小荣．国有资产管理．4 版．北京：中国人民大学出版社，2020：42－45．

对于前一阶段多个部门分别行使国有资产管理职责的情况，中央和地方各级国资委的成立，其是代表各级政府专司国有资产管理的具体机构。第四，企业自主经营。其是指企业对国家授予其经营管理的财产享有经营权，其自主经营、自负盈亏，具体包括资产收益、重大决策和选择管理者等方面。

根据我国相关法律法规规定，国有资产管理机构的主要职责为：依照《公司法》等法律、法规，对所出资企业履行出资人职责，维护所有者权益；指导推进国有及国有控股企业的改革和重组；依照规定向所出资企业派出监事会；依照法定程序对所出资企业的企业负责人进行任免、考核，并根据考核结果对其进行奖惩；通过统计、稽核等方式对企业国有资产的保值、增值情况进行监督；履行出资人的职责和承办本级政府交办的其他事项。其主要义务为：推进国有资产的合理流动和优化配置，推动国有经济布局和机构的调整；保持和提高关系国民经济命脉和国家安全领域的国有经济的控制力和竞争力，提高国有经济的整体质量；探索有效的企业国有资产经营体制和方式，加强企业国有资产监督管理工作；指导和促进国有及国有控股企业建立现代企业制度，完善法人治理结构，推进管理现代化；尊重和维护国有和国有控股企业的经营自主权；协调解决国有及国有控股企业在改革和发展中遇到的问题。[①]

（三）国有资产的产权界定

1. 国有资产产权概述

经济学一般将产权定义为一定经济主体对特定经济客体所依法享有的所有、使用、处分并获得相应利益的权利。而法学学者一般认为产权是指“财产所有权以及与财产所有权相关的经营权、使用权等财产权，不包括债权”[②]。由此可见，所有权是产权的基础，即产权源于所有权并以所有权为核心，但是产权不等同于所有权，两者在权利形态、运行状态、权能等方面都存在不同。现代经济学一般认为产权由产权主体、产权客体和产权具体权利三个要素构成。产权主体是指享有或者拥有财产所有权，以及享有与所有权有关的其他财产权利的主体，包括自然人、法人和其他组织。产权客体则是产权所指向的具体标的。某一物质（涵盖有形和无形两种）只有具有以下两个方面的条件才有可能成为产权客体：一是该物质能够为人们实际所享有和支配；二是为人们所享有和支配的物质必须具有稀缺性。无法为人们所享有和支配，或者虽然能够为人们所享有和支配，但是不具备稀缺性，则不能成为产权的客体。产权权利是指产权主体对产权客体所拥有的具体权利，一般认为产权包含所有权、使用权、处分权和收益权这四项基本权利。

经济学认为产权具有明确性、独占性、可转让性、收益性、责任性和法律性等特征。明确性意为产权主体是清晰的，产权归属是明确的，其包括所有者主体明确和所有者客体明确两个方面，即产权归谁以及某一主体拥有哪些具体权利都是明确

① 刘玉平，李小荣. 国有资产管理. 4版. 北京：中国人民大学出版社，2020：50-51.

② 李昌麒. 经济法学. 2版. 北京：法律出版社，2008：516.

的。独占性是明确性的必然要求和必然结果，产权一经明确，产权主体便对该财产拥有在法律规定的范围内，不受其他权利主体干扰地自主行使的各项权利。可转让性是市场经济条件下产权制度发展的必然要求，也是产权其他权利实现的重要方式之一。现代社会产权的转让可以分为包括所有权在内的所有权能的转让和保留所有权基础上占有、使用、收益和处分等具体权能的转让。收益性意为产权所有者可以通过对财产的所有、使用而获得利益的权利。其在一定程度上是产权权能中最本质的权利，也是大多数情况下产权主体拥有产权的目的，如若没有收益性则产权制度无存在之意义。责任性则是权利义务责任一体性的必然要求，即产权主体在享有占有、使用、收益和处分等权利之时，必须承担与之相应的责任。法律性则是指产权的确认、行使都必须依照法律相关规定，甚至可以说产权制度就体现为法律制度。

可以简单地将产权分为私有产权和公共产权，毫无疑问，国有资产产权属于公共产权。理论上，国有资产产权属于全民所有，全民所有并非全体公民的个人所有，而是全体公民的集体所有。因而，在现实中由国家来代表全体公民行使产权主体的职能，即在国有资产产权领域构成委托—代理关系。根据我国相关法律法规，国有资产产权主要包括经营权、使用权、采矿权和承包经营权等。

2. 国有资产产权界定的范围

理论上，国有资产产权的范围包括原始投资为国家资产的产权、原始投资增值部分的产权以及国家优惠政策形成的部分资产的产权等。然而，由于国有资产实现方式和经营模式的多样化，理论上似乎泾渭分明的国有资产产权界定实际呈现出错综复杂的局面。

第一，国有企业中国有资产产权界定。根据《国有资产产权界定和产权纠纷处理暂行办法》，国有企业中国有资产包括以下内容：国家授权的投资部门和机构以货币、实物和所有权属于国家的土地使用权、知识产权等向企业投资，形成的国家资本金；国有企业运用国家资本金及在经营中借入的资金等所形成的税后利润经国家批准留给企业作为增加投资的部分，以及从税后利润中提取的盈余公积金、公益金和未分配利润等；以国有企业和行政事业单位（以下统称“全民单位”）名义担保，完全用国内外借入资金投资创办的或完全由其他单位借款创办的国有企业，其收益积累的净资产；国有企业接受馈赠形成的资产；在实行《企业财务通则》《企业会计准则》（简称“两则”）以前，国有企业从留利中提取的职工福利基金、职工奖励基金和“两则”实行后用公益金购建的集体福利设施而相应增加的所有者权益；国有企业中党、团、工会组织等占用企业的财产，不包括以个人缴纳党费、团费、会费以及按国家规定由企业拨付的活动经费等结余购建的资产。

第二，集体所有制企业中国有资产产权界定。根据《国有资产产权界定和产权纠纷处理暂行办法》，集体所有制企业中国有资产包括以下内容：全民单位以货币、实物和所有权属于国家的土地使用权、知识产权等独资（包括几个全民单位合资，下同）创办的以集体所有制名义注册登记的企业单位，其资产所有权界定按照《国有资产产权界定和产权纠纷处理暂行办法》第 8 条的规定办理，即界定为国家所有，但依国家法律、法规规定或协议约定并经国有资产管理部门认定的属于无偿资助的除外；全民单位用国有资产在非全民单位独资创办的集体企业（以下简称集体企业）中的投资以及按照投资份额应取得的资产收益留给集体企业发展生产的资本金及其权益；集体企业依据国家规定享受税前还贷形成的资产，其中属于国家税收应收未收的税款部分；集体企业依据国家规定享受减免税形成的资产，其中列为“国家扶持基金”等投资性的减免税部分；集体企业改组为股份制企业时，改组前税前还贷形成的资产中国家税收应收未收的税款部分和各种减免税形成的资产中列为“国家扶持基金”等投资性的减免税部分界定为国家股，其他减免税部分界定为企业资本公积金；供销、手工业、信用等合作社中由国家拨入的资本金（含资金或者实物）界定；集体企业和合作社改组为股份制企业时，国有土地折价部分形成的国家股份或其他所有者权益；其他按法律、法规规定应当属于国有的资产。

第三，中外合资、合作经营企业中国有资产产权界定。根据《国有资产产权界定和产权纠纷处理暂行办法》，中外合资、合作经营企业中国有资产包括以下内容：中方以国有资产出资投入的资本总额，包括现金、厂房建筑物、机器设备、场地使用权、无形资产等形成的资产；企业注册资本增加，按双方协议，中方以分得利润向企业再投资或优先购买另一方股份的投资活动中所形成的资产；可分配利润及从税后利润中提取的各项基金中中方按投资比例所占的相应份额，不包括已提取用于职工奖励、福利等分配给个人消费的基金；中方职工的工资差额；企业根据中国法律和有关规定按中方工资总额一定比例提取的中方职工的住房补贴基金；企业清算或完全解散时，馈赠或无偿留给中方继续使用的各项资产。

第四，股份制和联营企业中国有资产产权界定。根据《国有资产产权界定和产权纠纷处理暂行办法》，股份制和联营企业中国有资产包括以下内容：国家机关或其授权单位向股份制企业投资形成的股份，包括现有已投入企业的国有资产折成的股份，构成股份制企业中的国家股；国有企业向股份制企业投资形成的股份，构成国有法人股；股份制企业公积金、公益金中，全民单位按照投资应占有的份额；股份制企业未分配利润中，全民单位按照投资比例所占的相应份额。

第五，全民单位之间产权界定。根据《国有资产产权界定和产权纠纷处理暂行办法》，各个单位占用的国有资产，应按分级分工管理的原则，分别明确其与中央、地方、部门之间的管理关系，非经有权管理其所有权的人民政府批准或双方约定，并办理产权划转手续，不得变更资产的管理关系。全民单位之间的产权界定按照以下方法进行。(1) 全民单位对国家授予其使用或经营的资产拥有使用权或经营权。除法律、法规另有规定者外，不得在全民单位之间无偿调拨其资产。(2) 国有企业之间是平等竞争的法人实体，相互之间可以投资入股，按照“谁投资、谁拥有产权”的原则，企业法人的对外长期投资或入股，属于企业法人的权益，不受非法干预或侵占。(3) 依据国家有关规定，企业之间可以实行联营，并享有联营合同规定范围内的财产权利。(4) 国家机关投资创办的企业和其他经济实体，应与国家机关脱钩，其产权由国有资产管理部门会同有关部门委托有关机构管理。(5) 国家机关所属事业单位经批准以其占用的国有资产出资创办的企业和其他经济实体，其产权归该单位拥有。(6) 对全民单位由于历史原因或管理问题造成的有关房屋产权和土地使用权关系不清或有争议的，依下列办法处理：全民单位租用房产管理部门的房产，因各种历史原因全民单位实际上长期占用，并进行过多次投入、改造或翻新，房产结构和面积发生较大变化的，可由双方协商共同拥有产权；对数家全民单位共同出资或由上级主管部门集资修建的职工宿舍、办公楼等，应在核定各自出资份额的基础上，由出资单位按份共有或共同共有其产权；对有关全民单位已办理征用手续的土地，但被另一些单位或个人占用，应由原征用土地一方进行产权登记，办理相应法律手续，已被其他单位或个人占用的，按规定实行有偿使用；全民单位按国家规定以优惠价向职工个人出售住房，凡由于分期付款，或者在产权限制期内，或者由于保留溢值分配权等，产权没有完全让渡到个人之前，全民单位对这部分房产应视为共有财产。

3. 国有资产产权界定的原则、组织实施和纠纷处理程序

根据《国有资产产权界定和产权纠纷处理暂行办法》及相关法律法规，我国国有资产产权界定应当坚持以下两个基本原则。第一，坚持“国家所有、分级分工管理”的原则。国家是国有资产所有权的唯一主体，国务院代表国家行使国有资产的所有权。分级分工管理是指按照中央、省、市、县、乡来行使具体的管理工作，国有资产分级分工管理主体的区分和变动不是国有资产所有权的分割和转移。第二，坚持“谁投资、谁拥有产权”的原则。在国有资产产权的界定过程中，既要维护国有资产所有者及经营使用者的合法权益，又不得侵犯其他财产所有者的合法权益。即，要求国有资产产权的界定不能仅仅依据企业法人的登记性质来确定，而是要深究企业初始投资资金的来源。国家投资的资产属国家所有，集体和个人投资的资产属集体和个人所有。此外，有学者认为还包括保障经营者合法权益的原则，兼顾国家、企业和个人利益的原则，以事实为依据、以法律规范为标准的原则。

国有资产产权界定工作，按照资产的现行分级分工管理关系，由各级国有资产管理部门会同有关部门进行。省级以上国有资产管理部门应当成立产权界定和产权纠纷调处委员会，具体负责产权界定及纠纷处理事宜。全国性的产权界定工作，可结合清产核资，逐步进行。占有、使用国有资产的单位，发生下列情形的，应当进行产权界定：与外方合资、合作的；实行股份制改造和与其他企业联营的；发生兼并、拍卖等产权变动的；国家机关及其所属事业单位创办企业和其他经济实体的；国有资产管理部门认为需要界定的其他情形。产权界定应当依照下列程序进行：第一，全民单位的各项资产及对外投资，由全民单位首先进行清理和界定，其上级主管部门负责督促和检查。必要时也可以由上级主管部门或国有资产管理部门直接进行清理和界定。第二，全民单位经清理、界定已清楚属于国有资产的部分，按财务隶属关系报同级国有资产管理部门认定。第三，经认定的国有资产，须按规定办理产权登记等有关手续。占用国有资产的其他单位的产权界定，可以参照该程序办理。

全民所有制单位之间因对国有资产的经营权、使用权等发生争议而产生的纠纷，应在维护国有资产权益的前提下，由当事人协商解决。协商不能解决的，应向同级或共同上一级国有资产管理部门申请调解和裁定，必要时报有权管辖的人民政府裁定，国务院拥有最终裁定权。全民单位对国有资产管理部门的裁定不服的，可以在收到裁定书之日起 15 日内，向上一级国有资产管理部门申请复议，上一级国有资产

管理部门应当自收到复议申请之日起60日内作出复议决定。全民所有制单位与其他经济成分之间发生的产权纠纷，由全民单位提出处理意见，经同级国有资产管理部门同意后，与对方当事人协商解决。协商不能解决的，依司法程序处理。

（四）国有资产的产权登记

国有资产产权登记是国有资产管理部门代表国家对本级人民政府授权管理的国家出资的企业的产权及其分布状况进行登记，依法确定国家对国有资产的所有权以及企事业单位占有、使用国有资产的法律行为。在所有权与经营权相分离的情况下，国有资产产权登记有助于掌握国有资产的总量和分布情况，从而为宏观经济决策提供依据，并最终有利于提高国有资产的运营效益。

1. 国有资产产权登记主管机关

根据《国有资产产权登记管理试行办法实施细则》的相关规定，国有资产产权登记主管机关为国家国有资产监督管理机构和地方各级国有资产监督管理机构。

国家国有资产监督管理机构负责以下企业单位的产权登记管理：国务院批准设立的全国性公司和在国家计划单列的企业集团公司；国务院授权部门批准，由国务院各部门、各直属机构、各事业单位及全国性社会团体设立的直属公司和企业单位；专业银行总行、保险总公司、国家级非银行金融机构。上述公司、企业单位下属的各级企业单位的产权登记，国家国有资产管理局可根据具体情况，依据产权关系，委托其主管单位办理，也可委托地方国有资产管理部门办理。具体委托事宜，由国家国有资产监督管理机构商其主管单位或地方国有资产管理部门另行规定。

省、自治区、直辖市及计划单列市国有资产监督管理机构负责以下企业单位的产权登记管理：省、自治区、直辖市及计划单列市人民政府批准设立的直属企业单位、企业集团公司；省、自治区、直辖市及计划单列市人民政府授权部门批准，由政府部门、事业单位及社会团体设立的直属企业单位；国家国有资产管理局委托办理产权登记的企业单位；省级公司、企业单位下属各级企业单位的产权登记，由省级国有资产管理部门具体规定。

省、自治区、直辖市及计划单列市以下各级国有资产监督管理机构，负责办理本级企业单位和上级国有资产管理部门委托的企业单位的产权登记。

2. 国有资产产权登记的情形及内容

第一，企业国有资产产权登记的情形及内容。根据《企业国有资产产权登记管理办法》及其相关规定，企业国有资产产权登记分为占有产权登记、变动产权登记和注销产权登记。其一，占有产权登记。履行出资人职责的机构和履行出资人职责的企业有下列情形之一的，应当办理占有产权登记：因投资、分立、合并而新设企业的；因收购、投资入股而首次取得企业股权的；其他应当办理占有产权登记的情形。登记的主要内容包括：企业出资人及出资人类别、出资额、出资形式；企业注册资本、股权比例；企业名称及在国家出资企业中所处级次；企业组织形式；企业注册时间、注册地；企业主营业务范围；国有资产监督管理机构要求的其他内容。其二，变动产权登记。应当办理变动产权登记的情形有：履行出资人职责的机构和履行出资人职责的企业名称、持股比例改变的；企业注册资本改变的；企业名称改变的；企业组织形式改变的；企业注册地改变的；企业主营业务改变的；其他应当办理变动产权登记的情形。其三，注销产权登记。注销产权登记的情形有：因解散、破产进行清算，并注销企业法人资格的；因产权转让、减资、股权出资、出资人性质改变等导致企业出资人中不再存续履行出资人职责的机构和履行出资人职责的企业的；其他应当办理注销产权登记的情形。

企业国有资产产权登记实行年度检查制度。企业应当于每一年度终了后 90 日内，办理产权年度检查登记，向国有资产管理部门提交财务报告和国有资产经营年度报告书，报告下列主要内容：出资人的资金实际到位情况；企业国有资产的结构变化，包括企业对外投资情况；国有资产增减、变动情况；国务院国有资产管理部门规定的其他事项。国有资产管理部门应当建立健全产权登记档案制度，并定期分析和报告国有资产产权状况。

第二，行政事业单位国有资产产权登记的情形及内容。根据《事业单位国有资产管理暂行办法》及其相关规定，事业单位国有资产产权登记是国家对事业单位占有、使用的国有资产进行登记，依法确认国家对国有资产的所有权和事业单位对国有资产的占有、使用权的行为。事业单位应当向同级财政部门或者经同级财政部门授权的主管部门（以下简称“授权部门”）申报、办理产权登记，并由财政部门或者授权部门核发《事业单位国有资产产权登记证》。事业单位国有资产产权登记的内容主要包括：单位名称、住所、负责人及成立时间；单位性质、主管部门；单位资产总额、国有资产总额、主要实物资产额及其使用状况、对外投资情况；其他需要登记的事项。事业单位国有资产产权登记分为占有产权登记、变更产权登记和注销产权登记三类。新设立的事业单位，办理占有产权登记；发生分立、合并、部分改制，以及隶属关系、单位名称、住所和单位负责人等产权登记内容发生变化的事业单位，办理变更产权登记；因依法撤销或者整体改制等被清算、注销的事业单位，办理注销产权登记。

各级财政部门应当在资产动态管理信息系统和变更产权登记的基础上，对事业单位国有资产产权登记实行定期检查。

3. 国有资产产权登记法律责任

根据《企业国有资产产权登记管理办法》相关规定，企业违反本办法规定，有下列行为之一的，由国有资产管理部门责令改正、通报批评，可以处以 10 万元以下的罚款，并提请政府有关部门对企业领导人员和直接责任人员按照规定给予纪律处分：在规定期限内不办理产权登记的；隐瞒真实情况、未如实办理产权登记的；不按照规定办理产权年度检查登记的；伪造、涂改、出卖或者出借国有资产产权登记表的。国有资产管理部门工作人员在办理产权登记中玩忽职守、徇私舞弊、滥用职权、谋取私利，构成犯罪的，依法追究刑事责任；尚不构成犯罪的，依法给予行政处分。

(五) 国有资产评估法律制度

经济学上的资产评估是指“通过对资产某一时点价值的估算，从而确定其价值的经济活动”①，而《资产评估法》将其定义为评估机构及其评估专业人员根据委托对不动产、动产、无形资产、企业价值、资产损失或者其他经济权益进行评定、估算，并出具评估报告的专业服务行为。根据资产评估的一般含义，本书认为国有资产评估是指“评估机构依据特定的目的，遵循公正、客观、实事求是的原则，按照法定的程序，运用科学的方法，对国有资产的现价进行评定和估算的法律制度。国有资产评估对于防止国有资产流失，维护市场竞争主体的合法权益，促进市场经济的发展具有重要的意义”②。

1. 国有资产评估的范围

总体而言，国有资产评估范围包括：固定资产、流动资产、无形资产和其他资产。具体可以分为法定评估范围和任意评估范围。

法定评估范围，即法律规定当国有资产占有单位出现法定情形之时，必须进行相应评估。根据《国有资产评估管理办法》及其相关规定，国有资产占有单位有下列情形之一的，应当进行资产评估：资产拍卖、转让；企业兼并、出售、联营、股份经营；与外国公司、企业和其他经济组织或者个人开办外商投资企业；企业清算；依照国家有关规定需要进行资产评估的其他情形。

任意评估范围，又称自愿评估，即在法定评估范围之外，当事人认为需要评估而进行的资产评估。根据《国有资产评估管理办法》及其相关规定，国有资产占有单位有下列情形之一，当事人认为需要的，可以进行资产评估：资产抵押及其他担保；企业租赁；需要进行资产评估的其他情形。

2. 国有资产评估的机构和原则

根据《国有资产评估管理办法》及其相关规定，国有资产评估工作，按照国有资产管理权限，由国有资产管理行政主管部门负责管理和监督。国有资产评估组织工作，按照占有单位的隶属关系，由行业主管部门负责。国有资产管理行政主管部门和行业主管部门不直接从事国有资产评估业务。持有国务院或者省、自治区、直辖市人民政府国有资产管理行政主管部门颁发的国有资产评估资格证书的资产评估公司、会计师事务所、审计事务所、财务咨询公司，经国务院或者省、自治区、直辖市人民政府国有资产管理行政主管部门认可的临时评估机构（以下统称“资产评估机构”），可以接受占有单位的委托，从事国有资产评估业务。占有单位委托资产评估机构进行资产评估时，应当如实提供有关情况和资料。资产评估机构应当对占有单位提供的有关情况和资料保守秘密。资产评估机构进行资产评估，实行有偿服务。资产评估收费办法，由国务院国有资产管理行政主管部门会同财政部门、物价主管部门制定。

根据《资产评估法》及其相关规定，资产评估机构采用合伙制或者公司制的形式设立。合伙制资产评估机构，除符合国家有关法律法规规定外，还应当具备下列条件：应当有 2 名以上评估师；其合伙人 2/3 以上应当是具有 3 年以上从业经历且

① 刘玉平，李小荣. 国有资产管理. 4 版. 北京：中国人民大学出版社，2020：163.

② 李昌麒. 经济法学. 2 版. 北京：法律出版社，2008：521.

最近3年内未受停止从业处罚的评估师。公司制资产评估机构，除符合国家有关法律法规规定外，还应当具备下列条件：应当有8名以上评估师和两名以上股东，其中2/3以上股东应当是具有3年以上从业经历且最近3年内未受停止从业处罚的评估师。评估师是指通过评估师资格考试的评估专业人员。

国有资产评估应当遵循真实性、科学性、可行性原则。真实性原则要求进行评估所依据的数据资料必须是真实的，评估的过程必须是真实的，提供的评估报告必须是真实的。科学性原则要求在进行国有资产评估过程中所依据的规范、标准、程序、方法等必须符合资产评估的客观规律。可行性原则要求评估组织、评估程序、评估方法和评估标准都必须在法律上是有效的。

3. 国有资产评估的方法

根据《国有资产评估管理办法》及其相关规定，国有资产评估应当根据资产原值、净值、新旧程度、重置成本、获利能力等因素和本办法规定的资产评估方法评定。国有资产评估方法包括：收益现值法，重置成本法，现行市价法，清算价格法，国务院国有资产管理行政主管部门规定的其他评估方法。资产评估机构进行资产评估时，应根据不同的评估目的和对象，以及规定的一种或几种方法进行评定估算。选用几种方法评估，应对各种方法评出的结果进行比较和调整，得出合理的资产重估价值。

收益现值法是将评估对象剩余寿命期间每年（或每月）的预期收益，用适当的折现率折现，累加得出评估基准日的现值，以此估算资产价值的方法。即，根据被评估资产合理的预期获利能力和适当的折现率，计算出资产的现值，并以此评定重估价值。

重置成本法是现时条件下被评估资产全新状态的重置成本减去该项资产的实体性贬值、功能性贬值和经济性贬值，估算资产价值的方法。实体性贬值是由于使用磨损和自然损耗造成的贬值。功能性贬值是由于技术相对落后造成的贬值。经济性贬值是由于外部经济环境变化引起的贬值。即，根据该项资产在全新情况下的重置成本，减去按重置成本计算的已使用年限的累积折旧额，考虑资产功能变化、成新率等因素，评定重估价值；或者根据资产的使用期限，考虑资产功能变化等因素重新确定成新率，评定重估价值。

现行市价法是通过市场调查，选择一个或几个与评估对象相同或类似的资产作为比较对象，分析比较对象的成交价格和交易条件，进行对比调整，估算出资产价值的方法。即对流动资产中的原材料、在制品、协作件、库存商品、低值易耗品等进行评估时，应当根据该项资产的现行市场价格、计划价格，考虑购置费用、产品完工程度、损耗等因素，评定重估价值。

清算价格法适用于依照《企业破产法》规定，经人民法院宣告破产的企业的资产评估。评估时应当根据企业清算时其资产可变现的价值，评定重估价值。

对有价证券的评估，参照市场价格评定重估价值；没有市场价格的，考虑票面价值、预期收益等因素，评定重估价值。对占有单位的无形资产，区别下列情况评定重估价值：外购的无形资产，根据购入成本及该项资产具有的获利能力；自创或者自身拥有的无形资产，根据其形成时所需实际成本及该项资产具有的获利能力；自创或者自身拥有的未单独计算成本的无形资产，根据该项资产具有的获利能力。

4. 国有资产评估的程序

国有资产评估的程序由申请立项、资产清查、评定估算、验证确认四个阶段组成。

第一，申请立项。依法需要进行资产评估的占有单位，经其主管部门审查同意后，应当向同级国有资产管理行政主管部门提交资产评估立项申请书，并附财产目录和有关会计报表等资料。国有资产管理行政主管部门应当自收到资产评估立项申请书之日起 10 日内进行审核，并作出是否准予资产评估立项的决定，通知申请单位及其主管部门。国务院决定对全国或者特定行业进行国有资产评估的，视为已经准予资产评估立项。经国有资产管理行政主管部门授权或者委托，占有单位的主管部门可以审批资产评估立项申请。

第二，资产清查。申请单位收到准予资产评估立项通知书后，可以委托资产评估机构评估资产。受占有单位委托的资产评估机构应当在对委托单位的资产、债权、债务进行全面清查的基础上，核实资产账面与实际是否相符，经营成果是否真实，据以作出鉴定。

第三，评定估算。受占有单位委托的资产评估机构依据相关法律法规，对委托单位被评估资产的价值进行评定和估算，并向委托单位提出资产评估结果报告书。委托单位收到资产评估机构的资产评估结果报告书后，应当报其主管部门审查；主管部门审查同意后，报同级国有资产管理行政主管部门确认资产评估结果。经国有资产管理行政主管部门授权或者委托，占有单位的主管部门可以确认资产评估结果。

第四，验证确认。国有资产管理行政主管部门应当自收到占有单位报送的资产评估结果报告书之日起 45 日内组织审核、验证、协商，确认资产评估结果，并下达确认通知书。占有单位对确认通知书有异议的，可以自收到通知书之日起 15 日内向上一级国有资产管理行政主管部门申请复核。上一级国有资产管理行政主管部门应当自收到复核申请之日起 30 日内作出裁定，并下达裁定通知书。

占有单位收到确认通知书或者裁定通知书后，应当根据国家有关财务、会计制度进行账务处理。

5. 国有资产评估的责任

占有单位违反《国有资产评估管理办法》的规定，提供虚假情况和资料，或者与资产评估机构串通作弊，致使资产评估结果失实的，国有资产管理行政主管部门可以宣布资产评估结果无效，并可以根据情节轻重，单处或者并处下列处罚：通报批评；限期改正，并可以处以相当于评估费用以下的罚款；提请有关部门对单位主管人员和直接责任人员给予行政处分，并可以处以相当于本人 3 个月基本工资以下的罚款。

资产评估机构作弊或者玩忽职守，致使资产评估结果失实的，国有资产管理行政主管部门可以宣布资产评估结果无效，并可以根据情节轻重，对该资产评估机构给予下列处罚：警告；停业整顿；吊销国有资产评估资格证书。

二、重点和难点

（一）国有资产的定义及范围

对于国有资产内涵和外延的界定，理论上一直存在广义上的“国家财产”和狭义上的经营性国家财产的分歧。广义上的国有资产包括依法归国家所有的一切财产，其相当于国有财产，即国有资产是指在法律上由国家代表全民所有权的各类资产，是属于国家所有的一切财产和财产权利的总称。而狭义上的国有资产仅仅指增值型或者经营性财产，即国有资产仅包括经营性国有资产，及国家依法取得或以国家权力取得的，或者由国家投资等形成的各种形态的资产。对于国有资产定义和范围的准确理解，不应仅仅停留在划分的依据及其范围大小的差异上，更为重要的是探究分歧的根源，即为什么有学者认为国有资产需要从狭义上理解，经营性国家财产的意义和特殊性何在，以及经营性国家财产与非经营性国家财产的管理有何差别等。

（二）国有资产管理的基本原则

关于我国国有资产管理的基本原则，学界在实质内容上具有高度的共识，而具体的表述却呈现出多样性。稍加列举，如：国有资产神圣不可侵犯原则、公共管理者与国有资产所有者职能相对分开原则、国家所有权与企业经营权适当分离原则、经济效益与社会效益兼顾原则、国家统一所有与分级分类管理相结合原则、资本股权化原则、国家投资调节经济原则、经济责任制原则、审计监督和会计监督原则等。本书取其实质，认为我国国有资产管理的基本原则为：其一，国家统一所有，政府分级监督原则。国有资产所有权的唯一主体是国家，而在具体的行使过程中则由县级以上各级政府依照法律规定或者国务院授权，对其辖区内的国有资产行使具体的所有权管理职能。其二，国家的社会经济管理职能与国有资产所有者职能分开原则。其三，国有资产所有权与经营权相分离的原则。在保持国有资产所有权不变的前提下，国有资产占有者、使用者对国家授予其经营管理的财产依法享有经营权。

学习中除准确识记和理解我国国有资产管理基本原则的组成和含义外，更为重要的是结合我国国有资产管理体制的演变，理清具体基本原则的变化及其功能价值。另外，国有资产管理法的基本原则虽然具有一般法律原则的稳定性，但是由于我国经济体制改革的不断深入，其带有政策功能而具有一定的变动性。可以结合经济体制改革思考如何通过基本原则推动我国国有资产管理制度的优化。

（三）国有资产的监管体制

需要理解我国目前实行的国家统一所有、政府分级监管体制、统一机构监管、企业自主经营的国有资产管理体制的具体内涵。国家统一所有：国家作为国有资产所有权的主体，由国务院统一行使国有资产所有权职能。政府分级监管体制：根据目前的制度设计，中央、省、市（地）三级人民政府根据国家授权，可以对其管辖范围内的国有资产行使监督、管理的职责。统一机构监管：中央和地方各级国资委是代表各级政府专司国有资产管理的具体机构。企业自主经营：企业对国家授予其经营管理的财产享有经营权，其自主经营、自负盈亏，具体包括资产收益、重大决策和选择管理者等方面。

除此之外，还需要从我国国有资产管理体制的变迁史来理解其与经济体制和行政体制改革始终相伴随，甚至是经济体制改革的突破点和引领。结合我国国家治理现代化、经济体制改革深入推进，思考国有资产监管体制的改革。

(四) 国有资产评估的原则及方法

国有资产评估对于维护市场竞争主体的合法权益，防止国有资产流失，促进市场经济的发展具有重要意义。国有资产评估应当遵循真实性、科学性、可行性原则。国有资产评估方法包括：收益现值法，重置成本法，现行市价法，清算价格法，国务院国有资产管理行政主管部门规定的其他评估方法。资产评估机构进行资产评估时，应根据不同的评估目的和对象，以及规定的一种或几种方法进行评定估算。需要准确识记和理解国有资产评估原则和方法的具体构成，并能在实例中予以运用。

三、相关立法综述

我国国有资产总额之大、分布范围之广都是其他国家难以比拟的。然而，我国国有资产法律体系存在着法律规定分散以及立法位阶普遍偏低的问题。如对企业国有资产和行政事业性国有资产分别立法（《企业国有资产法》《行政事业性国有资产管理条例》），大范围的法律渊源表现为财政部、国资委的部门规章甚至是通知等规范性文件。因此，制定统一的《国有资产法》一方面可以将改革开放以来国有资产管理的经验予以法律化，并引领下一阶段国有资产管理体制的优化；另一方面可以解决分别立法存在的不协调等问题。

作为国有资产管理法规体系的“母法”，《国有资产法》曾被列入第八届、第九届全国人大立法计划确定的立法项目中，全国人大有关专门委员会曾组织有关部门和专家学者完成了《国有资产法（草案）》的起草工作，但最终并未提交审议。2004 年，《国有资产法》的起草工作重新启动。2006 年全国人大加快了《国有资产法》的立法进程，原计划 2006 年年底不仅要出初稿而且要在小范围内进行讨论。2008 年，《国有资产法（草案）》曾在第十一届全国人大常委会第三次会议上进入初步审议阶段。对于该草案，时任全国人大常委会副委员长的成思危认为，国有资产法酝酿了很长时间，立这部法非常必要，特别是我们国有企业经过了将近 30 年的改革和发展，应该看到，一方面确实取得了很大的成绩，国有企业在做强做大，在市场经济条件下参与竞争，提高国际、国内竞争能力等方面都有很多进步；但是从另一方面来说，对国有企业的管理确实还缺乏一套非常行之有效的办法，因此造成了一些问题。当然现在社会上反映最大的就是国有资产流失，以我个人看来，国有资产流失并不是国有企业最大的问题，而是群众反映最大的问题，因为国有资产一流失就会造成个人受益，但是国有资产管理不善而造成的损失可能会比国有资产流失的损失更大。所以，这部法在这两方面都要加以防止，一是防止经营不善造成的国有资产流失，二是防止各种腐败行为造成的国有资产流失。

然而，《国有资产法（草案）》进入初步审议后并没有下文。由此导致我国国有资产管理法律法规体系呈现出以下局面：现行的《企业国有资产法》于2008年10月经第十一届全国人大常委会第五次会议审议通过，已有15年之久；行政事业性国有资产管理执行的是财政部出台的《行政单位国有资产管理暂行办法》和《事业单位国有资产管理暂行办法》，层级不高且制定时间均为2006年，已不能很好地适应当前国有资产管理的新形势和新要求；对政策性金融企业、地方金融企业的监管也缺乏相应的法律规定；在国有自然资源资产方面，国土空间开发保护、自然资源资产产权、生态修复和保护等方面仍存在较大的立法空白。为了完善国有资产管理法律制度以推动国家治理现代化，一方面立法部门和学术界继续讨论制定统一国有资产法的可能性和路径，另一方面从现实路径上建立健全国有资产管理的具体体制机制。全国人大常委会预算工委调研室、财政部资产管理司和中国财政科学研究院曾就《国有资产法》立法问题召开专题研讨会。会议认为加强《国有资产法》立法研究工作意义重大，要坚持以习近平新时代中国特色社会主义思想为指导，深入贯彻习近平法治思想，立足我国国有资产治理实践，准确把握基础性法律定位，坚持目标导向和问题导向，以历史纵深、国际视野、前瞻视角、改革思维高质量推动立法研究工作，为制定《国有资产法》打下坚实基础。而在建立健全国有资产管理的具体体制机制上，则是建树颇多。2017年12月30日，中共中央印发《关于建立国务院向全国人大常委会报告国有资产管理情况制度的意见》。2020年12月，全国人大常委会出台了《关于加强国有资产管理情况监督的决定》，为了落实该决定的具体要求，2021年2月1日，李克强签署《中华人民共和国国务院令（第738号）》公布《行政事业性国有资产管理条例》。使党中央的决策部署转化为法律规范。2021年10月21日，全国人大常委会首次听取和审议了《国务院关于2020年度国有自然资源资产管理情况的专项报告》。

【案例分析】

案例：A公司资产评估案[①]

一、案例导入

A公司属于B公司（国有控股公司）控股的公司，C公司是A公司的股东（持股49%），B公司对A公司持股51%。许某曾是A公司的核心经营管理团队成员，

① 参见最高人民法院最高法民申7116号民事裁定书。

深度参与A公司的实际经营管理，许某同时也是D公司的法定代表人和实际控制人。

2019年12月21日，许某与水某、孙某就C公司、A公司的发展规划、资产处置及后续工作召开会议并形成“会议纪要”。“会议纪要”的内容是确定A公司本部资产即案涉资产转让给许某或其指定第三方，转让价格以A公司2019年12月31日反映的账面原值增加25%作为计价依据。从此后实际交易情况来看，上述“指定第三方”即2020年1月“资产重组协议”中的D公司。同日，许某又出具“承诺函”，再次确定许某“本人”收购价格以A公司2019年12月31日反映的账面原值增加25%作为计价依据。再审申请人C公司认为“本人”不仅包含许某个人，也应包含许某本人指定的D公司。“承诺函”中“制品生产人员，羽毛车间一线员工由本人接收”的约定，指向的也是D公司，不可能是许某，因为自然人显然是无法接收员工的。由此，再审申请人认为该会议纪要和承诺函对D公司有约束力，并且“会议纪要”“承诺函”“资产重组协议”中因许某有双重身份且在签署资产重组协议时，恶意规避个人签约，以D公司的名义与A公司签订“资产重组协议”，致使案涉交易的主体上看似具有不一致性。实际上，D公司就是许某指定的“第三方”，2019年12月21日许某签署“会议纪要”和出具“承诺函”，都是代表D公司，而非其个人行为。

A公司委托E集团有限公司对案涉资产进行评估，该评估公司于2020年1月14日出具两份资产评估报告，其中房屋建筑物和土地使用权的资产评估值为22 579.57万元，构筑物及设备资产的资产评估值为4 640.81万元。次日，A公司股东会审议同意“位于某市×区××街道××村东瑞思路899号东瑞五399号所属的A公司的所有固定资产进行剥离，并以27 220.38万元的评估价格转让给D公司，其中不动产转让的金额为22 579.57万元，动产部分为4 640.81万元”，B公司在股东会决议上签章。后D公司与A公司签订了“资产重组协议”。

再审申请人C公司认为，“资产重组协议”确定D公司表面上以27 220.38万元购买A公司资产，并非真实对价。此金额是“阳合同”上的价格，是出于税收优惠等因素考虑，实际价格仍是383 278 955.68元，其提供的证据如下：（1）一审立案后双方交涉的录音、文字材料；（2）“资产重组协议”所涉土地属于同一地区的土地及附属房产拍卖价格已达到每平方米5 000多元，而“资产重组协议”所涉土地及附属房产转让价格仅为每平方米3 000多元的证据，认为该价格严重违背市场规律。同时，再审申请人还认为，“资产重组协议”因违反法律规定而无效。因重组协议中的相关资产的转让未履行必要程序以及27 220.38万元的价格或造成国有资产流失，或损害国家利益，故“资产重组协议”约定的资产转让无效。A公司的控股股东B公司为国有控股的上市公司。根据《企业国有资产交易监督管理办法》第48条规定，A公司作为国有控股的上市公司持股50%以上的子公司，其转让行为依法应当在产权交易机构公开进行。但是，本案所涉转让并未履行该程序，所以因违反法律规定而无效。

二、财税行政与法官释法

本案涉及合同的效力判断、抗辩权的行使等诸多知识，但是与本专题相关的疑难问题有以下两个：

(一) 案涉资产收购价 27 220.38 万元是否真实有效

第一，A公司委托E集团有限公司对案涉资产进行评估，该评估公司于2020年1月14日出具两份资产评估报告。D公司与A公司签订了“资产重组协议”，其中约定案涉资产的收购价款为27 220.38万元，与资产评估价值及A公司股东会决议一致。另从形式上看，上述评估公司及评估人员具有相应资质，评估程序规范、依据明确、论证清晰，并无明显不当。

第二，A公司主张案涉资产收购价款27 220.38万元不真实、不合理，无证据支撑。(1) 2016年资产评估报告即便能够证明B公司与C公司合作成立A公司时，案涉资产（后增建厂房及添附设备除外）价值2.64亿元，但资产评估具有专业性并涉及众多因素，难以据此断定案涉资产评估价值27 220.38万元不真实；且“资产重组协议”并非单纯的资产转让协议，还涉及D公司对A公司员工接收及原辅材料处理等问题，亦难以据此断定约定交易价格27 220.38万元不合理。(2)“固定资产清单”记载2019年12月31日A公司固定资产总值325 471 829.83元，但该清单系其单方制作，且所涉动产、耗材等均按照原值计算，缺乏客观性专业性，不足以否定两份“资产评估报告”及双方据此约定的交易价格。(3) 瀚信评报字［2021］第×号“房地产价值项目资产评估报告”系A公司在本案二审之后单方委托鉴定，且该评估报告中记载有“根据某A公司的承诺，确定纳入评估范围的房地产不存在产权瑕疵”“根据某A公司的承诺，确定纳入评估范围的房地产不存在法律、经济等未决事项”等与事实明显不符的内容，故该评估报告“评估对象在评估基准日2021年9月8日的市场价值为40 038.32万元”的结论难以采信，更不足以据此证明“资产重组协议”约定的转让价格明显低于市场价值。

综上，A公司关于案涉资产收购价款27 220.38万元不真实、不合理的主张依据不足。

(二)“资产重组协议”是否因违反法律、行政法规的强制性规定而无效

第一，根据《最高人民法院关于适用〈中华人民共和国合同法〉若干问题的解释（一）》(已失效) 第4条规定，人民法院确认合同无效，应当以全国人大及其常委会制定的法律和国务院制定的行政法规为依据，不得以地方性法规、行政规章为依据。国务院国有资产监督管理委员会、财政部制定的《企业国有资产交易监督管理办法》属于行政规章，A公司依据该办法第48条等规定主张“资产重组协议”无效，不能成立。A公司属于国家出资企业B公司控股的公司，一、二审判决依据《企业国有资产法》第51条、第53条及《企业国有资产交易监督管理办法》第7

条、第 8 条规定，认定本案 A 公司转让其名下资产并非需国资监管机构批准事项，并无不当。

第二，《公司法》第 21 条规定，公司的控股股东、实际控制人、董事、监事、高级管理人员不得利用其关联关系损害公司利益；违反前款规定，给公司造成损失的，应当承担赔偿责任。本院注意到，A 公司在一、二审期间未就本案存在关联交易提起反诉或者提出抗辩，且根据一、二审查明的事实及证据，许某并非 A 公司的控股股东、实际控制人、董事、监事，亦非该公司的经理、副经理、财务负责人等高级管理人员。A 公司现以存在关联交易为由主张"资产重组协议"无效，依据不足。

综上，A 公司关于"资产重组协议"因违反法律、行政法规的强制性规定而无效的主张，不能成立。

三、疑难问题

(一) 国有资产法与其他法律之间的关系

该问题在国有企业上表现得尤为明显，国有企业既是市场主体需要遵循《公司法》等相关民商事法律的规定，同时其相对于一般民营经济又具有特殊性。这一问题随着统一《国有资产法》制定步伐的加快将日益凸显。《公司法》属市场微观主体的立法，已经制定实施多年并且较为完善。而国有资产法解决了庞大的国有经济在运行中需要解决的一系列体制、机制问题。《公司法》解决企业组织和治理结构方面的问题，国有资产法则旨在建构符合中国特色社会主义市场经济体制的国有资产监督管理体制，其重要主体为履行出资人职责的机构或者部门。一个是企业微观主体，一个是履行出资人职责的机构或部门，通过国有资产法和公司法解决企业之间的关系，规范大股东、小股东、国有监督等情况。随着《公司法》的完善，我国的国有资产管理相关法律制度需要优化架构，进行相应的变化和调整，以协调公司法与国有资产法之间的关系。

(二) 如何防止国有资产的流失

保障国有资产安全、防止国有资产流失是国有资产立法的重要目的。现实生活中国有资产流失呈现出多种形式，如改制转让过程中的"贱卖"、国有企业并购民营企业时的"贵买"、关联交易中的流失等。并且，随着经济的发展，国有资产流失的方式日益呈现多样化和隐蔽性的特点，因而，如何防止国有资产流失是一个理论和实践的难题。首先，明确经营管理者的权利、责任、利益。国有资产的安全和保值增值问题与经营管理者是密切相关的，法律应该对经营管理者的角色定位进行相应规范，对其权利、责任、义务进行明确规定。其次，明确损害国有资产行为的法律责任。国有资产流失现象严重在一定程度上是与目前损害国有资产的法律责任制度不健全息息相关的，因而需要通过立法明确损害国有资产行为的法律责任。尤其是主要经营者的选择或者考核，除了内部监督机制，还要加上外部的监督机制。再次，在关系国有资产出资人权益的重大事项（合并、分立、改制、解散、破产）中，应充分听取职工代表大会的意见，并通过听取意见达成共识，从而达到把矛盾解决在基层的目的。复次，在企业改制当中评估转让国有资产的预算，应该按照法定的程序进行，并建立健全监督机制。最后，完善“与关联方的交易”制度。国家出资企业的关联方不得利用与国有企业之间的交易，获得不正当的利益。关联方是指董事、监事、高级管理人员及其近亲属，以及董事、监事、高级管理人员及其近亲属所有或者实际控制的企业。

四、类案练习

基本案情：F公司与FL公司（以下合称“申请人”）与郭某于2011年12月31日签订有关郭某向申请人转让J公司80%股权的“关于J公司股权转让合同”（以下简称“股权转让合同”）。在案涉股权转让交易前，工商登记显示李某持有J公司20%的股权，郭某持有J公司80%的股权，实际上，李某系郭某持有的J公司股份的隐名股东。该公司持有J公司金矿的采矿权。除J公司外，李某还持有H公司70%的股权，H公司持有H公司的采矿权。H公司的金矿与J公司的金矿为相连的矿区（两个金矿以下合称“J—H金矿”）。

自2008年开始，申请人考虑收购H公司和J公司股权，从而开发J—H金矿。事后发现，为达到申请人收购H公司和J公司股权的目的，李某协调H公司工作人员通过加入金粉、替换岩芯等欺骗手段虚构黄金储量，并通过行贿，获得了辽宁省第十一地质大队（以下简称“十一大队”）编制的虚假的“补充勘查地质报告”。该报告载明J公司金矿探明金金属量6 248千克，H公司金矿探明金金属量722.45千克。基于该虚假的“补充勘查地质报告”等文件，评估公司编制了“资产评估报告”，评估J公司采矿权评估值为16 375.85万元，J公司股权评估值为21 395.26万元。相应地，J公司80%股权的评估值为17 116.21万元。

2011年12月31日，基于上述“资产评估报告”对J公司股权的评估值，申请人与郭某签署了案涉股权转让合同，约定F公司以13 300万元受让郭某持有的J公司70%的股权，FL公司以1 900万元受让郭某持有的J公司10%的股权。该等收购的股份实际上系李某作为隐名股东而持有。

2012年1月9日至2013年3月8日，申请人向案涉股权的实际持有人李某支付了股权转让款，2012年3月16日，J公司股权变更登记完成。J公司的股权结构变更为：F公司持股70%；FL公司持股10%；自然人李某持股20%。

随后，申请人经过两年的地质勘探发现，J—H金矿实际的金属量只有278.29千克，远低于并购时估算的6吨多的数量，不具有开采价值。

2017年2月16日，因李某及H公司存在黄金储量造假、行贿等犯罪行为，法院判决H公司犯单位行贿罪，判处罚金1 500万元；李某犯单位行贿罪，判处有期徒刑2年10个月。在该刑事判决书中，法院查明了以下事实：（1）李某指使H公司的工作人员通过替换岩芯等方法虚构金矿储量；（2）李某向十一大队的管理人员行贿，以顺利作出储量达到F公司收购标准的“补充勘查地质报告”；（3）为避免申请人发现 J—H 金矿储量造假、阻碍收购，李某向 F 公司的管理人员行贿，以完成股权收购。

根据相关生效刑事判决确认的事实，J—H 金矿实际黄金储量仅有 278.79 千克，但是李某提供的“补充勘查地质报告”载明 J—H 金矿的黄金探明储量为 6 984 千克，虚构储量为实际储量的 25 倍，双方当事人对此均知情。①

结合该案，思考以下问题：

1. 本案中的股权转让合同是否应当被撤销，原因是什么？

2. 恶意串通骗取国有资产的行为属于以恶意串通方式损害国家利益还是违反国家强制性法律法规的行为？

3. 结合国有资产监管制度，思考如何防止骗取国有资产的行为。

课程思政教学指导

【知识拓展】

一、拓展阅读

制定国有资产法很有必要②

2007 年 12 月 25 日下午，第十届全国人大常委会第三十一次会议分组审议了《国有资产法（草案）》，现将其中代表性观点摘要于此，供大家研习。

成思危副委员长提出，国有资产法酝酿了很长时间，立这部法非常必要，特别是我们国有企业经过了将近 30 年的改革和发展，应该看到，一方面确实取得了很大的成绩，国有企业在做强做大，在市场经济条件下参与竞争，提高国际、国内竞争能力等方面都有很多进步。但是从另一方面来说，对国有企业的管理确实还缺乏一套非常行之有效的办法，因此造成了一些问题。当然现在社会上最大的反映就是国有资产流失，以我个人看来，国有资产流失并不是国有企业最大的问题，而是群众反映最大的问题，因为国有资产一流失就会造成个人受益，但是国有资产管理不善而造成的损失可能会比国有资产流失的损失更大。所以，这部法在这两方面都要加以防止，一是防止经营不善造成的国有资产流失，二是防止因各种腐败行为而造成的国有资产流失。

李树文委员提出，制定这部法是必要的、及时的，这就是为了维护我们国家基

① 参见北京市第四中级人民法院（2021）京 04 民特 382 号民事裁定书。

② 制定国有资产法很有必要：分组审议国有资产法草案发言摘登（一）.（2018 - 01 - 03）[2022 - 03 - 25]. http://www.npc.gov.cn/zgrdw/npc/xinwen/lfgz/lfdt/2008 - 01/03/content_1388167.htm.

本经济制度，巩固和发展国有经济，保障国有资产权益，促进社会主义市场经济发展。认真总结新中国成立以来，特别是改革开放以来的实践经验，经过认真调查研究，听取不同的意见，做了大量工作，拟订这部法律草案，以实现依法把我们国家所有全民所有的国有资产保护好、运用好，把国有资产权益实现好、维护好，进一步巩固和发展国有经济，增强国有经济的活力、控制力、影响力，真正加强社会主义制度，增强凝聚力，不断提高人民的生活水平。因此，制定这部法律确实非常及时必要。

张肖委员提出，国有资产的监督，中央这层实际上是内部的监管制度，它不能代替审计署、监察部，以及财政部的监督，还包括人大的监督。所以，国有资产的监督体系，除国资委以外，还包括各级人大、审计署、监察部和公众的监督。关于名称。我在财经委讨论的时候，也觉得有问题，我当时建议改为“国有经营资产管理法”。后来我想，这个大名字也有它的好处，大家现在对国有资产的关注重点是安全和保值增值，至于国有企业内部的管理架构和经营管理要求等内容，有公司法规范。尤其是对外的安全，比如并购能不能管理好。再有一个就是国有资产的保值增值，赚钱以后能不能回到全民的手中的问题。当时主张搞国有资产法的本意，也不是要搞一个大而全、无所不包的法律，实际上就是搞一个国有资产监督管理法。最后，有的委员提出草案立法宗旨缺乏对国有资产的安全和保值增值的表述，建议总则第1条在“为了维护国家基本经济制度，巩固和发展国有经济”之后，加上“保护国有资产的安全，保值增值，保障国有资产权益，促进社会主义市场经济发展，制定本法”的表述。

二、毕业论文选题指导

基于国有资产在经济总量中的比重以及其对于社会主义经济体制的重要作用，国有资产管理体制改革一直都是我国经济体制改革的重要内容，甚至在一定程度上是其突破口。习近平总书记强调“加强国有资产监管，坚定不移把国有企业做强做优做大”。如何在全面依法治国总目标的引领下，结合经济新常态和国际国内双循环的要求，优化国有资产管理相关制度是未来财税法研究的热点领域之一。

1. 统一国有资产法制定的相关问题。与我国国有资产所具有的经济社会功能不相匹配的是其法律规定分散以及立法位阶偏低的现实。因此，为了将改革开放以来国有资产管理的经验予以法律化，同时协调单独立法之间的冲突问题，制定统一的国有资产法一度成为理论和实务关注的重点。因此，该领域可以挖掘毕业论文选题。诸如制定统一国有资产法的必要性、统一国有资产法的性质和定位（统一国有资产法是通则法还是总则法，即与现行《企业国有资产法》《行政事业性国有资产管理条例》的关系）、立法和原则、体例设计等。

2. 国有资产特别是国有企业的社会责任问题。国有资产在一定程度上是社会主义国家的经济基础，相较于一般的市场主体的逐利性，其应当承担更多的社会责任。因此，在所有权与经营权相分离的前提下，国有资产特别是国有企业的社会责任问题可以成为选题来源。诸如国有企业社会责任实现的法律机制、国有企业在实现共同富裕中的作用、如何通过国有资产的投资实现区域协调发展、如何通过国有资产的优化配置助力乡村振兴等。

3. 国有资产合理布局及运营转型问题。“有进有退”是保障国有资产对于关系国家安全和国民经济命脉行业控制的关键，即国有资产的使命要求国有资产的合理布局，以及由此引发的具体运营转型问题，这些都可以成为选题的领域。诸如如何通过国有资产的合理布局和运营来优化营商环境、合理布局下完善国有资产的转让管理制度（“有退有进”就必然涉及部分国有资产的转让）、如何通过国有资产合理布局来打破行业的自然垄断等。

4. 国有资产监管相关问题。有效的国有资产监管制度是破除“公地悲剧”的重要方式，我国国有资产监管制度与经济体制和行政体制改革始终相伴随。结合我国国家治理现代化、经济体制改革深入推进，思考国有资产监管体制的改革，可以成为毕业论文的选题来源。诸如国有资产管理机构的法律地位、国有资产管理机构的组织体系、国有资产管理机构的监管范围、国有资产产权主体或代表主体缺位的问题、国有企业经营考核问题、市场化选聘国有企业管理者问题、国有资产授权经营制度等。

三、推荐文献

1. 顾功耘. 国有经济法论. 北京：北京大学出版社，2006.

2. 国务院国有资产监督管理委员会研究局. 探索与研究：国有资产监督和国有企业改革研究报告（2008）. 北京：中国经济出版社，2009.

3. 朱大旗，朱永扬. 关于建立我国国有资产监管新体制的思考. 法学家，2002（5）.

4. 邓峰. 国有资产的定性及其转让对价. 法律科学，2006（1）.

5. 蒴继志. 国有企业社会责任实现机制的法学思考. 中南财经政法大学学报，2006（3）.

6. 纪宝成，刘元春. 论全国人大参与国有资产监管的合理性与必然性：兼论国有资产立法的若干问题. 经济学动态，2006（10）.

7. 顾功耘. 国有资产立法的宗旨及基本制度选择. 法学，2008（6）.

8. 郑海航. 中国国有资产管理体制改革三十年的理论与实践. 经济与管理研究，2008（11）.

9. 贺伟跃，于广亮. 企业国有资产法几个热点问题的理论探讨. 上海市经济管理干部学院学报，2009（2）.

10. 王克稳.《企业国有资产法》的进步与不足. 苏州大学学报（哲学社会科学版），2009（4）.

11. 徐晓松. 国家股权及其制度价值：兼论国有资产管理体制改革的走向. 政法论坛，2018（1）.

12. 钱弘道，张洁. 企业国有资产监管中行政监督法治化指标研究. 浙江大学学报（人文社会科学版），2019（5）.

13. 柳学信，孔晓旭，牛志伟. 新中国 70 年国有资产监管体制改革的经验回顾与未来展望. 经济体制改革，2019（5）.

14. 夏凡. 我国国有资产管理体制改革对策：基于“竞争中性”原则. 商业经济研究，2019（7）.

15. 周绍妮，郑佳明，王中超. 国企混改、社会责任信息披露与国有资产保值增值. 软科学，2020（3）.

第二编　税收法律实务

专题六　税收与税法基础

“人的一生有两件事情是不可避免的，一是死亡，一是纳税”，富兰克林这一名言深刻地道出了人们对于税收的真实态度——既不喜欢，同时又无法真正离得开。究其根源在于不仅国家机构的正常运转，而且现实中公民的权利都是建立在税收的基础之上的，因为“权利需要钱，没有公共资助和公共支持，权利就不能获得保护和实施”①。由此可见，税收与个体的生存乃至国家的发展都息息相关，而税收的本质特征具体体现为税收制度，税法则是税收制度的法律表现形式。本专题要求了解税收的概念、特征；理解税收法律关系，尤其是税收债权债务关系学说的内涵、实质及其价值；掌握税收的分类、税法与税收的关系、税法原则、税收法律体系及税法要素。本专题的学习要求熟练掌握所有知识点，并以此作为理解具体税收法律制度的基础，最终能运用税法基本理论解释社会现实问题。

【基础理论】

一、基本知识介绍

（一）税收与税法概念

1. 税收的定义、特征和分类

（1）税收的定义

税收又被称为租税、税捐、税金等，虽然其作为一种社会和经济现象具有悠久的历史，但是对其的具体定义众说纷纭。美国学者塞利格曼认为，“税收是政府为满

① 史蒂芬·霍尔姆斯，凯斯·R. 桑斯坦. 权利的成本：为什么自由依赖于税. 毕竟悦，译. 北京：北京大学出版社，2004：3.

足公共利益的需要而向人民强制征收的费用，它与被征收者能否因其而得到特殊利益无关”①；英国学者道尔顿认为，“所谓租税，系公共机关的一种强制征收。租税的本质之异于政府其他收入者，即在纳税人与政府之间并无直接的同等交换物之存在”②；德国学者海因里希·劳认为，“税收并不是市民对政府的回报，而是政府根据一般市民的标准，向市民的课征”③；日本学者金子宏认为，“税收是国家以实现为提供公共服务而筹集资金这一目的，依据法律规定，向私人所课的金钱给付”④。同样，我国学者对于税收的定义也是见仁见智。比较有代表性的观点有如下几种："税收是国家凭借政治权力，按照预定标准，无偿地征收实物或者货币而形成的特定的分配方式或分配关系”⑤；“税收是国家或其他公法团体为财政收入或者其他附带目的，对满足法定构成要件的人强制课予的无对价金钱给付义务”⑥；“税收是国家为实现其各个职能而凭借其政治权力，依法强制、无偿地取得财政收入的一种活动或手段”⑦。

学者们对于税收定义在形式上呈现出莫衷一是的局面，但是在实质上具有相当的共识。基于此，本书认为税收是政府为了满足社会公共需要，凭借政治权力和法律规定，强制、无偿地取得财政收入的一种形式。对该概念的理解应当包括以下几个方面：第一，税收的目的在于满足社会公共需要，即实现国家的公共财政职能（资源配置、收入分配、调控经济和监督管理）；第二，国家课税凭借的是其政治权力而非财产权利；第三，强制性、固定性和无偿性是税收的形式特征；第四，在现代社会，税收法定原则居于核心地位。

（2）税收的特征

传统观点认为税收的特征表现为强制性、固定性和无偿性（被统称为“税收三性”）。强制性是指税收是国家凭借其政治权力而进行的，其体现了国家意志并主要表现为法律对于逃避税款缴纳行为的处罚（行政处罚和刑事处罚）。固定性是税收确定性的保障，即国家征税行为必须通过事先公布的法律所确定的征税对象、税率、计税依据等税法要素进行。当然，税收的固定性并非一成不变，由于社会经济条件的变迁，税收法律制度也必然会进行相应的调整。因而，税收的固定性更多地体现为国家征税需依据已制定且公开的标准，在法律修改之前不允许悖法而行。无偿性是指国家在进行征税之时并不需要对纳税人进行直接偿还，也不会付出任何形式的直接报酬。无偿性是税收与行政事业性收费、债务收入等其他财政收入形式的重要区分。当然，也需要明确税收的无偿性体现在具体的征纳关系中，而当纳税人作为一个整体性概念时，税收便是其享受公共服务的对价。

---

① 陈少英. 税法学教程. 北京：北京大学出版社，2005：10.

② 高培勇. 西方税收：理论与政策. 北京：中国财政经济出版社，1993：10.

③ 国家税务总局税收科学研究所. 西方税收理论. 北京：中国财政经济出版社，1997：60.

④ 同③.

⑤ 刘隆亨. 税法学. 北京：中国人民公安大学出版社，人民法院出版社，2003：25.

⑥ 刘剑文，熊伟. 税法基础理论. 北京：北京大学出版社，2004：10.

⑦ 张守文. 税法原理. 5版. 北京：北京大学出版社，2009：7.

"税收三性"作为税收的形式特征，对于理解税收的概念和内涵具有重要价值。但是，要想深刻而全面地理解税收的概念还需要深入了解税收的本质特征。首先，税收的本质是一种分配关系，其是国家参与部分社会产品和国民收入分配、再分配的一种方式。即，国家作为一方主体依法无偿地参与到社会产品的分配过程中。国家在通过税收实现财政目的以及其他政策性目的之时，必然同包括自然人、法人、其他组织在内的纳税人发生社会产品的分配关系。其次，税收的本质体现为公共性，即税收的目的在于公共利益。围绕税收的正当性和必要性，先贤们形成了一系列的重要学说，如公需说、交换说、保险说、义务说、新利益说、经济调节说等。而在市场经济条件下征税的正当性一般认为是克服市场失灵和对公共物品的需要。即税收的本质是人民为了获取国家提供的保障所支付的一种对价。

正因为传统的"税收三性"未能突出税收的公共性，所以法学界目前对于税收的特征进行了新的归纳，如：国家主体性、公共目的性、政权依托性、单方强制性、无偿征收性、标准确定性①；税收的权利主体是国家或地方公法团体、税收的义务主体包括自然人和社会组织、税收以财政收入为主要目的或附随目的、税收以满足法定构成要件为前提、税收是一种公法上的金钱给付义务、税收是一种无对价的给付、税收是一种强制性的给付。②

（3）税收的分类

税收的分类一直备受经济学家重视，基于不同划分标准，税收可作以下分类：

第一，根据征税对象不同，分为流转税、所得税、财产税、行为税和资源与环境税。流转税是以商品生产、流通中商品的销售收入额或提供劳务的营业额为征税对象的各种税收的统称，我国目前的流转税为增值税、消费税、关税等。所得税是以纳税人的所得或收益额为征税对象的一种税，如以企业纯收益为征税对象的企业所得税和对个人纯收入征税的个人所得税。财产税是以国家规定的纳税人的某些特定财产的数额或者价值额为征税对象的一种税，行为税是指对某些特定行为所征收的税。我国目前的财产与行为税有房产税、契税、车船税、印花税等。资源与环境税是以自然资源为征税对象或者以环境保护为立法目的的各种税种的统称，主要包括我国现行的资源税和环境保护税。

第二，根据纳税人与负税人可能存在的不同（税负能否转嫁），可以分为直接税与间接税。税负转嫁是指纳税人通过一定的方式（合法的方式），将自己应该承担的税负转嫁给他人。凡是税负不能转嫁于他人的则为直接税，直接税一般为所得税和财产税。凡是税负能够转嫁于他人的则为间接税，流转税是典型的间接税。

第三，根据税权归属不同，可以分为中央税、地方税、中央与地方共享税。理论上中央税、地方税和共享税的划分标准为税收立法权、税收管理权和收入支配权的归属。即税收立法权、税收管理权和收入支配权归属中央政府则为中央税，归属地方政府则为地方税，权力共享则为共享税。现实中，我国税收立法权高度集中于

① 张守文. 财税法学. 4版. 北京：中国人民大学出版社，2014：108-109.

② 刘剑文. 财税法专题研究. 2版. 北京：北京大学出版社，2007：141-148.

中央政府，因而以税收征管权和收益权的归属为划分标准。目前我国中央税有消费税、关税、海关代征的增值税和消费税、车辆购置税、证券交易印花税，地方税有环境保护税、城镇土地使用税、房产税、车船税、耕地占用税、土地增值税、契税等。共享税有增值税（进口环节全部的增值税以及国内环节的50%归中央，其余归地方）、资源税（海洋石油企业缴纳的资源税归中央，其余归地方）、企业所得税（铁路、银行总部、海洋石油企业缴纳的全部企业所得税，以及其他企业缴纳的60%企业所得税归中央，其他归地方）、个人所得税（中央60%，地方40%）、城市维护建设税（铁路、银行总部、保险总公司缴纳的全部城市维护建设税归中央，其他归地方）。

第四，根据税收与价格的关系，可以分为价内税和价外税。价内税是指税款包含在征税对象的价格之中，如消费税。价外税是指税款不包含于征税对象的价格之中，如增值税。价内税由于税款本身作为计税依据的一部分，故而存在重复征税的问题。

第五，根据计税依据不同，可以分为从价税和从量税。从价税是以征税对象的价格为标准进行计征的税种，从价税由于受到价格影响从而有利于体现国家经济政策，我国现行大多数税种都为从价税。从量税是指以征税对象的重量、容量、数量等为标准进行计征的税种，其适用于价格变动较小的征税对象，税负较为稳定。

第六，根据税法适用的纳税主体不同，可以分为对内税法、涉外税法和国际税法。对内税法是调整国家税务机关与本国经济组织和公民个人之间的税收征纳关系的税法，其仅适用于本国经济组织和公民。涉外税法是调整国家税务机关与具有涉外因素征纳关系的税法。国际税法是指调整国家、政府之间以及一国政府与跨国纳税人之间，关于税收权益的分配关系的税法。

2. 税法的定义、性质与作用

(1) 税法的定义

与税收一样，关于税法的定义也层出不穷，稍加列举如下。“税法是关于下列三个方面的法律规范的总和：(1) 确定哪些收入、支付或交易应当纳税，以及按照什么税率纳税；(2) 特定情况下人们的纳税义务和计算应纳税额的方法；(3) 税款缴纳方法”①；“税法是税收法律制度的总称，是调整税收征纳关系的法律规范”②；“税法是调整在税收活动中发生的社会关系的法律规范的总称，它是经济法的重要部门法，在经济法的宏观调控法中居于重要位置”③；“税法是调整税收关系的法律规范系统”④。综合我国部门法定义的惯例和学界观点，本书认为税法是调整税收关系的法律规范的总称。“法律是调整社会关系的行为准则，任何法律都有其所调整的社会关系，否则，就不成其为法律”⑤，因而准确理解税收关系是厘清税法定义的前提和

① 戴维·M. 沃克. 牛津法律大辞典. 李双元，译. 北京：法律出版社，2003：1093-1094.

② 刘隆亨. 税法学. 北京：中国人民公安大学出版社，人民法院出版社，2003：27.

③ 张守文. 财税法学. 4版. 北京：中国人民大学出版社，2014：126.

④ 徐孟洲. 税法原理. 北京：中国人民大学出版社，2008：12.

⑤ 张文显. 法理学. 3版. 北京：法律出版社，2007：152.

关键。税收关系主要是指国家与纳税人之间在征纳税方面的权利及义务关系，除此之外还包括税收分配关系。

税收征纳关系是现实生活中最为直观的税收关系，其是指在具体的税收征管过程中，征税主体和纳税主体之间形成的税收管理关系，其体现了税收关系的形式面。一般认为税收征纳关系可以细分为：税务管理关系，具体包括税务登记关系、账簿和凭证管理关系以及发票管理关系等；税款征收关系，具体包括税款的缴纳、退还、补缴、减免、纳税担保以及税务强制关系等；税务检查关系，一般包括税务监督关系和税务稽查关系。由于现代社会用税监督对于民主法治具有十分重大的意义，因而有学者将用税监督关系与征纳关系、分配关系并列为第三种关系。税收分配关系是指因税收活动使税收利益在不同相关主体之间进行分配而产生的关系。一般认为税收分配关系包含以下几个层面：征税主体和纳税主体之间的税收分配关系，国家内部政府不同层级及其相互之间的税收分配关系，国家之间的税收利益分配关系等。

明确税收与税法的定义后，需要进一步思考两者之间的关系。总体而言，税法属于法律范畴，税收属于经济范畴。税收的本质特征具体体现为税收制度，而税法则是税收制度的法律表现形式。二者关系概括为：一税一法，有税必有法，无法不成税。

（2）税法的性质与特征

根据传统公法和私法的划分标准，税法的性质是公法。在我国部门法划分中其属于经济法范畴。但《德国租税通则》颁布后，确立了公法之债的性质并建构起了税收债权债务关系说的理论体系。各国税收立法上都广泛借鉴了私法制度：纳税人的信赖利益保护、税收优先权、税收代位权、税收担保权、税务代理等一系列制度。

由于特征对于理解内涵和外延都具有极其重要的价值和作用，因而学者们从各个角度总结了我国税法的特征，诸如“调整对象具有特定性”“税收关系的内容具有特殊性”“立法技术具有特殊性”①；“税法是调整税收关系的法”“税法是以确认征税权力和纳税义务为主要内容的法”“税法是权利义务不对等法”“税法是实体内容和征管程序相统一的法”② 等等。本书认为，作为我国法律体系的有机组成部分，税法具有强制性这一共同特征，同时作为独立的法律部门还具有经济性、技术性以及实体内容和征管程序相统一等特征。

第一，税法的调整对象具有经济性。税收关系首先体现为经济关系，这就决定了税法的调整对象必然具有经济性的特征，即税法以税收关系为调整对象，税收关系反映并作用于市场经济。学者们从税法对税收职能的实现和税法与现实经济状况的互动两个方面来诠释税法的经济性。在税法对税收职能的实现方面，税法的经济性主要体现在“税法作用于市场经济，直接调整经济领域的特定经济关系……税法的适度调整有助于弥补市场缺陷，节约交易成本，提高经济效率”；“税法能反映经济规律”；“税法是对经济政策的法律化，它通过保障税收杠杆的有效利用，能够引

① 张怡．税法．北京：清华大学出版社，2007：8．

② 徐孟洲．税法原理．北京：中国人民大学出版社，2008：15－16．

导经济主体趋利避害"[1]。税法与现实经济状况形成互动，税制的变迁取决于一国经济发展的状况，即当经济条件发生变化导致现行税法无法适应实际需求之时就需要修改税法。

第二，税法具有技术性。与其他法律一样，税法必然会涉及权利义务的相关规定，但是基于税收关系的经济性，税法规范中权利义务内容所占篇幅并没有传统部门法那么多，因为税法中含有大范围的技术性规范。"由于税法的规定既要确保税收收入，又要与私法的秩序相协调；既要尽量减少对经济的不良影响，又要体现出适度的调控，因而税法具有较强的技术性。"[2] 税法的技术性既体现在税收实体法中，也体现在税收程序法上。税收实体法中的征税对象、税目、税率、纳税环节、纳税期限、纳税地点及税收优惠的确定（如免征额的确定）无不带有强烈的技术性。税务登记、账簿凭证管理以及发票管理等税收程序法规定也体现出鲜明的技术性特性。

第三，税法是实体内容和征管程序相统一的法。传统部门法中的程序法和实体法几乎都是相互分离的，诸如民法与民事诉讼法、刑法与刑事诉讼法。虽然，我国按照"一税一法"制定了税收实体法，同时也制定了《税收征收管理法》（以下简称《税收征管法》）这一税收程序基本法。但是，在具体内容上呈现出实体内容和征管程序相统一的特征。因为税收关系首先作为利益分配关系需要对主体的权力（利）义务进行实体法上的明确规定，同时还需要从程序法上确定这些权力（利）义务的实现方式。

此外还有学者认为税法具有成文性。相较于其他部门法尤其是私法在一定程度上承认习惯法的法源地位，作为规定纳税义务的法律，因其对纳税人的财产权保障具有极其重要的作用，税法必须通过成文法的形式，将税法要素予以明确规定，以作为国家征税、公民纳税的条件。

（3）税法的作用

概而言之，税法的作用在于为税收机关进行税收征管以及纳税人保障自身合法权益提供法律依据。具体而言，税法具有确立财富分配规则、保障国家公共职能实现、保护公民权益的作用。这三个作用又可以细分为：国家组织财政收入的法律保障、国家宏观调控经济的法律手段、维护经济秩序、有效保护纳税人的合法权益、维护国家权益以及促进国际经济交往。

3. 税收法律关系

法律关系是现代法学的核心范畴之一，其贯穿于整个部门法的规范体系之中。税法也概莫能外。根据法理学对于法律关系的经典定义，本书认为税收法律关系是指税法所确认和调整的，国家与纳税人之间、国家与国家之间以及各级政府之间在税收分配过程中形成的权利与义务关系。其包括：国家与纳税人间的税收宪法性法律关系，征税机关与纳税主体间的税收征纳关系，相关国家机关间的税收权限划分

---

① 张守文. 财税法学. 4版. 北京：中国人民大学出版社，2014：126.

② 同①127.

法律关系，国际税收权益分配法律关系，税收救济法律关系等。

（1）税收法律关系的具体构成

任何法律关系都是由主体、客体和内容这三者构成的相互统一的整体。（见表6－1）

第一，税收法律关系的主体。税收法律关系的主体是指税收法律关系中享有权利（力）和承担义务的当事人，包括税收权利（力）义务的双方当事人，即征税主体和纳税主体。

征税主体，最为直接的定义为在税收法律关系中享有征税权力的主体。然而，征税主体的范围并非如直观上所理解的那样清晰，相反其历来都聚讼纷纷。学者们对此具有较大的分歧。有学者认为征税主体仅包括行政机关，在我国即是税务机关、财政机关和海关，而部分学者认为“征税主体是包括国家各级行政机关与具体履行税收征管职能的各级财政机关、税务机关和海关两个层次在内的统一体”①。我们认为要准确把握征税主体的内涵和范围，应当区分两个概念，即享有征税权的主体和具体行使征税权的主体。从国家起源学说以及现代宪制基本理论角度而言，享有征税权的主体只能是国家，而代表国家行使征税权的是国家税务机关、海关和财政机关。因而，本书认为作为税收法律关系的征税主体是各级税务机关、海关和财政机关。

纳税主体是指在税收法律关系中享有税收权利并承担相应纳税义务的主体。其有广义和狭义之分。狭义上的纳税主体指依照法律、行政法规的规定，享有税收权利并承担纳税义务的单位和个人，而广义上的纳税主体还包括扣缴义务人（代扣代缴义务人和代收代缴义务人）。根据我国现行税法的规定，纳税主体可以类型化为法人、自然人和非法人组织（包括在华的外国企业、外籍人、无国籍人），居民纳税人和非居民纳税人等。

虽然基于税法公法的性质，以及税收征管现实的考量，税法在征税主体和纳税主体之间配置了不对等的权利（力）和义务；但是基于现代宪制的基本要求以及税收作为享受公共服务的对价，税收法律关系的主体双方的法律地位是平等的。

第二，税收法律关系的客体。税收法律关系的客体是税收法律关系中主体的权利（力）、义务所共同指向的对象，其是承载税收法律关系产生并存在的载体。理论上一般将其分为物与行为，物可以具体细分为商品、货物、财产、资源以及货币等，行为则是指双方主体能够产生一定事实的特定行为。

第三，税收法律关系的内容。税收法律关系的内容是指权利（力）主体所享有的权利（力）和所应承担的义务。税收法律关系的内容是整个税法关系的核心，决定了税收法律关系的实质。其包括征税主体的权力义务和纳税主体的权利义务两个方面。传统的税收法律关系过度强调征税的权力和纳税主体的义务，基于现代宪制的精神以及权利（力）义务相对等的基本原理，应当重视纳税主体的权利以及征税主体义务。对此，我国《税收征收管理法》以及相关法律法规明确规定了征税主体

---

① 刘剑文，李刚．二十世纪末期的中国税法学．中外法学，1999（2）：33.

的权力和义务，2009 年 11 月 6 日国家税务总局发布的《关于纳税人权利与义务的公告》（2018 年已修订）则明确了纳税人的权利和义务。

表 6-1 税收法律关系的构成

<table>
<tr><td rowspan="2">主体</td><td rowspan="2">法律地位相等，权利（力）义务不对等；属地兼属人原则</td><td>征税主体</td><td>行使征税权的机关：税务机关、财政机关、海关</td></tr>
<tr><td>纳税主体</td><td>履行纳税义务的人：法人、自然人和其他组织</td></tr>
<tr><td>客体</td><td colspan="2">征税对象</td><td>商品、货物、所得、财产、资源</td></tr>
<tr><td rowspan="2">内容</td><td colspan="2">主体享有的权利（力）</td><td rowspan="2">税收法律关系的核心实质</td></tr>
<tr><td colspan="2">主体承担的义务</td></tr>
</table>

（2）税收法律关系的性质

税收法律关系被日本著名税法学家北野弘久先生视为“税法学中最大的焦点课题”①，而其中引发学术争议最大且持续时间最广的莫过于税收法律关系的性质。关于税收法律关系性质讨论最早且较为深入的是德国和日本。最早将传统意义上属于私法的债引入税法领域的是德国学者阿尔伯特·亨泽尔，其于 1926 年 3 月在明斯特举行的德国法学家会议上针对行政法学家奥托·迈耶（Otto Mayer，被称为“德国行政法之父”）的“税收权力关系说”提出了“税收债权债务关系说”。

税收法律关系的权力关系说是以奥托·迈耶为代表的德国传统行政法一直的主张：税收法律关系是依靠财政权力而产生的关系，国家或地方公共团体享有优越于人民的权力，而人民则必须服从此种权力。对其具体内涵的理解至少包括以下两个方面：税收法律关系是以课税处分为中心的权力服从关系；纳税义务的发生必须根据税务机关的行政行为而成立，如果不经过税收核定程序，即使纳税人的行为已经满足课税要件，也不发生纳税义务。

税收法律关系的债权债务关系说是以 1919 年德国《帝国租税通则》的制定为开端产生的与传统权力关系说截然不同的新观点。《帝国租税通则》第 81 条明确规定：“税收债务在法律规定的课税要件充分时成立。为确保税收债务而须确定税额的情形不得阻碍该税收债务的成立”，由此德国关于税收法律关系的认识开始发生转变。该规定区分税收的成立与税收的确定并第一次使用“债”的概念概括税收。阿尔伯特·海扎尔（Albert Hensel，也译为阿尔伯特·亨塞尔）于 1924 年出版的《税法》一书，明确主张税收法律关系在性质上属于一种公法的债权债务关系，认为税收债权债务的成立不以行政权介入为必要条件，由此开始建立税收债权债务关系学说的理论体系。

权力关系说和债权债务关系说的提出并非学者炫技的文字游戏，两者存在实质性的差异：其一，权力关系说强调国家或地方公共团体在法律关系中相对于人民的

① 北野弘久. 税法学原论. 4 版. 陈刚，杨建广，等译. 北京：中国检察出版社，2001：158.

优越地位，而债务关系说则强调二者之间地位平等。其二，权力关系说强调税收中的命令服从，不注重纳税人的权利救济，而债权债务关系说则强调税收构成要件法定和依法征税，重视纳税人的权利保护。其三，权力关系说主张税收债权债务必须根据税务机关的行政行为而成立。如果不经过税收核定程序，即便纳税人的行为已经满足课税要件，也不发生纳税义务。税收债权债务关系说认为当税法规定的构成要件实现时，税收债权债务即自动成立，税务机关的行政行为，只不过是对税收债权债务的具体确认，其在法律上不具有创设性意义。

由于税收征管必然带有政府行政权力的运行，其不可避免地要满足行政行为的先定力、公定力、确定力、拘束力和执行力，因而，虽然财税法在整体上接受了税收债权债务关系说，但是对于其解释力能否及于整个税收法律体系存在极大的争议，争议的核心在于税收征管法律关系属于权力关系还是税收债权债务关系。由此形成了税收债权债务关系一元论和二元论两种不同的观点。二元论充分认识到了在税收征收管理的实践中广泛存在的行政权力，故而其认为债权债务关系更多表现在税收实体法领域，而在税收程序法中则更多地体现为权力关系。① 而一元论者基于法实践论的立场以及纳税人权利保护的终极价值取向，认为应当将税收债权债务关系贯彻于税收实体法与程序法中，不应当将其割裂。②

4. 税权的划分及税收法律体系

一般而言，税权可以分为税收立法权、税收征管权、税收收益权等，税收征管权和税收收益权在前文税收的分类中已有论述，本节仅讨论税收立法权的划分。税收立法权是制定、修改、解释或废止税收法律、法规、规章和规范性文件的权力。其包括横向划分和纵向划分两个方面。

税收立法权的横向划分即是税收立法权在立法机关和行政机关之间的分配。《立法法》第11条对税种、税率和税收征管所作的法律保留是税收立法权横向划分的依据。结合其他相关法律规范，我国税收立法权横向划分为：（1）全国性税种的立法权，即包括全部中央税、中央与地方共享税和在全国范围内征收的地方税税法的制定、公布和税种的开征、停征权，属于全国人大及其常务委员会；（2）经全国人大及其常委会授权，全国性税种可先由国务院以“条例”或“暂行条例”的形式发布施行；（3）经全国人大及其常委会授权，国务院有制定税法实施细则、增减税目、调整税率；（4）经全国人大及其常委会的授权，国务院有税法的解释权；（5）经国务院授权，国家税务主管部门（财政部、国家税务总局及海关总署）有税收条例的解释权和制定税收条例实施细则的权力。

税收立法权的纵向划分即是税收立法权在中央和地方之间的分配。观察表6-2，总体而言，我国税收立法权高度集中于中央。地方税收立法权相对较小，主要集中在以下两个方面：经国务院授权，省级人民政府有本地区地方税法的解释权和制

① 金子宏．日本税法．战宪斌，郑林根，等译．北京：法律出版社，2004：21.

② 北野弘久．日本税法学原论．5版．郭美松，陈刚，译．北京：中国检察出版社，2008：174-175.

定税法实施细则、调整税目、税率的权力，也可在上述规定的前提下，制定一些税收征收办法，还可以在全国性地方税条例规定的幅度内，确定本地区适用的税率或税额；个别省、自治区的人大及其常委会可以制定税收地方性法规。

表 6-2 税收法律体系

法律级次	立法机关	形式	举例
税收法律	全国人大及其常委会正式立法	法律	《企业所得税法》《环境保护税法》《烟草税法》等
	全国人大及其常委会授权国务院立法	暂行条例	《增值税暂行条例》等
税收法规	国务院——税收行政法规	条例、暂行条例、实施细则、税收地方法规条例	《税收征收管理法实施细则》
	地方人大及其常委会（目前只有海南省，民族自治区）——税收地方性法规		……
税收规章	财政部、税务总局、海关总署——税收部门规章	部门规章、地方规章	《增值税暂行条例实施细则》

5. 税法的分类

一般而言，基于税收与税法的密切关系，在“一税一法，有税必有法”的理念下，税法的分类与税收的分类存在对应关系。根据税法基本内容和效力的不同，可以分为税收基本法和税收普通法；根据税法职能作用的不同，可以分为实体税法、程序税法；根据税法所规定的征税客体性质的不同，可以分为流转税法、所得税法、财产税法、行为税法和资源与环境税法；根据纳税人与负税人可能存在的不同（税负能否转嫁），可以分为直接税法与间接税法；根据各级政府对税收的管理权限不同，可以分为中央税法、地方税法、中央与地方共享税法；根据税法适用的纳税主体不同，可以分为对内税法、涉外税法和国际税法。

（二）税法基本原则

部门法的基本原则体现了该部门法的价值取向，并支配着具体制度的设计。基于此，我们认为税法基本原则是指“能够支配税法各主要制度，贯穿于税收立法、执法和守法的基本准则”①。虽然学者们对于税法基本原则的重要地位和价值具有高度的共识，但是对其具体内容存在不小的分歧。有学者认为税法的基本原则至少有三个比较重要的分类。一是税法公益性基本原则与税法政策性基本原则，公益性基本原则包括税收公平原则、无偿缴纳原则、税收法定原则、维护国家权益原则；税法政策性基本原则包括税收效率原则、宏观调控原则、社会政策原则。二是税法实

① 张怡. 税法学. 北京：法律出版社，2010：65.

体性基本原则与税法程序性基本原则，税法实体性基本原则包括税收公平原则、税收效率原则、社会政策原则、无偿缴纳原则、税收法定原则、维护国家权益原则；税法程序性基本原则则包括征税简便原则、税收确定原则、最少征收费用原则、税收管辖权原则。三是税法实质性基本原则与税法形式性基本原则，税法实质性基本原则包括税收公平原则、税收效率原则、税收社会政策原则、维护国家税收权益原则；税法形式性基本原则包括税收法定原则、征税简便原则、税收管辖权原则。① 有学者认为税法的原则由税法的基本原则和税法适用的原则两部分组成。税法的基本原则包括税收法定原则、税收公平原则和税收效率原则，税法适用原则有实质课税原则、诚实信用原则、禁止类推适用原则和禁止溯及课税原则。② 随着社会主义市场经济的日益成熟、社会主义法治建设和法治理论研究的持续深入，虽然关于税法基本原则的分歧尚未完全得到弥合，但是逐步取得了一些基本共识，即基本上认同税收法定原则、税收公平原则、税收效率原则和实质课税原则是现代税法基本原则的主要内容。

1. 税收法定原则

税收法定原则，也被称为税收法定主义、租税法定原则、税收法律主义等，其核心要义为税法主体的权利（力）义务、税法的各类构成要素都必须且只能由法律予以明确。税收法定原则是税法的核心基本原则，其实质是对政府征税权的制约。在封建专制主义之下，不可能形成现代意义上的税收法定原则。对于封建专制主义时期法律的实际情况，著名宪法学者王人博先生和法理学者程燎原先生曾经以面团为例予以说明。中国古代的法律就像皇帝手上一块软绵绵的面团，其呈现出何种形状完全由皇帝本人之意愿，可以随时改弦易张。③ 我国古代总体而言税负相对较低，而税收对于民众而言并非其所关心的大事，民众一般能够缴纳大部分税赋，而官员往往也能接受民众只缴纳部分赋税的事实。同时，当民众和官员对于税收的数量和计税方式有争执之时，也并非严格按照法律，而往往通过谈判并最终以妥协的方式解决。④ 在封建专制主义时期，税法的执行以及其实际效果都不依赖于税法的具体规定，而是依赖于统治者。当掌握政权的是德才兼备之人，政府的资金往往会自然而然地充足殷实，而财政腐败往往是与统治者本身的无能成直接正相关性。⑤ 而随着民主的兴起和现代税收国家的建立，税收的立法权应当且只能由代表民意的权力机关行使，政府依据权力机关所制定的税法进行征税，并受到权力机关的监督。

一般认为税收法定原则包括税收要件法定原则、课税要件明确原则、课税程序法定原则三个子原则。

税收要件法定原则，又被称为税收要素法定原则，其要求有关税法要素应当由

---

① 徐孟洲．论税法的基本原则//史际春．经济法学评论．北京：中国人民大学出版社，2000：207－240.

② 张守文．财税法学．4版．北京：中国人民大学出版社，2014：131－135.

③ 王人博，程燎原．法治论．济南：山东人民出版社，1998：113.

④ 王国斌．转变的中国：历史变迁与欧洲经验的局限．连玲玲，李伯重，译．南京：江苏人民出版社，凤凰出版传媒集团，2008：189.

⑤ 黄仁宇．十六世纪明代中国之财政与税收．北京：生活·读书·新知三联书店，2015：454.

法律加以规定，不得通过授权行政机关或者由行政机关自行决定。即国家对其开征的任何税种都必须由法律对其进行专门确定才能实施，征税要素的变动都应当按相关法律的规定进行。作为税收要件法定核心的“税法要素”所涵盖之范围却在理论上存在争议。部分学者认为税收要件法定所指的税法要素应当从狭义上理解，即只包括实体法要素的法定。部分学者认为税收要件法定应当既包括实体法要素法定也包括程序法要素法定。本书支持从广义上理解税收要件法定中税法要素的范围。其一是因为作为税法基本原则的税收法定原则应当既能指导税收实体法，又能引导税收程序法。其二是税收征管程序的法定对纳税人权利保障的重要性在一定程度上甚至比实体法更甚，因为对纳税人而言税法对其最为直观的感受往往是在具体的征管关系之中。我国现行《立法法》第 11 条规定，“下列事项只能制定法律：……（六）税种的设立、税率的确定和税收征收管理等税收基本制度”，便是税收要件法定原则的体现。

课税要件明确原则是指征税的各个要素的规定应尽量明确，避免出现漏洞和歧义。如果说税收要件法定原则是税收法定的形式性要求，课税要件明确就是在此基础上从实质层面提出的更高要求。因为，如果立法内容模棱两可导致税收征管实践必须通过行政机关的解释方能执行，这无异于将税收立法权通过概括性授权甚至是空白授权于行政机关，行政机关的自由裁量权将会出现与立法相似的效果，这无疑是与税收法定原则的基本要求相悖的。当然，课税要件明确并非绝对排斥行政机关的税法解释和自由裁量权。税法高度技术性的特征导致其在条文中不可避免地需要使用诸如“合理费用”“必要费用”“其他合理方法”“偶然所得”等不确定的概念。因此，在规制时代探索如何通过有效的法律解释（立法解释、行政解释）来实现税法不确定概念的相对确定是一个不得不面对的问题。

课税程序法定原则的核心要义是要求税务机关严格依法征税，不允许随意减征、停征或免征，更不能超出税法的规定加征。我国《税收征管法》第 3 条规定“税收的开征、停征以及减征、免税、退税、补税，依照法律的规定执行；法律授权国务院规定的，依照国务院制定的行政法规的规定执行。任何机关、单位和个人不得违反法律、行政法规的规定，擅自作出税收开征、停征以及减税、免税、退税、补税和其他同税收法律、行政法规相抵触的决定”便是其规范体现。如果说税收要件法定、课税要件明确是从立法角度提出的要求，那么税务合法性原则则是对征税机关的要求。当市场活动主体因为一定的税收法律事实产生了税收法律关系之后，征税机关必须按照税法所规定的方式和程序进行征税，不能改变纳税义务的内容。既不能违背税法加重纳税人的税负，同时也不能减少甚至是放弃征税。同时，除了实体上的违法加重或减轻，程序上的提前和延缓征收税款如果没有法律依据也是对课税程序法定原则的违反。

2. 税收公平原则

有学者将税收公平原则与税收法定原则视为当代税法最重要的两大原则。虽然各个时代对于公平的判断标准存在极大的差异甚至截然相反，但是公平本身是人类永恒追求的目标之一，在具有侵权法性质的税法领域显得尤为重要。一般认为税收公平原则来源于《宪法》第33条规定的“中华人民共和国公民在法律面前一律平等”的平等原则。税收公平原则是在税收法定这一偏向形式正义要求的基础上，对税收立法提出的更高的实质性要求。税收公平原则可以简明地概括为税收负担必须在依法负有纳税义务的主体之间进行公平分配。

与税收公平原则是人类社会的共同诉求形成鲜明对比的是税收公平的判断标准却众说纷纭。总体而言，形成了以下几种或影响深远或曾支配制度建设的理论。

第一是税负平均分配的观点。平均分配是人类最早判断税收公平的依据，即税收负担应当无差别地由每个纳税人承担，古代社会曾经长期实行的人头税便是其制度形态。之所以如此，是因为在人类社会发展的早期，社会财富不仅总体上较少且分布相对比较均衡，这为税负的平均分配奠定了社会经济基础。然后随着社会经济发展带来的社会分化，由此财富开始向少数人集中且有愈演愈烈之趋势，因而税负平均分配的社会基础开始瓦解。我国古代从开征人头税到“两税法”“一条鞭法”，最终在清朝实行“摊丁入亩”便是税负平均分配逐渐被抛弃的历程。

第二是受益原则，即个人承担的税负应当按照其从国家所获得的公共产品的多少为标准进行分配。受益原则的出发点在于国家和税收存在的目的是为人们提供公共产品，因而以享受公共产品的多少作为税负分配的依据具有正当性和合理性。可以说，受益原则是判断税收公平最为理想的理论模型，但是理论上最为完美的模型面临着现实的拷问。首先，每个人所享受的社会公共产品难以进行精确的量化，由此导致受益原则缺乏可操作性；其次，受益原则将税收负担和财政支出直接对应起来，使得税法无法发挥包括财富再分配在内的社会政策功能，由此导致无法有效回应现代社会的需求；最后，受益原则可能会出现公平悖反现象，即社会弱势群体相对于富人而言更需要社会提供的维持其基本生存和发展的社会公共产品，而富人在基本生存和发展层面上则极少需要公共产品的介入，如果严格按照受益原则将会对弱势群体不利。

第三是量能课税原则，即按照税收负担能力的大小来进行税负的分配。具体而言，包括横向公平（指具有相同纳税能力的纳税人应该承担相同的税负）和纵向公平（指具有不同纳税能力的纳税人应该承担不同的税负）两个方面。由于量能课税具有较高的现实操作性，其成为世界范围内判断税收公平的主导性标准。由此，何为税收负担能力，其判断标准是什么，就成为理解和适用量能课税原则的前提和关键。首先是所得，即纳税主体在一定时间内的总收入减去法律规定的成本、费用和税金后的纯收入。（法律意义上的纯收入而非现实意义上纯收入，因为成本、费用和税金需要满足法律条件才能扣除。）一方面，对所得征税而形成的税负不易转嫁，能够明确具体的负税人，因而税收负担的分配能够按制度设计落到实处；另一方面，对所得征税可以扣除成本、费用和税金，其不会触及营业资本和财产本体，更不会影响纳税人的生存。因而，一般认为，所得是判断税负能力最为重要且最适宜的标准。其次是财产，即财产数额的多寡和价值的大小是衡量税负能力的标准。然而，财产与所得最大的不同在于对财产征税仅仅是因为拥有财产而非该财产产生收益，因而会损及财产本体，不利于资本积累的客观需要，同时有悖于宪法中的财产权保障。因而，现代税法仅对诸如土地、房屋、车船等少数财产进行征税，而非实行普遍的财产税。最后是消费，即以消费支出作为衡量税收公平的标准。的确，一般而言，消费支出越大，其税负能力也越大。但是，消费可以分为生活必需品消费和高端消费，在生活必需品消费上所有人的支出差异并不大。根据税收累退效应，如果对生活必需品消费课税将会伤害到低收入群体的生存权。故而，消费支出并未被作为衡量税收公平的主导性标准。

3. 税收效率原则

传统观点认为法律与经济最大的区别在于法律追求公平，而经济追求效率。然而，公平的实现并非没有成本的，且迟到的正义属于非正义，加之市场经济体制天然地会讲求效率。因而，我国现行建立于市场经济基础上的税法将税收效率原则作为其基本原则之一。一般认为税收效率原则包括税收经济效率与税收行政效率两个方面的内容。税收经济效率是指税法的制定和执行必须有利于提高经济运行的效率，国家征税要有利于资源的有效配置和经济机制的运行。税收经济效率的底线是指国家征税应尽量避免对市场机制的干扰，因征税而牺牲的经济效率应尽可能少。因而，有学者往往将税收中性与税收效率放在一起讨论。税收中性是指政府课征税赋的行为不得扭曲市场机制的自发运行，不得影响原来的私人经济部门配置资源的活动，要尊重市场自发配置资源的决定性作用。税收行政效率是指税法的制定和运行必须有利于减少纳税主体的奉行成本和额外负担。在制度成本已然成为国家治理不可忽视的问题之时，税收行政效率的重要性也日益凸显。

4. 实质课税原则

税收是公民经济自由的对价。一般而言，公民从事相关民商事交易而形成赢利，国家基于税收分享相关经济利益，故而税法可以视为在对民商事交易尊重的基础上而进行的社会再分配。然而这并非意味着税法在任何时候都会完全尊重当事人的民商事交易安排。税法经历的第一次世界大战之后税法与民法相分离的历史，在实质上就是税法对于民法相关规则的“反动”，并由此诞生了实质课税原则。学界通说认为实质课税原则来源于第一次世界大战后德国的经济观察法。[①] 虽然学界对于实质课税原则的地位和适用范围存在广泛的争议[②]，但是对其定义达成了相对的共识。实质课税原则的基本含义为：在某些情况下，不能仅仅依靠民商事交易的外观和形式来决定是否课税以及如何课税，而应当透过这些外观和形式去寻求其经济实质和经济目的，判断是否符合课税要素，以求公平、合理和有效地进行课税。即，根据纳税人的真实负担能力决定其税负。[③]

由于市场交易形式不断创新、反避税手段的日益隐蔽，许多国家的税法中都有关于实质课税原则的规定。如德国《税收调整法》专门规定，不得借民法上的形式

---

① 刘剑文，熊伟. 税法基础理论. 北京：北京大学出版社，2004：155-159.

② 徐阳光. 实质课税原则适用中的财产权保护. 河北法学，2008（12）；叶姗. 实质课税主义的理论价值确证. 学术论坛，2006（2）；闫海. 绳结与利剑：实质课税原则的事实解释功能论. 法学家，2013（3）.

③ 刘剑文. 财税法学研究述评（2005—2014）. 北京：法律出版社，2015：55.

及其形成可能性之滥用而减少纳税义务。我国《个人所得税法》第 8 条纳税调整的相关规定也可以视为实质课税的具体体现——有下列情形之一的，税务机关有权按照合理方法进行纳税调整：(1) 个人与其关联方之间的业务往来不符合独立交易原则而减少本人或者其关联方应纳税额，且无正当理由；(2) 居民个人控制的，或者居民个人和居民企业共同控制的设立在实际税负明显偏低的国家（地区）的企业，无合理经营需要，对应当归属于居民个人的利润不作分配或者减少分配；(3) 个人实施其他不具有合理商业目的的安排而获取不当税收利益。税务机关依照前款规定作出纳税调整，需要补征税款的，应当补征税款，并依法加收利息。

从外观上似乎实质课税原则与作为税法核心的税收法定原则具有一定的冲突，因而准确理解实质课税原则还需要注意其与税收法定原则的关系。首先，税收法定原则着眼于法的形式理性，实质课税原则则是具体实现税负公平的载体。实质课税原则的运用可以在一定程度上克服税收法定原则可能存在的机械性和僵化性。其次，实质课税原则并不是凭空设定税收构成要件及纳税人义务，并不违反税收法定原则，税法中对于实质课税原则的启用条件都进行了较为明确的规定，而对于作为实质课税原则实现方式的纳税调整也要求必须依据“合理方法”。最后，税收法定原则一般优先于实质课税原则的适用。当税法对某一交易形式具有明确规定之时，则无实质课税原则的适用空间，唯有出现法律规定之情形方能启动实质课税原则，即使是反避税一般条款的适用也需要满足一定的条件。

(三) 税法要素

1. 税法要素概述

对税法要素的定义可以分为列举型和概括型。列举型的代表当属“一般地说，税法的基本内容包括纳税主体、征税客体、税率、税目、纳税环节、纳税期限、减税免税、违章处理等内容，但并不是每个税法都要具备这些内容，其中纳税主体、征税客体和税率则是税法中的最基本的内容，每个税法都必须具备这三个内容，否则，就不能成其为税法”[①]。税法要素是纳税义务成立的要件，即通过税法要素的满足产生使纳税义务成立的这一法律效果的法律要件[②]，则是概括型定义的普遍表达。本书认为税法要素是各种单行税法具有的共同的基本要素的总称，其包括税法主体、征税对象、税目、计税依据、税率、纳税环节、纳税期限、纳税地点、税收特别措施[③]、罚则、附则等内容。

税法要素贯穿于税收立法、税收执法和税务司法之中，对税收制度的立改废以及实际运行都具有重要的价值。具体而言，税法要素的确立是税收立法的核心内容，缺少税法要素的税收立法一定是存在缺陷的制度设计；税法要素是国家征税必不可

---

① 严振生．税法．北京：中国政法大学出版社，1996：30.

② 金子宏．日本税法．战宪斌，郑林根，等译．北京：法律出版社，2004：111.

③ 部分教材称之为减免税或者税收优惠，但是理论和实践中除了存在税收优惠还存在税收重课，故而本书采取税收特别措施这一概念。

少的要素，即国家有效征税必须具备的条件，只有在符合税法要素的情况下，国家才可以征税；税法要素是税收法定原则的核心内容，其有利于纳税人权利的保障，因为只有符合税法要素纳税人才有义务纳税。

2. 税法主体

税法主体是指参与到税收法律关系中，具体享有权利（力）和承担义务的当事人。根据前文税收法律关系主体范围的解读和界定，税法主体包括征税主体和纳税主体两类。国家是享有征税权的主体，而税务机关、财政机关和海关则是代表国家具体行使征税权的主体。纳税主体又称纳税义务人，是税法规定的直接负有纳税义务的单位和个人。对于纳税主体概念的准确界定，需要注意以下两个方面：一是“税法规定”，这是税收法定原则的具体体现，要求税收征纳必须依法进行，纳税主体只有在有法律明确规定之时方具有纳税义务；二是“直接负有纳税义务”，这就将纳税主体与代扣代缴义务人和代收代缴义务人区分开来。纳税主体的范围涵盖自然人、法人和非法人组织。

概念界分是准确理解概念的基础也是其难题，要想准确把握纳税主体的内涵和外延，还需要注意以下几组概念的区分。

第一，纳税主体与负税人的区分。负税人是指实际负担税款的单位和个人。在税收实践中，当税负不能转嫁之时，纳税主体与负税人便是一致的，如所得税等直接税；当税负能够转嫁之时，纳税主体与负税人便是分离的，如增值税等间接税。

第二，纳税主体与代扣代缴义务人、代收代缴义务人。代扣代缴义务人，又称扣缴义务人，是指虽不承担纳税义务，但依照有关规定，在向纳税人支付收入、结算货款、收取费用时有义务代扣代缴其应纳税款的单位和个人。如我国个人所得税法便实行代扣代缴制度。代收代缴义务人是指虽不承担纳税义务，但依照税法规定，在向纳税人收取商品或劳务收入时，有义务代收代缴其应纳税款的单位和个人。诸如：开发商会向购房人收取契税和印花税，交管部门收取的车辆购置税等。代收代缴制度主要适用于零星分散、不易控制的税源，其目的在于实行税源控制，这可以提升税收征管的效率，更为重要的是防止逃税。作为代缴制度的两类重要主体，代扣代缴义务人和代收代缴义务人的区别表现在：代扣代缴义务人是直接持有纳税人的收入从中直接扣除纳税人的应纳税款，代收代缴义务人是在与纳税人的经济往来中收取纳税人的应纳税款并代为缴纳。

3. 征税对象

征税对象又称为课税客体，是指税法规定对什么征税，是征纳税双方权利（力）义务共同指向的客体或标的物。征税对象在税法要素中居于重要的地位，是区别一种税与另一种税的重要标志。其是税法最基本的要素，体现着征税的最基本界限，决定着某一种税的基本征税范围。同时，征税对象也决定了各个不同税种的名称。

4. 税目

税目是一个与征税对象具有密切关系的概念，是在税法中对征税对象分类规定的具体的征税项目。其反映征税的具体范围，是对课税对象质的界定。税目体现征税的广度，是征税对象的具体化。在税法中设置税目，首先是为了明确具体的征税范围，凡列入税目的即为应税项目，未列入税目的，则不属于应税项目；其次，税目的设置也是贯彻国家税收调节政策的需要——根据不同应税项目的利润水平以及国家经济政策等制定高低不同的税率，如消费税和个人所得税的不同税率。虽然税目在明确征税范围和实现政策调控方面具有重要的价值，但是并非所有税种都需要规定税目。有些税种不分课税对象的具体项目，一律按照课税对象的应税数额采用同一税率计征税款，因此其无须设置税目，如车辆购置税和企业所得税等。

5. 计税依据

计税依据又称税基，是指税法中规定的据以计算各种应征税款的依据或标准。其主要解决对征税对象课税的计算问题，是对征税对象的量的规定。计税依据按照计量单位的性质划分，有两种基本形态：一是从价计征，以价值形态作为税基，即按照征税对象的货币价值计算。价值形态包括应纳税所得额、销售收入、营业收入等，如增值税以不含税销售额来计算应纳税额。二是从量计征，以物理形态作为税基，即直接按征税对象的自然单位计算。物理形态包括面积、体积、容积、重量等，如城镇土地使用税以具体占用土地的面积来计算。

准确界分征税对象与计税依据是理解计税依据的前提和难点。如表6-3所示，征税对象是指征税的目的物，计税依据则是在目的物已经确定的前提下，对目的物据以计算税款的依据或标准；征税对象是从质的方面对征税所作的规定，而计税依据则是从量的方面对征税所作的规定，是课税对象量的表现。

表6-3 征税对象、税目、计税依据的区分

相关概念	与征税对象的关系	作用或形式
税目	质的界定： 在税法中对征税对象分类规定的具体的征税项目	明确具体的征税范围，凡列入税目的即为应税项目，未列入税目的，则不属于应税项目
税基 （计税依据）	量的规定： 据以计算征税对象应纳税款的直接数量依据	价值形态（从价计征）：按征税对象的货币价值计算，如消费税
		物理形态（从量计征）：直接按征税对象的自然单位计算，如城镇土地使用税

6. 税率

税率指对征税对象的征收比例或征收额度，其反映了应纳税额与计税依据之间的数量关系或比率，是法定的计算税额的尺度。税率体现征税的深度，是衡量税负轻重与否的重要标志。税率的高低直接关系到国家财政收入的多少以及纳税人的税负水平，因此税率往往被作为国家宏观财税政策的重要手段。

从各国税法规定来看，比例税率、累进税率和定额税率是税率的三种基本形式。

比例税率指同一征税对象，不论数额，规定相同的征收比例。比例税率一般适用于流转税，同时我国个人所得税法中除了综合所得和经营所得，也适用20%的比例税率。比例税率又可以具体划分为单一比例税率、差别比例税率与幅度比例税率。

单一比例税率是指该税法的征税对象均适用某一个单一的比例，比如车辆购置税为10%的单一比例税率、企业所得税为25%的单一比例税率。差别比例税率是指根据征税对象的不同类型而适用不同比例的税率，如城市维护建设税按照地区不同分别适用7%、5%、1%的税率。幅度比例税率是指法律中规定的税率为一个幅度，具体实践中一般由各省、自治区、直辖市根据自己的实际情况来具体确定，比如契税就是3%～5%的幅度比例税率。

公平是人类永恒追求的目标，经济学揭示了比例税率特别是单一比例税率存在税负累退的效应，因而累进税率开始进入税制设计之中。累进税率是指同一课税对象，随着数量的增大，征收比例也随之增高的税率。其表现为将课税对象按数额大小划分等级，不同等级规定不同税率，课税数额越大，适用的税率就越高。总体而言，累进税率有利于调节纳税人收入，从而正确处理税收负担的纵向公平问题。累进税率又可以具体分为全额累进税率、超额累进税率、全率累进税率、超率累进税率，其具体区分见表6-4。

表6-4　累进税率的具体形式及其应用

税率类别	具体形式	应用的税种
全额累进税率	把征税对象按数额大小分成若干等级，每一等级规定一个税率，税率依次提高，当税基超过某个税距时，课税对象的全部数额都按提高后级距的相应税率征税	我国目前没有采用
超额累进税率	把征税对象按数额大小分成若干等级，每一等级规定一个税率，税率依次提高，将纳税人的征税对象依所属等级同时适用几个税率分别计算，再将计算结果相加后得出应纳税款	个人所得税中的综合所得项目和经营所得项目
全率累进税率	以征税对象数额的相对率划分若干等级，每一等级规定一个税率，税率依次提高，当税基超过某个税距时，课税对象的全部数额都按提高后级距的相应税率征税	我国目前没有采用
超率累进税率	以征税对象数额的相对率划分若干等级，分别规定相应的差别税率，相对率每超过一个级距的，对超过的部分就按高一级的税率计算征税	土地增值税

定额税率，又称固定税额，是根据课税对象的一定计量单位（如数量、重量、面积、体积等），直接规定固定的征税数额。定额税率不受价格波动的影响，便于从量计征，因而多适用于从量税。目前使用定额税率的税种包括城镇土地使用税、耕地占用税和车船使用税。

7. 纳税环节

纳税环节指征税对象在从生产到消费的流转过程中应当缴纳税款的环节。理论上课税对象从生产到消费所经历的所有环节，由于都存在销售额，都具有征税的可能性，即都可能成为征税环节。但是基于税收对经济的影响、财政收入的需要以及税收征管能力和征管效率的现实考量，各国通常按照不同税种的特性，而在商品流通过程中不同的环节来课征不同的税。因而，合理确定纳税环节对于保障财政收入的稳定及时、加强税收征管以有效控制税源、方便纳税人生产经营活动和财务核算以及发挥税收宏观调节作用，都具有十分重要的意义。按照具体税种课征环节的多少，可以划分为一次计征制和多次计征制。如资源税就是一次计征的税种，而增值税则是道道征税的多次计征。因而，在税法实践中要掌握生产、批发、零售、进出口、收入取得、费用支出等各个环节上的税种分布。

8. 纳税期限

纳税期限是指纳税主体按照税法规定缴纳税款的期限。期限的规定是税收固定性的重要体现，有利于保障国家财政收入的及时性和连续性，同时也有利于纳税主体对于税法稳定性的期待。纳税主体违反税法规定不仅体现在通过各种方式少缴税款或者暴力抗税，也体现在未按照纳税期限的规定及时缴纳税款。因而，违反税收期限，根据《税收征管法》及其相关规定也应当受到加收滞纳金等处罚。

准确理解纳税期限的内涵和外延还需要界分纳税义务发生时间、纳税期限、缴库期限这一组概念。纳税义务发生时间是指应税行为发生的时间。纳税期限是指每隔固定时间汇总一次纳税义务的时间。纳税主体的具体纳税期限，由主管税务机关根据纳税主体应纳税额的大小予以核定；不能按照固定期限纳税的，可以按次纳税。缴库期限是指税法规定的纳税期限届满之时，纳税主体将应纳税款缴入国库的期限。表 6-5 以增值税法为例具体说明三者之间的区别。

表 6-5 增值税法中纳税义务发生时间、纳税期限、缴库期限的规定

项 目	内 容
纳税义务发生时间	例如，《增值税暂行条例实施细则》规定采取预收货款方式销售货物的，其纳税义务发生时间为货物发出的当天
纳税期限	税法规定了每种税的纳税期限，即每隔固定时间汇总一次纳税义务的时间。例如，《增值税暂行条例》规定，增值税的具体纳税期限分别为 1 日、3 日、5 日、10 日、15 日、1 个月或者 1 个季度
缴库期限	缴库期限，即税法规定的纳税期满后，纳税人将应纳税款缴入国库的期限。例如，《增值税暂行条例》规定，纳税人以 1 个月或者 1 个季度为 1 个纳税期的，自期满之日起 15 日内申报纳税；以 1 日、3 日、5 日、10 日或者 15 日为 1 个纳税期的，自期满之日起 5 日内预缴税款，于次月 1 日起 15 日内申报纳税并结清上月应纳税款

9. 纳税地点

纳税地点是指纳税主体（包括代征、代扣、代缴义务人）依照税法规定向征税机关申报纳税的具体地点。税法将纳税地点作为税法要素的重要组成部分并予以规定，主要原因是：其一从保护纳税人权利的角度，为了防止对同一应税收入、应税行为重复计征的情况，当然也有防止漏征的考量；其二是保证各地财政能在明确的地域范围内取得收入。我国税法上确定的纳税地点主要有机构所在地、经济活动发生地、财产所在地、报关地等，相应就存在就地纳税、合并纳税、外出经营纳税、汇总缴库、口岸纳税等方式。

10. 税收特别措施

税收特别措施是实现税收调节作用的重要方式，其意为对某些纳税人和征税对象采取减少征税或者免予征税或加重课税的特殊规定。具体包括税收优惠措施和税收重课措施。

税收优惠措施，又称减免税措施、减税免税等，是指税法对某些特殊情况给予减少或免除税负的一种规定。其中减税是对应征税款减征其中一部分；免税是对应征税款全部予以免除。对免税的准确理解还需要与不征税进行区分，免税是根据税制设计，其本身属于课税对象，基于某些政策调控的需要而对其予以免除税收负担。而不征税则是根据税制原理，其本身就不属于征税对象。税收优惠的方式可以分为税基式减免、税率式减免和税额式减免三种，具体见表6-6。

表6-6 税收优惠的基本形式和表现

基本形式	具体表现
税基式减免	起征点、免征额、项目扣除、跨期结转
税率式减免	重新确定税率、选用其他税率、零税率
税额式减免	全部免征、减半征收、核定减免率、抵免税额、另定减征税额

其中税基式减免中的起征点和免征额是一组需要区分的概念。起征点是税法规定对征税对象开始征税的数额。征税对象未达到起征点不征税，达到或超过起征点的就其全部数额征税。免征额是税法规定的征税对象中免于征税的数额。免征额部分不征税，只对超过免征额的部分征税。由此，起征点和免征额有两个方面的区别：其一是刚好达到起征或者免征的数额，起征点需要计税而免征额不需要；其二是计税的方式不同，起征点（达到或超过）全额计税，免征额只对超过部分计税。

税收重课措施是指依法加重纳税人的税收负担的各种措施的总称，它体现的是对纳税人行为的限制和禁止，是税法实现对社会行为进行有效干预和调节的重要手段。其分为加成征收和加倍征收两种。如我国《个人所得税法》修改之前对劳务报酬所得一次收入畸高的，采取加成征收的方式。具体办法为：（1）应纳税所得额超过2万元至5万元的部分，按照税法规定计算应纳个人所得税额之后，再按照应纳税额加征五成；（2）应纳税所得额超过5万元的部分，按照应纳税额加征十成。《个人所得税法》修改后，我国税法体系中税收重课措施已经很少见，这在很大程度上源于新《个人所得税法》将劳务报酬纳入综合所得，适用超额累进税率，其在实际上取得了相同的税收公平的效果。

税收特别措施在现代社会具有正当性和合理性，并对社会调节具有重要的价值，但是在现实生活中也极易出现税收特别措施权滥用的情况，出现人为形成的税收洼地以及税收地方壁垒，导致地方政府间的税收恶性竞争，不仅损害了国家税权，还严重损害了纳税人的合法权益，比如曾经风光一时的霍尔果斯就因出台了一系列大力度的税收优惠政策，成为著名的“税收洼地”，引发了很多违法享受税收优惠的行为。因而税收特别措施权的行使需要在税收法定原则的指导下，遵循《立法法》的相关规定。具体而言，其在立法上须符合比例原则、效率原则，执行中须符合税收法定原则。

二、重点和难点

（一）税收的分类

需要重点掌握按照征税对象划分（流转税、所得税、财产税、行为税和资源与环境税）、按照税负是否能够转嫁划分（直接税与间接税）和按照税收与价格的关系划分（价内税和价外税）三种分类方法。其中难点一是需要准确理解并结合后续学习掌握价内税和价外税的课征原理和计算方法。价外税是指税款不包含于征税对象的价格之中，在具体计算过程中需要判断价格是否含税，如果含税则需要做税价分离，同时何种情况含税、何种情况不含税也是学习的重点难点之一；价内税由于税款本身作为计税依据的一部分，故而存在重复征税的问题。难点二是结合直接税和间接税的特征及优缺点进一步理解现代税制改革的方向。直接税能够彰显纳税人主体性，能贯彻量能课税与税负公平原则，但征纳成本高；间接税纳税人税负较轻，征纳阻力较小，征纳成本较低，最终负担者是消费者。现代税制应当凸显纳税人主体地位，追求税收公平，所以税制改革的目标是建立直接税为主体的税收结构。

（二）税收法定原则

重点掌握税收法定原则的价值、功能和内容，以及我国立法中税收法定原则的规范表达。税收法定原则与罪刑法定原则被视为现代法治的两大基石。一般认为税收法定原则包括税收要件法定原则、课税要件明确原则、课税程序法定原则三个子原则。税收要件法定原则，要求有关税法要素应当由法律加以规定，不得通过授权行政机关或者由行政机关自行决定。课税要件明确是指征税的各个要素的规定应尽量明确，避免出现漏洞和歧义。税务合法性原则要求税务机关严格依法征税，不允许随意减征、停征或免征，更不能超出税法的规定加征。我国《立法法》第 11 条第 6 项“税种的设立、税率的确定和税收征收管理等税收基本制度”便是税收法定原则的规范表达。

在基础知识识记的基础上，应进一步思考税收法定原则的演变并引出税收国家理论，即：现代法治社会的财政面为什么是税收国家？现代国家财政收入的主要来源为什么一定是税收？税收作为财政收入主体部分的优势何在？同时结合规制时代对于税收法定原则带来的冲击，进一步思考我国部颁税法规则的合理性及其规制。

（三）实质课税原则

需要重点掌握实质课税原则的作用和内涵，并结合反避税相关规定、纳税调整制度，思考实质课税原则的适用条件和法律规则。难点在于准确理解实质课税原则与税收法定原则之间的关系。实质课税的核心为根据纳税人的真实负担能力而非交易形式的外观来决定其税负。交易形式的选择在一定程度上是市场主体的权利，而内含形式正义的税收法定原则与实质课税原则需要互相配合，方能实现税收领域的良法善治。首先，税收法定原则着眼于法的形式理性，实质课税原则则是具体实现税负公平的载体。其次，税法中对于实质课税原则的启用条件都进行了较为明确的规定，而对于作为实质课税原则实现方式的纳税调整也要求必须依据“合理方法”。最后，税收法定原则一般优先于实质课税原则的适用。

三、相关立法综述

由于我国税法体系按照税种划分而实行的分别立法模式存在协调性等问题，所以学术界和实务界主张通过制定税收基本法来完善税收法律体系、规范税收行为、协调单行税法以及税法与其他法律之间关系等。[①] 根据对相关研究和历史的梳理，我国关于税收基本法制定的研究大致经历了六个阶段。第一个阶段为税收基本法提出酝酿时期，时间跨度为1990年到1993年之间。在1990年，国家税务局税制改革司提出制定税收基本法的设想之后，学术界开始论证我国制定税收基本法的现实意义并形成了一定的成果和初步草案。第二个阶段为1994年到1998年的税收基本法立法计划的批准与研究的初步发展时期。该时期最大的特点在于税收基本法的制定被纳入全国人大常委会的立法规划之中，故而激起了学术界和实务界的极大兴趣。一方面，学术界关于税收基本法制定的研究成果层出不穷；另一方面，截至1997年年底已经形成了税收基本法草案讨论的第六稿。第三个阶段为1999年到2003年的相对停滞阶段。这一阶段由于税收基本法起草工作的停滞，学术界和实务界对这一问题的关注大不如前。第四个阶段为2004年到2007年，这一时期为税收基本法制定研究的全面发展阶段。其开始于税收基本法的制定再次被列入全国人大常委会的立法规划之中，该时期的代表性事件为成立了《中华人民共和国税收基本法（税法通则）》（专家稿）的起草小组。第五个阶段为税收基本法制定的挫折阶段。至2007年《中华人民共和国税收基本法》（专家稿）上报全国人大常委会审议没有任何回音。[②] 第六个阶段是党的十八届三中全会审议通过了《中共中央关于全面深化改革若干重大问题的决定》，其中明确提出“落实税收法定原则”以及宣布“2020年要实现税收法定”。虽然我国税收暂行条例上升为法律的工作还尚未完成，但是根据部署，该步骤应该在可预期的时间段内能够实现。因而，税收基本法的制定再次成为理论和实务部门所关注的问题。这一阶段最大的特色便是放弃了大而全的模式，而采取集中力量研讨《税法总则》制定这一现实路径，以为下一步税法典的编纂提供经验和基础。

---

① 刘隆亨，周红焰．我国税收基本法制定的意义、特征和框架．法学杂志，2004（5）：51-53．当然税法基本法的名称一直存在分歧，主要有以下几种：税收基本法、税法通则、税收通则法、税收法、税法等。

② 张怡，等．衡平税法研究．北京：中国人民大学出版社，2012：33-36．

【案例分析】

案例：DF公司诉某市地方税务局第一稽查局税务处理决定案[①]

一、案例导入

2004年11月30日，DF公司与H拍卖行签订委托拍卖合同，委托H拍卖行拍卖其自有的房产车库、商铺、写字楼，总面积63 244.794 4平方米；拍卖合同中约定房产估值金额为530 769 427.08港元；H拍卖行根据委托合同的约定，在拍卖公告中明确竞投者须在拍卖前缴纳拍卖保证金港币68 000 000元；2004年12月19日，SF公司以底价1.3亿港元竞买了上述部分房产；DF公司按138 255 000（人民币，下同）元的拍卖成交价格，向税务部门缴付了营业税6 912 750元。

2006年，某市地税稽查一局检查DF公司，经查证认为DF公司拍卖成交价不及周边房产交易价的一半，价格严重偏低。2009年9月14日，稽查一局作出税务处理决定，根据《税收征管法》第35条核定应纳税额，追缴DF公司营业税8 671 188.75元，加收滞纳金2 805 129.56元。

DF公司不服某市地税稽查一局的处理决定，向某市地方税务局申请行政复议，某市地方税务局于2010年作出穗地税行复字〔2009〕X号行政复议决定，维持稽查一局的处理决定。后DF公司提起诉讼，一审法院判决驳回DF公司的诉讼请求，二审法院判决驳回上诉，维持原判。DF公司向最高人民法院申请再审，理由如下：(1) 被申请人某市地税稽查一局不是适格行政主体。(2) 被申请人超越职权，无权核定纳税人的应纳税额。(3) 被诉税务处理决定认定DF公司申报纳税存在"申报的计税依据明显偏低"和"无正当理由"的证据明显不足。(4) 再审申请人已经按照拍卖成交价足额申报纳税并取得主管税务机关出具的完税凭证，没有任何税法违法违章行为，被申请人无权重新核定应纳税额。(5) 即使再审申请人存在"申报的计税依据明显偏低"和"无正当理由"的情况，被申请人也应当依照《税收征管法》第52条行使职权，其在再审申请人申报纳税4年多后进行追征税款和滞纳金，超过了《税收征管法》第52条关于税款和滞纳金追征期限的规定。

某市地税稽查一局答辩称：(1) 关于答辩人独立执法主体资格及职权范围具有法律依据。(2) 关于答辩人对拍卖成交价格不予认可的问题：1)"纳税人申报的计税依据明显偏低，又无正当理由的"情形，并没有将拍卖成交价格明显偏低的情形排除在外。2) 认定"计税依据明显偏低"的主要理由：与自己的销售价相比，已经销售的三成面积占八成收入，本案拍卖的七成面积占二成收入；明显偏离同期、同类、同档次物业的市场成交价格；远低于企业自行提供的评估价和成本价。3) 认定"无正当理由"的主要理由：只有唯一竞买人；拍卖保证金门槛设置过高；拍卖保留

① 参见最高人民法院（2015）行提字第13号行政判决书。

价（底价）设置过低；拍卖未征询全部抵押权人银行的同意；竞买人拍卖前知道拍卖底价，交易双方有诚信问题。(3) 核定程序合法、核定价格合理。关于追征税款、滞纳金问题：(4) 税务机关查补税款是法定的职责。2004 年 12 月 9 日拍卖成交，2006 年 9 月 18 日送达税务检查通知书，2009 年 9 月 16 日作出税务处理决定；不属于《税收征管法》第 52 条第 1 款的税务机关的责任。(5) 加收税收滞纳金的法律依据。滞纳金从滞纳税款之日起算；营业税纳税义务时间为收取税款之日起的次月 15 日。

2017 年 4 月 7 日，最高人民法院作出（2015）行提字第 13 号行政判决书。

二、财税行政与法官释法

DF 税案作为我国最高人民法院审理的第一起税法案例，具有极强的典型性。其涉及税务稽查机关行政主体资格、“计税依据明显偏低，又无正当理由”的判断标准、税收核定的权限及程序、税收滞纳金的起算及限制等诸多税收实体法和税收程序法问题。结合本专题所学习的内容，主要讨论以下三个疑难问题，这三个问题涉及对实质课税原则内涵和适用的理解。

1. 税务机关是否应当接受基于市场竞争形成的计税依据？

法院认为：“相同商品的拍卖价格可能会出现较大差异。影响房地产价格的因素更多，拍卖价格差异可能会更大。依照法定程序进行的拍卖活动……不论拍卖成交价格的高低，都是充分竞争的结果，较之一般的销售方式更能客观地反映商品价格，可以视为市场的公允价格。如果没有法定机构依法认定拍卖行为无效或者违反拍卖法的禁止性规定，原则上税务机关应当尊重作为计税依据的拍卖成交价格，不能以拍卖价格明显偏低为由行使核定征收权。”“对于一个明显偏低的计税依据，并不必然需要税务机关重新核定；尤其是该计税依据是通过拍卖方式形成时，税务机关一般应予认可和尊重，不宜轻易启动核定程序，以行政认定取代市场竞争形成的计税依据。”

2. 拍卖价是否是市场公允价？（如果一人竞拍呢?）是否绝对排除应纳税额核定?

否定一人竞买的效力尚无明确法律依据。对于拍卖活动中未实现充分竞价的一人竞拍，在拍卖成交价格明显偏低的情况下，即使拍卖当事人对拍卖效力不持异议，因涉及国家税收利益，该拍卖成交价格作为计税依据也并非绝对不能质疑。即，有效的拍卖行为并不能绝对地排除税务机关的应纳税额核定权，但税务机关行使核定权时仍应有严格限定。

本案中某市地方税务局经复议补充认为，涉案拍卖行为保证金设置过高、一人竞拍导致拍卖活动缺乏竞争，以较低的保留底价成交，综合判定该次拍卖成交价格不能反映正常的市场价格，且 DF 公司未能合理说明上述情形并未对拍卖活动的竞价产生影响的情况下，市地税稽查一局行使核定权，依法核定 DF 公司的应纳税款，并未违反法律规定。

3. 司法机关与税务机关在“计税依据明显偏低又无正当理由”认定中的分工?

根据《税收征管法》第35条第1款第6项规定，税务机关不认可纳税义务人自行申报的纳税额，重新核定应纳税额的条件有两个：一是计税依据价格明显偏低，二是无正当理由。拍卖价格的形成机制较为复杂，因受到诸多不确定因素的影响，根据《税收征管法》第33条及其相关规定，税务部门行使税收核定权有严格的条件和程序限制，且具有极强的专业性。所以，在司法实践中人民法院一般应尊重税务机关基于法定调查程序作出的专业认定，除非这种认定明显不合理或者滥用职权。

三、疑难问题

本案涉及税法与民法之间关系这一理论和实务中的疑难问题，税收交易定性、实质课税原则等理论体系以及反避税、税法法人人格否定等实践难点的根源均在于此。首先，共同概念的解释。由于一般而言必须先有民商事交易行为，而后国家才针对相应的行为、财产等进行征税，所以税法与民法拥有许多共同的概念，加之民法在行政法中的适用渐成一种常态①，故而共同概念的趋势将会越来越多。基于实质课税原则，对于税法与民法的共同概念甚至是税法借用的民法概念，税法也不应当完全照搬民法的含义，而是应当通过实质观察赋予其经济实质。具体表现为当税法与民法共同拥有一个概念之时，首先应当在税法本身精神以及税种法的立法目的指导下，结合税法整体的规定从系统解释的角度来明确该概念在税法之中的含义。当然实质课税原则并非一定要求作出与民法相反的解释，相反基于实质课税原则与税收法定之间的矛盾，有学者主张将其适用范围限制在立法领域。② 我们认为，由于税收法定是税法的帝王条款，为了协调实质课税与税收法定之间的紧张关系，实质课税原则在立法领域的运用当无异议，而税务征管中的实质课税却需要接受司法审查。其次，非法民事行为课税问题。在民事法律领域，当一个民事行为被认定为非法则意味着其不具备民法上的效力，自然也不会产生行为人所预期的效果。而一般意义上先有纳税人之民商事行为，才有对于该民商事行为征税的可能性。似乎非法的民事行为就不能被课以税收，这些年一度闹得沸沸扬扬的"非法收入是否纳税"的争议就是这一问题的现实表现。然而根据实质课税原则，只要该行为导致了行为人财产有增值的情况，而该增值又满足税法所规定的课税要件，则无论其是否合法都应当缴纳相应的税款，如国税总局于2006年1月发布的《关于加强教育劳务营业税征收管理有关问题的通知》（财税〔2006〕3号）就是一个明证。③ 最后，私法自治的税法界限。私法自治与私权神圣是民法的基本理念之一，在涉税问题上的私法自治意味着公民可以选择或者创设相应的交易模式以实现获取税收优惠或者税收利益的目的，当然这也是公民享有的税收筹划权之必然要求。然而税收筹划与税法规定的完善本身就呈现出相互竞争、相辅相成之关系。而实质课税原则可能会基于

---

① 王贵松. 民法规范在行政法中的适用. 法学家，2012（4）：40-53.

② 刘剑文，熊伟. 税法基础理论. 北京：北京大学出版社，2004：164.

③ 刘剑文. 非法未必不征税. 中国税务，2016（4）：27-28.

经济观察而对公民的私法自治提出限制抑或是对相关交易安排不予认可，以符合税法的实质精神。

四、类案练习

基本案情：2013年年初，XL公司因项目开发建设需要，与陈某某和案外人林某某达成协议，以XL公司部分房产作为抵押向陈某某和林某某合计借款6 000万元，月息5%，利息按月支付，期限一年。2013年3月20日，陈某某、林某某与XL公司签订合同时，发现XL公司只能提供85坎店面，店面面积合计10 008.73平方米，两人只同意借给XL公司5 500万元，双方签订总价为5 500万元的商品房买卖合同，并到XY县房地产管理中心备案登记。同日，XL公司将多余的500万元汇还给林某某。2014年1月17日，林某某因资金周转需要从XL公司抽回300万元。2014年3月19日即一年放贷期满，林某某、陈某某和XL公司通过泉州仲裁委员会仲裁解除上述商品房买卖合同，XL公司各汇还给林某某、陈某某2 600万元，共计5 200万元。税务机关经查，确认2013年3月20日至2014年3月19日，陈某某累计取得利息收入2 140.5万元（其中，2013年度为1 350万元，2014年度为790.5万元）。陈某某2013年度和2014年度取得利息收入未申报缴纳营业税[①]、个人所得税、城市维护建设税、教育费附加及地方教育附加。决定由陈某某补缴纳：1）营业税1 070 250元；2）个人所得税4 281 000元；3）城市维护建设税53 512.5元；4）教育费附加32 107.5元；5）地方教育费附加21 405元；6）加收滞纳金171 781.71元。以上共计人民币5 630 056.71元。

一、二审法院经审理查明：2013年3月20日，陈某某和林某某与XL公司签订一份商品房买卖合同，约定：（1）陈某某和案外人林某某共同向XL公司购买位于XY县榜头镇泉山村中国古典工艺博览城2号楼2—3层85坎商铺，建筑面积10 008.73平方米，每平方米5 500元，合同总价款人民币5 500万元。（2）分期付款。2013年3月31日前支付全部购房款的18.2%计人民币1 000万元，2013年6月30日前支付全部购房款的31.8%计人民币1 750万元，2013年12月31日前支付全部购房款的50%计人民币2 750万元。（3）违约责任。出卖人应在2013年12月30日前将符合合同约定的商品房交付给买受人，出卖人逾期交房不超过30日，出卖人按日向买受人支付已付款万分之0.5的违约金；超过30日，买受人有权解除合同，解除合同的，出卖人应当自买受人解除合同书面通知到达之日起1日内退还全部已付款，并按买受人已付款的20%向买受人支付违约金。继续履行合同的，出卖人按实际逾期的天数计算每日向买受人支付已付款的万分之0.6。（4）产权登记。出卖人应当在商品房交付使用后60日内，向当地房屋权属登记部门办理房屋所有权初始登记，如因出卖人原因不能在商品房交付使用后90日内取得房屋权属证书，买受人退房的，应在30日内退还已付款并按已付款的20%赔偿买受人损失。（5）争议处理。协商不成依法向人民法院起诉等条款。该商品房买卖合同送至XY县房地

---

① 当前营业税已随着2016年5月1日全面“营改增”的完成而废止。

产管理中心备案。之后，XL 公司分别向 XY 县住建局、XY 县工艺产业园管委会、XY 县委、县政府申请预售融资方案调整的报告。XY 县委办〔2013〕5 号会议纪要和 XY 县委办〔2013〕22 号会议备忘录同意了 XL 公司增加 20%建筑面积作为融资用途，导致 XL 公司与陈某某和案外人林某某签订的商品房买卖合同无法按合同约定继续履行。2014 年 3 月 18 日，XL 公司向泉州仲裁委员会申请仲裁，2014 年 3 月 19 日，泉州仲裁委员会作出〔2014〕泉仲字 567 号调解书，双方达成协议如下：1）解除双方签订的商品房买卖合同；2）XL 公司应于 2014 年 3 月 21 日前返还被申请人林某某、陈某某已付的购房款人民币 1 000 万元。[①]

结合该案思考：

1. 税务机关能否根据实质课税原则独立认定案涉民事法律关系？

2. 对案涉民间借贷利息收入应否征收营业税（现为增值税）、个人所得税等税款？

3. 对民间借贷产生的较大金额利息收入征收税款如何体现税收公平原则？

课程思政教学指导

【知识拓展】

一、拓展阅读

宪法之“税”与法律之“税”的区别

由于税收与现代民主的紧密关系，域外宪法和法律中普遍有涉税条款，然而“税”之概念并没有在宪法和法律之中予以明确，似乎其本身并没有争议。然而随着司法实践的发展，关于宪法之“税”与法律之“税”是否具备同一性开始了旷日持久的争论，形成了“同一说”和“非同一说”两派针锋相对的观点。[②]

本书认同“非同一说”的观点。基于宪法的功能要求，一般而言宪法的修改程序都要远远严格于法律，甚至在某些国家宪法的部分条款为不可修改之条款。所以，如果将宪法之“税”概念等同于法律之“税”，在应然层面上将会由于宪法无法启动对法律之中“税”概念的违宪审查而导致现代宪制所包含的民主、自由等精神受到极大的损伤，而规范层面上则无疑将宪法降低位阶从而使得通过普通法律即可修改宪法抑或是普通法律在“税”上获得了宪法之位阶。[③]

① 参见最高人民法院（2018）最高法行申 209 号行政裁定书。

② 陈丹．宪法税概念之论争．税务研究，2008（10）．

③ 葛克昌．税法基本问题（财政宪法篇）．北京：北京大学出版社，2004：72．

其实，我国学术界已经注意到了宪法之“税”与法律之“税”的区别，主要体现在相关学者关于纳税人概念和纳税人权利体系的论述之中。虽然学术界区分了狭义上和广义上的纳税人概念，但是在现代宪制民主背景之下，即使是狭义上的纳税人概念也不能违背宪法实质精神的要求，即法律、行政法规意义上的纳税人概念必须接受来自宪法的审视，否则将会有违宪之虞。习近平总书记用“最高的法律地位”“最高的法律权威”“最高的法律效力”来定位宪法，这也为法律、行政法规上纳税人概念的合宪性提出了明确的要求和方向。基于现代宪制民主的要求，有学者将狭义上的纳税人定义为“为了对所享有的国家提供的公共产品支付价格而基于宪法的规定，按照符合宪法的理念和原则制定的税法的规定承担纳税义务的单位和个人”①。虽然纳税人权利直接表现为决策权、参与权以及知情权等政治性权利，税收征管过程中的程序性权利以及保障前两项权利的救济性权利，但是纳税人权利存在的目的在于保障公民的合法财产权不受到国家征税权的不法侵犯。② 从区分狭义和广义的纳税人，作为狭义之纳税人承担纳税义务之依据的税法必须符合宪法的理念和原则，以及纳税人权利存在之目的和纳税人权利保障的分析都可以看出其中包含的区分宪法之“税”与法律之“税”的意图。

二、毕业论文选题指导

虽然相较于具体的税法制度，税收与税法基础这一专题的内容具有一定的稳定性，但是，一方面，理论之树常青，部分税法基本理论问题一直存在争议，理论研究的果实虽然难以摘取但却十分诱人；另一方面，《民法典》的实施、我国经济进入“新常态”、国际国内双循环的建设以及共同富裕等新的时代命题，虽然会首先反映在具体的制度上，但是新的时代命题呼唤理论上的创新，同时制度建设也需要理论指引。因而，税收和税法基础理论有诸多新的问题值得深入研究讨论。

1. 税收总则制定相关问题。随着税收立法由暂行条例上升为法律这一形式上的税收法定即将完成，税种法之间如何协调这一实质性税收法定的问题必将日益凸显，制定税法总则是目前学界所公认的解决方式。与此相关问题的研究可以成为研究的选题，诸如税法总则的定位；税法总则如何与其他部门法，尤其是《税收征管法》相协调；税法总则的体例模式；税法总则的立法架构等。

2. 地方主体税种相关问题。1994 年分税制改革之后，地方税收收入的主体部分是营业税，而自从 2016 年 5 月 1 日全面“营改增”推行之后，地方主体税种存在缺位。因此，从保障地方财政自主权的角度，讨论地方主体税种的重构是一个值得研究的问题。目前学界有房地产税、消费税、零售税等多种观点。

3. 民法典时代税法的新问题。2020 年 5 月 28 日，第十三届全国人民代表大会第三次会议通过了我国第一部以法典命名的法律——《民法典》。作为民事领域的基本法，其诸多理念和制度都给税法带来了新的命题。诸如《民法典》第 127 条明确

---

① 刘剑文. 纳税主体法理研究. 北京：经济管理出版社，2006：8.

② 张怡，等. 人本税法研究. 北京：法律出版社，2016：174－175.

将“数据、网络虚拟财产”等作为民事客体加以保护。如此一来，凡是涉及数据、网络虚拟财产的取得、转让等情形，税法上都可以考虑对其进行征税，这就意味着税收征税对象的范围将进一步扩大。若是通过有偿转让数据、网络虚拟财产的，转让主体可能负有增值税纳税义务；若是无偿取得数据、网络虚拟财产的，受让主体则可能负有所得税纳税义务。另外，《民法典》将保理合同作为新的有名合同，保理合同相关的税收制度也是值得关注和研究的问题。除了实体法领域，民法典给本书后面将要学习的《税收征管法》也带了新的研究命题。我国现行税收代位权和撤销权制度（《税收征管法》第50条）是以原《合同法》的规定为基础的，鉴于《民法典》第535条、第538条和第539条分别更新了代位权和撤销权规则，现行的《税收征管法》也应随之作出调整，以保持与《民法典》上述条款的一致性与协调性。

4. 规制时代税收法定原则的表达。传统上，税收法定原则通过法律保留的方式予以实现。但是，现代社会系统性风险的不确定性和技术性导致政府规制的兴起，甚至现代社会又被称为规制时代。为了应对规制时代的系统性风险，需要授予政府大量的授权立法和自由裁量权。在此背景下，肩负政策调控功能的税法，必然将会对传统意义上税收法定原则的内涵形成冲击。如何重塑税收法定原则的内涵以回应现实的诉求成为不可回避的问题。诸如税收法定原则的实现路径（是否还要坚持绝对的法律保留），宪法涉税条款的解释，税收规章的合理性、功能及其界限等。

5. 民办高校等特殊主体的税法问题。《民法典》将法人分为营利法人、非营利法人和特别法人。现行税法规范更多是围绕营利法人而展开的，对于非营利法人和特别法人在什么情况下需要纳税以及其具体制度建构尚不明确完善，需要通过可税性理论对相关问题进行分析，诸如农村集体经济组织以及民办高校的税法问题。

三、推荐文献

1. 史蒂芬·霍尔姆斯，凯斯·R. 桑斯坦. 权利的成本：为什么自由依赖于税. 毕竞悦，译. 北京：北京大学出版社，2004.

2. 葛克昌. 税法基本问题（财政宪法篇）. 北京：北京大学出版社，2004.

3. 刘剑文，熊伟. 税法基础理论. 北京：北京大学出版社，2004.

4. 张怡，等. 衡平税法研究. 北京：中国人民大学出版社，2012.

5. 张守文. 论税收法定主义. 法学研究，1996 (6).

6. 张守文. 论税法上的“可税性”. 法学家，2000 (5).

7. 周飞舟. 分税制十年：制度及其影响. 中国社会科学，2006 (6).

8. 史际春，宋槿篱. 论财政法是经济法的“龙头法”. 中国法学，2010 (3).

9. 陈征. 国家征税的宪法界限：以公民私有财产权为视角. 清华法学，2014 (3).

10. 熊伟. 法治视野下清理规范税收优惠政策研究. 中国法学，2014 (6).

11. 刘剑文，王桦宇. 公共财产权的概念及其法治逻辑. 中国社会科学，2014 (8).

12. 张怡. 税收法定化：从税收衡平到税收实质公平的演进. 现代法学，2015 (3).

13. 张富强. 论税收国家的基础. 中国法学，2016 (2).

14. 熊伟，刘珊. 协调与衔接：《民法典》实施对税法的影响. 税务研究，2021 (1).

15. 廖呈钱. 宪法基本国策条款如何进入税法“总则”：规制时代税收法典化的困境及其破解. 法学家，2022 (1).

专题七　流转税法律实务

流转税是以流转过程中货物、劳务或服务为征税对象的各税种的统称，国际上也称为“货物与劳务税”，是我国税制结构中最重要的税类之一。本专题学习需了解流转税的基本理论知识，三大流转税的相互关系，掌握增值税、消费税、关税的纳税人、征税范围、税率、计税依据和应纳税额的计算，熟悉虚开增值税专用发票的相关规定，并借助增值税、消费税、关税的相关案例分析，综合运用相关知识加强对实际问题的分析，初步具备解决增值税、消费税、关税等一般涉税问题的能力。本专题重点难点主要有流转税各税种之间的联系、三大流转税的征收范围、增值税的购进扣税法、增值税的视同销售制度、消费税的征税目的、营改增的发展历程、增值税的税收中性原则等内容。

【基础理论】

一、基本知识介绍

流转税历来是我国税收体系中的主体税种，在我国税制建设和财政收入中占据重要地位。流转税的征税对象既包括传统有形货物，也包括劳务、现代服务等无形商品，因而也有人称之为商品税。各国主要的流转税有增值税、消费税和关税等税种，以下将就增值税、消费税和关税的基本知识进行逐一介绍。

（一）增值税法基本知识

1. 增值税及增值税法的概念

增值税（value added tax）是以商品生产流通和劳务、服务各个环节的增值额为计税依据而征收的一种流转税，在一些国家又被称为商品与服务税（goods and service tax)。所谓增值额，是指生产者或经营者在一定期间的生产经营过程中新创造的价值。

早在 1917 年，美国学者亚当斯（T. Adams）就已提出了增值税的雏形；1921 年，德国学者西门子（C. F. V. Siemens）正式提出了"增值税"的名称。但直到 1954 年，法国才正式开征增值税，并使该项制度在实践中得以确立，进而推广到欧洲和诸多其他国家。目前，世界上已经有 170 多个国家和地区开征增值税。

增值税法是指国家制定的用以调整增值税征收与缴纳之间的权利与义务关系的法律规范的总称，包括有关增值税征纳的法规、条例、章程等一系列政策性、规范性文件。我国现行增值税法的基本规范是 2017 年 11 月 19 日国务院公布的《中华人民共和国增值税暂行条例》（以下简称《增值税暂行条例》）以及财政部、国家税务总局 2011 年 10 月 28 日以第 65 号令公布的《中华人民共和国增值税暂行条例实施细则》（以下简称《增值税暂行条例实施细则》）。

2. 增值税的特点

增值税之所以备受世界各国普遍青睐，是因为它具有一系列的优点和特点：

第一，增值税主要表现为对增值额征税，区别于消费税、关税的全额计税；增值额是指纳税人在生产产品或者提供劳务过程中新创造的价值量。法律上，据以计税的增值额是法定增值额，即把货物或劳务的销售额按法定扣除外购项目的资金后余额。

第二，增值税是价外税，企业在计算销售成本、销售收入时均以不含税价入账，如果出现税价合一、合并定价的情况，应该将含税销售额换算成不含税销售额后再计税或做账处理。

$$不含税销售额=含税销售额\div(1+税率或征收率)$$

第三，增值税实行税款抵扣制度，抵扣制度是增值税设计科学的突出表现，其能够有效地避免重复征税。

$$应纳增值税额(或留抵的进项税额)=销项税额-进项税额$$

3. 增值税的类型

增值税的一个重要特点在于以增值额为计税依据，但各国在增值税的增值额计算方面不尽相同，依此大体可将增值税划分为生产型增值税、收入型增值税和消费型增值税三种（如表 7-1 所示）。一般来说，发达国家大都实行消费型增值税，我国从 2009 年 1 月 1 日起，增值税由过去的生产型转为消费型。

表 7-1　增值税类型：固定资产进项税额的处理方式

类型	概念	税务处理
生产型增值税	是指在计算应纳增值税额时，只允许从当期销项税额中扣除原材料等劳动对象的已纳税款，而不允许扣除固定资产所含税款的增值税。从全社会来说，是对整体的固定资产和消费资料征税，即以国民生产总值为计税依据，因此称之为生产型增值税	不得抵扣固定资产的进项税额

续表

类型	概念	税务处理
收入型增值税	是指在计算应纳增值税额时，只允许从当期销项税额中扣除折旧部分所含税金。从全社会来说，是对国民收入征税，因此称之为收入型增值税	分期抵扣固定资产的进项税额［我国 2016 年 5 月 1 日营业税改增值税改革（以下简称“营改增”）后，分期抵扣作为固定资产管理的不动产进项税额］
消费型增值税	是指在计算应纳增值税税额时，对纳税人购入固定资产的已纳税款，允许一次性地从当期销项税额中全部扣除，从而使纳税人用于生产应税产品的全部外购生产资料都不负担税款。从全社会来看，实际上是对国民收入中的消费资料部分征税，因此称之为消费型增值税	购入时一次性抵扣固定资产的进项税额（我国 2009 年 1 月 1 日改为消费型增值税）

4. 增值税的税法要素

（1）增值税的纳税人

根据《增值税暂行条例》第 1 条的规定，增值税的纳税人是指在中华人民共和国境内销售货物或者加工、修理修配劳务（以下简称“劳务”），销售服务、无形资产、不动产以及进口货物的单位和个人。这里的“单位”是指企业、行政单位、事业单位、军事单位、社会团体及其他单位；“个人”是指个体工商户和其他个人。

按照经营规模和会计核算水平的不同，可将增值税的纳税人分为一般纳税人和小规模纳税人。所谓小规模纳税人，是指年销售额在规定标准以下，并且会计核算不健全，不能按规定报送有关增值税的税务资料的纳税主体，以及税法规定视同小规模纳税人的纳税主体。小规模纳税人以外的其他纳税主体，即为增值税的一般纳税人。

区分一般纳税人和小规模纳税人的重要意义在于，两者的税法地位、计税方法不同。一般纳税人可以使用增值税专用发票，并可以用“扣税法”抵扣发票上注明的已纳增值税额。而小规模纳税人虽然可以由税务机关代开或自行申请开具增值税专用发票①，但仍然不能用其进行税款抵扣，二者具体区别如表 7－2 所示。

（2）增值税的征税范围

增值税的征税范围包括在境内发生应税行为以及进口货物等。“营改增”后，纳税人所有的经营活动都应缴纳增值税，纳税人销售货物、劳务、服务、无形资产、不动产的行为，统称为应税销售行为。增值税法律构成要件是判断销售行为是否构成应税行为的基准，增值税法律构成要件也是判断购进行为是否构成进项税额的基准，属于增值税征税范围的应税行为应同时具备四个条件：1）应税行为

① 自愿选择自行开具增值税专用发票的小规模纳税人，税务机关不再为其代开。需要特别说明的是，货物运输业小规模纳税人可以根据自愿原则选择自行开具增值税专用发票；未选择自行开具增值税专用发票的纳税人，按照《国家税务总局关于发布〈货物运输业小规模纳税人申请代开增值税专用发票管理办法〉的公告》相关规定，向税务机关申请代开。

发生在境内；2）应税行为是经营活动；3）应税行为是为他人提供；4）应税行为是有偿的。

表 7-2　增值税一般纳税人和小规模纳税人的区别

纳税人类型	含义	管理	计算	除外情形
一般纳税人	年应税销售额超过小规模纳税人标准，会计核算健全，能够提供准确税务资料的，除按照规定选择按照小规模纳税人纳税的以外，应当向主管税务机关办理一般纳税人登记	1）一般纳税人必须按照《增值税一般纳税人登记管理办法》（国家税务总局令第 43 号）的规定，应当向主管税务机关办理一般纳税人登记 2）年应税销售额未超过规定标准的纳税人，会计核算健全，能够提供准确税务资料的，可以向主管税务机关办理一般纳税人登记	采用“购进扣税法”，应纳增值税税额＝当期销项税额－当期进项税额	下列纳税人不办理一般纳税人登记： 1）按照政策规定，选择按照小规模纳税人纳税的 2）年应税销售额超过规定标准的其他个人
小规模纳税人	年销售额在规定标准以下（年应征销售额 500 万元及以下），并且会计核算不健全，不能按规定报送有关税务资料的增值税纳税人	——	不能采用“购进扣税法”，应纳税额＝销售额×征收率	纳税人登记为一般纳税人后，不得转为小规模纳税人，国家税务总局另有规定的除外

整体上，我国增值税的征税范围包括两大类：第一类是销售货物、提供应税劳务、进口货物，这些在“营改增”之前就属于增值税的征税范围；第二类是销售服务、无形资产、不动产，这些过去属于营业税的征税范围。具体而言，增值税的征税范围如表 7-3 所示。

表 7-3　增值税的征税范围

征税范围	具体情形	
销售货物	有偿转让货物所有权	1）货物，是指有形动产，包括电力、热力、气体在内 2）有偿，是指从购买方取得货币、货物或者其他经济利益
销售劳务	有偿提供劳务	1）受托加工货物：委托方提供原料及主要材料，受托方按照委托方的要求制造货物并收取加工费 2）修理修配：指受托对损伤和丧失功能的货物进行修复，使其恢复原状和功能

续表

征税范围	具体情形	
销售服务	交通运输服务	陆路运输；水路运输；航空运输；其他
	邮政服务	邮政普遍服务；邮政特殊服务；其他邮政服务
	建筑服务	工程服务；安装服务；其他建筑服务；其他
	金融服务	贷款服务；直接收费的金融服务；保险服务；金融商品转让；按照“金融商品转让”纳税的服务
	现代服务	研发和技术服务；信息技术服务；文化创意服务；物流辅助服务；租赁服务；鉴证咨询服务；广播影视服务；商务辅助服务
销售无形资产	转让无形资产所有权或者使用权的业务活动。无形资产，是指不具有实物形态，但能带来经济利益的资产，包括技术、商标、著作权、商誉、自然资源使用权和其他权益性无形资产	
销售不动产	转让不动产所有权的业务活动。这里的不动产，是指不能移动或者移动后会引起性质、形状改变的财产，包括建筑物、构筑物等	
进口货物	将货物从外国境外移送至我国境内的行为	

（3）增值税的税率和征收率

我国增值税实行多档税率，大体可以划分为基本税率、低税率和零税率。根据《增值税暂行条例》第2条和《关于深化增值税改革有关政策的公告》（财政部、税务总局、海关总署公告2019年第39号），自2019年4月1日起，增值税的税率为基本税率13%、低税率9%和6%；出口货物的，除国务院另有规定之外，税率为零。对于小规模纳税人而言，其增值税的征收率为3%，财政部和国家税务总局另有规定的除外（见表7-4）。

表7-4　增值税的税率与征收率

纳税人类型	税率与征收率的安排	适用情形
一般纳税人	税率13%	纳税人销售货物、有形动产租赁服务或者进口货物（除按规定适用9%税率的货物外）
		采取填埋、焚烧等方式进行专业化处理后产生货物，且货物归属委托方的
	税率9%	销售交通运输、邮政、基础电信、建筑、不动产租赁服务，销售不动产，转让土地使用权
		销售或进口下列货物： 1）粮食等农产品、食用植物油、食用盐 2）自来水、暖气、冷气、热水、煤气、石油液化气、天然气、二甲醚、沼气、居民用煤炭制品 3）图书、报纸、杂志、音像制品、电子出版物 4）饲料、化肥、农药、农机、农膜 5）国务院规定的其他货物

续表

<table>
<tr><th>纳税人类型</th><th>税率与征收率的安排</th><th colspan="2">适用情形</th></tr>
<tr><td rowspan="4">一般纳税人</td><td rowspan="2">税率 6%</td><td colspan="2">销售增值电信服务、金融服务、现代服务（不动产租赁除外）、生活服务以及销售无形资产（转让土地使用权除外）</td></tr>
<tr><td colspan="2">其他情形：
1）纳税人通过省级土地行政主管部门设立的交易平台转让补充耕地指标，按照“销售无形资产”缴纳增值税
2）纳税人受托对垃圾、污泥、污水、废气等废弃物进行专业化处理，采取填埋、焚烧等方式进行专业化处理后未产生货物的，受托方收取的处理费用
3）纳税人受托对垃圾、污泥、污水、废气等废弃物进行专业化处理，采取填埋、焚烧等方式进行专业化处理后产生货物，且货物归属受托方的，受托方收取的处理费用</td></tr>
<tr><td rowspan="2">零税率</td><td colspan="2">纳税人出口货物（国务院另有规定的除外）</td></tr>
<tr><td colspan="2">境内单位和个人跨境销售国务院规定范围内的服务、无形资产</td></tr>
<tr><td rowspan="3">小规模纳税人</td><td rowspan="3">征收率</td><td>简易计税 3%</td><td>纳税人发生按简易计税方法计税的情形，除按规定适用 5%征收率的以外，其应税销售行为均适用 3%的征收率</td></tr>
<tr><td>简易计税 5%*</td><td>1）小规模纳税人销售自建或者取得的不动产
2）一般纳税人选择简易计税方法计税的不动产销售
3）房地产开发企业中的小规模纳税人，销售自行开发的房地产项目
4）其他个人销售其取得（不含自建）的不动产（不含其购买的住房）
5）一般纳税人选择简易计税方法计税的不动产经营租赁
6）小规模纳税人出租（经营租赁）其取得的不动产（不含个人出租住房）
7）其他个人出租（经营租赁）其取得的不动产（不含住房）
8）个人出租住房，应按照 5%的征收率减按 1.5%计算应纳税额①</td></tr>
<tr><td>依 3%征收率减按 2%征收</td><td>1）一般纳税人销售自己使用过的属于《增值税暂行条例》第 10 条规定不得抵扣且未抵扣进项税额的固定资产
2）小规模纳税人（除其他个人外，下同）销售自己使用过的固定资产
3）纳税人销售旧货</td></tr>
</table>

*注：本处只列举了最为常见的情形。

① 财政部、税务总局、住房城乡建设部《关于完善住房租赁有关税收政策的公告》（财政部、税务总局、住房城乡建设部公告 2021 年第 24 号）第 1 条规定，住房租赁企业中的增值税一般纳税人向个人出租住房取得的全部出租收入，可以选择适用简易计税方法，按照 5%的征收率减按 1.5%计算缴纳增值税，或适用一般计税方法计算缴纳增值税。住房租赁企业中的增值税小规模纳税人向个人出租住房，按照 5%的征收率减按 1.5%计算缴纳增值税。住房租赁企业向个人出租住房适用上述简易计税方法并进行预缴的，减按 1.5%预征率预缴增值税。

1）基本税率

纳税人销售货物、有形动产租赁服务或者进口货物，除低税率和零税率适用范围外，税率为13%。

2）低税率

第一档低税率为9%。纳税人销售交通运输、邮政、基础电信、建筑、不动产租赁服务，销售不动产，转让土地使用权，销售或进口下列货物，税率为9%。这一税率即是通常所说的低税率。

a. 粮食等农产品、食用植物油、食用盐。

b. 自来水、暖气、冷水、热水、煤气、石油液化气、天然气、二甲醚、沼气、居民用煤炭制品。

c. 图书、报纸、杂志、音像制品、电子出版物。

d. 饲料［《财政部、国家税务总局关于饲料产品免征增值税问题的通知》（财税〔2001〕121号）规定部分饲料产品免征增值税］、化肥、农药、农机、农膜。

e. 国务院规定的其他货物。

第二档低税率为6%，纳税人销售服务、无形资产，税率为6%。纳税人销售服务、无形资产，在基本税率、低税率和零税率适用范围外的，税率为6%。

3）零税率

纳税人出口货物，税率为零；但是，国务院另有规定的除外。

4）小规模纳税人的征收率

对于小规模纳税人而言，征收率为3%，财政部和国家税务总局另有规定的除外。

（4）增值税的销售额

增值税的销售额为纳税人发生应税销售行为收取的全部价款和价外费用，但是不包括收取的销项税额。增值税纳税人的销售方式各异，导致其销售额所含内容不同，对于这些特殊情况，国家税务总局在《增值税若干具体问题的规定》中对其销售额进行了特殊规定。具体而言，增值税的销售额按照如下方法确立（见表7-5）。

表7-5 增值税的销售额确定

主要事项	确定方式
一般情况下的销售额确定	销售额是指向购买方收取的全部价款和价外费用 价外费用包括价外向购买方收取的手续费、补贴、基金、集资费、返还利润、奖励费、违约金、滞纳金、延期付款利息、赔偿金、代收款项、代垫款项，包装费、优质费以及其他各种性质的价外收费 价外费用不包括： 1）符合条件的代垫运输费用 2）受托加工应征消费税的消费品所代收代缴的消费税 3）符合条件代为收取的政府性基金和行政事业性收费 4）销货同时代办保险收取的保险费、向购买方收取的代购买方缴纳的车辆购置税、车辆牌照费（销货方对此类代收费用开具发票的除外） 5）以委托方名义开具发票代委托方收取的款项

续表

主要事项	确定方式
视同销售行为销售额的确定	视同发生应税行为而无销售额的，在计算增值税时，销售额要按照如下规定的顺序来确定： 1）按照纳税人最近时期同类应税货物、应税行为的平均销售价格确定 2）按照其他纳税人最近时期同类应税货物，应税行为的平均销售价格确定 3）按照组成计税价格确定； 组成计税价格公式：组成计税价格＝成本×（1＋成本利润率） 如果销售的货物属于消费税应税消费品的还需要加计消费税，公式为： 组成计税价格＝成本×（1＋成本利润率）＋消费税税额 或者组成计税价格＝成本×（1＋成本利润率）÷（1－消费税税率）
特殊销售方式销售额的确定	折扣方式销售的销售额确定：销售折扣不得从销售额中减除（纳税人采取折扣方式销售货物，如果销售额和折扣额在同一张发票上分别注明的，可按折扣后的销售额征收增值税）；销售折让以折让后的货款为销售额；实物款额不能销售额中减除；纳税人发生应税销售行为因销售折让、中止或者退回的，应扣减销售额
	以旧换新方式销售的销售额确定：应按新货物的同期销售价格确定销售额；金银首饰以旧换新可以按销售方实际收取的不含增值税的全部价款征收增值税
	还本销售方式销售的销售额确定：货物销售价格
	以物易物方式销售的销售额确定：以各自发出的应税销售行为核算销售额
	包装物押金的销售额确定： 1）为销售货物而出租出借包装物收取的押金，单独记账核算的，时间在1年以内，又未过期的，不并入销售额征税，但对因逾期未收回包装物不再退还的押金，应按所包装货物的适用税率计算销项税额 2）对销售除啤酒、黄酒外的其他酒类产品而收取的包装物押金，无论是否返还以及会计上如何核算，均应并入当期销售额征税
	直销企业的销售额确定：向消费者收取的全部价款和价外费用
	贷款服务的销售额确定：提供贷款服务取得的全部利息及利息性质收入
	直接收费金融服务的销售额确定：提供直接收费金融服务收取的手续费、佣金、酬金、管理费、服务费、经手费、开户费、过户费、结算费、转托管费等各类费用
	发卡机构、清算机构和收单机构提供银行卡跨机构资金清算服务的销售额确定： 1）发卡机构以其向收单机构收取的发卡行服务费为销售额 2）清算机构以其向发卡机构、收单机构收取的网络服务费为销售额 3）收单机构以其向商户收取的收单服务费为销售额
	拍卖行受托拍卖文物艺术品的销售额确定： 委托方按规定享受免征增值税政策的，拍卖行可以自己名义就代为收取的货物价款向购买方开具增值税普通发票，对应的货物价款不计入拍卖行的增值税应税收入
按差额确定销售额	金融商品转让的销售额确定：按照卖出价扣除买入价后的余额为销售额
	经纪代理服务的销售额确定：以取得的全部价款和价外费用，扣除向委托方收取并代为支付的政府性基金或者行政事业性收费后的余额为销售额

续表

主要事项	确定方式
按差额确定销售额	融资租赁和融资售后回租业务的销售额确定： 1）经批准从事融资租赁业务的试点纳税人（包括经备案）提供融资租赁服务，以取得的全部价款和价外费用，扣除支付的借款利息、发行债券利息和车辆购置税后的余额为销售额 2）经批准从事融资租赁业务的试点纳税人提供融资性售后回租服务，以取得的全部价款和价外费用（不含本金），扣除对外支付的借款利息、发行债券利息后的余额作为销售额 3）经批准从事融资租赁业务的，纳税人根据 2016 年 4 月 30 日前签订的有形动产融资性售后回租合同，在合同到期前提供的有形动产融资性售后回租服务，可继续按照有形动产融资租赁服务缴纳增值税，并选择以下方法之一计算销售额： a. 以向承租方收取的全部价款和价外费用，扣除向承租方收取的价款本金，以及对外支付的借款利息（包括外汇借款和人民币借款利息）、发行债券利息后的余额为销售额 b. 以向承租方收取的全部价款和价外费用，扣除支付的借款利息（包括外汇借款和人民币借款利息）、发行债券利息后的余额为销售额
	航空运输：航空运输企业的销售额，不包括代收的机场建设费和代售其他航空运输企业客票而代收转付的价款
	客运场站服务的销售额确定：以其取得的全部价款和价外费用，扣除支付给承运方运费后的余额为销售额
	旅游服务的销售额确定：可以选择以取得的全部价款和价外费用，扣除向旅游服务购买方收取并支付给其他单位或者个人的住宿费、餐饮费、交通费、签证费、门票费和支付给其他接团旅游企业的旅游费用后的余额为销售额
	建筑服务的销售额确定：纳税人提供建筑服务适用简易计税方法的，以取得的全部价款和价外费用扣除支付的分包款后的余额为销售额
	销售开发的房地产项目的销售额确定：房地产开发企业中的一般纳税人销售其开发的房地产项目（选择简易计税方法的房地产老项目除外），以取得的全部价款和价外费用，扣除受让土地时向政府部门支付的土地价款后的余额为销售额

（5）增值税应纳税额的计算

1）一般纳税人应纳税额的计算

增值税一般计税方法基本原理是根据“购进扣税法”计算当期应纳税额。一般计税方法下应纳税额是指当期销项税额减去当期进项税额的余值。

当期应纳税额＝当期销项税额－当期进项税额

正确地计算应纳增值税的税额，首先应核算准确作为增值税计税依据的销售额，其次是销项税额的计算、进项税额的认定，最后是应纳税额的计算（见表 7－6）。

表 7-6 增值税销项税额与进项税额的确定

税额划分	含义	计算方式
销项税额	销项税额是指纳税人销售货物或者提供应税劳务，按照销售额或应税劳务收入和规定的税率计算并向购买方收取的增值税额	销项税额＝销售额（不含增值税）×税率
进项税额	进项税额是纳税人购进货物或者接受应税劳务所支付或者负担的增值税额	准予抵扣的进项税额： 1）从销售方取得的增值税专用发票（含“机动车销售统一发票”，下同）上注明的增值税税额 2）从海关取得的海关进口增值税专用缴款书上注明的增值税税额 3）购进农产品，除取得增值税专用发票或者海关进口增值税专用缴款书外，按照农产品收购发票或者销售发票上注明的农产品买价和9%的扣除率计算的进项税额： 进项税额＝销售价格×扣除率 4）自境外单位或者个人购进劳务、服务、无形资产或者境内的不动产，从税务机关或者扣缴义务人处取得的代扣代缴税款的完税凭证上注明的增值税税额 5）适用一般计税方法的营改增试点纳税人，至 2016 年 5 月 1 日后取得并在会计制度上按固定资产核算的不动产或者 2016 年 5 月 1 日后取得的不动产在建工程，其进项税额应自取得之日起分两年从销项税额中抵扣（2019 年 4 月起不再分两年抵扣），两年抵扣比例分别为 60%和 40%
		不准抵扣的进项税额： 1）用于简易计税方法计税项目、免征增值税项目、集体福利或者个人消费的购进货物、劳务、服务、无形资产和不动产 2）非正常损失的购进货物，以及相关应税劳务和服务 3）特殊政策规定不得抵扣的进项税： a. 购进的贷款服务、餐饮服务，居民日常服务和娱乐服务 b. 财政部和国家税务总局规定的其他情形 适用一般计税方法的纳税人，兼营简易计税方法计税项目、免征增值税项目而无法划分不得抵扣的进项税额，按照下列公式计算不得抵扣的进项税额： 不得抵扣的进项税额＝当期无法划分的全部进项税额×(当期简易计税方法计税项目销售额＋免征增值税项目销售额)÷当期全部销售额 已抵扣进项税额的固定资产、无形资产或者不动产，发生《营业税改征增值税试点实施办法》第 27 条规定情形的，按照下列公式计算不得抵扣的进项税额： 不得抵扣的进项税额＝固定资产、无形资产或者不动产净值×适用税率

【应用举例】某省所属专门从事科学研究工作的研发机构为增值税一般纳税人，2020 年 1 月发生下列业务：

(1) 为境内甲企业（小规模纳税人）提供产品研发服务并提供培训业务，开具的普通发票上注明的研发服务收入 120 万元，培训收入 30 万元，发生业务支出 38 万元。

(2) 为境内乙公司提供技术项目论证服务，开具增值税专用发票，注明金额为 90 万元。

(3) 向境内丙企业转让一项专利取得技术转让收入 240 万元，技术服务收入 60 万元，已履行相关备案手续。

(4) 购进用于研发的国产设备，取得增值税专用发票上注明销售额 30 万元、增值税 3.9 万元；购进研发用耗材，取得增值税专用发票上注明销售额 50 万元、增值税 6.5 万元；支付运输费，取得运输公司开具的增值税专用发票上注明销售额 10 万元、增值税 0.9 万元。

根据上述资料，回答下列问题：

1. 计算业务（1）的销项税额。
2. 计算业务（2）的销项税额。
3. 计算业务（3）的销项税额。
4. 确定本月准予抵扣的进项税额。
5. 计算当期应缴纳的增值税。

【解析】增值税一般计税方法基本原理是根据“购进扣税法”计算当期应纳税额，当期应纳税额＝当期销项税额－当期进项税额。

(1) 本月销项税额＝(120＋30)÷(1＋6%)×6%＝8.49(万元)

(2) 销项税额＝90×6%＝5.4(万元)

(3) 销项税额＝0。纳税人提供技术转让、技术开发和与之相关的技术咨询、技术服务收入，免征增值税。

(4) 本月准予抵扣的进项税额＝3.9＋6.5＋0.9＝11.3(万元)

(5) 应缴纳的增值税＝8.49＋5.4－11.3＝2.59(万元)

2）小规模纳税人的税额计算

小规模纳税人的应纳税额，是指小规模纳税人按照销售额和增值税征收率计算的增值税税额，不得抵扣进项税额，应纳税额计算公式如下：

应纳税额＝销售额(不含增值税)×征收率

小规模纳税人计税方法的销售额不包含其应纳税额，纳税人采用销售额和应纳税额合并定价方法的，按照下列公式计算销售额：

销售额＝含税销售额÷(1＋征收率)

此时，应纳税额＝含税销售额÷(1＋征收率)×征收率

【应用举例】某水果店为增值税小规模纳税人，2021 年 12 月取得含增值税的餐饮（销售）收入总额为 11.33 万元。计算该水果店 12 月应缴纳的增值税税额。

【解析】

12 月取得的不含税销售额＝11.33÷(1＋3％)＝11(万元)

12 月应缴纳增值税税额＝11×3％＝0.33(万元)

3）进口货物应纳税额的计算

《增值税暂行条例》规定，纳税人进口货物，按照组成计税价格和规定的税率计算应纳税额，不得抵扣任何税额。组成计税价格和应纳税额的计算公式如下：

组成计税价格＝关税完税价格＋关税＋消费税

应按税额＝组成计税价格×税率

（6）增值税的税收优惠

增值税的税收优惠是指对纳税人应纳的增值税税额减征一部分或者全部免征。具体包括免税和起征点的规定，还包括一些特殊的税收优惠政策。

第一，增值税的免税项目。根据《增值税暂行条例》的规定，下列项目免征增值税：1）农业生产者销售的自产农产品；其中，农业是指种植业、养殖业、林业、牧业、水产业；农业生产者，包括从事农业生产的单位和个人；农产品，是指初级农产品。2）避孕药品和用具。3）古旧图书；古旧图书，是指向社会收购的古书和旧书。4）直接用于科学研究、科学试验和教学的进口仪器、设备。5）外国政府、国际组织无偿援助的进口物资和设备。6）由残疾人的组织直接进口供残疾人专用的物品。7）销售的自己使用过的物品。除上述规定外，增值税的免税、减税项目由国务院规定。任何地区、部门不得规定免税、减税项目。

第二，增值税的起征点。为了照顾个人纳税人和加强税务管理，《增值税暂行条例》规定，纳税人销售额未达到国务院财政、税务主管部门规定的增值税起征点的，免征增值税；达到起征点的，依照本条例规定全额计算缴纳增值税。增值税的起征点适用范围仅限于个人、小规模纳税人。①

第三，特殊减免项目。财政部、国家税务总局还针对资源综合利用、再生资源、农业、文化企业、飞机维修、动漫产业、软件产品等规定了一些税收优惠政策。

（二）消费税法基本知识

1. 消费税与消费税法的概念

消费税（consumption tax/excise duty）是以特定消费品和消费行为征收的一种税。我国消费税不是对所有的消费品和消费行为都征税，只是为了特定目的有选择性地对部分消费品和消费行为征税。

---

① 根据 2023 年 1 月 9 日财政部、税务总局发布的《关于明确增值税小规模纳税人减免增值税等政策的公告》（财政部、税务总局公告 2023 年第 1 号）以及 2023 年 8 月 1 日发布的《关于增值税小规模纳税人减免增值税政策的公告》（财政部、税务总局公告 2023 年第 19 号）的规定，自 2023 年 1 月 1 日至 2027 年 12 月 31 日，对月销售额 10 万元以下（含本数）的增值税小规模纳税人，免征增值税。对此，《增值税法（草案二次审议稿）》第 22 条规定，“纳税人发生应税交易，销售额未达到国务院规定的增值税起征点的，免征增值税；达到起征点的，依照本法规定全额计算缴纳增值税。”

消费税法是指国家制定的用以调整消费税征收与缴纳相关权利及义务关系的法律规范。现行消费税法的基本规范是2008年11月10日经国务院颁布的《中华人民共和国消费税暂行条例》(以下简称《消费税暂行条例》),以及2008年12月15日财政部、国家税务总局第51号令颁布的《中华人民共和国消费税暂行条例实施细则》(以下简称《消费税暂行条例实施细则》)。

2. 消费税的特点

根据我国现行法律的规定,我国的消费税具有如下特点:

(1) 征税项目具有选择性

消费税以税法规定的特定产品为征税对象。即国家可以根据宏观产业政策和消费政策的要求,有目的地、有重点地选择一些消费品征收消费税,以适当地限制某些特殊消费品的消费需求,故可称为消费税税收调节具有特殊性。按照我国《消费税暂行条例》的规定,我国消费税只有烟、酒、成品油、高尔夫球及球具等14个税目。

(2) 征收环节具有单一性

消费税一般只选择在一个环节征税,与多环节征收的税种相比,其征税费用低、征收效率高。我国消费税主要集中在生产、委托加工和进口环节进行征收。在其中某一环节征收消费税后,其他环节不再征收,有效避免了重复征税。(备注:金银首饰消费税由生产销售环节征收改为零售环节征收。对超豪华小汽车,在生产/进口环节按现行税率征收消费税基础上,在零售环节加征消费税,税率为10%。)

(3) 税率具有差别性

消费税根据不同消费品的种类、档次、结构、功能以及供求、价格等情况,制定高低不同的税率和税额,存在比例税率、定额税率和复合税率三种不同形态。

(4) 消费税是价内税,是价格的组成部分

从国际上来看,消费税的征税方法有价内征收和价外征收两种形式,由此消费税的计税依据可分为含税价格和不含税价格。我国消费税采取了价内税形式。

(5) 消费税是间接税

消费税从形式上来看是对消费品制造方或销售方征税,而实际上通过销售,把税负转嫁给购货方,其最终负担者是消费者,就此而言,消费税是一项间接税,其税收负担具有转嫁性。

(6) 征收方法具有灵活性

消费税实行从价定率和从量定额以及从价从量复合计征三种征收方法。

3. 消费税的税法要素

(1) 消费税的纳税人

根据《消费税暂行条例》的规定,消费税的纳税人是在我国境内生产、委托加工和进口应税消费品的单位和个人。

消费税的纳税人具体分为以下几种:

第一,生产销售(包括自用)应税消费品,以生产销售的单位和个人为纳税人,由生产者直接纳税。

第二，委托加工的应税消费品，除受托方为个人外，由受托方在向委托方交货时代收代缴税款。委托个人加工的应税消费品，由委托方收回后缴纳消费税。

第三，进口的应税消费品，以进口的单位和个人为纳税人，由海关代征税款。

(2) 消费税的税目和税率

我国的消费税目前只对少数消费品征收消费税，对消费行为暂不征收消费税；征税范围的确定，是根据我国消费水平、消费政策及财政需要，并借鉴国外的经验和做法制定的。在计税方法上，我国消费税采用从价定率、从量定额以及从价从量复合计征三种形式，以适应不同应税消费品的实际情况。从总体上看，由于针对不同的税目或子目适用不同的税率（如表 7-7 所示），因而与增值税相比，消费税的税率档次更多也更为复杂。

表 7-7 消费税的税目、税率表[①]

税目	税率
一、烟	
1. 卷烟	
(1) 甲类卷烟［调拨价 70 元（不含增值税）/条以上（含 70 元）］	56%+0.003 元/支
(2) 乙类卷烟［调拨价 70 元（不含增值税）/条以下］	36%+0.003 元/支
(3) 商业批发	11%+0.005 元/支
2. 雪茄烟	36%
3. 烟丝	30%
二、酒及酒精	
1. 白酒	20%+0.5 元/500 克（或 500 毫升）
2. 黄酒	240 元/吨
3. 啤酒	
(1) 甲类啤酒	250 元/吨
(2) 乙类啤酒	220 元/吨
4. 其他酒	10%
三、高档化妆品	15%
四、贵重首饰及珠宝玉石	
1. 金银首饰、铂金首饰和钻石及钻石饰品	5%
2. 其他贵重首饰和珠宝玉石	10%
五、鞭炮、焰火	15%

① 本表结合《消费税暂行条例》及财政部、国家税务总局《关于对电池涂料征收消费税的通知》（财税〔2015〕16 号）、《关于调整消费税政策的通知》（财税〔2014〕93 号）整理。

续表

税目	税率
六、成品油	
1. 汽油	1.52 元/升
2. 柴油	1.2 元/升
3. 航空煤油	1.2 元/升
4. 石脑油	1.52 元/升
5. 溶剂油	1.52 元/升
6. 润滑油	1.52 元/升
7. 燃料油	1.2 元/升
七、摩托车	
1. 气缸容量（排气量，下同）为 250 毫升的	3%
2. 气缸容量在 250 毫升以上的	10%
八、小汽车	
1. 乘用车	
（1）气缸容量（排气量，下同）在 1.0 升（含 1.0 升）以下的	1%
（2）气缸容量在 1.0 升以上至 1.5 升（含 1.5 升）的	3%
（3）气缸容量在 1.5 升以上至 2.0 升（含 2.0 升）的	5%
（4）气缸容量在 2.0 升以上至 2.5 升（含 2.5 升）的	9%
（5）气缸容量在 2.5 升以上至 3.0 升（含 3.0 升）的	12%
（6）气缸容量在 3.0 升以上至 4.0 升（含 4.0 升）的	25%
（7）气缸容量在 4.0 升以上的	40%
2. 中轻型商用客车	5%
3. 超豪华小汽车（零售环节）	加征 10%（零售价≥130 万元/辆）
九、高尔夫及球具	10%
十、高档手表	20%
十一、游艇	10%
十二、木质一次性筷子	5%
十三、实木地板	5%
十四、电池	4%
十五、涂料	4%

（3）消费税应纳税额的计算

1）消费税应纳税额的一般计算方法

我国消费税实行从价定率计征和从量定额计征以及从价从量复合计征三种方法征税。其中，从价计征是以销售额作为计税依据，按照适用的比例税率计算应纳消费税税额；从量计征是以应税消费品计税数量为计税依据，按照使用的定额税率计算应纳消费税税额，也被称为从量定额计征法；复合计征，是对特殊应税消费品采用从价计征和从量计征的综合方法计算应纳消费税（如表7－8所示）。

表7－8 消费税应纳税额的一般计算方法

主要类型	计算方法
从价定率计征法	应纳税额由应纳消费税的销售额和适用税率决定： 应纳税额＝应税消费品的销售额×比例税率 销售额中如含有增值税税金时，应换算为不含增值税的销售额： 应税消费品的销售额＝含增值税的销售额（含价外费用）÷（1＋增值税的税率或征收率）
从量定额计征法	应纳税额由应税消费品的销售数量和单位税额决定： 应纳税额＝应税消费品的销售数量×定额税率
从价定率、从量定额混合计征法	现行《消费税暂行条例》征税范围中，只有卷烟、白酒采用复合计税的方法： 应纳税额＝应税的销售数量×定额税率＋应税的销售额×比例税率 生产销售卷烟、白酒从量定额计税依据为实际销售数量。进口、委托加工、自产自用卷烟、白酒从量定额计税依据分别为海关核定的进口征税数量、委托方收回数量、移送使用数量

【应用举例】某白酒生产企业为增值税一般纳税人，2021年10月销售白酒50吨，取得不含增值税的销售额200万元。计算白酒生产企业10月应缴纳的消费税税额。

【解析】

白酒适用比例税率20%，定额税率每500克0.5元。

应纳消费税税额＝50×2 000×0.000 05＋200×20%＝45(万元)

2）消费税应纳税额的特殊计算方法（见表7－9）

表7－9 消费税应纳税额的特殊计算方法

消费税的征收环节	应纳税额的特殊计算方法	
生产销售环节消费税应纳税额	直接对外销售	纳税人自产自销应税消费品，可直接按照从价计征、从量计征和复合计征的方法计算应纳消费税，否则，按照“用已税消费品作为中间投入物生产的应税消费品”计税
	自产自用	1）将应税消费品生产出来后，用于连续生产应税消费品的，不缴纳消费税； 2）将自产的应税消费品用于生产非应税消费品，在建工程、管理部门、非生产机构、提供劳务，以及用于馈赠、赞助、集资、广告，样品、职工福利、奖励等方面的应税消费品的，于移送使用时都被视同销售，应当依法缴纳消费税。 具体分以下两种情况：

续表

消费税的征收环节	应纳税额的特殊计算方法	
生产销售环节消费税应纳税额	自产自用	其一，有同类消费品的销售价格的，按照纳税人生产的同类消费品的销售价格计算纳税。计算公式如下： 应纳税额=同类消费品销售单价×自产自用数量×适用税率 其二，自产自用应税消费品没有同类消费品销售价格的，按照组成计税价格计算纳税。 a. 实行从价定率办法计算纳税的组成计税价格计算公式： 组成计税价格=(成本+利润)÷(1−比例税率)=[成本×(1+成本利润率)]÷(1−比例税率) b. 实行复合计税办法计算纳税的组成计税价格计算公式： 组成计税价格=(成本+利润+自产自用数量×定额税率)÷(1−比例税率)=[成本×(1+成本利润率)+自产自用数量×定额税率]÷(1−比例税率)
委托加工环节消费税应纳税额	受托方代收代缴消费税时，应按受托方同类应税消费品的售价计算纳税： 应纳消费税=同类消费品价格单价×委托加工数量×适用税率 没有同类销售价格的，按照组成计税价格计算纳税： 1）实行从价定率：应纳税额=(材料成本+加工费)÷(1−比例税率)×比例税率 2）实行复合计税：应纳税额=(材料成本+加工费+委托加工数量×定额税率)÷(1－比例税率)×比例税率+委托加工数量×定额税率	
进口环节消费税应纳税额	进口一般应税消费品	1）适用比例税率的进口应税消费品实行从价计征的办法按组成计税价格计算应纳税额： 组成计税价格＝（关税完税价格+关税）÷（1−消费税税率） 应纳税额=组成计税价格×消费税税率 (关税完税价格是指海关核定的关税计税价格) 2）实行定额税率的进口应税消费品实行从量计征的办法计算应纳税额： 应纳税额=应税消费品数量×消费税单位税额 3）实行复合计税方法的进口应税消费品的税额计算： 组成计税价格＝（关税完税价格+关税+进口数量×消费税定额税率）÷（1－消费税比例税率） 应纳税额=应税消费品数量×消费税单位（定额）税额+组成计税价格×消费税税率
	跨境电商零售出口应税消费品	自2016年4月8日起，跨境电子商务零售进口商品按照货物征收关税和进口环节增值税、消费税，购买跨境电子商务零售进口商品的个人作为纳税义务人，实际交易价格（包括货物零售价格、运费和保险费）作为完税价格，电子商务企业、电子商务交易平台企业或物流企业可作为代收代缴义务人 跨境电子商务零售进口商品的单次交易限值为5 000元人民币，个人年度交易限值为26 000元人民币。在限值以内进口的跨境电子商务零售进口商品，关税税率暂设为0%；进口环节增值税、消费税取消免征税额，暂按法定应纳税额的70%征收。超过单次限值、累加后超过个人年度限值的单次交易，以及完税价格超过5 000元限值的单个不可分割商品，均按照一般贸易方式全额征税。因此，超限额的单次交易以及超限额的单个不可分割商品，全额缴纳关税、增值税、消费税

（三）关税法基本知识

1. 关税和关税法的概念

关税是海关依法对进出境货物、物品征收的一种税。所谓“境”是指关境，又称“海关境域”“海关领域”，是国家海关法全面实施的领域。

关税法，是指国家制定的调整关税征收与缴纳权利义务关系的法律规范。现行关税法的基本规范是2021年4月全国人民代表大会常务委员会修正颁布的《中华人民共和国海关法》（以下简称《海关法》），2017年3月国务院修订发布的《中华人民共和国进出口关税条例》（以下简称《进出口关税条例》），以及由国务院关税税则委员会审定并报国务院批准，作为条例组成部分的《中华人民共和国海关进出口税则》（以下简称《海关进出口税则》）和《中华人民共和国海关关于入境旅客行李物品和个人邮递物品征收进口税办法》，负责关税政策制定和征收管理的主管部门依据基本法规拟订的管理办法和实施细则为主要内容。根据《进出口关税条例》及相关规定，我国于2022年12月31日发布了《中华人民共和国进出口税则（2023）》，自2023年1月1日起实施。法律、行政法规等对进出口关税税目、税率调整另有规定的，从其规定。

2. 关税的类型

（1）根据作用的不同，可划分为财政性关税、保护性关税。其中财政性关税是以增加财政收入为主要目的的关税，保护性关税是以保护本国产业发展为主要目的的关税。

（2）根据其目的可分为一般性关税、优惠性关税、特殊关税。其中一般性关税是指一国对没有签署经济互惠协议或者贸易互惠协议的国家进口的货物征收的非优惠性关税；优惠性关税是指一国对来自他国的货物以低于普通关税的优惠税率征收的关税；特殊关税是商品进口国出于经济或政治方面的歧视、保护等原因，对某些商品出口国的货物征收比一般性关税税率更高税率的关税。（见表7－10）

表7－10　关税的种类和划分标准

<table>
<tr><th>划分标准</th><th colspan="2">具体种类</th></tr>
<tr><td rowspan="2">关税的作用</td><td colspan="2">财政性关税：进口数量大、消费量大的非生活或者非生产必需品</td></tr>
<tr><td colspan="2">保护性关税：针对的是本国需要发展但不具备国际竞争力的产业</td></tr>
<tr><td rowspan="5">关税的目的</td><td colspan="2">一般性关税：与优惠性关税税率差距极大</td></tr>
<tr><td rowspan="4">优惠性关税</td><td>互惠关税：两国为促进双方贸易发展，相互给予对方国家低于第三国的关税税率的一种形式</td></tr>
<tr><td>特惠关税：一国或国家集团对另外一些国家的进口商品给予排他性的特定优惠关税待遇。特惠关税的优惠对象不受最惠国待遇原则制约</td></tr>
<tr><td>最惠国待遇：缔约国一方现在或将来给予任何第三国的一切优惠待遇，同样也适用于对方</td></tr>
<tr><td>普惠制关税：发达国家单方给予发展中国家出口货物普遍优惠待遇的关税制度</td></tr>
</table>

续表

划分标准	具体种类	
关税的目的	特殊关税	反倾销关税：对实行商品倾销的进口商品实行的一种进口附加税。征收反倾销关税通常是进口国政府为了抵制倾销，保护本国产业，对出口国征收相当于出口国国内市场价格与倾销价格之间差额的进口税
		反补贴关税：又称为反津贴税、抵销税，是指商品进口国对接受了外国政府补贴或奖金的进口商品征收的一种进口附加税
		保障性关税：一类商品进口量剧增，对本国产业造成威胁或损害时，可启动一般保障措施，即进口国可与有实质利益的国家或地区进行磋商，在特定时期内提高特定商品的进口税率或限制进口数量，保护本国产业不受实质性损害
		报复性关税：出口国为报复进口国对本国出口商品的关税歧视，对进口国或相关国家的跨境货物征收的一种进口附加税
		差价关税：也被称为差额关税，当进口国某类商品的国内价格高于同类进口商品时，为了削弱进口商品的竞争力，保护国内产业和市场，按照国内价格和进口价格之差征收的一种税

3. 关税的税法要素

(1) 关税的纳税人

根据我国现行的关税法律法规规定，负有向海关缴纳关税义务的单位和个人是进出口关税的纳税义务人。具体而言，又可划分为贸易性商品的关税纳税人和非贸易性商品进口关税的纳税人两类。贸易性商品的关税纳税人为进口货物的收货人、出口货物的发货人，非贸易性商品进口关税的纳税人为进出境物品的所有人（包括推定为所有人的人）。（见表 7－11）

表 7－11　关税的纳税人类型

主要类型	确定方式
进出货物的收货人、出口货物的发货人（贸易性商品的关税纳税人）	依法取得对外贸易经营权，并进口或者出口货物的法人或者其他社会团体
进出境物品的所有人（非贸易性商品进口关税的纳税人）	物品的所有人
	推定为所有人的情形 1）对于携带进境的物品，推定其携带人为所有人； 2）对分离运输的行李，推定相应的进出境旅客为所有人； 3）对以邮递方式进境的物品，推定其收件人为所有人； 4）以邮递或其他运输方式出境的物品，推定其寄件人或托运人为所有人

(2) 关税的征税范围

关税对准许进出境的货物和物品进行征税。凡准许进出口的货物、进境物品，除法律、行政法规另有规定外，海关依照我国《海关法》和《海关进出口税则》征收进出口关税。总体上，关税的征税对象可划分为两类：

1）货物，即贸易性商品。既包括从境外采购进口的外国货物，也包括从境外采购进口的原产于中国境内的货物。对原产于我国境内的货物征收进口关税的目的是避免造成国家财力、物力的浪费，尽量减少我国出口货物的进口。

2）物品，即非贸易性商品。一般是指入境旅客随身携带的行李和物品、进口的个人邮递物品、各种运输工具上的服务人员入境时随身携带的自用物品、馈赠物品以及其他方式入境的个人物品。非贸易性入境的物品，在限量限值内免征进口关税，仅对超过部分征收进口税。

出口关税的征税对象是我国出口的货物和物品。但是，我国对大部分的出口商品不征收出口关税，仅对国内需要保护的资源，或与国外差价大的产品征税。对非贸易性出口物品实行限量限值带出的贸易管制制度。

（3）关税的税则与税目

关税税则，是指根据关税政策，通过一定的立法程序，制定的有关关税征收范围和税率的统称。在我国，国务院制定《海关进出口税则》《进境物品进口税税率表》，规定关税的税目、税则号列和税率。国务院设立关税税则委员会，负责《海关进出口税则》和《进境物品进口税税率表》的税目、税则号列和税率的调整和解释，报国务院批准后执行。

进出口税则有两项主要内容：商品分类目录和税率。商品分类目录是把成千上万种不同商品加以综合，按照其不同特征分门别类，按顺序排列而形成的商品名目。目前，我国进出口税则的商品分类采用了海关合作理事会（现名世界海关组织）制定的大多数国家海关通用的《商品名称及编码协调制度》。在此基础上，根据国家的关税政策依不同商品名目分别制定不同的税率。海关对进出口货物必须按所列税率计征税款。《海关进出口税则》包括“规则与说明”“进口税则”“出口税则”三个部分，税则税目会根据国家关税政策以及有关国际协定调整。进出口税则税目随《商品名称及编码协调制度》2022 年转版同步调整，根据国内需要，对部分税则税目、注释进行调整。调整后，2023 年税则税目数共计 8 948 个。

（4）关税的税率

1）进口关税税率

根据我国《进出口关税条例》的规定，进口关税设有最惠国税率、协定税率、特惠税率、普通税率、关税配额税率等税率。对进口货物在一定期限内可以实行暂定税率。

其中，最惠国税率是指某国来自其最惠国的进口产品享受的关税税率，根据最惠国待遇原则，最惠国税率一般不得高于现在或将来来自第三国同类产品所享受的关税税率。通常适用于原产于我国共同适用最惠国待遇条款的世界贸易组织成员的进口货物，原产于与我国签订含有相互给予最惠国待遇条款的双边贸易协定的国家或地区的进口货物，以及原产于我国境内的进口货物。

协定税率是一国根据其与别国签订的贸易条约或协定而制订的关税税率。适用于原产于与我国签订含有关税优惠条款的区域性贸易协定的国家或者地区的进口货物。

特惠税率是指对从某个国家或地区进口的全部商品或部分商品，给予特别优惠的低关税或免税待遇，税率一般低于最惠国税率和协定税率。适用于原产于与我国签订含有特殊关税优惠条款的贸易协定的国家或者地区的进口货物。

普通税率是指适用于上述所列以外国家或者地区的进口货物，以及原产地不明的进口货物。

关税配额税率是指进口国对进口货物数量制定数量限制，对于凡在某一限额内进口的货物可以适用较低的税率或免税，但关税配额对于超过限额后所进口的货物则适用较高或一般的税率。

《进出口关税条例》规定，适用最惠国税率的进口货物有暂定税率的，应当适用暂定税率；适用特惠税率、协定税率的进口货物有暂定税率的，应当从低适用税率；适用普通税率的进口货物，不适用暂定税率。

2）出口关税税率

我国出口税则为一栏税率，即出口税率。国家仅对少数资源性产品及易于竞相杀价、盲目进口、需要规范出口秩序的半制成品征收出口关税。根据《关于执行2022年关税调整方案的公告》（海关总署公告2021年第119号），自2022年1月1日起，继续对铬铁等102项商品实施出口关税，提高黄磷以外的其他磷和粗铜等2项商品的出口关税。

（5）关税的完税价格

关税完税价格是指货物的关税计税价格。《海关法》规定：进出口货物的完税价格，由海关以该货物的成交价格为基础审查确定。成交价格不能确定时，完税价格由海关依法估定。（详见表7-12）

表7-12 关税完税价格的确定方法

主要类型	确定方法	
一般进口货物的完税价格的确定	完税价格组成	货物的货价、货物运抵我国境内输入地点起卸前的运输及其相关费用、保险费
	成交价格估价方法	进口货物的成交价格：卖方向我国境内销售该货物时买方为进口该货物向卖方实付、应付的，并且按照《海关审定进出口货物完税价格办法》有关规定调整后的价款总额
		适用成交价格需同时满足以下条件： 1）买方处置或者使用该货物不受实质性影响的限制 2）该货物的成交价格没有受其他因素的影响而无法确定 3）卖方不得获得买方因转售、处置或者使用该货物而产生的任何收益，或者虽有收益但能将该收益客观量化并做出调整 4）买卖双方之间没有能对成交价格产生影响的特殊关系
	进口货物海关估价方法	海关估价：指一国海关根据本国关税法律规定的统一的估价准则，确定某一进口货物和物品的完税价格的作业程序
		进口货物的价格不符合成交价格条件或成交价格不能确定，依次使用下列方法予以确定： 1）相同货物成交价格估价方法 2）类似货物成交估价法 3）倒扣价格估价方法 4）计算价格估价方法 5）其他合理方法

续表

主要类型		确定方法
特殊进口货物的完税价格的确定	加工贸易进口料件及其制成品	一般情况：按照一般进口货物的完税价格规定，审定完税价格 特殊情况： 1）进口时需征税的进料加工进口料件，以该料件申报进口时的价格估定 2）内销的进料加工进口料件或其制成品（包括残次品、副产品），以料件原进口时的价格估定 3）内销的来料加工进口料件或其制成品（包括残次品、副产品），以料件申报内销时的价格估定 4）出口加工区内的加工企业内销的制成品（包括残次品，副产品），以制成品申报内销时的价格估定 5）保税区内的加工企业内销的进口料件或其制成品（包括残次品、副产品），分别以料件或制成品申报内销时的价格估定。如果内销的制成品中含有从境内采购的料件，则以制成品所含从境外购入的料件原进口时的价格估定 6）加工贸易加工过程中产生的边角料，以申报内销时的价格估定
	保税区、出口加工区货物	海关以接受内销申报的同时或大约同时进口的与制成品相同或者类似的进口成交价格为基础估定价格
	复运进境的运往境外修理的货物	出境时已向海关报明，并在海关规定期限内复运进境的，应当以海关审定的境外修理费和料件费为完税价格
	复运进境的运往境外加工的货物	运往境外加工的货物，出境时已向海关报明，并在海关规定期限内复运进境的，应当以海关审定的境外加工费和料件费，以及该货物复运进境的运输及其相关费用、保险费估定完税价格
	暂时进境货物	对于经海关批准的暂时进境的货物，应当按照一般进口货物估价办法的规定，估定完税价格
	租赁方式进口货物	1）以租金方式支付的租赁货物，在租赁期间以海关审查确定的租金作为完税价格，利息应当予以计入 2）留购的租赁货物以海关审查确定的留购价格作为完税价格 3）承租人申请一次性缴纳税款的，经海关同意，按照进口货物估价方法的规定估定完税价格
	予以补税的减免税货物	减税或免税进口的货物需予补税时，应当以海关审定的该货物原进口时的价格，扣除折旧部分价值作为完税价格 完税价格＝海关审定的该货物原进口时的价格×［1－申请补税时实际已使用的时间（月）÷（监管年限×12）］
	留购的进口货样	对境内留购的进口货样/展览品和广告陈列，以海关审定的留购价格作为完税价格
	其他方式进口的货物	以物易物贸易、寄售、捐赠、赠送等其他方式进口的货物，应当按照一般货物估价方法的规定，估定完税价格

续表

<table>
<tr><th>主要类型</th><th colspan="2">确定方法</th></tr>
<tr><td rowspan="2">出口货物的完税价格</td><td>以成交价格为基础的出口货物完税价格</td><td>由海关以该货物向境外销售的成交价格为基础审查确定，并应包括货物运至中华人民共和国境内输出点装载前的运输及其相关费用、保险费，但其中包含的出口关税税额，应当扣除</td></tr>
<tr><td>以海关估价价格为基础的出口货物完税价格</td><td>出口货物的成交价格不能确定时，完税价格由海关依次使用下列方法估定：
1）同时或大约同时向同一国家或地区出口的相同货物的成交价格
2）同时或大约同时向同一国家或地区出口的类似货物的成交价格
3）根据境内生产相同或类似货物的成本、利润和一般费用、境内发生的运输及其相关费用，保险费计算所得的价格
4）按照合理方法估定的价格（扣除成交价格中单独列明的支付给境外的佣金）</td></tr>
</table>

（6）关税的应纳税额

根据我国《进出口关税条例》的规定，进出口货物关税，以从价计征、从量计征或者国家规定的其他方式征收。

1）从价计税应纳税额

关税税额＝应税进(出)口货物的数量×单位完税价格×税率

2）从量计税应纳税额

关税税额＝应税进(出)口货物数量×单位货物税额

3）复合计税应纳税额

关税税额＝应税进(出)口货物数量×单位货物税额
＋应税进(出)口货物数量×单位完税价格×税率

【应用举例】某商场于2021年2月进口一批高档美容修饰类化妆品。该批货物在国外的买价为120万元，货物运抵我国入关前发生的运输费、保险费和其他费用分别为10万元、6万元、4万元。货物报关后，该商场按规定缴纳了进口环节的增值税和消费税并取得了海关开具的缴款书。将化妆品从海关运往商场所在地取得增值税专用发票，注明运输费用5万元、增值税进项税额0.45万元，该批化妆品当月在国内全部销售，取得不含税销售额520万元（假定化妆品进口关税税率为20%，增值税税率为13%，消费税税率为15%）。

要求：计算该批化妆品进口环节应缴纳的关税、增值税、消费税和国内销售环节应缴纳的增值税。

【解析】

（1）关税完税价格＝120＋10＋6＋4＝140(万元)

（2）应缴纳进口关税＝140×20%＝28(万元)

（3）进口环节的组成计税价格＝(140＋28)÷(1－15%)＝197.65(万元)

（4）进口环节应缴纳增值税＝197.65×13% ＝25.69(万元)

(5) 进口环节应缴纳消费税＝197.65×15％＝29.65(万元)

(6) 国内销售环节应缴纳增值税＝520×13％－0.45 －25.69 ＝41.46(万元)

二、重点和难点

(一) 流转税的特征及各税种之间的联系

流转税的主体税种地位是由它的特征和作用所决定的，主要表现为以下几个方面：

第一，流转税的征税对象是广义上的商品，包括货物、劳务或服务，而不是所得和财产，这就使流转税能够与所得税、财产税进行区分。由于流转税能在商品流转或服务提供的各环节普遍征收，征收面广，所以，由此带来的收入具有税源广、收入稳定的特点。

第二，流转税的计税依据是商品的流转额，即商品流通、转让的价值额，具体而言作为计税依据的流转额可能是商品的销售额，也可能是应税交易的增值额，由此也形成了流转税各个税种之间的差别。由于流转税以市场主体在经营过程中的流转额为计税依据，不受其商品经营结果影响，政府因此能够获得及时、足额、稳定的财政收入。

第三，流转税是间接税，税负往往由消费者或最终的购买者来承担，税负转嫁比较容易。这是因为，流转税的法定纳税义务人是流转过程中货物、劳务或服务的生产者或销售者，他们可通过调整商品价格，以提价的方式将流转税税负转移给消费者，流转税因此被认为属于间接税的范畴。因为流转税税款包含在了商品的销售价格中并不直接由消费者缴纳，具有较强的隐蔽性，消费者在消费过程中作为流转税实际负担人，很少意识到承担税负的“税痛感”。流转税在征收的过程中更容易被纳税人所接受。

第四，流转税的征收具有累退效应。税负的累退性，是指低收入阶层承担的税收负担占其全部收入的比重，高于高收入阶层承担的税收负担占其全部收入的比重。流转税的征收通常不考虑纳税人的税负能力，且大都采用高比例税率，不论纳税能力强弱，都统一运用相同的税率，从而使纳税能力较弱者税负相对较重，产生累退效应。

流转税的各税种之间的联系紧密，它们覆盖了商品从生产、批发、零售到进出口的各个环节，实现了对劳务和服务的各环节征税，共同编织成流转税的“税网”，在性质、征税对象、构成要素等领域存在着联系和区别，具体如表 7－13 所示。

表 7－13 流转税内各税种之间的联系与区别

流转税内部各个税种的联系	流转税内部各个税种的区别
从性质上看，所有的流转税都是广义上的销售税或消费税，关税也是对进出关境的商品或物品征收的销售税或消费税，都以商品或服务的一定数量的销售额或消费额为计税依据	征税对象不同： 1) 增值税以商品和劳务在流转过程中产生的增值额为征税对象 2) 消费税以部分消费品和特定消费行为为征税对象 3) 关税以进出境货物、物品为征税对象

续表

<table>
<tr><th>流转税内部各个税种的联系</th><th>流转税内部各个税种的区别</th></tr>
<tr><td>流转税内部各税种都是在流通领域征收，从不同角度覆盖着商品的生产、交换、分配、消费各个环节。其税款的征收均以商品销售或消费或劳务服务为前提，并以销售额或营业额为计税依据</td><td>税目设置不同：消费税以商品种类分类、增值税以不同行业分类、关税以商品性质为主，结合加工程度进行分类，设置税目</td></tr>
<tr><td>流转税内各税种在构成要素方面，如征税对象、纳税人、税率设计、计税方法、纳税期限、纳税义务发生时间、地点以及税收减免等，均存在相同或基本一致之处</td><td rowspan="3">税率税制不同：增值税税率主要表现为比例税率，我国又划分为基本税率、低税率和零税率；消费税的税率也根据应税商品的性质划分为比例税率和定额税率；关税的税率则有进口税率和出口税率之分，并在具体适用时配置一定的特别税率</td></tr>
<tr><td>消费税与增值税之间存在“递进关系”。消费税是在征收了增值税的基础上加征的一种税，凡是征收消费税的商品，必定是征收增值税的，反之则不尽然</td></tr>
<tr><td>增值税、消费税与关税存在配合关系。出口货物一般免税或退税；进口货物则是根据国际惯例普遍征税，其中征收关税是解决内外货物成本价差异问题，征收增值税和消费税是解决内外税负平衡问题</td></tr>
</table>

（二）增值税的计税原理

为了确保对增值额征税，增值税采用间接计税办法，又称为扣税法。从事货物销售以及提供应税劳务的纳税人，要根据货物或应税劳务销售额，按照规定的税率计算税款，然后从中扣除上一道环节已纳增值税款，其余额即为纳税人应缴纳的增值税税款。

扣税法的基本步骤是先用销售额乘以税率，得出销项税额，然后再减去同期各项外购项目的已纳税额，从而得出应纳增值税税额，其基本原理和计算公式为：

应纳增值税额＝增值额×税率

＝销售额×税率－同期外购项目已纳税额

＝当期销项税额－当期进项税额

扣税法的基本特点是：第一，按全部销售额计税，但只对其中的新增价值征税。第二，实行税款抵扣制。第三，税款随货物销售逐环节转移，最终消费者承担全部税款。第四，随着商品的流转征收，在每一个流转环节课征，多环节征收，购买方负担，最终消费者承担税负。由于销售额、税率、当期外购项目已纳税额（体现在购进商品的增值税发票上）都是已知的，扣税法计算简便，又能体现出增值税的中性特点，故为各国所广泛采用。

（三）视同销售的情形

增值税上的视同销售：本质为增值税“抵扣进项并产生销项”的链条终止，比如将货物用于非增值税项目，用于个人消费或者职工福利等等，而会计上没有作销售处理。

《增值税暂行条例实施细则》规定，以下八种行为视同销售：(1) 将货物交付其他单位或者个人代销；(2) 销售代销货物；(3) 设有两个以上机构并实行统一核算的纳税人，将货物从一个机构移送其他机构用于销售，但相关机构设在同一县（市）的除外；(4) 将自产或者委托加工的货物用于非增值税应税项目 [需要说明的是，在全面实现营改增后，不存在非增值税应税项目，因而此种情况的视同销售事实上已经不复存在]；(5) 将自产、委托加工的货物用于集体福利或者个人消费；(6) 将自产、委托加工或者购进的货物作为投资，提供给其他单位或者个体工商户；(7) 将自产、委托加工或者购进的货物分配给股东或者投资者；(8) 将自产、委托加工或者购进的货物无偿赠送其他单位或者个人。

（四）消费税的征税目的

我国消费税开征之初，考虑当时的消费水平及财政需要，并借鉴国外的经验，选择了烟、酒及酒精、化妆品、护肤护发品、贵重金属及珠宝玉石、鞭炮焰火、汽油、柴油、汽车轮胎、小汽车、摩托车 11 类消费品为应税消费品。但是，随着居民生活水平的提高、经济发展水平的提升以及产业政策的变化，消费税税目随之进行了必要调整。

按照《消费税暂行条例》的规定，目前我国选择了 15 类消费品征收消费税，这 15 类消费品分为如下 5 类：(1) 过度消费会对人类健康、社会秩序生态环境等产生危害的消费品，如烟、酒、鞭炮焰火等，对此类消费品征税体现的是“寓禁于征”的原则。(2) 奢侈品和非生活必需品，如贵重首饰及珠宝玉石、高档化妆品、高尔夫球及球具、高档手表、游艇等，对此类消费品征税体现的是“量能负担”的原则。(3) 高能耗及高档消费品，如小汽车、摩托车等，对此类消费品征税体现的是“节约能源”和“量能负担”的原则。(4) 不可再生和替代的消费品，如成品油等，对此类消费品征税，既是为了保护资源防止浪费，又为国家取得财政收入。(5) 促进节约资源和环境保护的消费品，如木制一次性筷子 、实木地板、涂料、电池等。

二、相关立法综述

流转税法是指由国家制定的、调整因流转税的征收和管理而发生的社会关系的法律规范的总称。目前，我国的流转税法主要由增值税法、消费税法和关税法组成。

流转税历史悠久，它是商品生产、商品交换的产物。早在西周时期就有“山泽之赋”“关市之赋”，随着工矿业和商业的日益发展，征税范围也日益扩大。但是，在自然经济占主导地位的奴隶社会和封建社会，由于商品经济欠发达，国家一直以土地税、人口税等古老的直接税为主，流转税始终处于次要的地位。在资本主义社会，商品经济高度发展为广泛推广流转税提供了客观经济条件，流转税一度成为资本主义国家税收制度的主体税种。尽管目前一些发达的资本主义国家多以所得税为主体税种，但流转税在其税收体系中仍然占据主要地位。

中华人民共和国成立以来，我国税制虽然发生过多次变革，但流转税始终是我国的主体税种，它既是国家取得财政收入的重要形式，也是国家调节经济、发展经济的重要经济杠杆。1950 年 1 月政务院颁布《全国税政实施要则》，统一全国税政，规定开征的流转税主要有货物税、工商营业税和关税。1950 年 3 月政务院制定发布了《关于关税政策和海关工作的决定》，规定中华人民共和国实行保护关税政策，保护国家生产、保护国内产品和外国商品的竞争。1951 年 4 月政务院制定发布了《暂行海关法》，同年 5 月 4 日政务院又颁布了《海关进出口税则》和《海关进出口税则暂行实施条例》，从而建立了完全独立自主的关税制度和海关管理制度。1953 年我国开始试行商品流通税，简化货物税，修订工商营业税，取消特种消费行为税，改征文化娱乐税。此时的流转税体系主要包括货物税、工商营业税、商品流通税和关税。1958 年改革工商税制时，将货物税、商品流通税、营业税和印花税合并简化为工商统一税。1973 年进一步变革工商税制，将国有企业、集体企业原来缴纳的工商统一税、城市房地产税、车船使用牌照税、屠宰税再次合并为工商税，盐税也作为一个税目列入工商税收范围。1984 年工商税制全面改革，将产品税、增值税和营业税从原工商税中分离出来，成为独立的税种；开征资源税、恢复城市维护建设税、土地使用税、房产税和车船使用税，修订了关税。

党的十一届三中全会以后，为适应改革开放、发展国民经济的需要，我国对关税制度进行了多次重大的改革，国务院于 1985 年 3 月制定并颁布了《进出口关税条例》和《海关进出口税则》，1987 年 1 月全国人民代表大会常务委员会颁布了《海关法》，于同年 7 月 1 日起实施。为适应市场经济发展需要，充分发挥税收的作用，促进国民经济迅速发展，我国又进行了 1993 年税制改革。1993 年 12 月 13 日国务院颁布了《增值税暂行条例》《消费税暂行条例》《营业税暂行条例》，对我国流转税进行了较大的改革，为征收流转税提供了法律依据。

为了进一步完善税制，积极应对国际金融危机对中国经济的影响，国务院决定自 2009 年 1 月 1 日起全面实施增值税转型改革转为消费型增值税。为确保增值税转型改革顺利实施，做好增值税、消费税和营业税之间的衔接，修订了《增值税暂行条例》《消费税暂行条例》《营业税暂行条例》。上述三部税收暂行条例于 2008 年 11 月 5 日经国务院第 34 次常务会议审议通过，于 2009 年 1 月 1 日起施行。2017 年 11 月 19 日根据国务院《关于废止〈营业税暂行条例〉和修改〈增值税暂行条例〉的决定》，营业税退出历史舞台，《增值税暂行条例》再次修改并施行。而在关税领域，我国《海关法》分别于 2000 年 7 月 8 日、2013 年 6 月 29 日、2013 年 12 月 28 日、2016 年 11 月 7 日、2017 年 11 月 4 日、2021 年 4 月 29 日进行了修正；《进出口关税条例》分别于 2013 年 12 月 7 日、2016 年 2 月 6 日、2017 年 3 月 1 日进行了修订。

2019 年 11 月 27 日和 2019 年 12 月 3 日，财政部、国家税务总局分别起草了《中华人民共和国增值税法（征求意见稿）》《中华人民共和国消费税法（征求意见稿）》，并向社会公开征求意见。当前，这两部法律均已被纳入十三届全国人大常委会立法规划，2020年5月，财政部、国家税务总局向国务院报送了增值税法草案送审稿。目前，司法部正在会同财政部、国家税务总局对送审稿进行修改完善。

【案例分析】

案例1：L公司进项税额抵扣案（增值税法）

一、案例导入

关于L公司（本案上诉人）与国家税务总局沈阳市税务局第二稽查局（以下简称《第二稽查局》）税务行政管理一案[①]，第二稽查局对L公司2016年和2017年的纳税及发票使用情况进行了检查，发现L公司在取得涉及退回药品时发票已经全部认证抵扣，发生退货业务未申报进项税额转出，其进项税额从销项税额中抵扣，最终造成少缴增值税、城市维护建设税、教育费附加、地方教育附加。第二稽查局对L公司作出税务处理决定书，对该公司追缴2016年12月份、2017年7月份、2017年8月份的增值税税款、城市维护建设税、教育费附加、地方教育附加，以及应补缴的增值税、城市维护建设税、教育费附加从滞纳之日起至实际缴纳之日止按日加收滞纳税款万分之五的滞纳金。L公司不服，提请行政复议。沈阳市税务局最终的决定是维持第二稽查局作出税务处理决定书（沈税稽二处［2019］×号）的具体行政行为。L公司仍不服，诉至法院。

二、财税行政与法官释法

本案的争议焦点之一是案涉药品退回第三人Y公司是委托第三人进行销毁还是因药品有效期问题而进行退（换）货物。被上诉人提供的换货协议及购进药品退回通知单、增值税纳税申请表、第三人公司退货发票明细、第三人公司明细账、账簿、曹某、高某的询问笔录、执法记录仪光盘等相关证据足以证明，案涉药品退回第三人Y公司处是因药品有效期问题而进行退（换）货物行为，并非系委托第三人进行销毁药品的行为。《增值税暂行条例实施细则》第11条规定，小规模纳税人以外的纳税人（以下称“一般纳税人”）因销售货物退回或者折让而退还给购买方的增值税额，应从发生销售货物退回或者折让当期的销项税额中扣减；因购进货物退出或者折让而收回的增值税额，应从发生购进货物退出或者折让当期的进项税额中扣减。一般纳税人销售货物或者应税劳务，开具增值税专用发票后，发生销售货物退回或者折让、开票有误等情形，应按国家税务总局的规定开具红字增值税专用发票。未

① 参见辽宁省沈阳市中级人民法院（2021）辽01行终477号行政判决书。

按规定开具红字增值税专用发票的，增值税额不得从销项税额中扣减。据此可知，上诉人在将案涉药品因故退回第三人公司后，应按照《增值税暂行条例实施细则》规定执行但实际并未执行，亦未提供有效证据证明其在发生退换货物后，进行了相关进项税额转出申报。故被上诉人第二稽查局认定上诉人在购进涉案药品时取得增值税专用发票，且在发票已全部认证抵扣的情况下，发生退货后，上诉人未依照前述规定开具红字增值税专用发票，未申报进项税额转出，造成少缴增值税及附加费，属于违法行为并无不妥，据此作出案涉追缴及处罚决定的行为亦无不当。

三、疑难问题

在增值税的购进扣税方法当中，哪些属于不得抵扣的进项税额是一个重点难点问题。对此，《增值税暂行条例》以及《营业税改征增值税试点实施办法》当中均有规定。如《增值税暂行条例》规定，下列项目的进项税额不得从销项税额中抵扣："（一）用于简易计税方法计税项目、免征增值税项目、集体福利或者个人消费的购进货物、劳务、服务、无形资产和不动产；（二）非正常损失的购进货物，以及相关的劳务和交通运输服务；（三）非正常损失的在产品、产成品所耗用的购进货物（不包括固定资产）、劳务和交通运输服务；（四）国务院规定的其他项目。"《营业税改征增值税试点实施办法》第27条则规定，"下列项目的进项税额不得从销项税额中抵扣：（一）用于简易计税方法计税项目、免征增值税项目、集体福利或者个人消费的购进货物、加工修理修配劳务、服务、无形资产和不动产。其中涉及的固定资产、无形资产、不动产，仅指专用于上述项目的固定资产、无形资产（不包括其他权益性无形资产）、不动产。纳税人的交际应酬消费属于个人消费。（二）非正常损失的购进货物，以及相关的加工修理修配劳务和交通运输服务。（三）非正常损失的在产品、产成品所耗用的购进货物（不包括固定资产）、加工修理修配劳务和交通运输服务。（四）非正常损失的不动产，以及该不动产所耗用的购进货物、设计服务和建筑服务。（五）非正常损失的不动产在建工程所耗用的购进货物、设计服务和建筑服务。纳税人新建、改建、扩建、修缮、装饰不动产，均属于不动产在建工程。（六）购进的贷款服务、餐饮服务、居民日常服务和娱乐服务。（七）财政部和国家税务总局规定的其他情形。"

除上述以外，实践中纳税人在货物购销活动中，还可能因为货物质量、规格等原因发生销货退回或销售折让的情况。根据《增值税暂行条例实施细则》第11条的规定，一般纳税人因销售货物退回或者折让而退还给购买方的增值税额，应从发生销售货物退回或者折让当期的销项税额中扣减；因购进货物退出或者折让而收回的增值税额，应从发生购进货物退出或者折让当期的进项税额中扣减。从中可以看到，当发生开票有误或者销售折让、中止、退回等情形时，本质上意味着销售方没有发生相应的销项税额，此时应当按照国家税务总局的规定开具红字增值税专用发票，未按照规定开具红字增值税专用发票的，不得按照规定扣减销项税额或者销售额。

四、类案练习

基本案情：魏某、孙某与A公司签订商品房预售合同，买受南京市某处房屋（以下简称“涉案房屋”）。孙某、魏某购买涉案房屋后，未办理不动产产权登记。后因魏某、孙某与银行的借款纠纷，涉案房屋被南京市鼓楼区人民法院（以下简称“鼓楼法院”）拍卖。宁某通过淘宝网司法拍卖网络平台竞得该处房屋。宁某与鼓楼法院签订拍卖成交确认书，其中一条是：明确对拍卖标的过户费用、其他所涉税款等均由买受人自行承担等内容。

宁某办理纳税申报时，原南京地税局第八所对纳税人孙某（共有人孙某、魏某）作出（165）苏地现×号“中华人民共和国税收缴款书（税务收现专用）”（以下称“涉案税收缴款书”），载明纳税人孙某应缴纳税款总额为138 285.72元（包括个人所得税、城市维护建设费、增值税、教育费附加、地方教育附加）。宁某以孙某为纳税人缴纳了上述税费。后来，宁某提出魏某、孙某未办理不动产登记，其享有的是债权，而不享有案涉房产的物权，不属于案涉增值税的纳税义务人，要求撤销市第二税务分局（税务局）作出的涉案税收缴款书，退回其缴纳的税款。①

结合该案思考：

1. 谁是增值税的纳税义务人？增值税的纳税义务人该如何确立？

2. 仅办理了预购商品房预告登记而未办理不动产登记，房屋流转时出卖人是否要承担增值税的纳税义务？

案例2：纳税人销售成品油是否满足消费税抵免资格条件（消费税法）

一、案例导入

在DS能源公司（本案原告）与GJ税务局税务行政管理案②中，成品油消费税纳税申报平台提示DS能源公司所属期2018年11月1日至2018年11月30日，销售的应税消费品燃料油7 137 480升，应纳税额为8 564 976元；2018年12月1日至2018年12月31日，销售的应税消费品燃料油1 049 733.3升、汽油47 289 160升，应纳税额合计73 139 203.16元。上述两期DS能源公司都在JK税务局税务大厅前台以直接上门申报方式，对上述应税消费品进行成品油消费税纳税申报，对2018年11、12月的应税消费品进行消费税纳税申报时，在成品油消费税申报表中“本期准予扣除税额、本期应抵扣税额、本期实际抵扣税额”项下和“本期减免税额”项下分别填入8 564 976元（11月）、73 139 203.16元（12月），实际造成原告应缴消费税8 564 976元（11月）、73 139 203.16元（12月）被抵扣和减免。

---

① 参见江苏省高级人民法院（2020）苏行申425号再审行政裁定书。

② 参见南昌铁路运输中级法院（2020）赣71行终189号行政判决书。

其后JK税务局多次作出税务通知，在税务事项通知书中，通知DS能源公司2018年11月申报消费税扣除税额8 564 976元和2018年12月申报消费税减免数额73 139 203.16元，没有企业备案信息，限该公司在2019年2月15日之前缴纳上述消费税税款合计81 704 179.16元，DS能源公司拒收。之后，JK税务局作出税务处理决定书，并多次催缴，多次催缴后DS能源公司仍拒绝缴纳。2019年6月17日，JK税务局作出税务行政处罚决定书。认定DS能源公司在消费税申报时，对不符合消费税抵免资格条件的采取抵扣和减免行为，通过虚假申报，非法抵免消费税81 704 179.16元，经主管税务机关催缴，仍拒绝缴纳，少缴纳消费税81 704 179.16元、城建税5 719 292.55元、印花税129 489.02元，合计税款87 552 960.73元。根据《税收征管法》第63条的规定，决定对DS能源公司少缴纳税款87 552 960.73元处1倍的罚款，即87 552 960.73元。另查明，DS能源公司未在税务机关办理2018年11月申报消费税扣除税额8 564 976元和2018年12月申报消费税减免数额73 139 203.16元的纳税人减免备案登记。

二、财税行政与法官释法

本案的争议焦点：一是行政处罚事实是否清楚，二是行政处罚程序是否合法，三是行政处罚适用法律是否正确。二审法院认为，根据《国家税务总局关于成品油消费税征收管理有关问题的公告》（2018年1号公告）的相关规定，生产、使用企业就应税消费品成品油需要抵免税款的，应当将相关材料向税务机关备案通过审核后方可抵免，享受成品油消费税减免税优惠政策的纳税人，在纳税申报时应同时填写《国家税务总局关于调整消费税纳税申报有关事项的公告（2015年第32号）》公布的《本期减（免）税额明细表》。DS能源公司原登记性质为商贸企业，不具备连续生产成品油的资格和能力，其在金税三期系统中，利用将企业性质从商贸企业变更为工业企业，隐瞒其尚不具备连续生产成品油能力事实的手段，并通过前往税务机关大厅由税管员陈某某签字的方式，在客观上达到了涉案2018年11月、12月所属2期消费税抵免备案申报的目的，但因税管员陈某某的签字行为并非税务机关备案审核，并不产生其作为纳税义务人可抵免本应缴纳所属2期消费税的法律后果。JK税务局作为税务主管机关，因事后发现DS能源公司不具备消费税抵免条件或资格，已分别于2019年1月18日、2019年1月21日、2019年2月1日，以税务事项通知书的方式多次通知上诉人DS能源公司"更正申报""如实申报"，催促其缴纳涉案所属2期消费税，但DS能源公司并未按期履行"更正申报""如实申报"的法定义务，据此，JK税务局经核实于2019年3月20日对上诉人作出税务处理决定书，决定对DS能源公司已经实际抵扣的涉案所属2期消费税予以补缴。上述过程事实清楚，程序合法。JK税务局对上诉人作出税务处理决定书后，上诉人既未向JK税务局缴纳税款，亦未提供相应担保，依据《税收征管法》第88条第1款"纳税人、扣缴义务人、纳税担保人同税务机关在纳税上发生争议时，必须先依照税务机关的纳税决定缴纳或者解缴税款及滞纳金或者提供相应的担保，然后可以依法申请行政复议；对行政复议决定不服的，可以依法向人民法院起诉"的规定，JK税务局税务处理决定书已经发生法律效力，上诉人应当缴纳涉案消费税。被上诉人（JK 税务局）作为税务稽查机关，在审理上诉人违法纳税行为过程中，已按照《行政处罚法》第 42 条、《国家税务总局关于印发〈税务行政处罚听证程序实施办法〉（试行）、〈税务案件调查取证与处罚决定分开制度实施办法〉（试行）的通知》的规定，保障了上诉人的听证权和申辩权。被上诉人经调查审理后，认定上诉人在纳税过程中存在虚假申报、经税务主管机关通知后仍不履行如实申报的法定义务、不缴应纳税款的违法行为，并适用《税收征管法》第 63 条第 1 款的规定，作出涉案处罚决定书，决定对上诉人少缴消费税 81 704 179.16 元、城建税 5 719 292.55 元、印花税 129 489.02 元，合计税款 87 552 960.73 元处 1 倍的罚款，事实清楚，适用法律正确，程序合法，处罚适当。审理法院驳回 DS 能源公司有关撤销处罚决定书的诉讼请求，并无不当。

三、疑难问题

成品油消费税的税收优惠政策的享受应该满足何种条件，是本案的重要争议点之一。根据国家税务总局《关于成品油消费税征收管理有关问题的公告》（国家税务总局公告 2018 年第 1 号），该公告的目的在于加强汽油、柴油、航空煤油、石脑油、溶剂油、润滑油、燃料油等成品油消费税的征收管理，维护公平的税收秩序，营造良好营商环境。公告指出，外购、进口和委托加工收回的汽油、柴油、石脑油、燃料油、润滑油用于连续生产应税成品油的，应凭通过增值税发票选择确认平台确认的成品油专用发票、海关进口消费税专用缴款书，以及税收缴款书（代扣代收专用），按规定计算扣除已纳消费税税款，其他凭证不得作为消费税扣除凭证。外购石脑油、燃料油用于生产乙烯、芳烃类化工产品的，应凭取得的成品油专用发票所载明的石脑油、燃料油的数量，按规定计算退还消费税，其他发票或凭证不得作为计算退还消费税的凭证。可以看到，该项优惠政策的实现前提是“企业具有连续生产应税成品油”的能力，这样的税收优惠对于装置链条比较完备的炼厂而言，既可以从一些仅有一次装置的厂家采购半成品的汽柴油进行精细加工，也可以将自己的产品细分，出售一些品质略低的汽柴油供给区内拥有深度加氢精制等装置的小厂。对于仅有一次装置或仅有深度加氢精制的厂家而言，既可以提供资源给其他厂家，亦可以从其他厂家采购原料进行精制。如此，成品油消费税的抵扣不仅帮助了成品油资源的有效利用和加工，提高了产品的品质，也促进当地产业结构更加合理，弥补了税收不平等的缺陷。然而，本案中的上诉人通过变更其企业性质的方式逃避纳税义务，隐瞒其尚不具备连续生产成品油能力事实的手段，不具有合理的税收目的，不能以此为由享受税收优惠政策。

四、类案练习

基本案情：2014 年 1 月至 11 月 T 能源公司申报缴纳消费税时将购入并取得的增值税专用发票品名为“甲级叔丁基醚（MTBE）、异辛烷、石油苯、混合二甲苯、轻烃”等产品视为消费税已税产品，按照“汽油、柴油、石脑油”等品目申报从消费税应纳税额中扣除。2014年12月T能源公司消费税申报销售数量和应扣除税额为零。2015年T能源公司大量购入并取得增值税专用发票品名为“甲级叔丁基醚(MTBE)、异辛烷、石油苯、混合二甲苯、轻烃”等产品及少量成品油，账上直接记入“库存商品”科目并以“汽油、柴油”等品名对外销售并开具增值税发票，账上没有体现生产核算过程，T能源公司购入大量“甲级叔丁基醚（MTBE)、异辛烷、石油苯、混合二甲苯、轻烃”等产品，而销售的却是汽油、柴油等消费税应税产品，应视为应税消费品的生产销售行为，应按规定征收消费税。2015年1月至2015年12月原告（T能源公司）消费税申报销售数量和应扣除税额均为零。2014年、2015年，原告（T能源公司）购入的“甲级叔丁基醚（MTBE)、异辛烷、石油苯、混合二甲苯、轻烃”等产品取得的增值税专用发票品名后均未注明“视同石脑油（或燃料油）”或“视同石脑油（或燃料油）加工”。2018年6月19日，TS税务局稽查局作出税务行政处罚决定书，认定2014年T能源公司共少缴纳消费税30 295 748.41元。2015年T能源公司共少缴纳消费税42 584 150.64元，依据《税收征管法》第63条第1款规定，对T能源公司2014年至2015年进行虚假纳税申报，致使少缴纳消费税税款的行为认定为偷税，除追缴税款外，对少缴的税款72 879 899.05元予以0.6倍罚款，计43 727 939.43元。2018年6月21日，T能源公司不服向XZ市税务局提起行政复议。XZ市税务局于2018年11月27日作出行政复议决定，维持上述行政处罚。T能源公司随向XZ铁路运输法院提起行政诉讼，请求撤销复议决定和稽查局的税务行政处罚决定以及税务处理决定，遭到驳回。T能源公司即向XZ中级人民法院提起诉讼。XZ中级人民法院认为，现行的成品油发票开具由互联网系统统一管理的政策，贯彻的都是相同的消费税缴纳原则，即在前一环节已缴纳消费税的产品，才能办理税款扣除。本案中，T能源公司并未提供已注明“视同石脑油（或燃料油）”或“视同石脑油（或燃料油）加工”的增值税专用发票，根据《国家税务总局关于消费税有关政策问题补充规定的公告》（国家税务总局公告2013年第50号）的规定，T能源公司将上述产品作为原料生产调和汽油等产品并对外销售，应按规定缴纳消费税。故驳回上诉，维持原判。①

结合上述案例思考：

1. 未在先前环节缴纳消费税的产品，能否进行税款扣除？
2. 对消费税进行虚假纳税申报，需要承担何种责任？

案例3：货运代理合同项下加征关税由谁承担（关税法）

一、案例导入

2018年4月至8月，上海ZX纺织品有限公司（以下简称“ZX公司”）委托MS国际货物运输代理有限公司（以下简称“MS公司”）办理共计9批货物出口美国的报关等货运代理事务。ZX公司要求MS公司按7.65美元的单价报关。MS公

① 参见江苏省徐州市中级人民法院（2020）苏03行终322号行政判决书。

司回应，7.65美元申报价格过低，极可能被美国海关查验。MS公司接受委托后向ZX公司出具报价单，其中“税金”一栏为空白或记为0，且备注“除非另有说明，报价不含目的港当地税费”。ZX公司则对报价单的部分价格进行批改并签字确认。

2019年5月，MS公司通知ZX公司，美国海关明确要求MS公司补交税款，现需要ZX公司补交该批货物的税金。同年8月，ZX公司具函确认需要补缴的关税金额，并称ZX公司与MS公司最终协商决定各自承担50%的补缴税金，即双方分别承担21 795美元税费。当月，MS公司通过即时通讯将其支付全部税费的凭证照片发送ZX公司后，催促ZX公司支付税款。除9月ZX公司向MS公司汇款人民币7万元，并注明用途为支付税费外，剩余税款ZX公司未予答复。二者后就补缴税款应由谁负担的问题产生争议，诉至法院。①

二、财税行政与法官释法

本案争议焦点为：补缴税款应由谁负担？法院认为，本案当事人并无关于货运代理或委托报关、清关的书面合同，ZX公司主张出口货运代理全部费用，甚至是目的国清关的关税均由MS公司负担缺乏合同依据。在案报价单证明MS公司的事先报价并不包含美国关税。货运代理关系中双方的具体权利义务，以及是否由货运代理企业负责承担美国关税，应由双方予以约定。LDP是一种贸易方式或条款，约束的是国际货物买卖合同的当事人。而MS公司与ZX公司之间系货运代理合同关系，ZX公司在国际贸易中需负担目的国关税并不当然意味着该税费即应由ZX公司的货运代理人MS公司予以负担，除非双方明确作出过此种约定。在双方无明确约定的情况下，MS公司只是ZX公司的代理人，美国海关决定征收的关税，均应由作为委托人的ZX公司据实支付。在MS公司垫付税款的情况下，作为委托人的ZX公司则应当偿还该款项。

三、疑难问题

本案的核心问题是货运代理合同项下加征关税之承担主体如何确定。我国《海关法》第54条规定，进口货物的收货人、出口货物的发货人、进出境物品的所有人，是关税的纳税义务人。通常认为，出口货物的发货人是《海关法》意义上的纳税义务人和最终责任人。但因办理报关纳税等海关手续具有相当专业性的要求并追求时效、经济等其他价值，现代报关业务通常由专业的报关企业代为办理，但这并不改变进口货物的收货人作为关税义务人的法律地位。实践中，通常由收、发货人就包括报关在内的货物进出口事务委托货运代理企业，再由货运代理企业委托报关企业实际办理报关业务。正因国家对海关手续及报关业务的监管极其严格，收、发货人等纳税义务人、货运代理企业以及报关企业在报关业务中休戚相关。一旦发生问题遭到海关的查验、补征、加征甚至处罚，其利益均可能会受到影响。纳税义务

① 参见上海海事法院（2020）沪72民初727号民事判决书。

人、货运代理企业、报关企业在业务实践中往往是层层委托，报关企业基于其专业性和强势地位，往往会通过专门约定等方式将本应由纳税义务人或其自身在报关业务中所应承担的风险、加征关税等转嫁给货运代理企业。如果纳税义务人等委托人与货运代理企业之间又恰好未就报关费用及风险的承担有过针对性强且明确的约定，则极易引发因报关造成的货代纠纷。

当下国际形势复杂多变，少数国家以提高进口商品关税税率的方式制造贸易壁垒和贸易摩擦。现已有部分国外进口商转而对我国出口企业采用DDP、LDP等贸易术语以规避本应由进口方承担的关税增加风险，将变化不定的关税风险转嫁给我国出口企业。如果受托为出口企业办理全程物流服务的货运代理企业不注意与出口企业约定各自的权利义务以及风险和责任承担，则极易被卷入因报关或关税征收而引发的纠纷，成为出口企业转嫁关税及报关风险的对象。本案中，由于MS公司与ZX公司双方缺乏明确约定，因此，MS公司只是ZX公司的代理人，美国海关决定征收的关税，均应由作为委托人的ZX公司据实支付。

四、类案练习

基本案情：2015年8月14日，Y公司与H公司签订“6210号协议”，H公司委托Y公司代理进口大豆；Y公司向H公司收取代理费（不含银行手续费等其他费用）；H公司应及时结清所发生的付汇货款及全部税费，包括但不限于进口付汇成本、关税、增值税、保险费（短量免赔）、进口代理费、卸货港货代费/港口包干费/堆存费、报关报检费、疫情处理监管费等费用，如发生Y公司垫款，则H公司应自Y公司垫款之日起，美元款项按年息3.8%，人民币款项按年息8.5%向Y公司据实结算。2015年11月30日，Y公司与H公司签订“6210号协议补充”约定，Y公司同意将合同项下的2万吨大豆赊销给H公司，但H公司必须在货物转移之日起30天内将货款足额付至Y公司指定账户。Y公司在未收到全部货款的情况下，根据H公司生产要求，通知仓储单位向H公司陆续放货，交付了全部66 000吨大豆。因H公司委托Y公司代理进口大豆业务，Y公司为该笔大豆进口业务垫付了关税5 242 112.73元，垫付了增值税23 397 296.48元。Y公司向税务机关办理并收取了该项进口业务退税款2 069 662元。H公司与Y公司因垫付税款是否已支付发生争议诉至法院。

法院查明：在代理进口大豆的“6210号协议”履行中，H公司向Y公司支付合同保证金600万元，H公司通过网银转账方式分94笔向Y公司支付款项金额合计为12 556万元。Y公司二审中提交了H公司付款时间自2015年4月24日至2015年11月27日的59份中国建设银行单位客户专用回单，其中34份与H公司主张付至“6210号协议”项下但备注“YUC15NX6172BS大豆款”的付款凭证信息一致，其中10份回单与H公司二审提交的“6172号协议”项下付款的10份付款凭证信息一致。①

① 参见最高人民法院（2019）最高法民终810号民事判决书。

结合上述案例思考：

进出口代理合同中的垫付税款如何确认？

课程思政教学指导

【知识拓展】

一、拓展阅读

RCEP 协定下的关税减让

2020 年的中共中央政治局常委会会议首次提出了“构建国内国际双循环相互促进的新发展格局”。在党的十九届五中全会《中共中央关于制定国民经济和社会发展第十四个五年规划和二〇三五年远景目标的建议》中，双循环的发展格局再次被提出，十四五规划和 2035 年的目标包含着“加快构建以国内大循环为主体、国内国际双循环相互促进的新发展格局”。双循环以国内为主体，但不意味着我国要“闭关锁国”，双循环是一个开放的循环，意味着我国在世界经济中的地位持续上升，同世界经济的联系更加紧密，成为吸引国际商品和要素资源的巨大引力场。《区域全面经济伙伴关系协定》（RCEP）是坚定不移地走改革开放道路的体现，推动我国双循环发展格局的构建，在以内循环为主体的同时，发展外部循环体系。2022 年 1 月 1 日，RCEP 协定将对文莱、柬埔寨、老挝、新加坡、泰国、越南、中国、日本、新西兰、澳大利亚 10 个国家正式生效。RCEP 正式生效后对签订协定各方的关税减让问题备受关注。

第一，关税减让模式。RCEP 各缔约方适用的关税承诺表分为统一减让和国别减让。“统一减让”，即同一产品对其他缔约方适用相同的降税安排，澳大利亚、新西兰、马来西亚、新加坡、文莱、柬埔寨、老挝、缅甸等 8 个缔约方都是这种模式，这些缔约方只有一张关税承诺表，即 RCEP 项下原产于不同缔约方的同一产品，在上述缔约方进口时，都将适用相同的税率；“国别减让”，对其他缔约方适用不同的降税安排，采用这种模式的国家包括韩国、日本、印度尼西亚、越南、泰国、菲律宾和我国，这意味着“原产于不同缔约方的同一产品，在进口时适用不同的 RCEP 协定税率”。我国分别与日本、韩国、澳大利亚、新西兰和东盟两两达成货物贸易关税承诺，共有 5 张关税承诺表。

第二，RCEP 降税模式。降税模式主要包括 4 种：协定生效立即降为零、过渡期降为零、部分降税以及例外产品。过渡期的时间主要为 10 年、15 年和 20 年等。

第三，我国及其他缔约方关税承诺情况。中国将对 86％的日本和韩国产品关税最终降为零，对东盟、澳大利亚、新西兰产品关税最终降为零的比例达到 90%以上，分别为 90.5%、90%、90%。其他缔约方对我国产品关税最终降为零的比例均达到 85%以上，其中澳大利亚高达 98.2%。

二、毕业论文选题指导

流转税制度在我国未来经济社会中的作用举足轻重。按照党中央提出的优化税制结构的要求，未来应在保持宏观税负稳定的前提下进一步深化税制改革，把握好税制结构调整的客观规律性和主动性。一方面，考虑到我国长期以来以流转税为主体的实际，在税制结构优化进程中，仍然要充分考虑发挥间接税在筹集持续稳定增长财政收入方面的优势，通过直接税体系的自身完善和流转税的进一步调整，加快实现"适当提高直接税比重"的改革目标。另一方面，流转税制度立法也成为我国当前税收法定原则的核心部分，对于法律硕士研究生而言，可以从以下方面继续思考流转税法律制度的内容。

1. 国家税制改革与流转税制度发展。在新发展阶段，流转税制要如何改革来适配我国经济发展所呈现的新特征以及提出的新要求，思考共同富裕目标下，如何利用直接税、间接税结构优化、财产税征收等税制改革更好地保障社会公平。

2. 增值税的税收中性原则研究。增值税类型改革如何才能更符合税收中性原则，思考如何在为企业减负的同时合理地设定税收优惠涉及的范围以及力度，确保后疫情时代下的增值税优惠减免不偏离该原则。

3. 增值税的留抵退税制度变革、问题与完善。围绕我国留抵退税现行的制度设计，思考在 2022 年留抵退税成为我国退税减税重头戏的背景下，如何有效提高征管效率，降低税务风险，防范企业骗取留抵退税。

4. 双碳目标下的消费税改革。双碳目标的实现离不开财税政策的支持，消费税改革要如何发挥绿色税收的作用，消费税改革又要如何与当前正在实施的减税降费政策和"十四五"时期的税制改革相结合。

5. RCEP 协定下的关税减让与区域经济的发展。RCEP 关税减让有利于消除区域间的贸易壁垒，打造良好的市场环境。思考中国要如何应对 RCEP 的生效所带来的挑战，如人民币进一步国际化对金融市场稳定性带来的冲击、国内产业结构如何应对倒逼改革的压力。

三、推荐文献

1. 艾伦·申克，维克多·瑟仁伊，崔威. 增值税比较研究. 熊伟，任宛立，译. 北京：商务印书馆，2018.

2. 迈克·兰，伊内·勒琼. 全球数字经济的增值税研究. 国家税务总局税收科学研究所，译. 北京：经济科学出版社，2017.

3. 黛博拉·布罗蒂加姆，奥德-黑尔格·菲耶尔斯塔德，米克·摩尔. 发展中国家的税收与国家构建. 卢军坪，毛道根，译. 上海：上海财经大学出版社，2016.

4. 张守文. 税法原理. 9版. 北京：北京大学出版社，2019.

5. 中国注册会计师协会. 税法. 北京：中国财政经济出版社，2022.

6. 张怡. 财税法教程. 北京：法律出版社，2019.

7. 陈清秀. 现代财税法原理. 厦门：厦门大学出版社，2017.

8. 翟继光. 财税法基础理论研究. 北京：中国政法大学出版社，2017.

9. 刘金科，邓明欢，肖翊阳. 增值税留抵退税与企业投资——兼谈完善现代增值税制度. 税务研究，2022（9）.

10. 万莹，王山. 我国消费税改革相关问题及应对. 税务研究，2022（3）.

11. 周波，王健. 我国消费税征收环节后移相关问题研究. 税务研究，2021（9）.

12. 马弘，秦若冰. 贸易平衡与关税对等：中美经贸之辨. 国际商务研究，2021（4）.

专题八　所得税法律实务

所得税（income tax），又称所得课税、收益税，指国家对法人、自然人和其他经济组织在一定时期内各种所得征收的一类税收。对法人、其他组织生产经营所得和其他所得征收的所得税，称作企业所得税、公司税或营利事业综合所得税。以自然人取得的各类应税所得为征税对象而征收的所得税，称为个人所得税。所得税是我国税制结构中最重要的税类之一，从性质上所得税为直接税，从功能上，除为国家筹集财政资金之外，企业所得税还具有调节产业结构、促进企业改善管理的功能，个人所得税还具有调节收入分配的功能。本专题学习的目的是掌握企业所得税、个人所得税的纳税人、征税范围、税率、应纳税所得额和应纳税额的计算，熟悉企业所得税税收优惠、个人所得税综合所得相关规定，并借助案例分析，使学生综合运用相关知识加强对实际问题进行分析，初步具备解决企业所得税、个人所得税等一般涉税问题的能力。

【基础理论】

一、基本知识介绍

（一）企业所得税法基本知识

企业所得税是对我国境内的企业和其他取得收入的组织的生产经营所得和其他所得征收的一种税。

企业所得税法，是指国家制定的用以调整企业所得税征收与缴纳之间权利及义务关系的法律规范。现行企业所得税的基本规范是 2007 年 3 月 16 日第十届全国人民代表大会第五次全体会议通过，根据 2017 年 2 月 24 日第十二届全国人民代表大会常务委员会第二十六次会议《关于修改〈中华人民共和国企业所得税法〉的决定》第一次修正和根据2018年12月29日第十三届全国人民代表大会常务委员会第七次会议《关于修改〈中华人民共和国电力法〉等四部法律的决定》第二次修正的《中华人民共和国企业所得税法》（以下简称《企业所得税法》）和2007年12月6日中华人民共和国国务院令第512号公布并根据2019年4月23日《国务院关于修改部分行政法规的决定》修订的《中华人民共和国企业所得税法实施条例》（以下简称《实施条例》）。

1. 纳税义务人

企业所得税的纳税义务人，是指在中华人民共和国境内的企业和其他取得收入的组织。根据《企业所得税法》第1条的规定，除个人独资企业、合伙企业外，凡在我国境内，企业和其他取得收入的组织（以下统称企业）为企业所得税的纳税人，依照《企业所得税法》的规定缴纳企业所得税。

根据企业纳税义务范围的宽窄进行分类，企业所得税的纳税人分为居民企业和非居民企业：居民企业，是指依法在中国境内成立，或者依照外国（地区）法律成立但实际管理机构在中国境内的企业；非居民企业，是指依照外国（地区）法律成立且实际管理机构不在中国境内，但在中国境内设立机构、场所的，或者在中国境内未设立机构、场所，但有来源于中国境内所得的企业。

2. 征税对象

企业所得税的征税对象，是指企业的生产经营所得和其他所得。

居民企业应将来源于中国境内、境外的所得作为征税对象；而非居民企业在中国境内设立机构、场所的，应当就其所设机构、场所取得的来源于中国境内的所得，以及发生在中国境外但与其所设机构、场所有实际联系的所得，缴纳企业所得税。非居民企业在中国境内未设立机构、场所的，或者虽设立机构、场所但取得的所得与其所设机构、场所没有实际联系的，应当就其来源于中国境内的所得缴纳企业所得税。对不同性质的企业所得来源地确定标准如表8-1所示。

表8-1 企业所得来源地确定标准

所得性质		所得来源地判定
销售货物所得		按交易活动发生地确定
销售劳务所得		按照劳务发生地确定
转让财产所得	不动产转让所得	按照不动产所在地确定
	动产转让所得	按照转让动产的企业、机构、场所所在地确定
	权益性投资资产转让所得	按照被投资企业所在地确定
股息、红利等权益性投资所得		按照分配所得的企业所在地确定
利息所得、租金所得、特许权使用费所得		按照负担、支付所得的企业、机构、场所所在地确定
其他所得		由国务院财政、税务主管部门确定

3. 税率

企业所得税实行比例税率。比例税率简便易行，透明度高，不会因征税而改变企业间收入分配比例，有利于促进效率的提高。现行规定是：

（1）基本税率为25%，适用于居民企业和在中国境内设有机构、场所且所得与机构、场所有关联的非居民企业。

（2）低税率为20%，适用于在中国境内未设立机构、场所的，或者虽设立机构、场所但取得的所得与其所设机构、场所没有实际联系的非居民企业，但实际征税时适用10%的税率。

（3）优惠税率主要体现在两种情况：第一，对符合条件的小型微利企业，减按20%的税率征收所得税；第二，对国家需要重点扶持的高新技术企业和技术先进型服务企业，减按15%的税率征收所得税。

4. 应纳税所得额的计算

应纳税所得额是企业所得税的计税依据，按照《企业所得税法》的规定，应纳税所得额为企业每一个纳税年度的收入总额，减除不征税收入、免税收入、各项扣除以及允许弥补的以前年度亏损后的余额，即：

应纳税所得额＝收入总额－不征税收入－免税收入－各项扣除
－允许弥补的以前年度亏损

其中，收入总额、不征税收入、免税收入、税前扣除的具体内容如表8-2所示。

表8-2　收入总额、不征税收入、免税收入、税前扣除的具体内容

收入总额	（1）销售货物收入：指企业销售商品、产品、原材料、包装物、低值易耗品以及其他存货取得的收入 （2）提供劳务收入[①]：指企业从事建筑安装、修理修配、交通运输、仓储租赁、金融保险、邮电通信、咨询经纪、文化体育、科学研究、技术服务、教育培训、餐饮住宿、中介代理、卫生保健、社区服务、旅游、娱乐、加工以及其他劳务服务活动取得的收入 （3）转让财产收入：指企业转让固定资产、生物资产、无形资产、股权、债权等财产取得的收入 （4）股息、红利等权益性投资收益：指企业因权益性投资从被投资方取得的收入 （5）利息收入：指企业将资金提供给他人使用但不构成权益性投资，或者因他人占用本企业资金取得的收入，包括存款利息、贷款利息、债券利息、欠款利息等收入 （6）租金收入：指企业提供固定资产、包装物或者其他有形资产的使用权取得的收入 （7）特许权使用费收入：指企业提供专利权、非专利技术、商标权、著作权以及其他特许权的使用权取得的收入 （8）接受捐赠收入：指企业接受的来自其他企业、组织或个人无偿给予的货币性资产、非货币性资产 （9）其他收入：指企业取得的除以上收入外的其他收入，如企业资产溢余收入、逾期未退包装物押金收入、确实无法偿付的应付款项、已作坏账损失处理后又收回的应收款项、债务重组收入、补贴收入、违约金收入、汇兑收益等
不征税收入	（1）财政拨款：指各级人民政府对纳入预算管理的事业单位、社会团体等组织拨付的财政资金，但国务院和国务院财政、税务主管部门另有规定的除外 （2）依法收取并纳入财政管理的行政事业性收费、政府性基金 （3）国务院规定的其他不征税收入：指企业取得的，由国务院财政、税务主管部门规定专项用途并经国务院批准的财政性资金

① 企业所得税法中的提供劳务收入中的“劳务”是广义劳务，包括劳务和服务，范围大于增值税法中狭义的劳务。

续表

<table>
<tr><td>免税收入</td><td colspan="2">(1) 国债利息收入。为鼓励企业积极购买国债，支援国家建设，企业购买国债所得的利息收入，免征企业所得税
(2) 符合条件的居民企业之间的股息、红利等权益性收益，是指居民企业直接投资于其他居民企业取得的投资收益
(3) 在中国境内设立机构、场所的非居民企业从居民企业取得与该机构、场所有实际联系的股息、红利等权益性投资收益。该收益不包括连续持有居民企业公开发行并上市流通的股票不足12个月取得的投资收益
(4) 符合条件的非营利组织的收入</td></tr>
<tr><td>税前扣除</td><td>可以扣除的部分</td><td>(1) 工资、薪金支出。企业发生的合理的工资、薪金支出准予据实扣除。企业接受外部劳务派遣用工所实际发生的费用，应分两种情况按规定在税前扣除：按照协议（合同）约定直接支付给劳务派遣公司的费用，应作为劳务费支出；直接支付给员工个人的费用，应作为工资、薪金支出和职工福利费支出。其中属于工资、薪金支出的费用，准予计入企业工资、薪金总额的基数，作为计算其他各项相关费用扣除的依据
(2) 职工福利费、工会经费、职工教育经费。企业发生的职工福利费、工会经费、职工教育经费按标准扣除，未超过标准的按实际数扣除，超过标准的只能按标准扣除。企业发生的职工福利费支出，不超过工资、薪金总额14%的部分准予扣除；企业拨缴的工会经费，不超过工资、薪金总额2%的部分准予扣除；除国务院财政、税务主管部门另有规定外，企业发生的职工教育经费支出，自2018年1月1日起不超过工资、薪金总额8%的部分，准予在计算企业所得税应纳税所得额时扣除；超过部分，准予在以后纳税年度结转扣除
(3) 社会保险费。企业依照国务院有关主管部门或者省级人民政府规定的范围和标准为职工缴纳的“五险一金”，即基本养老保险费、基本医疗保险费、失业保险费、工伤保险费、生育保险费等基本社会保险费和住房公积金，准予扣除；企业为投资者或者职工支付的补充养老保险费、补充医疗保险费，在国务院财政、税务主管部门规定的范围和标准内，准予扣除。企业依照国家有关规定为特殊工种职工支付的人身安全保险费和符合国务院财政、税务主管部门规定可以扣除的商业保险费准予扣除；企业参加财产保险，按照规定缴纳的保险费，准予扣除。企业为投资者或者职工支付的商业保险费，不得扣除
(4) 利息费用。非金融企业向金融企业借款的利息支出、金融企业的各项存款利息支出和同业拆借利息支出、企业经批准发行债券的利息支出可据实扣除。非金融企业向非金融企业借款的利息支出，不超过按照金融企业同期同类贷款利率计算的数额的部分可据实扣除，超过部分不许扣除。关联企业利息费用的扣除：企业从其关联方接受的债权性投资与权益性投资的比例①超过规定标准而发生的利息支出，不得在计算应纳税所得额时扣除
(5) 借款费用。企业在生产经营活动中发生的合理的不需要资本化的借款费用，准予扣除。企业为购置、建造固定资产、无形资产和经过12个月以上的建造才能达到预定可销售状态的存货发生借款的，在有关资产购置、建造期间发生的合理的借款费用，应予以资本化，作为资本性支出计入有关资产的成本，有关资产交付使用后发生的借款利息，可在发生当期扣除
(6) 汇兑损失。企业在货币交易中，以及纳税年度终了时将人民币以外的货币性资产、负债按照期末即期人民币汇率中间价折算为人民币时产生的汇兑损失，除已经计入有关资产成本以及与向所有者进行利润分配相关的部分外，准予扣除</td></tr>
</table>

① 金融企业为5∶1，其他企业为2∶1。

续表

税前扣除	可以扣除的部分	(7) 业务招待费。企业发生的与生产经营活动有关的业务招待费支出，按照发生额的60%扣除，但最高不得超过当年销售（营业）收入的0.5% (8) 广告费和业务宣传费。企业发生的符合条件的广告费和业务宣传费支出，除国务院财政、税务主管部门另有规定外，不超过当年销售（营业）收入15%的部分，准予扣除；超过部分，准予结转以后纳税年度扣除。自2021年1月1日至2025年12月31日，对化妆品制造或销售、医药制造和饮料制造（不含酒类制造）企业发生的广告费和业务宣传费支出，不超过当年销售（营业）收入30%的部分，准予扣除；超过部分，准予结转以后纳税年度扣除 (9) 环境保护专项资金。企业依照法律、行政法规有关规定提取的用于环境保护、生态恢复等方面的专项资金，准予扣除。上述专项资金提取后改变用途的，不得扣除 (10) 保险费。企业参加财产保险，按照规定缴纳的保险费，准予扣除 (11) 租赁费。以经营租赁方式租入固定资产发生的租赁费支出，按照租赁期限均匀扣除。以融资租赁方式租入固定资产发生的租赁费支出，按照规定构成融资租入固定资产价值的部分应当提取折旧费用，分期扣除 (12) 劳动保护费。企业发生的合理的劳动保护支出，准予扣除。由企业统一制作并要求员工工作时统一着装所发生的工作服饰费用，根据《企业所得税法实施条例》第27条的规定，可以作为企业合理的支出给予税前扣除 (13) 公益性捐赠支出。公益性捐赠，是指企业通过公益性社会团体或者县级（含县级）以上人民政府及其部门，用于《公益事业捐赠法》规定的公益事业的捐赠。企业发生的公益性捐赠支出，不超过年度利润总额12%的部分，准予扣除；超过年度利润总额12%的部分，准予以后3年内在计算应纳税所得额时结转扣除 (14) 准予扣除的其他系列。例如企业转让各类固定资产发生的费用，允许扣除。企业按规定计算的固定资产折旧费、无形资产和递延资产的摊销费，准予扣除。企业当期发生的固定资产和流动资产盘亏、毁损净损失，由其提供清查盘存资料并经主管税务机关审核后，准予扣除
	不可扣除的部分	(1) 向投资者支付的股息、红利等权益性投资收益款项 (2) 企业所得税税款 (3) 税收滞纳金，是指纳税人违反税收法规，被税务机关处以的滞纳金 (4) 罚金、罚款和被没收财物的损失，是指纳税人违反国家有关法律、法规规定，被有关部门处以的罚款，以及被司法机关处以的罚金和被没收财物 (5) 超过规定标准的捐赠支出 (6) 赞助支出，是指企业发生的与生产经营活动无关的各种非广告性质支出 (7) 未经核定的准备金支出，是指不符合国务院财政、税务主管部门规定的各项资产减值准备、风险准备等准备金支出 (8) 企业之间支付的管理费、企业内营业机构之间支付的租金和特许权使用费，以及非银行企业内营业机构之间支付的利息 (9) 与取得收入无关的其他支出
	不得计算摊销费用扣除的无形资产	(1) 自行开发的支出已在计算应纳税所得额时扣除的无形资产 (2) 自创商誉 (3) 与经营活动无关的无形资产 (4) 其他不得计算摊销费用扣除的无形资产

续表

税前扣除	不得计算折旧扣除的固定资产	（1）房屋、建筑物以外未投入使用的固定资产 （2）以经营租赁方式租入的固定资产 （3）以融资租赁方式租出的固定资产 （4）已足额提取折旧仍继续使用的固定资产 （5）与经营活动无关的固定资产 （6）单独估价作为固定资产入账的土地 （7）其他不得计算折旧扣除的固定资产

【应用举例】我国境内的某核力发电企业2021年实际支出的合理工资、薪金总额为800万元，为培养核电厂操纵员发生的培养费用20万元，职工教育经费实际支出50万元，上年结转至本年的职工教育经费12万元。该企业2021年可以在企业所得税前扣除的职工教育经费支出为（ ）万元。

A. 50　　B. 62　　C. 64　　D. 82

【解析】核力发电企业为培养核电厂操纵员发生的培养费用，作为企业的发电成本在税前扣除。企业应将核电厂操作员培养费与员工的职工教育经费严格区分，单独核算员工实际发生的职工教育经费支出不得计入核电厂操纵员培养费直接扣除。职工教育经费扣除限额＝800×8%＝64万元＞待扣除的职工教育经费＝50＋12＝62万元，该企业2021年可以在企业所得税税前扣除的职工教育经费支出为62万元。因此，本题的答案为B选项。

5. 税收优惠

税法规定的企业所得税的税收优惠方式包括免税、减税、加计扣除、加速折旧、减计收入、税额抵免等。

（1）免征与减征优惠

企业的下列所得，可以免征或减征企业所得税。企业如果从事国家限制和禁止发展的项目，不得享受企业所得税优惠。

1）从事农、林、牧、渔业项目的所得。

企业从事农、林、牧、渔业项目的所得，包括免征和减征两部分。

第一，企业从事下列项目的所得，免征企业所得税：a. 蔬菜、谷物、薯类、油料、豆类、棉花、麻类、糖料、水果、坚果的种植。b. 农作物新品种的选育。c. 中药材的种植。d. 林木的培育和种植。e. 牲畜、家禽的饲养。f. 林产品的采集。g. 灌溉、农产品初加工、兽医、农技推广、农机作业和维修等农、林、牧、渔服务业项目。h. 远洋捕捞。

第二，企业从事下列项目的所得，减半征收企业所得税：a. 花卉、茶以及其他饮料作物和香料作物的种植。b. 海水养殖、内陆养殖。

2）从事国家重点扶持的公共基础设施项目投资经营的所得。

a. 企业从事国家重点扶持的公共基础设施项目①的投资经营的所得，自项目取

① 指《公共基础设施项目企业所得税优惠目录》规定的港口码头、机场、铁路、公路、电力、水利等项目。

得第一笔生产经营收入所属纳税年度起，第 1 年至第 3 年免征企业所得税，第 4 年至第 6 年减半征收企业所得税。

b. 企业承包经营、承包建设和内部自建自用上述规定的项目，不得享受上述规定的企业所得税优惠。

3）从事符合条件的环境保护、节能节水项目的所得。

环境保护、节能节水项目①的所得，自项目取得第一笔生产经营收入所属纳税年度起，享受企业所得税“三免三减半”优惠。

但是以上规定享受减免税优惠的项目，在减免税期限内转让的，受让方自受让之日起，可以在剩余期限内享受规定的减免税优惠；减免税期限届满后转让的，受让方不得就该项目重复享受减免税优惠。

4）符合条件的技术转让所得。

根据《企业所得税法》，符合条件的技术转让所得在一个纳税年度内，居民企业转让技术所有权所得不超过 500 万元的部分，免征企业所得税；超过 500 万元的部分，减半征收企业所得税。

居民企业取得禁止出口和限制出口技术转让所得，不享受技术转让减免企业所得税优惠政策。居民企业从直接或间接持有股权之和达到 100%的关联方取得的技术转让所得，不享受技术转让减免企业所得税优惠政策。

（2）高新技术企业优惠

1）高新技术企业的优惠税率

国家需要重点扶持的高新技术企业，减按 15%的税率征收企业所得税。

2）高新技术企业的认定

国家需要重点扶持的高新技术企业，是指拥有核心自主知识产权，并同时符合下列条件的企业（见表 8－3）：

a. 产品（服务）属于《国家重点支持的高新技术领域》规定的范围；

b. 研究开发费用占销售收入的比例不低于规定比例；

c. 高新技术产品（服务）收入占企业总收入的比例不低于规定比例；

d. 科技人员占企业职工总数的比例不低于规定比例；

e. 高新技术企业认定管理办法规定的其他条件。

表 8－3 高新技术企业研发费用占比要求

最近一年年销售收入	研发费用占比
小于 5 000 万元（含）	不低于 5%
5 000 万至 2 亿元（含）	不低于 4%
2 亿元以上	不低于 3%

① 包括公共污水处理、公共垃圾处理、沼气综合开发利用、节能减排技术改造、海水淡化等。

3）高新技术企业资格复审期间企业所得税预缴规定。

根据国家税务总局《关于实施高新技术企业所得税优惠政策有关问题的公告》（国家税务总局公告 2017 年第 24 号）规定，高新技术企业资格复审结果公示之前企业所得税预缴按以下规定执行：企业的高新技术企业资格期满当年，在通过重新认定前，其企业所得税暂按 15%的税率预缴，在年底前仍未取得高新技术企业资格的，应按规定补缴相应期间的税款。

（3）技术先进型服务企业优惠

1）技术先进型服务企业的优惠税率。

自 2017 年 1 月 1 日起，在全国范围内对经认定的技术先进型服务企业，减按 15%的税率征收企业所得税。

2）技术先进型服务企业的条件。

享受符合规定的企业所得税优惠政策的技术先进型服务企业必须同时符合以下条件：a. 在中国境内（不包括港、澳、台地区）注册的法人企业。b. 从事《技术先进型服务业务认定范围（试行）》中的一种或多种技术先进型服务业务，采用先进技术或具备较强的研发能力。c. 具有大专以上学历的员工占企业职工总数的 50%以上。d. 从事《技术先进型服务业务认定范围（试行）》中的技术先进型服务业务取得的收入占企业当年总收入的 50%以上。e. 从事离岸服务外包业务取得的收入不低于企业当年总收入的 35%。

（4）小型微利企业优惠

2023 年 1 月 1 日至 2024 年 12 月 31 日，对小型微利企业年应纳税所得额不超过 100 万元的部分，减按 25%计入应纳税所得额，按 20%的税率缴纳企业所得税。①

（5）加计扣除优惠

加计扣除是指对企业支出项目按规定的比例给予税前扣除的基础上再给予追加扣除。

1）研究开发费用税前加计扣除

根据财政部、国家税务总局《关于进一步完善研发费用税前加计扣除政策的公告》（财政部、税务总局公告 2023 年第 7 号），为进一步激励企业加大研发投入，更好地支持科技创新，企业开展研发活动中实际发生的研发费用，未形成无形资产计入当期损益的，在按规定据实扣除的基础上，自 2023 年 1 月 1 日起，再按照实际发生额的 100%在税前加计扣除；形成无形资产的，自 2023 年 1 月 1 日起，按照无形资产成本的 200%在税前摊销。[根据《关于进一步完善研发费用税前加计扣除政策的公告》（财政部、税务总局公告 2023 年第 7 号）。]

2）企业委托境外研究开发费用税前加计扣除

按照财政部、国家税务总局、科技部《关于企业委托境外研究开发费用税前加计扣除有关政策问题的通知》（财税〔2018〕64 号）的规定，企业委托境外的研究开发费用按照费用实际发生额的 80%计入委托方的委托境外研究开发费用，不超过

---

① 根据《关于小微企业和个体工商户所得税优惠政策的公告》（财政部、税务总局公告 2023 年第 6 号）。

境内符合条件的研究开发费用2/3的部分，可以按规定在企业所得税税前加计扣除。

3）集成电路企业和工业母机企业研发费用税前加计扣除［根据财政部、国家税务总局、国家发展改革委、工业和信息化部《关于提高集成电路和工业母机企业研发费用加计扣除比例的公告》（财政部、税务总局、国家发展改革委、工业和信息化部公告2023年第44号）］

集成电路企业和工业母机企业开展研发活动中实际发生的研发费用，未形成无形资产计入当期损益的，在按规定据实扣除的基础上，在2023年1月1日至2027年12月31日期间，再按照实际发生额的120%在税前扣除；形成无形资产的，在上述期间按照无形资产成本的220%在税前摊销。

4）企业安置残疾人员所支付的工资加计扣除

企业安置残疾人员所支付工资费用的加计扣除，是指企业安置残疾人员的，在按照支付给残疾职工工资据实扣除的基础上，按照支付给残疾职工工资的100%加计扣除。残疾人员的范围适用《残疾人保障法》的有关规定。企业安置国家鼓励安置的其他就业人员所支付的工资的加计扣除办法，由国务院另行规定。

（6）创投企业优惠

创业投资企业从事国家需要重点扶持和鼓励的创业投资，可以按投资额的一定比例抵扣应纳税所得额。创业投资企业采取股权投资方式直接投资于初创科技型企业[①]满2年的，可以按照其投资额的70%在股权持有满2年的当年抵扣该创业投资企业的应纳税所得额；当年不足抵扣的，可以在以后纳税年度结转抵扣。

（7）加速折旧优惠

1）可以加速折旧的固定资产。

企业的固定资产由于技术进步等，确需加速折旧的，可以缩短折旧年限或者采取加速折旧的方法。主要指：由于技术进步，产品更新换代较快的固定资产；常年处于强震动、高腐蚀状态的固定资产。

2）加速折旧的规定

依据财政部、国家税务总局《关于完善固定资产加速折旧企业所得税政策的通知》（财税〔2014〕75号）、《关于进一步完善固定资产加速折旧企业所得税政策的通知》（财税〔2015〕106号）和《关于扩大固定资产加速折旧优惠政策适用范围的公告》（财政部、税务总局公告2019年第66号）规定，固定资产加速折旧优惠的行业范围，扩大至全部制造业领域。

a. 2014年1月1日后新购进的固定资产，可缩短折旧年限或采取加速折旧的方法。

b. 企业缩短折旧年限的，对其购置的新固定资产，最低折旧年限不得低于《实施条例》规定的折旧年限的60%；企业购置已使用过的固定资产，其最低折旧年限不得低于《实施条例》规定的最低折旧年限减去已使用年限后剩余年限的60%采取

① 初创科技型企业的主要条件包括从业人数不超过300人、资产总额和年销售收入均不超过5 000万元人民币；接受投资时设立时间不超过5年；接受投资时以及接受投资后2年内未在境内外证券交易所上市；接受投资当年及下一纳税年度，研发费用总额占成本费用支出的比例不低于20%。

加速折旧方法的，可采取双倍余额递减法或者年数总和法。加速折旧方法一经确定，不得改变。

3）设备、器具等固定资产一次性扣除规定

根据财政部、国家税务总局《关于设备、器具扣除有关企业所得税政策的公告》（财政部、税务总局公告2023年第37号），企业在2024年1月1日至2027年12月31日期间新购进的设备、器具，单位价值不超过500万元的，允许一次性计入当期成本费用在计算应纳税所得额时扣除，不再分年度计算折旧；单位价值超过500万元的，仍按《企业所得税法实施条例》、财政部、国家税务总局《关于完善固定资产加速折旧企业所得税政策的通知》（财税〔2014〕75号）、《关于进一步完善固定资产加速折旧企业所得税政策的通知》（财税〔2015〕106号）等相关规定执行。

（8）减计收入优惠

企业综合利用资源，生产符合国家产业政策规定的产品所取得的收入，可以在计算应纳税所得额时减计收入。企业以《资源综合利用企业所得税优惠目录》规定的资源作为主要原材料，生产国家非限制和禁止并符合国家和行业相关标准的产品取得的收入，减按90%计入收入总额。

（9）税额抵免优惠

企业购置并实际使用《环境保护专用设备企业所得税优惠目录（2017年版）》《节能节水专用设备企业所得税优惠目录（2017年版）》《安全生产专用设备企业所得税优惠目录》规定的环境保护、节能节水、安全生产等专用设备的，该专用设备的投资额的10%可以从企业当年的应纳税额中抵免；当年不足抵免的，可以在以后5个纳税年度结转抵免。

享受上述规定的企业所得税优惠的企业，应当实际购置并自身实际投入使用前款规定的专用设备；企业购置上述专用设备在5年内转让、出租的，应当停止享受企业所得税优惠，并补缴已经抵免的企业所得税税款。转让的受让方可以按照该专用设备投资额的10%抵免当年企业所得税应纳税额；当年应纳税额不足抵免的，可以在以后5个纳税年度结转抵免。

（10）民族自治地方的优惠

民族自治地方的自治机关对本民族自治地方的企业应缴纳的企业所得税中属于地方分享的部分，可以决定减征或者免征。自治州、自治县决定减征或者免征的，须报省、自治区、直辖市人民政府批准。

（11）非居民企业优惠

非居民企业减按10%的税率征收企业所得税。非居民企业取得下列所得免征企业所得税：1）外国政府向中国政府提供贷款取得的利息所得。2）国际金融组织向中国政府和居民企业提供优惠贷款取得的利息所得。3）经国务院批准的其他所得。

（12）特殊行业优惠

1）鼓励软件产业和集成电路产业发展。

为进一步鼓励软件产业和集成电路产业发展，根据《国务院关于印发新时期促进集成电路产业和软件产业高质量发展若干政策的通知》（国发〔2020〕8号）有关要求，国家制定并实施了相关行业税收优惠政策，促进集成电路产业和软件产业高质量发展，如财政部、税务总局、发展改革委、工业和信息化部《关于促进集成电路产业和软件产业高质量发展企业所得税政策的公告》（财政部、税务总局、发展改革委、工业和信息化部公告 2020 年第 45 号）。

2）鼓励证券投资基金发展。

a. 对证券投资基金从证券市场中取得的收入，包括买卖股票、债券的差价收入，股权的股息、红利收入，债券的利息收入及其他收入，暂不征收企业所得税。

b. 对投资者从证券投资基金分配中取得的收入，暂不征收企业所得税。

c. 对证券投资基金管理人运用基金买卖股票、债券的差价收入，暂不征收企业所得税。

3）节能服务公司的优惠政策。

自 2011 年 1 月 1 日起，对符合条件的节能服务公司实施合同能源管理项目，符合《企业所得税法》有关规定的，自项目取得第 1 笔生产经营收入所属纳税年度起，享受“三免三减半”的优惠待遇，按照 25%的法定税率减半征收企业所得税。

4）电网企业电网新建项目。

根据《企业所得税法》及其实施条例的有关规定，居民企业从事符合《公共基础设施项目企业所得税优惠目录（2008 年版）》规定条件和标准的电网（输变电设施）的新建项目，可依法享受“三免三减半”的企业所得税优惠政策。

5）从事污染防治的第三方企业[①]

自 2024 年 1 月 1 日起至 2027 年 12 月 31 日止，对符合条件的从事污染防治的第三方企业减按 15%的税率征收企业所得税。

（13）海南自由贸易港企业所得税优惠

自 2020 年 1 月 1 日起至 2024 年 12 月 31 日，对注册在海南自由贸易港并实质性运营的鼓励类产业企业，减按 15%的税率征收企业所得税。

对在海南自由贸易港设立的旅游业、现代服务业、高新技术产业企业新增境外直接投资取得的所得，免征企业所得税。

对在海南自由贸易港设立的企业，新购置（含自建、自行开发）固定资产或无形资产，单位价值不超过 500 万元（含）的，允许一次性计入当期成本费用在计算应纳税所得额时扣除，不再分年度计算折旧和摊销；新购置（含自建、自行开发）固定资产或无形资产，单位价值超过 500 万元的，可以缩短折旧、摊销年限或采取加速折旧、摊销的方法。

（14）西部大开发的税收优惠

对设在西部地区国家鼓励类产业企业，在 2021 年 1 月 1 日至 2030 年 12 月 31 日期间，减按 15%的税率征收企业所得税。

适用范围包括重庆市、四川省、贵州省、云南省、西藏自治区、陕西省、甘肃

① 财政部、国家税务总局、国家发展改革委、生态环境部《关于从事污染防治的第三方企业所得税政策问题的公告》（财政部、税务总局、国家发展改革委、生态环境部公告 2023 年第 38 号）。

省、宁夏回族自治区、青海省、新疆维吾尔自治区、新疆生产建设兵团、内蒙古自治区和广西壮族自治区（上述地区统称西部地区）。湖南省湘西土家族苗族自治州、湖北省恩施土家族苗族自治州、吉林省延边朝鲜族自治州、江西省赣州市，可以比照西部地区的税收优惠政策执行。

对在西部地区新办交通、电力、水利、邮政、广播电视企业，上述项目业务收入占企业收入总额60%以上的，可以享受企业所得税如下优惠政策：内资企业自开始生产经营之日起，享受企业所得税"两免三减半"税收优惠。

6. 应纳税额的计算

居民企业应缴纳所得税额等于应纳税所得额乘以适用税率，减除依照税法关于税收优惠的规定减免和抵免的税额后的余额，基本计算公式为：

应纳税额＝应纳税所得额×适用税率－减免税额－抵免税额

在实际过程中，应纳税所得额的计算一般有两种方法，直接计算法和间接计算法。直接计算法计算公式为：

应纳税所得额＝收入总额－不征税收入－免税收入－各项扣除金额
－允许弥补的以前年度亏损

间接计算法计算公式为：

应纳税所得额＝会计利润总额±纳税调整项目金额

纳税调整项目金额包括两方面的内容：一是税法规定范围与会计规定不一致的应予以调整的金额；二是税法规定扣除标准与会计规定不一致的应予以调整的金额。

7. 征收管理

（1）纳税地点

1）除税收法律、行政法规另有规定外，居民企业以企业登记注册地为纳税地点；但登记注册地在境外的，以实际管理机构所在地为纳税地点。

2）居民企业在中国境内设立不具有法人资格的营业机构的，应当汇总计算并缴纳企业所得税。企业汇总计算并缴纳企业所得税时，应当统一核算应纳税所得额，具体办法由国务院财政、税务主管部门另行制定。

3）非居民企业在中国境内设立机构、场所的，应当就其所设机构、场所取得的来源于中国境内的所得，以及发生在中国境外但与其所设机构、场所有实际联系的所得，以机构、场所所在地为纳税地点。非居民企业在中国境内设立两个或者两个以上机构、场所的，经税务机关审核批准，可以选择由其主要机构、场所汇总缴纳企业所得税。

4）非居民企业在中国境内未设立机构、场所的，或者虽设立机构、场所但取得的所得与其所设机构、场所没有实际联系的所得，以扣缴义务人所在地为纳税地点。

5）除国务院另有规定外，企业之间不得合并缴纳企业所得税。

（2）纳税期限

企业所得税按年计征，分月或者分季预缴，年终汇算清缴，多退少补。

企业所得税的纳税年度，自公历1月1日起至12月31日止。企业在一个纳税年度的中间开业，或者由于合并、关闭等原因终止经营活动，使该纳税年度的实际经营期不足12个月的，应当以其实际经营期为1个纳税年度。企业清算时，应当以清算期间作为1个纳税年度。

企业可自年度终了之日起5个月内，向税务机关报送年度企业所得税纳税申报表，并汇算清缴，结清应缴应退税款。企业在年度中间终止经营活动的，应当自实际经营终止之日起60日内，向税务机关办理当期企业所得税汇算清缴。

（3）纳税申报

企业在纳税年度内无论盈利还是亏损，都应当依照《企业所得税法》第54条规定的期限，向税务机关报送预缴企业所得税纳税申报表、年度企业所得税纳税申报表、财务会计报告和税务机关规定应当报送的其他有关资料。

按月或按季预缴的，应当自月份或者季度终了之日起15日内，向税务机关报送预缴企业所得税纳税申报表，预缴税款。

企业应当在办理注销登记前，就其清算所得向税务机关申报并依法缴纳企业所得税。

【应用举例】 A公司从事的是国家非限制和禁止行业，2021年度从业人数有48人，资产总额为4 500万元。2021年度销售收入2 000万元、利润总额为120万元、已预缴企业所得税1万元，该公司适用的企业所得税税率为25%。

2021年发生的相关交易事项中，会计处理与税法处理存在差别的有：

1.2021年1月开始对一项固定资产计提折旧，其成本为150万元，使用年限为10年，净残值为0，会计处理按双倍余额递减法计提折旧，税法处理按直线法计提折旧。假定税法规定的使用年限及净残值与会计规定相同。

2. 当期取得作为交易性金融资产核算的股票投资成本为80万元，2020年12月31日的公允价值为120万元，确认了公允价值变动收益40万元。

3. 违反环保法规定支付环保局罚款20万元。

4. 期末对持有的存货计提了7万元的存货跌价准备。

5. 投资收益中有10万元系国债利息收入。

6. 在成本费用中列支的工资300万元，实际发生职工福利费45万元，实际发生职工教育经费25.5万元，实际发生工会经费2万元。

7. 管理费用中列支了业务招待费20万元。

8. 发生广告费74万元，业务宣传费6万元，上年广告费超限2万元未扣除。

请根据上述资料计算A公司2021年度汇算清缴时应补退的企业所得税。

【解析】 1. 根据《实施条例》的规定，固定资产按照直线法计算的折旧，准予扣除。因此，A公司按双倍余额递减法计提的折旧与按直线法计提折旧之间的差额应做纳税调整。

A公司2021年度按双倍余额法计提的折旧为：150×(2/10)=30万元

按直线法计提的折旧为：150/10=15万元

所以，应纳税调整增加15万元。

2. 根据《实施条例》的规定，企业的各项资产，包括固定资产、生物资产、无形资产、长期待摊费用、投资资产、存货等，以历史成本为计税基础。历史成本，是指企业取得该项资产时实际发生的支出。企业持有各项资产期间资产增值或者减值，除国务院财政、税务主管部门规定可以确认损益外，不得调整该资产的计税基础。根据《企业所得税法》的规定，企业对外投资期间，投资资产的成本在计算应纳税所得额时不得扣除。

由此，A 公司确认的交易性金融资产的公允价值变动收益 40 万元应做纳税调整减少处理。

3. 根据《企业所得税法》规定，罚金、罚款和被没收财物的损失在计算应纳税所得额时不得扣除。因此，支付给环保局的罚款 20 万元应纳税调整增加。

4. 根据《企业所得税法》规定，未经核定的准备金支出在计算应纳税所得额时不得扣除。因此，计提的存货低价准备 7 万元应纳税调整增加。

5. 根据《企业所得税法》规定，国债利息收入为免税收入。因此，投资收益中的 10 万元国债利息收入应纳税调整减少。

6. 根据《实施条例》的规定，企业发生的职工福利费支出，不超过工资、薪金总额 14%的部分，准予扣除；企业拨缴的工会经费，不超过工资、薪金总额 2%的部分，准予扣除。根据财税〔2018〕51 号文件规定：企业发生的职工教育经费支出，不超过工资薪金总额 8%的部分，准予在计算企业所得税应纳税所得额时扣除；超过部分，准予在以后纳税年度结转扣除。

因此，职工福利费、职工教育经费、工会经费的扣除限额分别为：300×14%＝42 万元、300×8%＝24 万元、300×2%＝6 万元。

所以，职工福利费及职工工会经费应分别纳税调整增加 3 万元、1.5 万元。

7. 根据《实施条例》的规定，企业发生的与生产经营活动有关的业务招待费支出，按照发生额的 60%扣除，但最高不得超过当年销售（营业）收入的 5‰。而发生额的 60%为 12 万元、销售收入的 5‰为 10 万元，因此，扣除限额为 10 万元。所以，业务招待费应纳税调整增加 10 万元。

8. 根据《实施条例》的规定，企业发生的符合条件的广告费和业务宣传费支出，除国务院财政、税务主管部门另有规定外，不超过当年销售（营业）收入 15%的部分，准予扣除；超过部分，准予在以后纳税年度结转扣除。即扣除限额为 2 000×15%＝300 万元。而上年有 2 万元未扣除，因此，广告费和业务宣传费应纳税调整减少 2 万元。

综上，A 公司 2021 年度应纳税所得额为：

$$120+15-40+20+7-10+3+1.5+10-2=124.5\text{ 万元}$$

根据国家税务总局公告 2019 年第 2 号文件[①]规定：自 2019 年 1 月 1 日至 2021

① 根据国家税务总局《关于小型微利企业所得税优惠政策征管问题的公告》（国家税务总局公告 2022 年第 5 号），国家税务总局公告 2019 年第 2 号文件已全文废止。

年12月31日，对小型微利企业年应纳税所得额不超过100万元的部分，减按25%计入应纳税所得额，按20%的税率缴纳企业所得税；对年应纳税所得额超过100万元但不超过300万元的部分，减按50%计入应纳税所得额，按20%的税率缴纳企业所得税。同时根据国家税务总局公告2021年第8号文件规定：对小型微利企业年应纳税所得额不超过100万元的部分，减按12.5%计入应纳税所得额，按20%的税率缴纳企业所得税。[①]

A公司2021年度从业人数有48人、资产总额为4 500万元应纳税所得额为124.5万元且从事的是国家非限制和禁止行业，符合小型微利企业的条件，可以享受小型微利企业的税收优惠。

综上：A公司2021年度企业所得税汇算清缴时需补缴企业所得税为：

$$100\times12.5\%\times20\%+(124.5-100)\times50\%\times20\%-1=3.95\text{ 万元}$$

(二) 个人所得税法基本知识

个人所得税主要是以自然人取得的各类应税所得为征税对象而征收的一种所得税，是政府利用税收对个人收入进行调节的一种手段。个人所得税法是指国家制定的用以调整个人所得税征收与缴纳之间权利及义务关系的法律规范。《个人所得税法》经过了7次修改，目前适用的基本规范是2018年8月31日，由第十三届全国人民代表大会常务委员会第五次会议修改通过，并于2019年1月1日起施行的《个人所得税法》。

1. 纳税义务人

个人所得税的纳税义务人，包括中国公民、个体工商业户、个人独资企业、合伙企业投资者、在中国有所得的外籍人员（包括无国籍人员，下同）和香港、澳门、台湾同胞。上述纳税义务人依据住所和居住时间两个标准，区分为居民个人和非居民个人，分别承担不同的纳税义务。

（1）居民个人

根据《个人所得税法》规定，居民个人是指在中国境内有住所，或者无住所而一个纳税年度在中国境内居住累计满183天的个人。居民个人承担无限纳税义务。其所取得的应纳税所得，无论是来源于中国境内还是中国境外，都要在中国缴纳个人所得税。

（2）非居民个人

非居民个人，是指不符合居民个人判定标准（条件）的纳税义务人。非居民个人承担有限纳税义务，即仅就其来源于中国境内的所得，向中国缴纳个人所得税。

2. 征税范围

居民个人取得下列第（1）～（4）项所得（以下称综合所得），按纳税年度合并计

① 100万元至300万元的再减半政策，来源于财政部、国家税务总局《关于进一步实施小微企业所得税优惠政策的公告》（2022年第13号），起始时间为2022年1月1日，本题不符合此项政策条件。

算个人所得税；非居民个人取得下列第（1）～（4）项所得，按月或者按次分项计算个人所得税。纳税人取得下列第（5）～（9）项所得，分别计算个人所得税。

（1）工资、薪金所得

工资、薪金所得，是指个人因任职或者受雇而取得的工资、薪金、奖金、年终加薪、劳动分红、津贴、补贴以及与任职或者受雇有关的其他所得。

（2）劳务报酬所得

劳务报酬所得，是指个人独立从事各种非雇用的劳务所取得的所得。

在实际操作过程中，可能出现难以判定一项所得是属于工资、薪金所得，还是属于劳务报酬所得的情况。这两者的区别在于：工资、薪金所得是属于非独立个人劳务活动，即在机关、团体、学校、部队、企业、事业单位及其他组织中任职、受雇而得到的报酬；而劳务报酬所得，则是个人独立从事各种技艺、提供各项劳务取得的报酬。

（3）稿酬所得

稿酬所得，是指个人因其作品以图书、报刊形式出版、发表而取得的所得。

（4）特许权使用费所得

特许权使用费所得，是指个人提供专利权、商标权、著作权、非专利技术以及其他特许权的使用权取得的所得。提供著作权的使用权取得的所得，不包括稿酬所得。

（5）经营所得

经营所得，是指：

1）个体工商户从事生产、经营活动取得的所得，个人独资企业投资人、合伙企业的个人合伙人来源于境内注册的个人独资企业、合伙企业生产、经营的所得。个体工商户以业主为个人所得税纳税义务人。

2）个人依法从事办学、医疗、咨询以及其他有偿服务活动取得的所得。

3）个人对企业、事业单位承包经营、承租经营以及转包、转租取得的所得。

4）个人从事其他生产、经营活动取得的所得。

（6）利息、股息、红利所得

利息、股息、红利所得，是指个人拥有债权、股权而取得的利息、股息、红利所得。

（7）财产租赁所得

财产租赁所得，是指个人出租不动产、机器设备、车船以及其他财产取得的所得。

（8）财产转让所得

财产转让所得，是指个人转让有价证券、股权、合伙企业中的财产份额、不动产、机器设备、车船以及其他财产取得的所得。

（9）偶然所得

偶然所得，是指个人得奖、中奖、中彩以及其他偶然性质的所得。

3. 所得来源地的确定

除国务院财政、税务主管部门另有规定外，下列所得，不论支付地点是否在中国境内，均为来源于中国境内的所得：

（1）因任职、受雇、履约等而在中国境内提供劳务取得的所得。

（2）将财产出租给承租人在中国境内使用而取得的所得。

（3）转让中国境内的不动产等财产或者在中国境内转让其他财产取得的所得。

（4）许可各种特许权在中国境内使用而取得的所得。

（5）从中国境内企业、事业单位、其他组织以及居民个人取得的利息、股息、红利所得。

4. 税率

（1）综合所得适用税率

综合所得适用七级超额累进税率，税率为3%～45%（见表8-4）。

居民个人每一纳税年度内取得的综合所得包括：工资、薪金所得，劳务报酬所得，稿酬所得和特许权使用费所得。

（2）经营所得适用税率

经营所得适用五级超额累进税率，税率为5%～35%（见表8-5）。

表8-4　综合所得个人所得税税率表

级数	全年应纳税所得额	税率（%）
1	不超过36 000元的	3
2	超过36 000元至144 000元的部分	10
3	超过144 000元至300 000元的部分	20
4	超过300 000元至420 000元的部分	25
5	超过420 000元至660 000元的部分	30
6	超过660 000元至960 000元的部分	35
7	超过960 000元的部分	45

注：（1）本表所称全年应纳税所得额是指依照税法的规定，居民个人取得综合所得以每一纳税年度收入额减除费用60 000元以及专项扣除、专项附加扣除和依法确定的其他扣除后的余额。

（2）非居民个人取得工资、薪金所得，劳务报酬所得，稿酬所得和特许权使用费所得，依照本表按月换算后计算应纳税额。

表8-5　经营所得个人所得税税率表

级数	全年应纳税所得额	税率（%）
1	不超过30 000元的	5
2	超过30 000元至90 000元的部分	10
3	超过90 000元至300 000元的部分	20
4	超过300 000元至500 000元的部分	30
5	超过500 000元的部分	35

注：本表所称全年应纳税所得额是指依照《个人所得税法》第6条的规定，以每一纳税年度的收入总额减除成本、费用以及损失后的余额。

需要注意的是，由于目前实行承包（租）经营的形式较多，分配方式也不相同，因此，承包、承租人按照承包、承租经营合同（协议）规定取得所得的适用税率也不一致。

1）承包、承租人对企业经营成果不拥有所有权，仅是按合同（协议）规定取得一定所得的，其所得按“工资、薪金所得”项目征税，纳入年度综合所得，适用3%～45%的七级超额累进税率。

2）承包、承租人按合同（协议）的规定只向发包、出租方缴纳一定费用后，企业经营成果归其所有的，承包、承租人取得的所得，按“对企事业单位的承包经营、承租经营所得”项目，适用5%～35%的五级超额累进税率征税。

（3）其他所得适用税率

利息、股息、红利所得，财产租赁所得，财产转让所得和偶然所得适用比例税率，税率为20%。

5. 应纳税所得额的规定

由于个人所得税的应税项目不同，并且取得某项所得所需费用也不相同，因此，计算个人应纳税所得额，需按不同应税项目分项计算。以某项应税项目的收入额减去税法规定的该项目费用减除标准后的余额，为该应税项目应纳税所得额。两个以上的个人共同取得同一项目收入的，应当对每个人取得的收入分别按照《个人所得税法》的规定计算纳税。

（1）每次收入的确定

《个人所得税法》对纳税义务人的征税方法有3种：一是按年计征，如经营所得，居民个人取得的综合所得；二是按月计征，如非居民个人取得的工资、薪金所得；三是按次计征，如利息、股息、红利所得，财产租赁所得，偶然所得，非居民个人取得的劳务报酬所得，稿酬所得，特许权使用费所得6项所得。在按次征收的情况下，由于扣除费用依据每次应纳税所得额的大小，分别规定了定额和定率两种标准。《个人所得税法实施条例》中对前述6项所得的“次”作出了明确规定（见表8-6）。

表8-6 每“次”收入的确定

所得类型	收入确定方式	明细
劳务报酬所得、稿酬所得、特许权使用费所得	属于一次性收入的，以取得该项收入为一次	就劳务报酬所得来看，从事设计、安装、装潢、制图、化验、测试等劳务，往往是接受客户的委托，按照客户的要求，完成一次劳务后取得收入，因此，这些收入属于一次性收入，应以每次提供劳务取得的收入为一次 但需要注意的是，如果一次性劳务报酬收入是以分月支付的方式取得的，就适用“同一事项连续取得收入，以1个月内取得的收入为一次”的规定
		就稿酬来看，以每次出版、发表取得的收入为一次，具体又可细分为：同一作品再版取得的所得，应视作另一次稿酬所得计征个人所得税。同一作品先在报刊上连载，然后再出版，或先出版，再在报刊上连载的，应视为两次稿酬所得征税，即连载作为一次，出版作为另一次。同一作品在报刊上连载取得收入的，以连载完成后取得的所有收入合并为一次，计征个人所得税。

续表

所得类型	收入确定方式	明细
劳务报酬所得、稿酬所得、特许权使用费所得	属于一次性收入的，以取得该项收入为一次	同一作品在出版和发表时，以预付稿酬或分次支付稿酬等形式取得的稿酬收入，应合并计算为一次。同一作品出版、发表后，因添加印数而追加稿酬的，应与以前出版、发表时取得的稿酬合并计算为一次，计征个人所得税。在两处或两处以上出版、发表或再版同一作品而取得稿酬所得，则可分别就各处取得的所得或再版所得按分次所得计征个人所得税。作者去世后，对取得其遗作稿酬的个人，按"稿酬所得"项目征收个人所得税
		就特许权使用费来看，以某项使用权的一次转让所取得的收入为一次。一个非居民个人，可能不仅拥有一项特许权，每一项特许权的使用权也可能不止一次地向我国境内提供。因此，对特许权使用费所得的"次"的界定，明确为以每一项使用权的每次转让所取得的收入为一次。如果该次转让取得的收入是分笔支付的，则应将各笔收入相加，计征个人所得税
财产租赁所得	—	以1个月内取得的收入为一次
利息、股息、红利所得	—	以支付利息、股息、红利时取得的收入为一次
偶然所得	—	以每次取得该项收入为一次

（2）应纳税所得额和费用扣除标准（见表8-7）

表8-7 应纳税所得额和费用扣除标准

所得范围	计算方法	扣除标准
居民个人综合所得	以每年收入额减除费用60 000元以及专项扣除、专项附加扣除和依法确定的其他扣除后的余额，为应纳税所得额	（1）专项扣除，包括居民个人按照国家规定的范围和标准缴纳的基本养老保险、基本医疗保险、失业保险等社会保险费和住房公积金等 （2）专项附加扣除，包括婴幼儿照护、子女教育、继续教育、大病医疗、住房贷款利息或者住房租金、赡养老人等支出，具体范围、标准和实施步骤由国务院确定，并报全国人民代表大会常务委员会备案 （3）依法确定的其他扣除，包括个人缴付符合国家规定的企业年金、职业年金，个人购买的符合国家规定的商业健康保险、税收递延型商业养老保险的支出，以及国务院规定可以扣除的其他项目 （4）专项扣除、专项附加扣除和依法确定的其他扣除，以居民个人一个纳税年度的应纳税所得额为限额；一个纳税年度扣除不完的，不结转以后年度扣除
非居民个人工资、薪金所得	以每月收入额减除费用5 000元后的余额为应纳税所得额；劳务报酬所得、稿酬所得、特许权使用费所得，以每次收入额为应纳税所得额	—

续表

所得范围	计算方法	扣除标准
经营所得	以每一纳税年度的收入总额减除成本、费用以及损失后的余额，为应纳税所得额	所称成本、费用，是指生产、经营活动中发生的各项直接支出和分配计入成本的间接费用以及销售费用、管理费用、财务费用；所称损失，是指生产、经营活动中发生的固定资产和存货的盘亏、毁损、报废损失，转让财产损失，坏账损失，自然灾害等不可抗力因素造成的损失以及其他损失 取得经营所得的个人，没有综合所得的，在计算其每一纳税年度的应纳税所得额时，应当减除费用 60 000 元、专项扣除、专项附加扣除以及依法确定的其他扣除。专项附加扣除在办理汇算清缴时减除 在个人税收递延型商业养老保险试点区域内，取得个体工商户生产经营所得、对企事业单位的承包承租经营所得的个体工商户业主、个人独资企业投资者、合伙企业自然人合伙人和承包承租经营者，其缴纳的税收递延型商业养老保险保费准予在计算当年应纳税所得额时予以限额据实扣除，扣除限额按照不超过当年应税收入的 6%和 12 000 元孰低的办法确定。 纳税人从事生产、经营活动，未提供完整、准确的纳税资料，不能正确计算应纳税所得额的，由主管税务机关核定其应纳税所得额或者应纳税额 个人独资企业的投资者以全部生产经营所得为应纳税所得额；合伙企业的投资者按照合伙企业的全部生产经营所得和合伙协议约定的分配比例，确定应纳税所得额，合伙协议没有约定分配比例的，以全部生产经营所得和合伙人数量为标准平均计算每个投资者的应纳税所得额 上述所称生产经营所得，包括企业分配给投资者个人的所得和企业当年留存的所得（利润） 对个体工商户业主、个人独资企业和合伙企业自然人投资者的生产经营所得依法计征个人所得税时，个体工商户业主、个人独资企业和合伙企业自然人投资者本人的费用扣除标准统一确定为 60 000 元/年（5 000 元/月） 对企业事业单位的承包经营、承租经营所得，以每一纳税年度的收入总额，减除必要费用后的余额，为应纳税所得额。这里的每一纳税年度的收入总额，是指纳税义务人按照承包经营、承租经营合同规定分得的经营利润和工资、薪金性质的所得；这里减除必要费用，是指按年减除 60 000 元
财产租赁所得	每次收入不超过 4 000 元的，减除费用 800 元；4 000 元以上的，减除 20%的费用，其余额为应纳税所得额	—

续表

所得范围	计算方法	扣除标准
财产转让所得	以转让财产的收入额减除财产原值和合理费用后的余额，为应纳税所得额	财产原值，按照下列方法计算： (1) 有价证券，为买入价以及买入时按照规定交纳的有关费用 (2) 建筑物，为建造费或者购进价格以及其他有关费用 (3) 土地使用权，为取得土地使用权所支付的金额、开发土地的费用以及其他有关费用 (4) 机器设备、车船，为购进价格、运输费、安装费以及其他有关费用 (5) 其他财产，参照以上方法确定 纳税义务人未提供完整、准确的财产原值凭证，不能正确计算财产原值的，由主管税务机关核定其财产原值 合理费用，是指卖出财产时按照规定支付的有关税费
利息、股息、红利所得和偶然所得	以每次收入额为应纳税所得额	—

(3) 专项附加扣除标准

取得综合所得和经营所得的居民个人可以享受专项附加扣除。专项附加扣除是本次《个人所得税法》修订后引入的新的费用扣除标准，遵循公平合理、利于民生、简便易行的原则，目前包含了子女教育、继续教育、大病医疗、住房贷款利息、住房租金、赡养老人、婴幼儿照护 7 项支出，并将根据教育、医疗、住房、养老等民生支出变化情况，适时调整专项附加扣除的范围和标准，具体扣除标准见表 8-8。

表 8-8　专项附加扣除

专项附加扣除项	扣除标准	明细
子女教育	纳税人年满 3 岁的子女接受学前教育和学历教育的相关支出，按照每个子女每月 2 000 元（每年 24 000 元）的标准定额扣除	学前教育包括年满 3 岁至小学入学前教育；学历教育包括义务教育（小学、初中教育）、高中阶段教育（普通高中、中等职业、技工教育）、高等教育（大学专科、大学本科、硕士研究生、博士研究生教育）。 父母可以选择由其中一方按扣除标准的 100%扣除，也可以选择由双方分别按扣除标准的 50%扣除，具体扣除方式在一个纳税年度内不能变更。 纳税人子女在中国境外接受教育的，纳税人应当留存境外学校录取通知书、留学签证等相关教育的证明资料备查

续表

专项附加扣除项	扣除标准	明细
继续教育	纳税人在中国境内接受学历（学位）继续教育的支出，在学历（学位）教育期间按照每月 400 元（每年 4 800 元）定额扣除。同一学历（学位）继续教育的扣除期限不能超过 48 个月（4 年）。纳税人接受技能人员职业资格继续教育、专业技术人员职业资格继续教育支出，在取得相关证书的当年，按照 3 600 元定额扣除	个人接受本科及以下学历（学位）继续教育，符合税法规定扣除条件的，可以选择由其父母扣除，也可以选择由本人扣除。 纳税人接受技能人员职业资格继续教育、专业技术人员职业资格继续教育的，应当留存相关证书等资料备查
大病医疗	在一个纳税年度内，纳税人发生的与基本医保相关的医药费用支出，扣除医保报销后个人负担（指医保目录范围内的自付部分）累计超过 15 000 元的部分，由纳税人在办理年度汇算清缴时，在 80 000 元限额内据实扣除	纳税人发生的医药费用支出可以选择由本人或者其配偶扣除；未成年子女发生的医药费用支出可以选择由其父母一方扣除。 纳税人及其配偶、未成年子女发生的医药费用支出，应按前述规定分别计算扣除额。 纳税人应当留存医药服务收费及医保报销相关票据原件（或复印件）等资料备查。医疗保障部门应当向患者提供在医疗保障信息系统记录的本人年度医药费用信息查询服务
住房贷款利息	纳税人本人或配偶，单独或共同使用商业银行或住房公积金个人住房贷款，为本人或其配偶购买中国境内住房，发生的首套住房贷款利息支出，在实际发生贷款利息的年度，按照每月 1 000 元（每年 12 000 元）的标准定额扣除，扣除期限最长不超过 240 个月（20 年）。纳税人只能享受一次首套住房贷款利息扣除	所称首套住房贷款是指购买住房享受首套住房贷款利率的住房贷款。 经夫妻双方约定，可以选择由其中一方扣除，具体扣除方式确定后，在一个纳税年度内不得变更。 夫妻双方婚前分别购买住房发生的首套住房贷款，其贷款利息支出，婚后可以选择其中一套购买的住房，由购买方按扣除标准的 100%扣除，也可以由夫妻双方对各自购买的住房分别按扣除标准的 50%扣除，具体扣除方式在一个纳税年度内不能变更。 纳税人应当留存住房贷款合同、贷款还款支出凭证备查
住房租金	纳税人在主要工作城市没有自有住房而发生的住房租金支出，可以按照以下标准定额扣除： 直辖市、省会（首府）城市、计划单列市以及国务院确定的其他城市，扣除标准为每月 1 500 元（每年 18 000 元）。除上述所列城市外，市辖区户籍人口超过 100 万的城市，扣除标准为每月 1 100 元（每年 13 200 元）；市辖区户籍人口不超过 100 万的城市，扣除标准为每月 800 元（每年 9 600 元）	市辖区户籍人口，以国家统计局公布的数据为准。 所称主要工作城市是指纳税人任职受雇的直辖市、计划单列市、副省级城市、地级市（地区、州、盟）全部行政区域范围；纳税人无任职受雇单位的，为受理其综合所得汇算清缴的税务机关所在城市。 夫妻双方主要工作城市相同的，只能由一方扣除住房租金支出。 住房租金支出由签订租赁住房合同的承租人扣除。 纳税人及其配偶在一个纳税年度内不得同时分别享受住房贷款利息专项附加扣除和住房租金专项附加扣除。 纳税人应当留存住房租赁合同、协议等有关资料备查

续表

专项附加扣除项	扣除标准	明细
赡养老人	纳税人赡养一位及以上被赡养人的赡养支出，统一按以下标准定额扣除： 纳税人为独生子女的，按照每月 3 000 元（每年 36 000 元）的标准定额扣除；纳税人为非独生子女的，由其与兄弟姐妹分摊每月 3 000 元（每年 36 000 元）的扣除额度，每人分摊的额度最高不得超过每月 1 500 元（每年 18 000 元）	可以由赡养人均摊或者约定分摊，也可以由被赡养人指定分摊。约定或者指定分摊的须签订书面分摊协议，指定分摊优于约定分摊。具体分摊方式和额度在一个纳税年度内不得变更。 所称被赡养人是指年满 60 岁的父母，以及子女均已去世的年满 60 岁的祖父母、外祖父母
3 岁以下婴幼儿照护	纳税人照护 3 岁以下婴幼儿子女的相关支出，按照每个婴幼儿每月 2 000 元的标准定额扣除	父母可以选择由其中一方按扣除标准的 100%扣除，也可以选择由双方分别按扣除标准的 50%扣除，具体扣除方式在一个纳税年度内不能变更

（4）应纳税所得额的其他规定

1）劳务报酬所得、稿酬所得、特许权使用费所得以收入减除 20%的费用后的余额为收入额。稿酬所得的收入额减按 70%计算。个人兼有不同的劳务报酬所得，应当分别减除费用，计算缴纳个人所得税。

2）个人将其所得对教育、扶贫、济困等公益慈善事业进行捐赠，捐赠额未超过纳税人申报的应纳税所得额 30%的部分，可以从其应纳税所得额中扣除；国务院规定对公益慈善事业捐赠实行全额税前扣除的，从其规定。

所称个人将其所得对教育、扶贫、济困等公益慈善事业进行捐赠，是指个人将其所得通过中国境内的公益性社会组织、国家机关向教育、扶贫、济困等公益慈善事业的捐赠；所称应纳税所得额，是指计算扣除捐赠额之前的应纳税所得额。

3）个人所得的形式，包括现金、实物、有价证券和其他形式的经济利益；所得为实物的，应当按照取得的凭证上所注明的价格计算应纳税所得额，无凭证的实物或者凭证上所注明的价格明显偏低的，参照市场价格核定应纳税所得额；所得为有价证券的，根据票面价格和市场价格核定应纳税所得额；所得为其他形式的经济利益的，参照市场价格核定应纳税所得额。

4）居民个人从中国境外取得的所得，可以从其应纳税额中抵免已在境外缴纳的个人所得税税额，但抵免额不得超过该纳税人境外所得依照税法规定计算的应纳税额。

5）所得为人民币以外货币的，按照办理纳税申报或者扣缴申报的上一月最后一日人民币汇率中间价，折合成人民币计算应纳税所得额。年度终了后办理汇算清缴的，对已经按月、按季或者按次预缴税款的人民币以外货币所得，不再重新折算；对应当补缴税款的所得部分，按照上一纳税年度最后一日人民币汇率中间价，折合成人民币计算应纳税所得额。

6）对个人从事技术转让、提供劳务等过程中所支付的中介费，如能提供有效、合法凭证的，允许从其所得中扣除。

6. 税收优惠

部分个人所得税减征、免征税收优惠政策见表 8-9。

表 8-9 个人所得税税收优惠

免征	奖金—非工资性奖金（符合条件，“省、部、军”以上单位＋外国组织颁发）
	国债利息＋国家发行金融债券利息＋储蓄存款利息
	按照国务院规定发给的政府特殊津贴、院士津贴
	福利费、抚恤金、救济金
	保险赔款
	军人的转业费、复员费、退役金
	按照国家规定发给干部、职工的安家费、退职费、基本养老金或退休费、离休费、离休生活补助费
	符合国家规定奖励给见义勇为者的奖金或奖品
	因举报、协查违法、犯罪行为而获得的奖金
	转让自用 5 年以上家庭唯一生活居住用房
	符合规定的高级专家延长退休期间获得的工资薪金
	外籍个人以非现金形式或实报实销形式取得的住房补贴、伙食补贴、搬迁费、洗衣费
	外籍个人从外商投资企业分回的股息红利
	个人按规定标准取得的拆迁补偿款
	转让境内上市公司的股票
	个人持有境内上市公司股票，持股期限超过 1 年分得的股息红利
	单张有奖发票奖金不超过 800 元（含 800 元）的
	购买社会福利有奖募捐奖券、体育彩票一次中奖收入不超过 10 000 元的
	通过沪港通、深港通投资香港联交所上市股票、通过基金互认买卖香港基金份额取得的转让所得
	对国际奥委会及其相关实体、国际残奥委会及其相关实体的外籍雇员、官员、教练员、训练员及其他代表在 2019 年 6 月 1 日至 2022 年 12 月 31 日期间临时来华，从事与北京冬奥会相关的工作，取得由北京冬奥会组委支付或认定的收入
	对于参赛运动员因北京 2022 年冬奥会、冬残奥会、测试赛比赛获得的奖金和其他奖项收入，按现行税收法律法规的有关规定免征应缴纳的个人所得税
减征	对个人投资者持有 2024—2027 年发行的铁路债券取得的利息收入，减按 50%计入应纳税所得额计算征收个人所得税。税款由兑付机构在向个人投资者兑付利息时代扣代缴
	至 2027 年 12 月 31 日止，一个纳税年度内在船航行时间累计满 183 天的远洋船员，其取得的工资薪金收入减按 50%计入应纳税所得额，依法缴纳个人所得税
	有下列情形之一的，可以减征个人所得税，具体幅度和期限，由省、自治区、直辖市人民政府规定，并报同级人民代表大会常务委员会备案：（1）残疾、孤老人员和烈属的所得；（2）因自然灾害遭受重大损失的

7. 应纳税额的计算

(1) 居民个人综合所得应纳税额的计算

首先，工资、薪金所得全额计入收入额；而劳务报酬所得、特许权使用费所得的收入额为实际取得劳务报酬、特许权使用费收入的80%；此外，稿酬所得的收入额在扣除20%费用的基础上，再减按70%计算，即稿酬所得的收入额为实际取得稿酬收入的56%。

其次，居民个人的综合所得，以每一纳税年度的收入额减除费用60 000元以及专项扣除、专项附加扣除和依法确定的其他扣除后的余额，为应纳税所得额。

居民个人综合所得应纳税额的计算公式为：

应纳税额=Σ(每一级数的全年应纳税所得额×对应级数的适用税率)
=Σ[每一级数(全年收入额−60 000元−专项扣除
−享受的专项附加扣除−享受的其他扣除)×对应级数的适用税率]

应纳税所得额对应的适用税率如表8-10所示。

表8-10 综合所得个人所得税税率表（含速算扣除数）

级数	全年应纳税所得额	税率（%）	速算扣除数（元）
1	不超过36 000元的	3	0
2	超过36 000元至144 000元的部分	10	2 520
3	超过144 000元至300 000元的部分	20	16 920
4	超过300 000元至420 000元的部分	25	31 920
5	超过420 000元至660 000元的部分	30	52 920
6	超过660 000元至960 000元的部分	35	85 920
7	超过960 000元的部分	45	181 920

引入速算扣除数后，简化后的居民个人综合所得应纳税额的计算公式应为：

应纳税额=全年应纳税所得额×适用税率−速算扣除数=(全年收入额
−60 000元−专项扣除−享受的专项附加扣除
享受的其他扣除)×适用税率−速算扣除数

(2) 非居民个人取得工资、薪金所得，劳务报酬所得，稿酬所得和特许权使用费所得应纳税额的计算

首先需要明确的是：同居民个人取得的劳务报酬所得、稿酬所得和特许权使用费所得一样，非居民个人取得的这些项目同样适用劳务报酬所得、稿酬所得、特许权使用费所得以收入减除20%的费用后的余额为收入额、稿酬所得的收入额减按70%计算的规定。

非居民个人的工资、薪金所得，以每月收入额减除费用5 000元后的余额为应纳税所得额；劳务报酬所得、稿酬所得、特许权使用费所得，以每次收入额为应纳税所得额。

前面提到：非居民个人取得工资、薪金所得，劳务报酬所得，稿酬所得和特许权使用费所得，依照表 8-11 按月换算后计算应纳税额。因此，非居民个人从我国境内取得这些所得时，适用的税率见表 8-11。

表 8-11　非居民个人工资、薪金所得，劳务报酬所得，稿酬所得，特许权使用费所得适用税率表

级数	应纳税所得额	税率（%）	速算扣除数（元）
1	不超过 3 000 元的	3	0
2	超过 3 000 元至 12 000 元的部分	10	210
3	超过 12 000 元至 25 000 元的部分	20	1 410
4	超过 25 000 元至 35 000 元的部分	25	2 660
5	超过 35 000 元至 55 000 元的部分	30	4 410
6	超过 55 000 元至 80 000 元的部分	35	7 160
7	超过 80 000 元的部分	45	15 160

（3）经营所得应纳税额的计算

经营所得应纳税额的计算公式为：

应纳税额＝全年应纳税所得额×适用税率－速算扣除数

或：

应纳税额＝(全年收入总额－成本、费用以及损失)
×适用税率－速算扣除数

同居民个人综合所得应纳税额的计算一样，利用税法给出的经营所得税率表，换算得到包含速算扣除数的经营所得适用税率表（见表 8-12）。

表 8-12　经营所得个人所得税税率表

级数	全年应纳税所得额	税率（%）	速算扣除数（元）
1	不超过 30 000 元的	5	0
2	超过 30 000 元至 90 000 元的部分	10	1 500
3	超过 90 000 元至 300 000 元的部分	20	10 500
4	超过 300 000 元至 500 000 元的部分	30	40 500
5	超过 500 000 元的部分	35	65 500

1）个体工商户应纳税额的计算

个体工商户生产、经营所得应纳税额的计算，以权责发生制为原则，以每一纳税年度的收入总额，减除成本、费用、税金、损失、其他支出以及允许弥补的以前年度亏损后的余额，为应纳税额。

2）个人独资企业和合伙企业应纳税额的计算

对个人独资企业和合伙企业生产经营所得，其个人所得税应纳税额的计算分为查账征收和核定征收两种方法，适用5级超额累进税率（个人独资企业和合伙企业应纳税额的计算规则见表8-13）：

表8-13 个人独资企业和合伙企业应纳税额的计算

征收方式	计算规则
查账征收	（1）查账征收应纳税额计算方式 应纳税额＝应纳税所得额×适用税率－速算扣除数 ＝（全年收入总额－成本、费用以及损失）×适用税率－速算扣除数 （2）个人独资企业和合伙企业因在纳税年度中间开业、合并、注销及其他原因，导致该纳税年度的实际经营期不足1年的，对个人独资企业投资者和合伙企业自然人合伙人的生产经营所得计算个人所得税时，以其实际经营期为1个纳税年度。投资者本人的费用扣除标准，统一确定为60 000元/年，即5 000元/月。计算公式如下： 应纳税所得额＝该年度收入总额－成本、费用及损失－当年投资者本人的费用扣除额 应纳税额＝应纳税所得额×适用税率－速算扣除数 （3）个人独资企业投资者、合伙企业自然人合伙人对其购买符合规定的商业健康保险产品支出，可按照限额2 400元/年（200元/月）规定标准在个人所得税前扣除。 （4）试点地区个人独资企业投资者、合伙企业自然人合伙人通过个人商业养老资金账户购买符合规定的税收递延型商业养老保险产品，缴纳的保费准予在申报扣除当年计算应纳税所得额时予以限额据实扣除，扣除限额按照不超过当年应税收入的6%和12 000元孰低办法确定
核定征收	（1）核定征收方式的计税规则 核定征收方式包括定额征收、核定应税所得率征收以及其他合理的征收方式，与企业所得税类似实行核定征收的投资者，不能享受个人所得税的优惠政策。 实行查账征收改为核定征收的纳税人，在查账征收方式下认定的年度经营亏损未弥补完的部分，不得再继续弥补。 （2）核定应税所得率征收方式应纳税额计算公式 应纳个人所得税额＝应纳税所得额×适用税率 应纳税所得额＝收入总额×应税所得率 或＝成本费用支出额÷（1－应税所得率）×应税所得率

（4）财产租赁所得应纳税额的计算

财产租赁所得的应纳税额一般以个人每次取得的收入，定额或定率减除规定费用后的余额为应纳税额。每次收入不超过4 000元，定额减除费用800元；每次收入在4 000元以上，定率减除20%的费用。财产租赁所得以1个月内取得的收入为一次。

财产租赁所得适用20%的比例税率。但对个人按市场价格出租的居民住房取得的所得，自2001年1月1日起暂减按10%的税率征收个人所得税。

（5）财产转让所得应纳税额的计算

财产转让所得应纳税额的计算公式为：

应纳税额＝应纳税所得额×适用税率＝(收入总额－财产原值－合理费用)×20%

（6）利息、股息、红利所得和偶然所得应纳税额的计算

利息、股息、红利所得和偶然所得应纳税额的计算公式为：

应纳税额＝应纳税所得额×适用税率＝每次收入额×20%

8. 征收管理

全国通用实行的个人所得税的纳税办法有自行申报纳税和全员全额扣缴申报纳税两种。此外，《税收征管法》还对无法查账征收的纳税人规定了核定征收的方式，由各地税务局依据自身情况制定当地的细则。

(1) 自行申报纳税

自行申报纳税，是由纳税人自行在税法规定的纳税期限内，向税务机关申报取得的应税所得项目和数额，如实填写个人所得税纳税申报表，并按照税法规定计算应纳税额，据此缴纳个人所得税的一种方法。自行申报纳税规定（见表 8－14）。

表 8－14　个人所得税自行申报纳税

<table>
<tr><th colspan="2">需办理纳税申报的情形</th><th>纳税申报期限</th><th>纳税申报地点</th></tr>
<tr><td>取得综合所得需要办理汇算清缴</td><td>(1) 从两处以上取得综合所得，且综合所得年收入额减除专项扣除后的余额超过 6 万元
(2) 取得劳务报酬所得、稿酬所得、特许权使用费所得中一项或者多项所得，且综合所得年收入额减除专项扣除后的余额超过 6 万元
(3) 纳税年度内预缴税额低于应纳税额
(4) 纳税人申请退税</td><td>取得所得的次年 3 月 1 日至 6 月 30 日内</td><td>(1) 任职、受雇单位所在地主管税务机关
(2) 纳税人有两处以上任职、受雇单位的，选择向其中一处任职、受雇单位所在地主管税务机关办理纳税申报
(3) 纳税人没有任职、受雇单位的，向户籍所在地或经常居住地主管税务机关办理纳税申报</td></tr>
<tr><td colspan="2">取得应税所得没有扣缴义务人（取得经营所得）</td><td>预缴申报：月度或季度终了 15 日内
汇算清缴：取得所得的次年 3 月 31 日前</td><td>(1) 经营管理所在地主管税务机关
(2) 从两处以上取得经营所得的，选择其中一处经营管理所在地主管税务机关</td></tr>
<tr><td colspan="2" rowspan="3">取得应税所得，扣缴义务人未扣缴税款</td><td colspan="2">居民个人取得综合所得的：按照上述“取得综合所得需要办理汇算清缴”的规定办理</td></tr>
<tr><td>非居民个人取得工资、薪金所得，劳务报酬所得，稿酬所得，特许权使用费所得的：取得所得的次年 6 月 30 日前与离境（临时离境除外）前的较早者</td><td>(1) 扣缴义务人所在地主管税务机关
(2) 有两个以上扣缴义务人均未扣缴税款的，选择其中一处扣缴义务人所在地主管税务机关</td></tr>
<tr><td>取得利息、股息、红利所得，财产租赁所得，财产转让所得和偶然所得的：取得所得的次年 6 月 30 日前</td><td>按相关规定向主管税务机关办理纳税申报</td></tr>
</table>

续表

需办理纳税申报的情形	纳税申报期限	纳税申报地点
取得境外所得	取得所得的次年3月1日至6月30日内	(1) 任职、受雇单位所在地主管税务机关 (2) 在中国境内没有任职、受雇单位的，为户籍所在地或中国境内经常居住地主管税务机关 (3) 户籍所在地与中国境内经常居住地不一致的，选择其中一地主管税务机关 (4) 在中国境内没有户籍的，为中国境内经常居住地主管税务机关
因移居境外注销中国户籍	申请注销中国户籍前	户籍所在地主管税务机关
非居民个人在中国境内从两处以上取得工资、薪金所得	取得所得的次月15日内	其中一处任职、受雇单位所在地主管税务机关
国务院规定的其他情形	—	

(2) 全员全额扣缴申报纳税

税法规定，扣缴义务人向个人支付应税款项时，应当依照《个人所得税法》规定预扣或者代扣税款，按时缴库，并专项记载备查。

全员全额扣缴申报，是指扣缴义务人应当在代扣税款的次月15日内，向主管税务机关报送其支付所得的所有个人的有关信息、支付所得数额、扣除事项和数额、扣缴税款的具体数额和总额以及其他相关涉税信息资料。这种方法有利于控制税源、防止漏税和逃税。全员金额扣缴申报纳税规定（见表8-15）。

表8-15 个人所得税全员全额扣缴申报纳税

居民个人取得工资、薪金所得	按照累计预扣法，按月办理扣缴申报
	自2020年7月1日起，对一个纳税年度内首次取得工资、薪金所得的居民个人，扣缴义务人在预扣预缴时，可按照5 000元/月乘以纳税人当年截至本月月份数计算累计减除费用
	自2021年1月1日起，对同时符合下列三个条件的居民个人，扣缴义务人在预扣预缴本年度工资、薪金个人所得税时，累计减除费用自1月份起直接按照全年60 000元计算扣除。即，在纳税人累计收入不超过60 000元的月份，暂不预扣预缴个人所得税；在其累计收入超过60 000元的当月及年内后续月份，再预扣预缴个人所得税： 1）上一纳税年度1～12月均在同一单位任职且预扣预缴申报了工资、薪金所得个人所得税 2）上一纳税年度1～12月的累计工资、薪金收入（包括全年一次性奖金等各类工资、薪金所得，且不扣减任何费用及免税收入）不超过60 000元 3）本纳税年度自1月起，仍在该单位任职受雇并取得工资、薪金所得

续表

居民个人取得劳务报酬、稿酬、特许权使用费所得	按次或者按月预扣预缴劳务报酬所得、稿酬所得、特许权使用费所得以收入减除费用后的余额为收入额；其中，稿酬所得的收入额减按 70%计算。预扣预缴税款时，劳务报酬所得、稿酬所得、特许权使用费所得每次收入不超过 4 000 元的，减除费用按 800 元计算；每次收入 4 000 元以上的，减除费用按收入的 20%计算
	自 2020 年 7 月 1 日起，正在接受全日制学历教育的学生因实习取得劳务报酬所得时，扣缴义务人预扣预缴个人所得税时，可按照累计预扣法计算并预扣预缴税款
	自 2021 年 1 月 1 日起，对同时符合以下条件的居民个人，扣缴义务人在预扣预缴本年度劳务报酬所得个人所得税时，累计减除费用自 1 月份起直接按照全年 60 000元计算扣除。即，在纳税人累计收入不超过 60 000 元的月份，暂不预扣预缴个人所得税；在其累计收入超过 60 000 元的当月及年内后续月份，再预扣预缴个人所得税： 1）上一纳税年度 1～12 月均在同一单位取酬且按照累计预扣法预扣预缴申报了劳务报酬所得个人所得税 2）上一纳税年度 1～12 月的累计劳务报酬（不扣减任何费用及免税收入）不超过 60 000 元 3）本纳税年度自 1 月起，仍在该单位取得按照累计预扣法预扣预缴税款的劳务报酬所得
非居民个人取得工资薪金、劳务报酬、稿酬、特许权使用费所得	按月或者按次代扣代缴，不办理汇算清缴

二、重点和难点

（一）企业所得税法的重点和难点

1. 小型微利企业普惠性税收优惠

（1）小型微利企业认定标准

根据财政部、税务总局《关于小微企业和个体工商户所得税优惠政策的公告》（财政部、税务总局公告 2023 年第 6 号）规定，从事国家非限制和禁止行业，且同时符合年度应纳税所得额不超过 300 万元、从业人数不超过 300 人、资产总额不超过 5 000 万元等三个条件的企业。

从业人数，包括与企业建立劳动关系的职工人数和企业接受的劳务派遣用工人数。所称从业人数和资产总额指标，应按企业全年的季度平均值确定。具体计算公式如下：

季度平均值＝(季初值＋季末值)÷2

全年季度平均值＝全年各季度平均值之和÷4

年度中间开业或者终止经营活动的，以其实际经营期作为一个纳税年度确定上述相关指标。

(2) 小型微利企业税收优惠政策

根据财政部、税务总局2023年第6号公告规定：对小型微利企业年应纳税所得额不超过100万元的部分，减按25%计入应纳税所得额，按20%的税率缴纳企业所得税；对个体工商户年应纳税所得额不超过100万元的部分，在现行优惠政策基础上，减半征收个人所得税。

2. 企业重组的所得税特殊处理

企业重组，是指企业在日常经营活动以外发生的法律结构或经济结构重大改变的交易，包括企业法律形式改变、债务重组、股权收购、资产收购、合并、分立等。

企业重组同时符合下列条件的，适用特殊性税务处理规定①：

(1) 具有合理的商业目的，且不以减少、免除或者推迟缴纳税款为主要目的。

(2) 被收购、合并或分立部分的资产或股权比例不低于全部资产或股权的50%。

(3) 企业重组后的连续12个月内不改变重组资产原来的实质性经营活动。

(4) 重组交易对价中涉及的股权支付金额不低于其交易支付总额的85%。

(5) 企业重组中取得股权支付的原主要股东，在重组后连续12个月内，不得转让所取得的股权。

企业重组中股权支付部分的特殊性税务处理见表8-16。

表8-16 企业重组中股权支付部分的特殊性税务处理

重组事项	股权支付部分的税务处理
债务重组	确认的应纳税所得额占该企业当年应纳税所得额50%以上，可以在5个纳税年度的期间内，均匀计入各年度的应纳税所得额。 企业发生债权转股权业务，对债务清偿和股权投资两项业务暂不确认有关债务清偿所得或损失，股权投资的计税基础以原债权的计税基础确定。企业的其他相关所得税事项保持不变。
股权收购	收购企业购买的股权不低于被收购企业全部股权的50%，且收购企业在该股权收购发生时的股权支付金额不低于其交易支付总额的85%，可以选择按以下规定处理：1）被收购企业的股东取得收购企业股权的计税基础，以被收购股权的原有计税基础确定。2）收购企业取得被收购企业股权的计税基础，以被收购股权的原有计税基础确定。3）收购企业、被收购企业的原有各项资产和负债的计税基础和其他相关所得税事项保持不变。
资产收购	受让企业收购的资产不低于转让企业全部资产的50%，且受让企业在该资产收购发生时的股权支付金额不低于其交易支付总额的85%，可以选择按以下规定处理： 1）转让企业取得受让企业股权的计税基础，以被转让资产的原有计税基础确定。 2）受让企业取得转让企业资产的计税基础，以被转让资产的原有计税基础确定。

① 企业发生涉及中国境内与境外之间（包括港、澳、台地区）的股权和资产收购交易还需符合特殊性税务处理附加条件方可适用相关规定。

续表

<table>
<tr><th>重组事项</th><th>股权支付部分的税务处理</th></tr>
<tr><td>企业合并</td><td>企业股东在该企业合并发生时取得的股权支付金额不低于其交易支付总额的 85%，以及同一控制下且不需要支付对价的企业合并，可以选择按以下规定处理：1）合并企业接受被合并企业资产和负债的计税基础，以被合并企业的原有计税基础确定。2）被合并企业合并前的相关所得税事项由合并企业承继。3）可由合并企业弥补的被合并企业亏损的限额为被合并企业的净资产公允价值乘以截至合并业务发生当年年末国家发行的最长期限的国债利率。4）被合并企业股东取得合并企业股权的计税基础，以其原持有的被合并企业股权的计税基础确定。</td></tr>
<tr><td>企业分立</td><td>被分立企业所有股东按原持股比例取得分立企业的股权，分立企业和被分立企业均不改变原来的实质经营活动，且被分立企业股东在该企业分立发生时取得的股权支付金额不低于其交易支付总额的 85%，可以选择按以下规定处理：
1）分立企业接受被分立企业资产和负债的计税基础，以被分立企业的原有计税基础确定。
2）被分立企业已分立出去资产相应的所得税事项由分立企业承继。
3）被分立企业未超过法定弥补期限的亏损额可按分立资产占全部资产的比例进行分配，由分立企业继续弥补。
4）被分立企业的股东取得分立企业的股权（以下简称“新股”），如需部分或全部放弃原持有的被分立企业的股权（以下简称“旧股”），新股的计税基础应以放弃旧股的计税基础确定。如不需放弃旧股，则其取得新股的计税基础可从以下两种方法中选择确定：直接将新股的计税基础确定为零；或者以被分立企业分立出去的净资产占被分立企业全部净资产的比例先调减原持有的旧股的计税基础，再将调减的计税基础平均分配到新股上。</td></tr>
<tr><td colspan="2">重组交易各方按前述 5 项规定对交易中的股权支付暂不确认有关资产的转让所得或损失的，其非股权支付仍应在交易当期确认相应的资产转让所得或损失，并调整相应资产的计税基础</td></tr>
<tr><td>资产划转</td><td>对 100%直接控制的居民企业之间，以及受同一或相同多家居民企业 100%直接控制的居民企业之间按账面净值划转股权或资产，凡具有合理商业目的，不以减少、免除或者推迟缴纳税款为主要目的，股权或资产划转后连续 12 个月内不改变被划转股权或资产原来的实质性经营活动，且划出方企业和划入方企业均未在会计上确认损益的，可以选择按以下规定进行特殊性税务处理：
1）划出方企业和划入方企业均不确认所得。
2）划入方企业取得被划转股权或资产的计税基础，以被划转股权或资产的原账面净值确定。
3）划入方企业取得的被划转资产，应按其原账面净值计算折旧扣除。</td></tr>
</table>

（二）个人所得税法的重点和难点

1. 全年一次性奖金的应纳税额计算

全年一次性奖金是指行政机关、企事业单位等扣缴义务人根据其全年经济效益和对雇员全年工作业绩的综合考核情况，向雇员发放的一次性奖金。一次性奖金也包括年终加薪、实行年薪制和绩效工资办法的单位根据考核情况兑现的年薪和绩效工资。居民个人取得全年一次性奖金，在 2027 年 12 月 31 日前，可以选择并入当年综合所得计算纳税，也可选择不并入当年综合所得。

纳税人取得的全年一次性奖金，选择不并入当年综合所得的，按以下计税办法，由扣缴义务人发放时代扣代缴：

先将居民个人取得的全年一次性奖金，除以12个月，按其商数依照按月换算后的综合所得税率表确定适用税率和速算扣除数。

将居民个人所得的全年一次性奖金，按前述确定的适用税率和速算扣除数计算征税：

应纳税额＝居民个人取得的全年一次性奖金收入×适用税率－速算扣除数

2. 个人提前退休取得补贴收入征收个人所得税的规定

自2019年1月1日起，个人提前退休取得一次性补贴收入征收个人所得税按以下规定执行：个人办理提前退休手续而取得的一次性补贴收入，应按照办理提前退休手续至法定离退休年龄之间实际年度数平均分摊，确定适用税率和速算扣除数，单独适用综合所得税率表（见表8－11），计算纳税。计算公式为：

应纳税额＝{[（一次性补贴收入÷办理提前退休手续至法定退休年龄的实际年度数）－费用扣除标准]×适用税率－速算扣除数}×办理提前退休手续至法定退休年龄的实际年度数

3. 企业资金为个人购房的个人所得税征税方法

个人取得以下情形的房屋或其他财产，不论所有权人是否将财产无偿或有偿交付企业使用，其实质均为企业对个人进行了实物性质的分配，应依法计征个人所得税。

（1）企业出资购买房屋及其他财产，将所有权登记为投资者个人、投资者家庭成员或企业其他人员的。

（2）企业投资者个人、投资者家庭成员或企业其他人员向企业借款用于购买房屋及其他财产，将所有权登记为投资者、投资者家庭成员或企业其他人员，且借款年度终了后未归还借款的。

对个人独资企业、合伙企业的个人投资者或其家庭成员取得的上述所得，视为企业对个人投资者的利润分配，按照“个体工商户的生产、经营所得”项目计征个人所得税；对除个人独资企业、合伙企业以外其他企业的个人投资者或其家庭成员取得的上述所得，视为企业对个人投资者的红利分配，按照“利息、股息、红利所得”项目计征个人所得税；对企业其他人员取得的上述所得，按照“工资、薪金所得”项目计征个人所得税。

三、相关立法综述

（一）企业所得税立法综述

总体来看，我国企业所得税的立法经历了新中国成立前的企业所得税制度、新中国成立后至改革开放前的企业所得税制度以及改革开放后的企业所得税制度三个阶段。以下重点介绍1978年以来的企业所得税立法情况。

1. 1978年至1982年：外资企业所得税制度建立

改革开放以后，为适应引进国外资金、技术和人才，开展对外经济技术合作的需要，根据党中央统一部署，税制改革工作在“七五”计划期间逐步推开。1980 年 9 月，第五届全国人民代表大会第三次会议通过了《中华人民共和国中外合资经营企业所得税法》并公布施行。企业所得税税率确定为 30%，另按应纳所得税额附征 10%的地方所得税。1981 年 12 月，第五届全国人民代表大会第四次会议通过了《中华人民共和国外国企业所得税法》，实行 20%至 40%的 5 级超额累进税率，另按应纳税的所得额附征 10%的地方所得税。上述改革标志着与中国社会主义有计划的市场经济体制相适应的所得税制度改革开始起步。

2. 1983 年至 1990 年：国营企业“利改税”和集体企业、私营企业所得税制度出台

作为企业改革和城市改革的一项重大措施，1983 年国务院决定在全国试行国营企业“利改税”，即将新中国成立后实行了 30 多年的国营企业向国家上缴利润的制度改为缴纳企业所得税的制度。1984 年 9 月，国务院发布了《中华人民共和国国营企业所得税条例（草案）》和《国营企业调节税征收办法》。国营企业所得税的纳税人为实行独立经济核算的国营企业，大中型企业实行 55%的比例税率，小型企业等适用 10%至 55%的 8 级超额累进税率。国营企业调节税的纳税人为大中型国营企业，税率由财税部门商企业主管部门核定。1985 年 4 月，国务院发布了《中华人民共和国集体企业所得税暂行条例》，实行 10%至 55%的 8 级超额累进税率，原来对集体企业征收的工商税（所得税部分）同时停止执行。1988 年 6 月，国务院发布了《中华人民共和国私营企业所得税暂行条例》，税率为 35%。国营企业“利改税”和集体企业、私营企业所得税制度的出台，重新确定了国家与企业的分配关系，使我国的企业所得税制建设进入健康发展的新阶段。

3. 1991 年至今：统一内外资企业所得税制度

为适应中国建立社会主义市场经济体制的新形势，进一步扩大改革开放，努力把国有企业推向市场，按照统一税法、简化税制、公平税负、促进竞争的原则，国家先后完成了外资企业所得税的统一、内资企业所得税的统一和内外资企业所得税的统一“三步走”。

第一步：统一外资企业所得税制度。1991 年 4 月，第七届全国人民代表大会将《中华人民共和国中外合资经营企业所得税法》与《中华人民共和国外国企业所得税法》合并，制定了《中华人民共和国外商投资企业和外国企业所得税法》，并于同年 7 月 1 日起施行。

第二步：统一内资企业所得税制度。1993 年 12 月 13 日，国务院将《中华人民共和国国营企业所得税条例（草案）》《国营企业调节税征收办法》《中华人民共和国集体企业所得税暂行条例》和《中华人民共和国私营企业所得税暂行条例》，进行整合制定了《中华人民共和国企业所得税暂行条例》。自 1994 年起，我国各种类型的内资企业开始适用统一的《企业所得税暂行条例》，这使我国的企业所得税制向前迈进了一大步，标志着中国的所得税制度改革向着法制化、科学化和规范化的方向迈出了重要的步伐。

第三步：统一内外资企业所得税制度。随着我国经济体制改革的不断深入和经

济的快速发展，企业所得税内资和外资企业两套税制并行的格局带来了许多新问题，特别是2002年我国加入WTO以后，内资企业面临越来越大的竞争压力，继续实行内外有别的企业所得税制，将使内资企业处于不平等的竞争地位。根据党的十六届三中全会关于“统一各类企业税收制度”的精神，我国启动了企业所得税“两税合并”改革，并于2007年3月16日由第十届全国人大第五次会议通过了《中华人民共和国企业所得税法》，其《实施条例》也于2007年11月28日由国务院第197次常务会议通过。我国统一企业所得税法的施行，进一步为各类企业提供了公平竞争的税收环境，同时其法律层次也得到了提升，制度体系更加完善，制度规定更加符合我国经济发展的基本要求。

(二) 个人所得税立法综述

1. 1980年代个人所得税法：初创阶段，三税鼎立

1950年1月，政务院公布的《全国税政实施要则》中，就曾列举有对个人所得课税的税种，当时定名为“薪给报酬所得税”。但由于我国生产力和人均收入水平低，实行低工资制，虽然设立了税种，却一直没有开征。

1980年9月10日，第五届全国人民代表大会第三次会议通过并公布了《中华人民共和国个人所得税法》。当时为改革开放初期，一些外国人到中国投资和工作，从维护国家税收权益的角度需要开征个人所得税，当时个人所得税起征点设800元，而我国的人均工资不过64元，因此绝大部分纳税人为外国人和外资企业高管。所以，1980年的个人所得税制度的设立，维护了国家征税权，同时也为未来税制改革奠定基础。

1986年国务院根据全国人大的授权，制定了两个税收条例，一个叫《个人收入调节税暂行条例》，对在我国境内有住所，取得个人收入的中国公民征收的一种税，另一个叫《城乡个体工商业户所得税暂行条例》，是国家对城乡个体工商业户的生产经营所得和其他所得征收的税。1980年代，我国创立了个人所得税制度，形成了三税鼎立格局。

2. 1990年代的个税改革：三税合一

1993年税制改革，在个人所得税方面就是把前述三个税合并在一起，叫做个税合并大改革，“三税合一”，合成一个统一的个人所得税，而且以“法”的形式公布。1993年10月31日，第八届全国人民代表大会常务委员会第四次会议通过了《关于修改〈中华人民共和国个人所得税法〉的决定》的修正案，规定不分内、外，所有中国居民和有来源于中国所得的非居民，均应依法缴纳个人所得税。同日发布了新修改的《中华人民共和国个人所得税法》。

3. 2000年代的个税改革：提高免征额

2005年10月27日，第十届全国人大常委会第十八次会议再次审议《个人所得税法修正案草案》，会议表决通过全国人大常委会《关于修改〈中华人民共和国个人所得税法〉的决定》，免征额由800元调整为1 600元，2006年1月1日起施行。2007年12月29日，第十届全国人大常委会第三十一次会议表决通过了《关于修改

〈中华人民共和国个人所得税法〉的决定》。个人所得税免征额自2008年3月1日起由1 600元提高到2 000元。

4. 2010年代的个税改革：提高免征额，压缩税率级次

2011年6月30日，第十一届全国人大常委会第二十一次会议表决通过了《关于修改〈中华人民共和国个人所得税法〉的决定》。个人所得税免征额将从现行的2 000元提高到3 500元，同时，将现行个人所得税第1级税率由5%修改为3%，9级超额累进税率修改为7级，取消15%和40%两档税率，扩大3%和10%两个低档税率的适用范围。

5. 2018年个税改革

（1）调整了居民纳税人的标准，从居住365天调整为183天，收紧了居民个人的标准，扩大了征税范围。

（2）合并和撤销了一些税目。将承包承租经营所得和个体工商户生产经营所得，合并到“经营所得”里，撤销兜底税目“其他所得”，减少了征税的随意性，提高了法治化程度。

（3）改革征收方式，从分类征收改为综合与分类相结合的征收方式。综合征收体现为将四种所得工资薪金所得、劳务报酬所得、稿费所得、特许权使用费所得合并为综合所得，由原来的按月、按次改为按年征收，既是类型的综合，又是时间的综合。其他税目继续保持分类征收。

（4）改变税基扣除，增加了六项专项附加扣除。除了将生计费扣除标准从3 500元/月提高到5 000元/月，最大的变化是增加包括子女教育、继续教育、大病医疗、住房贷款利息或者住房租金、赡养老人、3岁以下婴幼儿照护7项附加扣除，体现了对中、低收入者的照顾。

（5）调整了税率级距，扩低、缩中、保高。相应税率所对应的所得的幅度范围就叫级距。扩低，扩大3%、10%、20%三档低税率的级距，让更多低收入的人能够享受低税率；缩中，把中间档的25%税率的适用范围压缩了，相应提高了中产那一部分人的税负；保高，保留了30%、35%、45%三档较高税率级距不变。通过调整不同税率对应的所得级距来实现收入的再分配。

（6）增加了反避税条款，赋予了税务机关在一定范围内的纳税调整权。

【案例分析】

案例1：Z集团有限公司企业所得税税前扣除案（企业所得税法）

一、案例导入

Z集团有限公司从四家案外公司取得虚开发票，套取的资金包括为本公司员工

发放并在企业所得税前扣除的工资性支出 145 422 763.12 元。国家税务总局某市税务局稽查局认定应调增 Z 集团有限公司应纳税所得额 149 701 046.49 元，少缴企业所得税 37 425 261.63 元构成偷税应予以补缴。Z 集团有限公司不服经复议后诉至法院。法院对企业所得税税前扣除项目根据相关法律法规进行了解释和判断。法院认为：企业职工工资的合理性与工资资金的来源方式是否合法没有必然联系，原告虚开发票套取本企业资金，其行为违法并不必然导致原告使用套取的资金给职工发放工资违法。企业在税前列支职工工资符合法律规定，税务机关作出的税务处理决定理据不足，依法应予撤销。对于税务机关执法所直接依据的规范性文件《国家税务总局关于企业工资薪金及职工福利费扣除问题的通知》（国税函〔2009〕3 号）未予适用。①

二、财税行政与法官释法

本案审理法院主张，本案的争议焦点主要是 Z 集团有限公司接受虚开发票方式为职工发放工资 145 422 763.12 元的行为是否属于偷税行为。

《税收征管法》第 63 条第 1 款规定："纳税人伪造、变造、隐匿、擅自销毁账簿、记账凭证，或者在账簿上多列支出或者不列、少列收入，或者经税务机关通知申报而拒不申报或者进行虚假的纳税申报，不缴或者少缴应纳税款的，是偷税。对纳税人偷税的，由税务机关追缴其不缴或者少缴的税款、滞纳金，并处不缴或者少缴的税款百分之五十以上五倍以下的罚款；构成犯罪的，依法追究刑事责任。"根据该条规定，造成不缴或少缴应纳税款后果的，是偷税，应予处罚。

《企业所得税法》第 8 条规定："企业实际发生的与取得收入有关的、合理的支出，包括成本、费用、税金、损失和其他支出，准予在计算应纳税所得额时扣除。"《企业所得税法实施条例》第 27 条规定："企业所得税法第八条所称有关的支出，是指与取得收入直接相关的支出。企业所得税法第八条所称合理的支出，是指符合生产经营活动常规，应当计入当期损益或者有关资产成本的必要和正常的支出。"《企业所得税法实施条例》第 34 条规定："企业发生的合理的工资薪金支出，准予扣除。前款所称工资薪金，是指企业每一纳税年度支付给在本企业任职或者受雇的员工的所有现金形式或者非现金形式的劳动报酬，包括基本工资、奖金、津贴。"上诉人及被上诉人对于该 145 422 763.12 元属于给职工支付的工资并无异议。且上诉人国家税务总局某市税务局稽查局上诉称"行政处理的是被上诉人违反税务行政法律法规的违法行为，并未否定其职工取得工资的合法行为"。上诉人认定 145 422 763.12 元工资性支出不准在税前扣除，为应调增应纳税所得额，不符合上述法律法规的规定，作出的税务处理决定理据不足，依法应予撤销。综上，上诉人国家税务总局某市税务局稽查局等上诉理据均不足，本院不予支持。原审判决认定事实清楚，适用法律正确。依照《行政诉讼法》第 89 条第 1 款第 1 项之规定，判决驳回上诉，维持原判。

① 参见河北省石家庄市中级人民法院（2018）冀 02 行终 474 号行政判决书。

三、疑难问题

本案的焦点和疑难问题主要有以下几个：

第一，Z集团有限公司通过虚开发票方式为职工发放工资的行为是否属于偷税行为？

首先，Z集团有限公司违反工资制度，以让他人虚开发票套取资金方式发放工资，不属于《税收征管法》第63条“纳税人伪造、变造、隐匿、擅自销毁账簿、记账凭证，或者在账簿上多列支出或者不列、少列收入，或者经税务机关通知申报而拒不申报或者进行虚假的纳税申报，不缴或者少缴应纳税款的，是偷税”的任何一种情形，不能定性为偷税行为。

其次，Z集团有限公司通过开具劳务派遣发票的形式支付员工工资虽然具有不规范性，但是主观上并不存在“进行虚假纳税申报”的故意，客观上也没有因此获取利益和造成少缴企业所得税的后果，因此该行为不应当被认定为偷税。

第二，Z集团有限公司通过虚开发票方式为职工发放工资，能否在企业所得税税前扣除？

首先，虚开发票这一行为并不必然导致虚开发票所载成本不能被扣除，只有虚开发票所载金额不属于企业真实经营成本支出的，才会导致虚开发票所载金额不能被税前扣除。根据《企业所得税税前扣除凭证管理办法》（国家税务总局公告2018年第28号）第13条所体现的精神，如果答辩人能够补充提供其他相关有效凭证，证明支出真实且已经实际发生，则该支出仍可以在税前扣除。

其次，根据《行政诉讼法》第63条规定，人民法院审理行政案件，以法律和行政法规、地方性法规为依据，参照规章。而税务局依据的《国家税务总局关于企业工资薪金及职工福利费扣除问题的通知》（国税函〔2009〕3号）不属于法律、行政法规、地方性法规，也不属于规章，而仅仅是其他一般规范性文件，人民法院审理案件无须依据或参照该文件的规定。

最后，对于可抵扣、税前扣除的凭证，企业所得税则是要求真实性、相关性、合理性三性皆应具备，当法律形式与经济活动实质不一致时，企业所得税征缴尤其注重实质课税。故而，虚开发票能否作为税前扣除凭证与成本费用支出能否税前扣除是两回事，只要该交易真实发生，相关成本费用符合所得税税前扣除范围和标准的，仍可依法税前扣除。税务局没有证据证明Z集团有限公司以劳务派遣费的形式支付的工资薪金的非合理性——与企业经营活动无关或者金额超出正常商业目的，因此应当承担举证不能的法律责任，被法院依法撤销税务处理决定以及行政复议决定。

本案涉及企业所得税税前扣除项目的认定，具有典型意义，不仅明确了不能因税前扣除凭证的违法性否定税前扣除项目的合法性，保护了纳税人的合法权益；也有利于纠正税务机关执法注重形式（发票）而不注重实质（扣除项目的真实性、合理性和相关性）的观念，具有较好的示范性。

四、类案练习

基本案情：2016年11月，北京D公司向X市税务局咨询新设立子公司企业所得税税率及子公司股权转让税率等，税务机关答复新设立子公司可以适用西部大开发企业所得税优惠政策的规定，可申请享受15%的优惠税率。子公司股权转让尚未发生，无法给出明确答复。北京D公司于2016年11月30日设立X市D公司，并将涉案股权转让给X市D公司，X市D公司又将部分涉案股权对外转让，按照15%税率缴纳了企业所得税。2018年12月，税务机关通知X市D公司对涉案股权转让应按照25%税率缴纳企业所得税，要求补缴企业所得税。X市D公司、北京D公司不服决定，请求判令X市政府、X市税务局依法履行已作出的行政允诺，准予上诉人X市D公司转让股权按15%优惠税率申报缴纳企业所得税。

最高人民法院认为：《税收征管法》第3条规定："税收的开征、停征以及减税、免税、退税、补税，依照法律的规定执行；法律授权国务院规定的，依照国务院制定的行政法规的规定执行。任何机关、单位和个人不得违反法律、行政法规的规定，擅自作出税收开征、停征以及减税、免税、退税、补税和其他同税收法律、行政法规相抵触的决定。"据此，X市D公司、北京D公司起诉所指向的"行政允诺"并非可以允诺的事项，其是否能够按照15%优惠税率申报缴纳企业所得税，取决于是否符合相关法律法规规定。如X市D公司、北京D公司认为X市政府、X市税务局的相关行为使其产生信赖利益并由此造成损失，可依法通过其他途径解决。裁定驳回X市D公司、北京D公司的再审申请。[①]

结合本案思考下述问题：

1. 被告X市政府、X市税务局是否对原告D公司作出了"X市D公司股权转让所得按照西部大开发企业所得税优惠税率15%征收"的行政允诺？

2. 本案对实践中某些地方政府为招商引资而多用财政返还形式变相减免税启示。

案例2：林某网络直播缴纳个人所得税案（个人所得税法）

一、案例导入

原告林某为T传媒公司的签约艺人，于2017年10月入驻一个直播平台开展直播活动，双方形成合作关系，约定林某取得其直播收益的45%。2018年10月，T传媒公司按税务机关要求自查自纠，停发林某的直播收益，被林某起诉。因双方未就涉及税款支付作约定，本案中双方的主要争议在于，林某应获得的直播收益是否扣减个人所得税。T传媒公司主张支付给林某的直播收益款应扣除林某应缴纳的税费，并称已支付给林某的部分款项已预扣个税。法院认为，T传媒公司2019年之前均按45%的比例向林某支付了直播收益款，双方已形成交易惯例。在传媒公司自查自纠、林某询问后续收益时，双方未重新约定直播收益的分配比例，也未约定由传媒公司代扣代缴个税，传媒公司答复也未明确支付款项为税前还是税后。故传媒公司主张扣减林某应缴纳个税的依据不足，应按照双方已形成的惯例向林某支付税前

① 参见最高人民法院（2020）最高法行申8721号行政裁定书。

直播收益，林某获得直播收益后应依法申报并缴纳个税。①

二、财税行政与法官释法

林某与T传媒公司之间建立合作，林某为T传媒公司推介的直播平台进行直播服务，T传媒公司向林某支付直播服务费，双方之间形成合同关系，应当按照双方的约定履行各自的合同义务。林某诉称T传媒公司尚欠直播收益款109 879.4元未支付，T传媒公司则辩称仅有108 190.9元未支付。根据查明事实，林某与T传媒公司一致确认T传媒公司应支付的2018年11月至2019年3月期间的收益款为170 210元，起诉后T传媒公司支付了50 754.6元。T传媒公司陈述以11 400元为基数，按个人应缴税费比例预扣税费后向林某实际支付了收益款9 576元，故现尚欠金额为108 190.9元。本案双方主要争议在于林某应获得的直播收益是否应扣减个人所得税。

对此，法院认为，T传媒公司与林某约定林某的合作收益为直播收益的45%，T传媒公司实际亦一直按该比例向林某支付了自合作开始直至2018年10月期间的直播收益。我国在2018年8月对税收政策进行了调整，现T传媒公司陈述支付给林某的收益款应扣除林某应缴纳的税费再支付并已预扣1 824元。根据查明事实，T传媒公司2019年之前已支付的收益款均按45%的比例向林某支付，双方合作期间已形成交易惯例。林某在2019年催要收益时询问提成是否按税后45%结算时，对方仅回复45%，并未明确答复为税后45%。林某提交的现有微信聊天记录无法充分证明其应获得的45%的收益为税后收益，本案也无其他证据证明双方就个人所得税的支付达成一致意见。税收政策调整后，林某与T传媒公司也未对直播收益的分配比例进行重新约定。依法纳税是公民的法定义务。林某与T传媒公司之间并未建立劳动关系，且双方对由T传媒公司代扣代缴个人所得税并未进行明确约定，故T传媒公司主张扣减林某应缴纳的个人所得税依据不足。

综上，法院判决T传媒公司应当按照双方之间的约定向林某支付2018年11月1日至2019年1月14日期间的直播收益109 879.4元（170 210元－50 754.6元－9 576元）。同时，林某获得直播收益后应当按照《个人所得税法》的规定，依法向税务部门办理纳税申报并及时缴纳个人所得税。

三、疑难问题

本案的焦点和疑难问题主要有以下几个：

第一，林某网络直播用户打赏所得属于什么性质的所得？

用户打赏作为网络主播收入构成中的重要组成部分，不仅金额巨大，还牵涉收入性质多样的问题。然而，我国法律目前在打赏收入的征税问题上尚未作出明确规定，理论界与实务界也对其各持己见，其中主要集中在赠予收入、偶然所得、劳务报酬所得三个方面。有的学者指出，打赏这个行为是赠予的一种表现形式，具有无

① 参见四川省成都市锦江区人民法院（2020）川0104民初1298号民事判决书。

偿性、单务性、许诺性的法律特征，因此不应当对该部分收入征税。有学者提出，打赏具有一定的偶发性、随机性，在个税处理时，应将该收入视作偶然所得征收个税。另有学者认为，主播获得的粉丝打赏，如果先进入平台或销售企业账户，再由企业结算给主播，那么该打赏应视作劳务报酬；但如果该收入直接进入主播个人账户，则需视作偶然所得。而打赏收入的定性也会严重影响主播的个税申报，例如，赠予行为不征税，与劳务报酬和偶然所得税额相差甚远。因此，打赏收入是否征税、如何征税，是当前税收治理亟须解决的问题。

本案林某为T传媒公司的签约艺人，双方基于某直播平台形成三方合作关系，用户打赏40%归平台，60%归林某与T传媒公司，双方协定为林某45%，T传媒公司15%，次月平台发送结算单给T传媒公司，T传媒公司开具税率为6%的增值税发票以及税率为0.72%的附加税发票给平台进行结算，再由T传媒公司结算给林某。从形式上来看，属于蔡昌教授所言的“主播获得的粉丝打赏，如果先进入平台或销售企业账户，再由企业结算给主播，那么该打赏应视作劳务报酬”。

第二，支付方T传媒公司有无代扣代缴的义务？

根据国家税务总局发布的《个人所得税扣缴申报管理办法（试行）》（国家税务总局公告2018年第61号）第4条规定，实行个人所得税全员扣缴申报的应税所得包括劳务报酬所得。根据该文件，向个人支付所得的T传媒公司有按月（次）代扣代缴（预扣预缴）的义务。然而该文件性质为规章，法院未予参考，从法院判决来看，其以双方合同没有明确约定为理由，没有认可T传媒公司代扣代缴个税的义务，而是要求林某获得直播收益后自行申报纳税。

本案网络直播打赏所得税收问题是当下数字化媒体时代出现的新税收问题缩影。在并未建立劳动关系的直播平台与艺人之间，若双方未对代扣代缴个人所得税作明确约定，对于个人取得收益的个人所得税缴纳方式如何确定，容易产生纠纷，这也是税务机关在数字化媒体兴起时代需要重视的问题。本案反映的问题具有鲜明的时代性和典型性，法院的裁判有研究价值。

四、类案练习

基本案情： 2021年12月20日，国家税务总局浙江省税务局发布信息《浙江省某市税务部门依法对黄某偷逃税案件进行处理》，信息中指出，浙江省某市税务部门经税收大数据分析发现网络主播黄某涉嫌偷逃税款，在相关税务机关协作配合下，依法对其开展了全面深入的税务检查。经查，黄某在2019年至2020年期间，通过隐匿个人收入、虚构业务转换收入性质虚假申报等方式偷逃税款6.43亿元，其他少缴税款0.6亿元。

黄某在税务调查过程中积极配合并主动补缴税款5亿元，同时主动报告税务机关尚未掌握的涉税违法行为。因此，国家税务总局某市税务局稽查局依据相关法律法规规定，按照《浙江省税务行政处罚裁量基准》，对黄某追缴税款、加收滞纳金并处罚款，共计13.41亿元。其中，对隐匿收入偷税但主动补缴的5亿元和主动报告的少缴税款0.31亿元，处0.6倍罚款计3.19亿元；对隐匿收入偷税但未主动补缴的0.27亿元，处4倍罚款计1.09亿元；对虚构业务转换收入性质偷税少缴的1.16亿元，处1倍罚款计1.16亿元。

关于网络主播黄某的违法事实，某市税务局稽查局有关负责人指出，2019年至2020年期间，黄某通过隐匿其从直播平台取得的佣金收入虚假申报偷逃税款；通过设立多家个人独资企业、合伙企业虚构业务，将其个人从事直播带货取得的佣金、坑位费等劳务报酬所得转换为企业经营所得进行虚假申报偷逃税款；从事其他生产经营活动取得收入，未依法申报纳税。具体操作主要是黄某在上海市崇明区设立多家个人独资企业，并与Q公司签订协议转换收入性质，将本应作为劳务所得的款项转换为个人独资企业的经营所得。

据资料显示，主播行业的两大巨头都将大部分个人独资企业或合伙企业设立在上海市崇明区。崇明岛作为我国第三大岛，位于长江出海口，在江苏和上海之间，政府在当地建立税收优惠园区，政策规定：

（1）该园区注册的个人独资企业仍能享受核定征收优惠政策，根据其开票额的10%作为企业利润，适用五级超额累进税率5%～35%进行核算，综合税率4.07%～5.28%；

（2）可享受上海市崇明区财政扶持和地方税收奖励，减免企业税收，增值税优惠扶持20%、个人所得税优惠扶持12%、企业所得税优惠扶持16%，且可以个税代征，享受固定税率；

（3）个人独资企业年收入≤500万元，增值税税率3%；年收入>500万元，增值税税率6%。核定征收作为纳税筹划的利器，往往是此类企业的纳税筹划手段首选。

结合本案思考：

1. 个人所得税核定征收的条件是什么？如何防止核定征收权力的滥用？
2. 税务机关自由裁量权过大对纳税人权利侵害的风险为何？

课程思政教学指导

【知识拓展】

一、拓展阅读

重温“利改税”[①]

国家税务总局局长王军近日表示，回顾改革开放以来，中国税收征管体制适应

① 梁发芾. 重温利改税. 中国经营报，2018－12－08（47）.

不同历史时期的需要，先后经历了三次大的变革。第一次就是20世纪80年代，中国实施了两步“利改税”，将税收从利润中分离出来。

1949年后，在计划经济理论和公有制基础上逐渐形成一套财政汲取模式，那就是国家财政收入的主要来源是国营企业上缴的工商税收和利润。由于国营企业成为国民经济的绝对主体，国营企业在上缴利润的同时继续缴纳税收有没有必要？从20世纪50年代起，来自苏联的“非税论”在中国就有广泛的传播和影响。这种论点认为，既然社会主义国营企业为国家所有，那么，其一切收益自然也属于国有，国营企业向国家缴纳的利润和税金只是形式上的不同，并无本质上的差别。这种理论当然导向“税收消亡论”，认为社会主义税收没有存在的必要性，主张“利税合一”，以单一的利润代替税收。

从原理上来说，这种非税论也不是没有一点道理。国家可以向所有企业征收税收，也可以向国有企业收取利润。在这里，国家的身份具有双重性。一方面，国家作为社会管理者、政治权力的掌控者和行使者，强行向社会征收费用，弥补管理和服务的成本。这种费用就是税收。另一方面，国家如果拥有国有企业，那么，国家就有第二个身份，就是国有资产的出资人、所有者，向国有资产经营抽取利润。如果一个国家的所有制结构是多元的，多种所有制经济共同发展，那么，国家就可以既向不同性质的企业征税，也向国有企业抽取利润。从另一个角度看，也就是所有不同所有制性质的企业一视同仁地向国家纳税，而不同所有制的经济体向它们的出资人分配利润。这样，税收和利润必须分开处理。但如果一个国家的所有制结构非常单一，国有经济一统天下，国有经济之外并无其他所有制形式的企业，那么，国有企业上缴国家的无论叫做利润还是税收，都是一回事。这种情况下，为了征纳的简便，利税合一是完全可以的。“非税论”“利税合一”论彼时能够在我国有市场，当然与其时国有（国营）企业一家独大的现实是分不开的。

从现实情况来看，利税合一，以利代税的弊端很大。国家和企业的分配关系无法理顺，操作中企业与国家之间讨价还价，争吵不休。企业吃国家大锅饭，企业没有活力，效率非常低下。这种情况下，20世纪80年代初我国毅然进行“利改税”。“利改税”于1983年启动。当年4月29日，财政部发布《关于对国营企业征收所得税的暂行规定》，自同年6月1日起，国营企业普遍推行“利改税”制度。到这年年底，92.7%的国营企业实行“利改税”，缴纳所得税。此时的所得税税率很高，有些还分级累进征收，显得相当复杂。这是“利改税”的第一步。1984年9月，国务院发出通知，同意财政部报送的《关于在国营企业推行利改税第二步的报告》和《国营企业第二步利改税试行办法》，启动第二步“利改税”。其内容是，将国营企业上缴国家财政收入分别按照11个税种向国家缴税，由“利税并存”过渡到完全的“以税代利”，税后利润留给企业使用。当年9月18日，全国人大常委会也通过《关于授权国务院改革工商税制发布有关税收条例草案试行的决定》（已失效）。此后，一系列工商税收的暂行条例由国务院逐渐出台，十多种工商税先后开征。

“利改税”后，所有国有企业和其他非国有企业一样，向国家缴纳税收。仅从这一点来说，“利改税”就是一个巨大的进步。国有企业和其他所有非国有企业一样，平等纳税，公平竞争，这个进步是十分巨大的。

但是，"利改税"后，原来困扰人们的国有企业的利润分配问题，也就是国有企业向它的出资人的分红问题，一直没有得到妥善解决。"利改税"以及其后的"利税分流"改革中，主流意见是，税收要"取之于民用之于民"，也就是税收要用于全社会的公共服务事业，而国有企业的利润，哪怕能够向国家分红，这些利润也是"取之于国企，用之于国企"。也就是说，作为全国人民投资兴建的国有企业，其利润服务于国有企业，与全体国民无关。事实上，在1994年，国家规定亏损性国有企业税后利润暂不上缴，此后13年里，国有企业持续享受税后利润留存的优惠。就是说13年中，国有企业除了给国家纳税，给国家没有一分钱的分红。

2007年我国出台《中央企业国有资本收益收取管理暂行办法》（已失效）等，国有企业开始逐渐向国家分红，但这种分红在很长的时期，很大的范围内，只有象征的意义。一方面，国企给国家上缴的利润比例很低。各行业上缴的比例不同，有些如烟草业高一些，为25%，其他的很低，大多为5%。而另一方面，上缴的利润虽然进入国有资本经营预算，却没有进入一般公共预算，它最终仍然回到了国企，并没有被用于公共服务。根据财政部发布的国有资本经营预算数据，2008年和2009年国企上缴的利润100%回流国企内部，2010年国企红利资本性支出和费用性支出的比例达到95%左右，2011年、2012年依然以90%左右的水平将上缴的利润"归还"国企。国企利润"取之于国企，用之于国企"无论从理论上还是实践上，并无改观。2017年，财政部曾发布《关于切实做好2017年基本民生支出保障工作的通知》，提出"提高国有资本经营预算调入一般公共预算的比例，统筹用于保障基本民生"。但比例提高的数据，并不清楚。国有企业上缴红利给公共财政的贡献，可以看2017年的这组数字。2017年，央企利润1.42万亿元，当年央企利润收入1 170亿元，可知上缴利润仅为8%。当年中央国有资本经营收入预算数的1 290亿元中，只有257亿元调入一般公共预算用于保障和改善民生，从上缴的利润中调入公共预算的比例不到20%。当年央企利润1 170亿元占中央国有资本经营收入预算数1 290亿元的90%，按同一比例计算，从央企上缴利润中调入一般公共预算的数字大致是233亿元，占当年央企利润1.42万亿元的1.6%。财大气粗的央企，给全社会的分红，只占其利润的1.6%，这个数字是不是太低了一些?

1983年开始的"利改税"，不但释放了企业活力，而且初步建立和完善了与市场经济相适应的税收制度，是改革开放伟大事业的重要一环。但是，与税改相比，国企利改至今未取得令人满意的结果。改革仍在路上。国有企业利润分配制度必然要继续改革，使国有企业对社会民生的贡献，与国有企业在国民经济中的地位相匹配。

二、毕业论文选题指导

所得税法作为我国重要的直接税税种在近年来财税改革中发挥着重要作用，尤其是2018年《个人所得税法》的修改以及持续的减税降费政策推出让学界将所得税法研究推向新的高度，相关问题亟待研究。

1. 所得税法律制度完善研究。尽管企业所得税法律制度已经比较成熟，但在纳税主体的透明性分类、纳税扣除制度、税收优惠政策等要素设计以及与其他税种的衔接、税务会计与财务会计的性质界定等基础理论上仍然需要深入研究。2018 年修改后的《个人所得税法》仍然是“半成品”，而互联网经济时代劳动用工的分散化以及高净值人群避税形式的多样化，对个人所得税的改革提出了挑战，需要重新界定经营所得、资本所得、劳动所得的概念，并深入研究不同所得的不同税收政策，以最大限度释放社会个体各尽所能、创造财富的积极性。所得税的征收制度，尤其是核定征收制度，需要财税法学者从法学、经济学、管理学多重视角深入研究制度的优劣和完善路径。

2. 所得税法与经济结构、产业升级、技术革新。2021 年中国人均 GDP 已经达到了 1.255 万美元，这意味着，中国已经开始从发展中国家向发达国家迈进。综观世界各国，在人均 GDP 达到 1 万美元左右后，大多数国家都出现了经济停滞、产业内卷、失业增加、社会动荡、贫富分化加剧等一系列问题。这种现象甚至被一些经济学者命名为“中等收入陷阱”。中国要想避免陷入“中等收入陷阱”，必须调整经济结构、提升产业升级和加大科技研发，所得税政策应发挥应有的功能和作用。比如选题为“高新技术企业所得税优惠的政策效应研究”“小微企业普惠性税收优惠政策的实施绩效研究”“所得税促进研发投入的实证研究”“数字经济时代企业所得税面临的冲击及对策研究”等。

3. 提高直接税比重与优化税制结构。目前，西方发达国家均以所得税为主体税种，我国以流转税为主、所得税为辅的税制结构必然会随着经济发展而不断调整，完善税制结构、提高直接税比重已经写入党和国家重要文件，成为所得税和财产税制度改革的指引。相关选题比如“共同富裕目标下的企业所得税法律制度的完善研究”“第三次分配视角下的所得税法律制度研究”“慈善税收制度研究”。

4. 所得税制度完善与国际税收改革。随着互联网经济的飞速发展和跨国企业激进的税务筹划愈演愈烈，税基侵蚀和利润转移问题使得国际税收改革迫在眉睫，2023 年国际税收的百年改革帷幕即将开启，新的国际税收秩序在 G20 的“双支柱方案”基础上将得以重建。支柱二的目的是在世界范围内设立公司所得税的最低有效税率为 15%，各国已经开展了国内税法的改革，以迎接新规则的到来。欧盟委员会于 2021 年 12 月 22 日发布实施全球最低税的指令草案，英国于 2022 年 1 月 11 日发布执行 GloBE 规则的征询意见稿，都已开始对“境内最低税”的规则进行设计，以保护本国税基和维护本国税收利益。我国所得税制度应如何完善，以应对国际税收新变革，这一领域的研究亟须弥补。可对“论我国非居民企业所得税税收法律制度的建构”“数字经济背景下常设机构认定的法律制度研究”“跨境电子商务税收征管法律问题研究”“我国跨境电子商务反避税法律机制研究”“‘一带一路’沿线亚洲国家企业所得税制比较及投资涉税研究”等选题展开研究。

三、推荐文献

1. E. 博登海默. 法理学：法律哲学与法律方法. 邓正来，译. 北京：中国政法大学出版社，1999.

2. 刘剑文. 个税改革的法治成果与优化路径. 现代法学，2019 (2).

3. 施正文. 分配正义与个人所得税法改革. 中国法学，2011 (5).

4. 施正文. "应税所得"的法律建构与所得税法现代化. 中国法学，2021 (6).

5. 岳希明，徐静. 我国个人所得税的居民收入分配效应. 经济学动态，2012 (6).

6. 王文静. "一带一路"战略下的跨境税收问题初探：基于公司所得税法和国际税收协定的比较. 财经法学，2016 (2).

7. 陈少英. 论公司法人格否认制度在反避税中的适用. 法学家，2011 (5).

8. 张怡，等. 衡平税法研究. 北京：中国人民大学出版社，2012.

9. 叶金育，顾德瑞. 税收优惠的规范审查与实施评估：以比例原则为分析工具. 现代法学，2013 (6).

10. 国家税务总局所得税司课题组，邓勇，王海勇. 中国所得税制改革四十年：回顾和展望. 税务研究，2018 (10).

专题九 财产税和行为税法律实务

财产行为税，是对财产和特定行为的征税，能够对财产和行为发挥调节作用，提高财产使用效率、调节收入分配、惩罚和遏制不鼓励行为。财产行为税在各国实践中通常作为地方政府的税收收入。本专题学习需要了解房产税、城镇土地使用税、土地增值税、印花税、契税、车购税、车船税等税种的应纳税额的计算、税收优惠政策，本专题的重点难点为房产税、土地增值税等税种的知识理解和应纳税额计算，需要在此基础上关注房地产税改革与地方税体系的建立。

【基础理论】

一、基本知识介绍

（一）财产税法基本知识

1. 财产税的主要类型

财产税的征税对象为应税财产。广义上的财产包括动产和不动产、有形资产和无形资产。目前我国对有形资产中的车辆船舶、房屋建筑物开征财产税，对应税车辆船舶征收车船税，对应税房屋土地征收房产税和城镇土地使用税，对不动产交易征收土地增值税和契税。对珠宝玉石等有形资产和商标、专利技术等无形资产没有开征财产税。

2. 房产税法基本知识

（1）纳税义务人

房产税是以房屋为征税对象，按照房屋的计税余值或租金收入，向产权所有人征收的一种财产税。房产税以在征税范围内的房屋产权所有人为纳税人。其中：

产权属国家所有的，由经营管理单位纳税；产权属集体和个人所有的，由集体单位和个人纳税。产权出典的，由承典人纳税。产权所有人、承典人不在房屋所在地的，或者产权未确定及租典纠纷未解决的，由房产代管人或者使用人纳税。纳税单位和个人无租使用房产管理部门、免税单位及纳税单位的房产，应由使用人代为缴纳房产税。

（2）征税范围

房产税以房产为征税对象。房产税的征收范围，具体为城市、县城、建制镇和工矿区。

（3）税率

我国现行房产税采用的是比例税率。一种是按房产原值一次减除10%～30%后的余值计征，税率为1.2%；另一种是按房产出租的租金收入计征，税率为12%。自2008年3月1日起，对个人出租住房，不区分用途，均按4%的税率征收房产税。对企事业单位、社会团体以及其他组织按市场价格向个人出租的用于居住的住房，减按4%的税率征收房产税。

（4）计税依据

房产税的计税依据是房产的计税余值或房产的租金收入。所谓房产余值，是指依照税法规定按房产原值一次减除10%～30%损耗价值以后的余值。所谓房产原值，是指纳税人按照会计制度规定，在会计核算账簿“固定资产”科目中记载的房屋原价。没有记载房屋原价的，参照同类房屋确定房产原值，按规定计征房产税。

（5）应纳税额的计算

房产税的计税依据有两种，与之相适应的应纳税额计算也分为两种：一是从价计征的计算，二是从租计征的计算。

1）从价计征的计算

从价计征是按房产的原值减除一定比例后的余值计征，其计算公式为：

应纳税额＝应税房产原值×(1－扣除比例)×1.2%

2）从租计征的计算

从租计征是按房产的租金收入计征，其计算公式为：

应纳税额＝租金收入×12%(或4%)

（6）税收优惠

目前，房产税的税收优惠范围主要有：

1）国家机关、人民团体、军队自用的房产免征房产税。

2）由国家财政部门拨付事业经费的单位，如学校、医疗卫生单位、托儿所、幼儿园、敬老院、文化、体育、艺术等实行全额或差额预算管理的事业单位所有的，本身业务范围内使用的房产免征房产税。

3）对宗教寺庙、公园、名胜古迹自用的房产免征房产税。

4）对个人所有非营业用的房产免征房产税。

5）对按政府规定价格出租的公有住房和廉租住房免征房产税。

6）对企业办的各类学校、医院、托儿所、幼儿园自用的房产免征房产税。

7）毁损不堪居住的房屋和危险房屋，在停止使用后免征房产税。

8）纳税人因房屋大修导致连续停用半年以上的，在房屋大修期间免征房产税。

9）纳税单位与免税单位共同使用的房屋，按各自使用的部分分别征收或免征房产税。

（7）征收管理

1）纳税义务发生时间

有关房产税纳税义务的发生时间，具体如表 9－1 所示。

表 9－1　房产税纳税义务发生时间

具体情形	纳税义务发生时间
原有房产用于生产经营	生产经营之月
新建房用于生产经营	建成之次月
委托施工企业建设的房屋	办理验收手续之次月
购置新建商品房	房屋交付使用之次月
购置存量房	办理房屋权属转移、变更登记手续，房地产权属登记机关签发房屋权属证书之次月
出租、出借房产	交付出租、出借房产之次月
房地产开发企业自用、出租、出借本企业建造的商品房	房屋使用或交付之次月

2）纳税期限和纳税地点

房产税实行按年计算、分期缴纳的征收办法，具体纳税期限由省、自治区、直辖市人民政府确定。房产税在房产所在地缴纳。对房产不在同一地方的纳税人，应按房产的坐落地点分别向房产所在地的税务机关申报纳税。

3. 城镇土地使用税法基本知识

（1）纳税义务人

在城市、县城、建制镇、工矿区范围内使用土地的单位和个人，为城镇土地使用税的纳税人。

城镇土地使用税的纳税人通常包括以下几类：

1）拥有土地使用权的单位和个人。

2）拥有土地使用权的单位和个人不在土地所在地的，其土地的实际使用人和代管人为纳税人。

3）土地使用权未确定或权属纠纷未解决的，其实际使用人为纳税人。

4）土地使用权共有的，共有各方都是纳税人，由共有各方分别纳税。

5）在城镇土地使用税征税范围内，承租集体所有建设用地的，由直接从集体经济组织承租土地的单位和个人，缴纳城镇土地使用税。

【应用举例】根据城镇土地使用税法律制度的规定，下列各项中，属于城镇土地使用税纳税人的有（　　）。

A. 出租土地使用权的单位　　　　B. 承租土地使用权的单位
C. 拥有土地使用权的个人　　　　D. 土地使用权共有方

【解析】 ACD。选项 B：由拥有土地使用权的出租人（而非承租人）缴纳城镇土地使用税。

（2）征税范围

城镇土地使用税的征税范围，包括在城市、县城、建制镇和工矿区内的国家所有和集体所有的土地。

（3）税率

城镇土地使用税采用定额税率，即采用有幅度的差别税额，按大、中、小城市和县城、建制镇、工矿区分别规定每平方米城镇土地使用税年应纳税额。具体标准如下：

1）大城市 1.5～30 元。

2）中等城市 1.2～24 元。

3）小城市 0.9～18 元。

4）县城、建制镇、工矿区 0.6～12 元。

大、中、小城市以公安部门登记在册的非农业正式户口人数为依据，按照《城市规划法》第 4 条中规定的标准划分。人口在 50 万人以上者为大城市；人口在 20 万～50 万人者为中等城市；人口在 20 万人以下者为小城市。

（4）计税依据

城镇土地使用税以纳税人实际占用的土地面积为计税依据，土地面积计量标准为每平方米。

纳税人实际占用的土地面积按下列办法确定：

由省、自治区、直辖市人民政府确定的单位组织测定土地面积的，以测定的面积为准。尚未组织测定，但纳税人持有政府部门核发的土地使用证书的，以证书确认的土地面积为准。尚未核发土地使用证书的，应由纳税人申报土地面积，并据以纳税，待核发土地使用证书以后再作调整。对在城镇土地使用税征税范围内单独建造的地下建筑用地，按规定征收城镇土地使用税。其中，已取得地下土地使用权证的，按土地使用权证确认的土地面积计算应征税款；未取得地下土地使用权证或地下土地使用权证上未标明土地面积的，按地下建筑垂直投影面积计算应征税款。对上述地下建筑用地暂按应征税款的 50%征收城镇土地使用税。

（5）应纳税额的计算

城镇土地使用税的应纳税额可以通过纳税人实际占用的土地面积乘以该土地所在地段的适用税额求得。其计算公式为：

全年应纳税额＝实际占用应税土地面积（平方米）×适用税额

（6）税收优惠

1）法定免征城镇土地使用税的优惠

a. 国家机关、人民团体、军队自用的土地。

b. 由国家财政部门拨付事业经费的单位自用的土地。

c. 宗教寺庙、公园、名胜古迹自用的土地。

d. 市政街道、广场、绿化地带等公共用地。

e. 直接用于农、林 、牧、渔业的生产用地。

f. 经批准开山填海整治的土地和改造的废弃土地，从使用的月份起免征城镇土地使用税5～10年。

g. 对非营利性医疗机构、疾病控制机构和妇幼保健机构等卫生机构和非营利性科研机构自用的土地，免征城镇土地使用税。

h. 对国家拨付事业经费和企业办的各类学校、托儿所、幼儿园自用的房产、土地，免征城镇土地使用税。

i. 免税单位无偿使用纳税单位的土地（如公安、海关等单位使用铁路、民航等单位的土地），免征城镇土地使用税。

j. 自2020年1月1日起至2022年12月31日止，对物流企业自有（包括自用和出租）或承租的大宗商品仓储设施用地，减按所属土地等级适用税额标准的50%计征城镇土地使用税。

2）省、自治区、直辖市税务局确定的城镇土地使用税减免优惠

a. 个人所有的居住房屋及院落用地。

b. 房产管理部门在房租调整改革前经租的居民住房用地。

c. 免税单位职工家属的宿舍用地。

d. 集体和个人办的各类学校、医院、托儿所、幼儿园用地。

（7）征收管理

1）纳税义务发生时间

纳税人占用土地，一般是从次月起发生城镇土地使用税的纳税义务。只有新征用耕地是在批准征用之日起满1年时开始缴纳城镇土地使用税。具体归纳如表9－2：

表9－2　城镇土地使用税纳税义务发生时间

具体情形	纳税义务发生时间
购置新建商品房	房屋交付使用之次月起
购置存量房	办理房屋权属转移、变更登记手续，房地产权属登记机关签发房屋权属证书之次月起
出租、出借房产	自交付出租、出借房产之次月起
以出让或转让方式有偿取得土地使用权的	应由受让方从合同约定交付土地时间之次月起缴纳城镇土地使用税；合同未约定交付土地时间的，由受让方从合同签订之次月起缴纳城镇土地使用税
新征用的耕地	批准征用之日起满1年时
新征用的非耕地	自批准征用次月起
纳税人因土地的权利发生变化而依法终止城镇土地使用税纳税义务的	其应纳税款的计算应截止到土地权利发生变化的当月末

2）纳税地点和征收机构

城镇土地使用税在土地所在地缴纳。

纳税人使用的土地不属于同一省、自治区、直辖市管辖的，由纳税人分别向土地所在地的税务机关缴纳城镇土地使用税；在同一省、自治区、直辖市管辖范围内，纳税人跨地区使用的土地，其纳税地点由各省、自治区、直辖市税务局确定。

城镇土地使用税由土地所在地的税务机关征收，其收入纳入地方财政预算管理。

3）纳税期限

城镇土地使用税实行按年计算、分期缴纳的征收方法，具体纳税期限由省、自治区、直辖市人民政府确定。

【应用举例】下列关于城镇土地使用税纳税义务发生时间相关表述中不正确的是（　　）。

A. 纳税人出租房产，自交付出租房产之次月起计征城镇土地使用税

B. 房地产开发企业自用本企业建造的商品房，自房屋使用的当月起计征城镇土地使用税

C. 纳税人新征用的耕地，自批准征用之日起满1年时开始缴纳城镇土地使用税

D. 纳税人购置新建商品房，自房屋交付使用之次月起计征城镇土地使用税

【解析】B。房地产开发企业自用本企业建造的商品房，自房屋使用的次月计征城镇土地使用税。

4. 土地增值税法基本知识

（1）纳税义务人

土地增值税的纳税义务人为转让国有土地使用权、地上的建筑物及其附着物并取得收入的单位和个人。

（2）征税范围

属于土地增值税征税范围的情况：转让国有土地使用权；地上建筑物及其附着物连同国有土地使用权一并转让；存量房地产买卖；抵押期满以房地产抵债（发生权属转让）；单位之间交换房地产（有实物形态收入）；合作建房建成后转让的；房地产开发企业的房地产投资、公司制改造、合并、分立中的房地产权属变化；非公益性赠与、赠与给除直系亲属和直接赡养人以外的。

（3）税率

土地增值税实行四级超率累进税率，见表9-3。

表9-3　土地增值税四级超率累进税率表

级数	增值额与扣除项目金额的比率	税率	速算扣除系数
1	不超过50%的部分	30%	0
2	超过50%～100%的部分	40%	5%
3	超过100%～200%的部分	50%	15%
4	超过200%的部分	60%	35%

(4) 计税依据

土地增值税的计税依据为纳税人转让房地产所取得的增值额。

增值额是指纳税人转让房地产取得的收入减除规定扣除项目金额之后的余额。如果纳税人转让房地产收入减除规定的扣除项目后没有余额，则不需要缴纳土地增值税。

增值额的计算公式为：

增值额＝转让房地产取得的收入(不含增值税)－扣除项目

但纳税人如果有以下情形之一的，其土地增值税要按照房地产评估价格计算征收：

1）隐瞒、虚报房地产成交价格的。

2）提供扣除项目金额不实的。

3）转让房地产的成交价格低于房地产评估价格，又无正当理由的。

(5) 应税收入与扣除项目

1）应税收入

纳税人转让房地产取得的应税收入（不含增值税），应包括转让房地产的全部价款及有关的经济收益。从收入的形式来看，包括货币收入、实物收入和其他收入。

2）扣除项目

土地增值税法定扣除项目具体情况见表 9－4。

表 9－4　土地增值税法定扣除项目表

<table>
<tr><th>扣除项目</th><th colspan="2">具体规定</th></tr>
<tr><td rowspan="2">取得土地使用权所支付的金额</td><td colspan="2">为取得土地使用权所支付的地价款</td></tr>
<tr><td colspan="2">按国家统一规定缴纳的有关费用</td></tr>
<tr><td rowspan="6">房地产开发成本</td><td colspan="2">土地征用及拆迁补偿费</td></tr>
<tr><td colspan="2">前期工程费</td></tr>
<tr><td colspan="2">建筑安装工程费</td></tr>
<tr><td colspan="2">基础设施费</td></tr>
<tr><td colspan="2">公共配套设施费</td></tr>
<tr><td colspan="2">开发间接费用</td></tr>
<tr><td rowspan="5">房地产开发费用</td><td colspan="2">销售费用</td></tr>
<tr><td colspan="2">管理费用</td></tr>
<tr><td rowspan="3">财务费用</td><td>纳税人能够按转让房地产项目计算分摊利息支出，并能提供金融机构的贷款证明的，其允许扣除的房地产开发费用为：利息＋(取得土地使用权所支付的金额＋房地产开发成本)×5%以内（注：利息最高不能超过按商业银行同类同期贷款利率计算的金额）</td></tr>
<tr><td>纳税人不能按转让房地产项目计算分摊利息支出或不能提供金融机构贷款证明的，其允许扣除的房地产开发费用为：(取得土地使用权所支付的金额 ＋房地产开发成本) ×10%以内</td></tr>
<tr><td>房地产开发企业既向金融机构借款，又有其他借款的，其房地产开发费用计算扣除时不能同时适用以上所述两种办法</td></tr>
</table>

续表

扣除项目	具体规定
与转让房地产有关的税金	在转让房地产时缴纳的城市维护建设税、印花税。因转让房地产缴纳的教育费附加，也可视同税金予以扣除； 房地产开发企业在转让时缴纳的印花税已列入管理费用中，故不允许再单独扣除。其他纳税人缴纳的印花税（按产权转移书据所载金额的0.5‰贴花）允许在此扣除
财政部规定的其他扣除项目	房地产开发企业纳税人的加计扣除费用=(取得土地使用权所支付的金额+房地产开发成本)×20%
	旧房地产的评估价格=重置成本价×成新度折扣率

(6) 应纳税额的计算

计算土地增值税的步骤和公式如下：

1) 计算收入总额

2) 计算扣除项目金额

3) 计算增值额

增值额=转让房地产取得的收入(不含增值税)-扣除项目金额

4) 计算增值额与扣除项目金额之间的比例，以确定适用税率的档次和对应的速算扣除系数

5) 套用公式计算税额

应纳税额=土地增值额×适用税率-扣除项目金额×速算扣除系数

(7) 税收优惠

1) 纳税人建造普通标准住宅出售，增值额未超过扣除项目金额20%的，免征土地增值税。

2) 因国家建设需要依法征用、收回的房地产，免征土地增值税。

3) 因城市实施规划、国家建设的需要而搬迁，由纳税人自行转让原房地产的，免征土地增值税。

4) 对企事业单位、社会团体以及其他组织转让旧房作为改造安置住房或公共租赁住房房源且增值额未超过扣除项目金额20%的，免征土地增值税。

5) 自2008年11月1日，对个人销售住房暂免征收土地增值税。

(8) 征收管理

土地增值税的纳税人应在转让房地产合同签订后的7日内，到房地产所在地主管税务机关办理纳税申报。纳税人转让的房地产坐落在两个或两个以上地区的，应按房地产所在地分别申报纳税。

5. 契税法基本知识

(1) 纳税义务人

契税的纳税义务人是境内转移土地、房屋权属，承受的单位和个人。

(2) 征税范围

契税是以在中华人民共和国境内转移土地、房屋权属为征税对象，向产权承受人征收的一种财产税。具体征税范围包括：国有土地使用权出让；土地使用权的转让，包括出售、赠与、互换，但不包括土地承包经营权和土地经营权的转移；房屋买卖、赠与、互换。

以作价投资（入股）、偿还债务、划转、奖励等方式转移土地、房屋权属的，应当依照规定征收契税。

(3) 税率

契税实行3%～5%的幅度税率。

(4) 计税依据

契税的计税依据为不动产的价格，具体计税依据视不同情况而决定。国有土地使用权出让、土地使用权出售、房屋买卖，以成交价格为计税依据；土地使用权赠与、房屋赠与，由征收机关参照土地使用权出售、房屋买卖的市场价格核定；土地使用权交换、房屋交换，为所交换的土地使用权、房屋的价格差额；以划拨方式取得土地使用权，经批准转让房地产时，由房地产转让者补交契税，计税依据为补交的土地使用权出让费用或者土地收益。

(5) 应纳税额的计算

契税应纳税额的计算公式为：

应纳税额＝计税依据×税率

(6) 税收优惠

1) 有下列情形之一的，免征契税：

a. 国家机关、事业单位、社会团体、军事单位承受土地、房屋权属用于办公、教学、医疗、科研和军事设施。

b. 非营利性的学校、医疗机构、社会福利机构承受土地、房屋权属用于办公、教学、医疗、科研、养老、救助。

c. 承受荒山、荒地、荒滩土地使用权，并用于农、林、牧、渔业生产。

d. 婚姻关系存续期间夫妻之间变更土地、房屋权属。

e. 法定继承人通过继承承受土地、房屋权属。

f. 依照法律规定应当予以免税的外国驻华使馆、领事馆和国际组织驻华代表机构承受土地、房屋权属。

2) 省、自治区、直辖市可以决定对下列情形免征或者减征契税：

a. 因土地、房屋被县级以上人民政府征收、征用，重新承受土地、房屋权属。

b. 因不可抗力灭失住房，重新承受住房权属。

(7) 征收管理

1) 纳税义务发生时间

契税的纳税义务发生时间是纳税人签订土地、房屋权属转移合同的当日，或者纳税人取得其他具有土地、房屋权属转移合同性质凭证的当日。

2）纳税期限和纳税地点

纳税人应当在依法办理土地、房屋权属登记手续前申报缴纳契税。

契税在土地、房屋所在地的征收机关缴纳。

6. 车船税法基本知识

（1）纳税义务人

车船税的纳税义务人，是指在中华人民共和国境内车辆、船舶的所有人或者管理人。

（2）征税范围

1）依法应当在车船管理部门登记的机动车辆和船舶。

2）依法不需要在车船管理部门登记、在单位内部场所行驶或者作业的机动车辆和船舶。

3）境内单位和个人租入外国籍船舶的，不征收车船税。境内单位和个人将船舶出租到境外的，依法征收车船税。

（3）税目与税率（见表 9-5）

表 9-5　车船税税目税率表

<table>
<tr><th colspan="2">税目</th><th>计税单位</th><th>年基准税额（元）</th><th>备注</th></tr>
<tr><td rowspan="7">乘用车［按发动机气缸容量（排气量）分档］</td><td>1.0 升（含）以下</td><td rowspan="7">每辆</td><td>60～360</td><td rowspan="7">核定载客人数 9 人（含）以下</td></tr>
<tr><td>1.0 升以上至 1.6 升（含）</td><td>300～540</td></tr>
<tr><td>1.6 升以上至 2.0 升（含）</td><td>360～660</td></tr>
<tr><td>2.0 升以上至 2.5 升（含）</td><td>660～1 200</td></tr>
<tr><td>2.5 升以上至 3.0 升（含）</td><td>1 200～2 400</td></tr>
<tr><td>3.0 升以上至 4.0 升（含）</td><td>2 400～3 600</td></tr>
<tr><td>4.0 以上</td><td>3 600～5 400</td></tr>
<tr><td rowspan="2">商用车</td><td>客车</td><td>每辆</td><td>480～1 440</td><td>核定载客人数 9 人以上，包括电车</td></tr>
<tr><td>货车</td><td>整备质量每吨</td><td>16～120</td><td>包括半挂牵引车、三轮汽车和低速载货汽车等</td></tr>
<tr><td>挂车</td><td></td><td>整备质量每吨</td><td>按照货车税额的 50%计算</td><td></td></tr>
<tr><td>其他车辆</td><td>专用作业车、轮式专用机械车</td><td>整备质量每吨</td><td>16～120</td><td>不含拖拉机</td></tr>
<tr><td>摩托车</td><td></td><td>每辆</td><td>36～180</td><td></td></tr>
<tr><td rowspan="2">船舶</td><td>机动船舶</td><td>净吨位每吨</td><td>3～6</td><td>拖船、非机动驳船分别按照机动船舶税额的 50%计算</td></tr>
<tr><td>游艇</td><td>艇身长度每米</td><td>600～2 000</td><td></td></tr>
</table>

(4) 应纳税额的计算

新购置的车船，购置当年的应纳税额自纳税义务发生的当月起按月计算。计算公式为：

应纳税额=(年应纳税额÷12)×应纳税月份数

应纳税月份数=12－纳税义务发生时间(取月份)+1

在一个纳税年度内，已完税的车船被盗抢、报废、灭失的，纳税人可以凭有关管理机关出具的证明和完税证明，向纳税所在地的主管税务机关申请退还自被盗抢、报废、灭失月份起至该纳税年度终了期间的税款。已办理退税的被盗抢车船失而复得的，纳税人应当从公安机关出具相关证明的当月起计算缴纳车船税。

(5) 税收优惠

法定减免项目如下：

1) 捕捞、养殖渔船免征车船税。

2) 军队、武装警察部队专用的车船免征车船税。

3) 警用车船免征车船税。

4) 外国驻华使领馆、国际组织驻华代表机构及其有关人员的车船免征车船税。

5) 对节约能源、使用新能源的车船可以减征或者免征车船税；对受严重自然灾害影响纳税困难以及有其他特殊原因确需减税、免税的，可以减征或者免征车船税。

6) 省、自治区、直辖市人民政府可根据实际情况对公共交通车船、农村居民拥有并主要在农村地区使用的摩托车、三轮汽车和低速载货汽车定期减征或者免征车船税。

7) 国家综合性消防救援车辆由部队号牌改挂应急救援专用号牌的，一次性免征改挂当年车船税。

此外，特定减免项目有：对经批准临时入境的外国车船和香港特别行政区、澳门特别行政区、台湾地区的车船，不征收车船税。

(6) 征收管理

1) 纳税义务发生时间与纳税期限

车船税纳税义务发生时间为取得车船所有权或者管理权的当月。以购买车船的发票或其他证明文件所载日期的当月为准。

车船税按年申报，分月计算，一次性缴纳。纳税年度为公历1月1日至12月31日。

2) 纳税地点

车船税的纳税地点为车船的登记地或者车船税扣缴义务人所在地。依法不需要办理登记的车船，车船税的纳税地点为车船的所有人或者管理人所在地。

(二) 行为税法基本知识

1. 行为税的概念及特点

行为税是国家为了限制某些特定行为或开辟某些财源而课征的一类税收，如针对一些奢侈性的社会消费行为征收娱乐税、筵席税；针对牲畜交易和屠宰等行为，征收交易税、屠宰税；针对财产和商事凭证贴花行为，征收印花税；针对车辆购置行为，征收车购税；针对占用耕地行为，征收耕地占用税；为了维护城市建设目的，征收的城市维护建设税等。随着社会经济的发展，部分行为已经不能算作奢侈性消费行为，我国已经取消了筵席税、屠宰税、固定资产投资方向调节税等行为税种，目前保留的行为税有印花税、城市维护建设税、车购税、耕地占用税。行为税收入零星分散，一般作为地方政府筹集地方财政资金的一种手段，行为课税的最大特点是征纳行为的发生具有偶然性或一次性。

2. 印花税的基本知识

（1）纳税义务人

印花税的纳税义务人，是在中国境内书立、使用、领受《印花税暂行条例》所列举的凭证并应依法履行纳税义务的单位和个人。按照书立、使用、领受应税凭证的不同，可以分别确定为立合同人、立据人、立账簿人、领受人、使用人和各类电子应税凭证的签订人。

（2）税目与税率（见表 9－6）

表 9－6　印花税税目税率表

税目		税率
合同（指书面合同）	借款合同	借款金额的万分之零点五
	融资租赁合同	租金的万分之零点五
	买卖合同	价款的万分之三
	承揽合同	报酬的万分之三
	建设工程合同	价款的万分之三
	运输合同	运输费用的万分之三
	技术合同	价款、报酬或者使用费的万分之三
	租赁合同	租金的千分之一
	保管合同	保管费的千分之一
	仓储合同	仓储费的千分之一
	财产保险合同	保险费的千分之一
产权转移书据	土地使用权转让书据	价款的万分之五
	土地使用权、房屋等建筑物和构筑物所有权转让书据（不包括土地承包经营权和土地经营权转移）	价款的万分之五
	股权转让书据（不包含应缴纳证券交易印花税的）	价款的万分之五
	商标专用权、著作权、专利权、专有技术使用权转让书据	价款的万分之三

续表

税目	税率
营业账簿	实收资本（股本）、资本公积合计金额的万分之二点五
证券交易	成交金额的千分之一

（3）应纳税额的计算

纳税人的应纳税额，根据应纳税凭证的性质，分别按比例税率或定额税率计算，其计算公式是：

应纳税额＝应纳税凭证计税金额/应税凭证件数×适用税率

（4）税收优惠

1）对已缴纳印花税的副本和抄本免税。

2）对财产所有人将财产赠给政府、社会福利单位、学校所立书据免税。

3）对国家指定的收购部门与村民委员会、农民个人所书立的农副产品收购合同免税。

4）对无息、贴息贷款合同免税。

5）对外国政府或国际金融组织向我国政府及国家金融机构提供优惠贷款所书立的合同免税。

6）对农牧业保险合同免税。

7）对公租房经营管理单位建造管理公租房涉及的印花税予以免税。

8）对改造安置住房经营管理单位、开发商与改造安置住房相关的印花税及个人购买安置住房涉及的印花税免税。

9）对按万分之五税率贴花的资金账簿减半征收印花税，对按件贴花五元的其他账簿免征印花税。

（5）征收管理

1）纳税环节

印花税应当在书立或领受时贴花。

2）纳税地点

印花税一般实行就地纳税。对于全国性商品物资订货会（包括展销会、交易会等）上所签订合同应纳的印花税，由纳税人回其所在地后及时办理贴花完税手续；对地方主办、不涉及省际关系的订货会、展销会上所签合同的印花税，其纳税地点由各省、自治区、直辖市税务局自行确定。

3. 车辆购置税基本知识

（1）纳税义务人

车辆购置税的纳税人是指在中华人民共和国境内购置汽车、有轨电车、汽车挂车、排气量超过150毫升的摩托车（以下统称“应税车辆”）的单位和个人。其中购置是指以购买、进口、自产、受赠、获奖或者其他方式取得并自用应税车辆的行为。

（2）征税范围

车辆购置税的征税范围包括汽车、有轨电车、汽车挂车、排气量超过150毫升的摩托车。

（3）税率

车辆购置税实行统一比例税率，税率为10%。

（4）计税依据

1）纳税人购置应税车辆，以发票电子信息中的不含增值税价作为计税价格，纳税人依据相关规定提供其他有效价格凭证的情形除外。

存在多条发票电子信息或者没有发票电子信息的，纳税人按照购置应税车辆实际支付给销售方的全部价款（不包括增值税税款）申报纳税。

2）纳税人进口自用应税车辆的计税价格，为关税完税价格加上关税和消费税。

3）纳税人以受赠、获奖或者其他方式取得自用应税车辆的计税价格，按照购置应税车辆时相关凭证载明的价格确定，不包括增值税税款。

（5）应纳税额的计算

车辆购置税实行从价定率的方法计算应纳税额，计算公式为：

应纳税额＝计税价格×税率

（6）税收优惠

1）外国驻华使馆、领事馆和国际组织驻华机构及其有关人员自用车辆免税。

2）中国人民解放军和中国人民武装警察部队列入装备订货计划的车辆免税。

3）悬挂应急救援专用号牌的国家综合性消防救援车辆免税。

4）设有固定装置的非运输专用作业车辆免税。

5）城市公交企业购置的公共汽电车辆免税。

6）防汛部门和森林消防部门用于指挥、检查、调度、报汛（警）、联络的由指定厂家生产的设有固定装置的指定型号的车辆免征车辆购置税。

7）回国服务的在外留学人员用现汇购买1辆个人自用国产小汽车免税。

8）长期来华专家进口1辆自用小汽车免税。

9）中国妇女发展基金会"母亲健康快车"项目的流动医疗车免税。

（7）征收管理

1）纳税环节

车辆购置税实行一次课征制度，征税环节为使用环节（最终消费环节）。

2）纳税地点

需要办理车辆登记的，向车辆登记地主管税务机关申报纳税；不需要办理车辆登记的，应向纳税人所在地的主管税务机关申报纳税。

3）纳税义务发生时间与纳税期限

车辆购置税的纳税义务发生时间为纳税人购置应税车辆的当日，以纳税人购置应税车辆所取得的车辆相关凭证上注明的时间为准。纳税人应当自纳税义务发生之日起60日内申报缴纳车辆购置税。

4）退税制度

已征车辆购置税的车辆退回车辆生产或销售企业，纳税人申请退还车辆购置税的，应退税额计算公式为：

应退税额＝已纳税额(1－使用年限×10%)(应退税额不为负数)

4. 耕地占用税基本知识

(1) 纳税义务人

耕地占用税的纳税人是指在中华人民共和国境内占用耕地建设建筑物、构筑物或者从事非农业建设的单位和个人。

(2) 征税范围

耕地占用税的征税范围包括纳税人占用耕地建设建筑物、构筑物或者从事非农业建设的国家所有和集体所有的耕地。耕地的范围既包括用于种植农作物的土地，也包括一系列农用地，如：园林、林地、草地、农田水利用地、养殖水面、渔业水域滩涂以及其他农用地。

(3) 税率

考虑到不同地区之间客观条件的差别以及与此相关的税收调节力度和纳税人负担能力方面的差别，耕地占用税在税率设计上采用了地区差别定额税率。税率具体标准如下：

1）人均耕地不超过1亩的地区（以县、自治县、不设区的市、市辖区为单位，下同），每平方米为10～50元。

2）人均耕地超过1亩但不超过2亩的地区，每平方米为8～40元。

3）人均耕地超过2亩但不超过3亩的地区，每平方米为6～30元。

4）人均耕地超过3亩的地区，每平方米为5～25元。

在人均耕地低于0.5亩的地区，省、自治区、直辖市可以根据当地经济发展情况，适当提高耕地占用税的适用税额，但提高的部分不得超过确定的适用税额的50%。具体适用税额按照规定程序确定。占用基本农田的，应当按照当地适用税额加征150%。基本农田，是指依据《基本农田保护条例》划定的基本农田保护区范围的耕地。

(4) 计税依据

耕地占用税以纳税人实际占用的属于耕地占用税征税范围的土地面积为计税依据，包括经批准占用的耕地面积和未经批准占用的耕地面积。

(5) 应纳税额的计算

耕地占用税的应纳税额为纳税人实际占用的应税土地面积（平方米）乘以适用税额。其计算公式为：

应纳税额＝应税土地面积×适用税额

加按150%征收耕地占用税的计算公式为：

应纳税额＝应税土地面积×适用税额×150%

(6) 税收优惠

1) 免征

a. 军事设施占用耕地。

b. 学校、幼儿园、社会福利机构、医疗机构占用耕地。

c. 农村烈士遗属、因公牺牲军人遗属、残疾军人以及符合农村最低生活保障条件的农村居民，在规定用地标准以内新建自用住宅，免征耕地占用税。

2) 减征

铁路线路、公路线路、飞机场跑道、停机坪、港口、航道、水利工程占用耕地，减按每平方米2元的税额征收耕地占用税。

(7) 征收管理

1) 纳税地点

纳税人占用耕地，应当在耕地所在地申报纳税。

2) 纳税义务发生时间与纳税期限

耕地占用税的纳税义务发生时间为纳税人收到自然资源主管部门办理占用耕地手续的书面通知的当日。纳税人应当自纳税义务发生之日起30日内申报缴纳耕地占用税。

5. 城市维护建设税基本知识

(1) 纳税义务人

在中华人民共和国境内缴纳增值税、消费税的单位和个人，为城市维护建设税的纳税人，应当依照规定缴纳城市维护建设税。

(2) 征税范围

城建税的征税范围具体包括市区、县城、建制镇，以及税法规定的其他地区。对进口货物或者境外单位和个人向境内销售劳务、服务、无形资产缴纳的增值税、消费税税额，不征收城市维护建设税。

(3) 税率

城市维护建设税按纳税人所在地的不同，设置了三档地区差别比例税率，即：

1) 纳税人所在地为市区的，税率为7%。

2) 纳税人所在地为县城、镇的，税率为5%。

3) 纳税人所在地不在市区、县城或者镇的，税率为1%。

(4) 计税依据

城市维护建设税的计税依据，是指纳税人依法实际缴纳的增值税、消费税税额。

(5) 应纳税额的计算

城市维护建设税应纳税额的计算公式为：

应纳税额＝纳税人实际缴纳的增值税、消费税税额×适用税率

(6) 税收优惠

根据国民经济和社会发展的需要，国务院对重大公共基础设施建设、特殊产业和群体以及重大突发事件应对等情形可以规定减征或者免征城市维护建设税，报全

国人民代表大会常务委员会备案。例如：

1）对国家重大水利工程建设基金免征城市维护建设税、教育费附加。

2）扶持自主就业士兵创业就业的减免政策。

3）无偿捐赠用于应对新型冠状病毒肺炎疫情的货物免税政策。

（7）征收管理

1）纳税环节

城市维护建设税的纳税环节，实际就是纳税人缴纳增值税、消费税的环节。

2）纳税地点

一般而言，纳税人缴纳增值税、消费税的地点，就是该纳税人缴纳城市维护建设税的地点。

3）纳税义务发生时间和纳税期限。

城市维护建设税的纳税义务发生时间与增值税、消费税的纳税义务发生时间一致，分别与增值税、消费税同时缴纳。此外，城市维护建设税的纳税期限也分别与增值税、消费税的纳税期限一致，即为1日、3日、5日、10日、15日或者1个月。

6. 教育费附加及地方教育附加基本知识

（1）征税范围

教育费附加和地方教育附加对缴纳增值税、消费税的单位和个人征收。

（2）计征依据

实际缴纳的增值税、消费税税款。

（3）计征比率

现行教育费附加征收比率为3%，地方教育附加征收率为2%。

（4）计算公式

教育费附加和地方教育附加的计算公式为：

$$\text{应纳教育费附加或地方教育附加}=\text{实际缴纳的增值税、消费税}\times\text{征收比率}(3\%\text{或}2\%)$$

（5）减免规定

1）对海关进口的产品征收的增值税、消费税，不征收教育费附加。

2）对由于减免增值税、消费税而发生退税的，可同时退还已征收的教育费附加。但对出口产品退还增值税、消费税的，不退还已征的教育费附加。

3）对国家重大水利工程建设基金免征教育费附加。

4）按月纳税的月销售额或营业额不超过10万元（按季度纳税的季度销售额或营业额不超过30万元）的缴纳义务人，免征教育费附加、地方教育附加。

二、重点和难点

（一）房地产税法重点和难点

1. 投资联营房产的房产税计算

对以房产投资联营，投资者参与投资利润分红，共担风险的，由被投资方按房产余值作为计税依据计征房产税；对只收取固定收入，不承担联营风险的，由出租方按租金收入计征房产税。

2. 小型微利企业房产税的税收优惠

由省、自治区、直辖市人民政府根据本地区实际情况，以及宏观调控需要确定，对小型微利企业可以在50%的税额幅度内减征房产税。执行期限为2022年1月1日至2024年12月31日。小型微利企业，是指从事国家非限制和禁止行业，且同时符合年度应纳税所得额不超过300万元、从业人数不超过300人、资产总额不超过5 000万元等三个条件的企业。

(二) 土地增值税法重点和难点

1. 房地产开发企业土地增值税清算

土地增值税清算是指纳税人在符合土地增值税清算条件后，依照税收法律、法规及土地增值税有关政策的规定，计算房地产开发项目应缴纳的土地增值税税额，并填写土地增值税清算申报表，向主管税务机关提供有关资料，办理土地增值税清算手续，结清该房地产项目应缴纳土地增值税税款的行为。

(1) 清算单位

土地增值税以国家有关部门审批的房地产开发项目为单位进行清算，对于分期开发的项目，以分期项目为单位清算。

开发项目中同时包含普通住宅和非普通住宅的，应分别计算增值额。

(2) 清算条件

符合下列情形之一的，纳税人应进行土地增值税的清算：

1) 房地产开发项目全部竣工、完成销售的。

2) 整体转让未竣工决算房地产开发项目的。

3) 直接转让土地使用权的。

符合下列情形之一的，主管税务机关可要求纳税人进行土地增值税清算：

1) 已竣工验收的房地产开发项目，已转让的房地产建筑面积占整个项目可售建筑面积的比例在85%以上，或该比例虽未超过85%，但剩余的可售建筑面积已经出租或自用的。

2) 取得销售（预售）许可证满3年仍未销售完毕的。

3) 纳税人申请注销税务登记但未办理土地增值税清算手续的。

4) 省税务机关规定的其他情况。

2. 企业重组的土地增值税规定

(1) 企业按照《公司法》有关规定整体改制，包括非公司制企业改制为有限责任公司或股份有限公司，有限责任公司变更为股份有限公司，股份有限公司变更为有限责任公司，对改制前的企业将国有土地使用权、地上的建筑物及其附着物（以下称“房地产”）转移、变更到改制后的企业，暂不征土地增值税。

(2) 两个或两个以上企业合并为一个企业，且原企业投资主体存续的，对原企业将房地产转移、变更到合并后的企业，暂不征土地增值税。

(3) 企业分设为两个或两个以上与原企业投资主体相同的企业，对原企业将房地产转移、变更到分立后的企业，暂不征土地增值税。

上述规定执行期限为2021年1月1日至2023年12月31日。改制重组有关土地增值税政策不适用于房地产转移任意一方为房地产开发企业的情况。

(三) 契税法重点和难点

1. 视同房屋交易的几种特殊情况

房屋买卖即以货币为媒介，出卖者向购买者过渡房产所有权的交易行为。以下几种特殊情况，视同买卖房屋：

(1) 以房产抵债或实物交换房屋。经当地政府和有关部门批准，以房抵债和实物交换房屋，均视同房屋买卖，应由产权承受人按房屋现值缴纳契税。

(2) 以房产作投资、入股。这种交易业务属房屋产权转移，应根据国家房地产管理的有关规定，办理房屋产权交易和产权变更登记手续，视同房屋买卖，由产权承受方按契税税率计算缴纳契税。

(3) 买房拆料或翻建新房，应照章征收契税。

2. 直系亲属之间的房屋赠与和继承的契税规定

房屋的受赠人原则上要按规定缴纳契税。对于《民法典》规定的法定继承人（包括配偶、子女、父母、兄弟姐妹、祖父母、外祖父母）继承土地、房屋权属的，不征收契税；非法定继承人根据遗嘱承受死者生前的土地房屋权属，属于赠与行为，应征收契税。

3. 企业重组的契税规定

(1) 企业按照《公司法》有关规定整体改制，包括非公司制企业改制为有限责任公司或股份有限公司，有限责任公司变更为股份有限公司，股份有限公司变更为有限责任公司，原企业投资主体存续并在改制（变更）后的公司中所持股权（股份）比例超过75%，且改制（变更）后公司承继原企业权利、义务的，对改制（变更）后公司承受原企业土地、房屋权属，免征契税。

(2) 两个或两个以上的公司，依照法律规定、合同约定，合并为一个公司，且原投资主体存续的，对合并后公司承受原合并各方土地、房屋权属，免征契税。

(3) 公司依照法律规定、合同约定分立为两个或两个以上与原公司投资主体相同的公司，对分立后公司承受原公司土地、房屋权属，免征契税。

(4) 企业依照有关法律法规规定实施破产，债权人（包括破产企业职工）承受破产企业抵偿债务的土地、房屋权属，免征契税；对非债权人承受破产企业土地、房屋权属，凡按照《劳动法》等国家有关法律法规政策妥善安置原企业全部职工规定，与原企业全部职工签订服务年限不少于3年的劳动用工合同的，对其承受所购企业土地、房屋权属，免征契税；与原企业超过30%的职工签订服务年限不少于3年的劳动用工合同的，减半征收契税。

上述规定自2021年1月1日起至2023年12月31日执行。自执行之日起，企业、事业单位在改制重组过程中，符合财政部 国家税务总局《关于继续执行企业事业单位改制重组有关契约政策的公告》（财政部、税务总局公告2021年第17号）规定但已缴纳契税的，可申请退税。

（四）车船税法重点和难点

1. 节能汽车的车船税优惠

对节能汽车，减半征收车船税。减半征收车船税的节能乘用车应同时符合以下标准：

（1）获得许可在中国境内销售的排量为1.6升以下（含1.6升）的燃用汽油、柴油的乘用车（含非插电式混合动力、双燃料和两用燃料乘用车）；

（2）综合工况燃料消耗量应符合相关标准。

减半征收车船税的节能商用车应同时符合以下标准：

（1）获得许可在中国境内销售的燃用天然气、汽油、柴油的轻型和重型商用车（含非插电式混合动力、双燃料和两用燃料轻型和重型商用车）；

（2）燃用汽油、柴油的轻型和重型商用车综合工况燃料消耗量应符合相关标准。

2. 新能源车船的车船税优惠

对新能源车船，免征车船税。免征车船税的新能源汽车是指纯电动商用车、插电式（含增程式）混合动力汽车、燃料电池商用车。纯电动乘用车和燃料电池乘用车不属于车船税征税范围，对其不征车船税。免征车船税的新能源汽车应同时符合以下标准：

（1）获得许可在中国境内销售的纯电动商用车、插电式（含增程式）混合动力汽车、燃料电池商用车；

（2）符合新能源汽车产品相关技术标准；

（3）通过新能源汽车专项检测，符合新能源汽车相关标准；

（4）新能源汽车生产企业或进口新能源汽车经销商在产品质量保证、产品一致性、售后服务、安全监测、动力电池回收利用等方面符合相关要求。

免征车船税的新能源船舶应符合以下标准：船舶的主推进动力装置为纯天然气发动机。发动机采用微量柴油引燃方式且引燃油热值占全部燃料总热值的比例不超过5%的，视同纯天然气发动机。

（五）印花税法重点和难点

1. 证券交易印花税规定

在上海证券交易所、深圳证券交易所、全国中小企业股份转让系统买卖、继承、赠与优先股所书立的股权转让书据，均依书立时实际成交金额，由出让方按1‰的税率计算缴纳证券（股票）交易印花税。

香港市场投资者通过沪港通买卖、继承、赠与上交所上市A股，按照内地现行税制规定缴纳证券（股票）交易印花税。内地投资者通过沪港通买卖、继承、赠与联交所上市股票，按照香港特别行政区现行税法规定缴纳印花税。

2. 以货换货商品交易形式的印花税规定

商品购销活动中，采用以货换货方式进行商品交易签订的合同，是反映购销双重经济行为的合同。对此，双方应按合同所载的购、销合计金额计税贴花。应税合同的计税依据，为合同所列的金额，不包括列明的增值税税款；应税合同、未列明金额的，印花税的计税依据按照实际结算的金额确定。仍不能确定的，按照书立合同、产权转移书据时的市场价格确定；依法应当执行政府定价或者政府指导价的，按照国家有关规定确定。

三、相关立法综述

（一）财产行为税的整体立法形式

总的来看，我国财产行为税收立法，表现为如下三种形式：

一是税制平移，由行政法规上升为法律。大部分财产行为税立法都是遵循税制平移原则，保持税制框架不变、总体税负不变的原则，将现行各税种的行政法规上升为法律。2011 年 2 月，《车船税法》顺利地完成了立法程序，成为第一个完全由行政法规（《车船税暂行条例》）以平移方式升格为法律的税种单行法。2018 年 12 月通过《车辆购置税法》《耕地占用税法》，2019 年 8 月通过《资源税法》，2020 年 8 月通过《城市维护建设税法》《契税法》，2021 年 6 月通过《印花税法》。

二是“费改税”。2018 年新开征的环境保护税是由“费改税”，从环境保护费改为环境保护税，直接以《环境保护税法》的形式于 2016 年 12 月 25 日完成立法。

三是不动产类财产行为税仍在立法稳妥推进中。2019 年 7 月 16 日，《中华人民共和国土地增值税法（征求意见稿）》由财政部起草后在官网公布，正式征求意见。至于现行的房产税和城镇土地使用税，也将合并为房地产税，由全国人大常委会预算工作委员会会同财政部组织起草《房地产税法（草案）》，现在仍在制定法律草案的环节，其立法工作将“积极稳妥推进”。

（二）房产税的立法历程

以财产行为税中的房产税为例，其立法大概经历了以下历程：

1. 历史上的房产税

房产税为中外各国政府广为开征的古老的税种。欧洲中世纪时，房产税就成为封建君主敛财的一项重要手段，且名目繁多，如“窗户税”“灶税”“烟囱税”等，这类房产税大多以房屋的某种外部标志作为确定负担的标准。中国古籍《周礼》上所称“廛布”即为最初的房产税。至唐代的间架税、清代和中华民国时期的房捐，均属房产税性质。

2. 1950—1986 年房产税制度建立

中华人民共和国成立后，1950 年 1 月政务院公布的《全国税政实施要则》，规定全国统一征收房产税。同年 6 月，将房产税和地产税合并为房地产税。1951 年 8 月 8 日，政务院公布《城市房地产税暂行条例》。1973 年简化税制，将试行工商税的企业缴纳的城市房地产税并入工商税，只对有房产的个人、外国侨民和房地产管理部门继续征收城市房地产税。1984 年 10 月，国营企业实行第二步利改税和全国改革工商税制时，确定对企业恢复征收城市房地产税。同时，鉴于中国城市的土地属于国有，使用者没有土地产权的实际情况，将城市房地产税分为房产税和土地使用税。

3. 1986—2011 年房产税条例颁布，内外制度合一

1986 年 9 月 15 日，国务院发布《中华人民共和国房产税暂行条例》（以下简称《房产税暂行条例》），决定从当年 10 月 1 日起施行。对在中国有房产的外商投资企业、外国企业和外籍人员仍征收城市房地产税。2008 年 12 月 31 日，时任国务院总理温家宝签署第 546 号国务院令，宣布 1951 年 8 月 8 日由原政务院公布的《城市房地产税暂行条例》自 2009 年 1 月 1 日起废止。自 2009 年 1 月 1 日起，外商投资企业、外国企业和组织以及外籍个人，依照《房产税暂行条例》缴纳房产税。

4. 2011 年至今房产税改革实验

1986 年《房产税暂行条例》仅对生产经营用房征收房产税，对于居民住房暂缓征收，这种制度设计在 1986 年普遍施行计划性房屋供给时代无可厚非，然而从 1998 年开始我国房地产进入商品房供给阶段，并且房地产市场开启了近 20 年的狂飙突进，中国居民财产中超过 60%为房地产，对房地产的拥（占）有已经成为居民财富不均衡的重要因素。2011 年经国务院同意，在上海、重庆两地试点对部分居民住房开征房产税，然而由于课税对象过于狭窄（主要为增量房）、计税依据不科学（按照原始价值）、税率偏低（重庆最低 0.5%、上海最低 0.4%）、扣除过大（人均 60 平方米扣除），使得付出的征纳税成本高昂，征税的效果不好，远远低于试点预期。此后，陆续传出将在多个城市试点，但均未成真。

2021 年，在房地产税改革试点工作座谈会上，首次公开提出了“试点”。然而，随着楼市下行，2022 年 3 月，财政部明确表态：“房地产税改革试点依照全国人大常委会的授权进行，一些城市已经开展调查摸底和初步研究工作，但综合考虑各方面的情况，2022 年内还不具备扩大房地产税改革试点城市的条件”。而到了 2022 年 10 月，财政部发布文件强调，支持深圳在全国税制改革中先行先试，无疑再次将房地产税提至台前。2023 年 3 月，我国全面实现不动产统一登记，这一消息被认为是房地产税即将到来的信号。但直到 2023 年 9 月 7 日十四届全国人大常委会公开的 130 件立法规划中，并未包含上届全国人大常委会立法规划中的房地产税法，这可能意味着房地产税立法暂缓。

【案例分析】

案例1：房产税的课税要素如何确定？（财产税法）

一、案例导入

某污水处理厂主营业务为生活污水处理，2019年1月其委托施工单位建设厂地。2020年12月完成竣工验收并开始投入使用，该污水处理厂占地面积40 000.00平方米，土地购置成本50 000 000.00元，固定资产清单中建筑物及构筑物明细如表9-7：

表9-7 项目资产明细表

资产名称	账面原值（元）	建筑面积（m^2）
综合楼	30 000 000.00	1 600.00
值班控制室	20 000 000.00	1 000.00
高密度沉淀池	15 000 000.00	200.00
废水池	3 000 000.00	30.00
合计	68 000 000.00	2 830.00

思考：该污水处理厂2021年1月—6月份房产税的计税依据和应纳税额。

二、财税行政与法官释法

1. 房产原值的内容。根据财政部、国家税务总局《关于安置残疾人就业单位城镇土地使用税等政策的通知》（财税〔2010〕121号）第3条规定："对按照房产原值计税的房产，无论会计上如何核算，房产原值均应包含地价，包括为取得土地使用权支付的价款、开发土地发生的成本费用等。"宗地容积率低于0.5的，按房产建筑面积的2倍计算土地面积并据此确定计入房产原值的地价。

2. 独立于房屋之外的建筑物价值的扣除。根据财政部、国家税务总局《关于房产税和车船使用税几个业务问题的解释与规定》（〔87〕财税地字第003号）规定："'房产'是以房屋形态表现的财产。房屋是指有屋面和围护结构（有墙或两边有柱），能够遮风避雨，可供人们在其中生产、工作、学习、娱乐、居住或储藏物资的场所。独立于房屋之外的建筑物，如围墙、烟囱、水塔、变电塔、油池油柜、酒窖菜窖、酒精池、糖蜜池、室外游泳池、玻璃暖房、砖瓦石灰窑以及各种油气罐等，不属于房产。"但按照会计准则，这一部分一般会计入固定资产的房产原值，需要税务人员在计算房产税时予以剔除。

本案中，固定资产清单中的综合楼和值班控制室属于房产税中的"房屋"，应缴纳房产税；高密度沉淀池和废水池不属于房产税中的"房屋"，不应缴纳房产税。

此外，关于房屋附属设施需要注意的是，随着房屋功能的增加，某些即使在会计核算中作为其他固定资产的项目，如中央空调等，也需要纳入房产原值缴纳房产税。《国家税务总局关于进一步明确房屋附属设备和配套设施计征房产税有关问题的通知》(国税发〔2005〕173 号) 第 1 条规定："为了维持和增加房屋的使用功能或使房屋满足设计要求，凡以房屋为载体，不可随意移动的附属设备和配套设施，如给排水、采暖、消防、中央空调、电气及智能化楼宇设备等，无论在会计核算中是否单独记账与核算，都应计入房产原值，计征房产税。"

三、疑难问题

该污水处理厂 2021 年 1 月—6 月份应缴纳房产税金额为多少？

该土地容积率＝总建筑面积(1 600.00＋1 000.00＋200.00＋30.00)÷40 000.00＝0.07＜0.5

$$\text{应计入房产原值的土地成本}=\text{总建筑面积}\times 2\times\text{土地单位成本}\times\text{综合楼值班控制室建筑面积}\div\text{总建筑面积}$$

$$=\text{总建筑面积 }2\ 830.00\text{m}^2\times 2\times\text{土地取得成本 }50\ 000\ 000.00\text{ 元}\div\text{土地面积占地 }40\ 000.00\text{m}^2$$

$$\times(\text{综合楼建筑面积 }1\ 600\text{m}^2+\text{值班控制室建筑面积 }1\ 000.00\text{m}^2)\div\text{总建筑面积 }2\ 830.00\text{m}^2$$

$$=6\ 500\ 000.00\text{ 元}$$

房产原值＝计入房产原值的土地成本 6 500 000.00 元
＋综合楼原值 30 000 000.00 元
＋值班控制室原值 20 000 000.00 元
＝56 500 000.00 元

该污水处理厂 2021 年 1 月—6 月份应缴纳房产税金额＝56 500 000.00 元×(1－30%)×1.2%×6÷12
＝237 300.00 元

四、类案练习

某上市公司 2020 年以 5 000 万元购得一处高档会所，然后加以改建，支出 500 万元在后院新建一露天泳池。当地规定计算房产余值的扣除比例为 30%。

请问：

2020 年该公司就该会所应缴纳房产税多少？

案例 2：甲公司收购资产如何缴纳契税？(财产税法)

一、案例导入

甲公司于 2020 年度收购乙公司持有的丙厂的国有土地使用权、建（构）筑物、机器设备、电子设备等资产，重庆A资产评估房地产土地估价有限公司已于2020年5月24日出具编号为A资产评报字2020第256号的资产评估报告。在评估基准日2020年3月31日，丙厂的建（构）筑物、机器设备、电子设备、国有土地使用权等资产的市场价值为10 407.61万元，其中房屋建筑物972.57万元，构筑物及其他辅助设施6 414.81万元，设备类（机器设备、车辆、电子设备）合计1 253.96万元，绿化工程308.94万元，土地使用权1 457.33万元。

关于甲公司收购上述资产如何缴纳契税。

二、财税行政与法官释法

《契税暂行条例》（国务院令第224号）（现已废止）第1条规定："在中华人民共和国境内转移土地、房屋权属，承受的单位和个人为契税的纳税人，应当依照本条例的规定缴纳契税。"第8条规定："契税的纳税义务发生时间，为纳税人签订土地、房屋权属转移合同的当天，或者纳税人取得其他具有土地、房屋权属转移合同性质凭证的当天。"第9条规定："纳税人应当自纳税义务发生之日起10日内，向土地、房屋所在地的契税征收机关办理纳税申报，并在契税征收机关核定的期限内缴纳税款。"

财政部、国家税务总局《关于房屋附属设施有关契税政策的批复》（财税〔2004〕126号）（现已废止）第1条规定："对于承受与房屋相关的附属设施（包括停车位、汽车库、自行车库、顶层阁楼以及储藏室，下同）所有权或土地使用权的行为，按照契税法律、法规的规定征收契税；对于不涉及土地使用权和房屋所有权转移变动的，不征收契税。"第3条规定："承受的房屋附属设施权属如为单独计价的，按照当地确定的适用税率征收契税；如与房屋统一计价的，适用与房屋相同的契税税率。"

财政部、国家税务总局《关于土地使用权转让契税计税依据的批复》（财税〔2007〕162号）（现已废止）规定："根据国家土地管理相关法律法规和《中华人民共和国契税暂行条例》及其实施细则的规定，土地使用者将土地使用权及所附建筑物、构筑物等（包括在建的房屋、其他建筑物、构筑物和其他附着物）转让给他人的，应按照转让的总价款计征契税。"

综上所述，甲公司为土地、房屋权属承受方，对于收购的房屋建筑物、构筑物及其他辅助设施、绿化工程、土地使用权，应纳入契税征税范围。同时，甲公司需要关注的是：由于该经济事项发生于2020年度，适用《契税暂行条例》规定的"纳税人应于纳税义务发生之日起10日内办理申报纳税"；现行有效的《契税法》于2021年9月份正式施行，其第10条规定，"纳税人应当在依法办理土地、房屋权属登记手续前申报缴纳契税"。二者对于契税申报纳税期限的规定存在差异。根据法律不溯及既往原则，该经济事项存在被税务机关认定为未按期申报纳税的可能，建议具体与主管税务机关沟通。

三、疑难问题

国有土地使用权出让，其计税依据为承受人为取得该土地使用权而支付的全部经济利益。具体而言：

1. 以协议方式出让的，其计税依据为土地出让合同确定的成交价格，具体包括土地出让金、土地补偿费、安置补助费、地上附着物和青苗补偿费、拆迁补偿费、市政建设配套费等承受者应支付的货币、实物、无形资产及其他经济利益。没有成交价格或者成交价格明显偏低的，征收机关可依次按评估价格、土地基准地价的方式确定计税依据。

2. 先以划拨方式取得土地使用权，后经批准改为出让方式取得该土地使用权的，土地受让方应依法补缴契税，其计税依据为应补交的土地出让金和其他出让费用。

四、类案练习

背景资料：甲公司 2016 年 7 月以行政划拨方式取得一块国有土地使用权，2018 年 12 月甲公司转型为房地产开发企业。2019 年 4 月，经当地政府批准，甲公司取得的该地块由原先的行政划拨方式改为出让方式。甲房地产开发企业以出让方式取得该地块土地使用权时按政府规定补缴了土地出让金 7 亿元，支付其他相关的出让费用 3.5 亿元。

问：该房地产开发企业应缴纳契税多少亿元？（当地契税税率 3%）

案例 3：提供一般流动资金融资贷款如何缴纳印花税？（行为税法）

一、案例导入

2022 年 7 月，××银行股份有限公司首尔分行向甲公司提供额度最高 56 230 000.00 美元的一般流动资金融资贷款，如何缴纳印花税。

二、财税行政与法官释法

《印花税法》第 1 条规定："在中华人民共和国境内书立应税凭证、进行证券交易的单位和个人，为印花税的纳税人，应当依照本法规定缴纳印花税。"《印花税法》所附《印花税税目税率表》中列明"借款合同"指银行业等金融机构经国家银行业监督管理机构批准设立的其他金融机构与借款人（不包括银行同业拆借）所签订的借款合同，适用税率为借款金额的万分之零点五。

同时，根据《印花税暂行条例施行细则》（财税字〔1988〕第 255 号）第 19 条的规定，应纳税凭证所载金额为外国货币的，纳税人应按照凭证书立当日的中华人民共和国国家外汇管理局公布的外汇牌价折合人民币，计算应纳税额。

综上所述，甲公司与××银行首尔分行签订的融资贷款合同，应按照合同书立当日的中华人民共和国国家外汇管理局公布的外汇牌价折合人民币，适用“借款合同”税目对应的万分之零点五计算印花税应纳税额。

三、疑难问题

借款合同的计税依据为借款金额，针对实际借贷中的不同借贷形式，税法规定了不同的计税方法，主要包括：

1. 一项信贷业务既签订借款合同，又一次或分次填开借据的，以借款合同所载金额计税贴花；只填开借据并作为合同使用的，应以借据所载金额计税。

2. 流动资金周转性借款合同，一般按年（期）签订，规定最高限额，借款人在规定的期限和最高限额内随借随还。对这类合同只就其规定的最高额为计税依据，在签订时贴花一次，在限额内随借随还不签订新合同的，不再另贴印花。

3. 借款方以财产作抵押，从贷款方取得抵押贷款的合同，应按借款合同贴花，在借款方因无力偿还借款而将抵押财产转移给贷款方时，应就双方书立的产权转移书据，按产权转移书据有关规定计税贴花。

4. 对银行及其他金融机构的融资租赁业务签订的融资租赁合同，应按合同所载租金总额，暂按借款合同计税。

四、类案练习

背景资料：某企业 2022 年 10 月以一栋房产作抵押，取得银行抵押贷款 40 万元，并签订抵押贷款合同，年底由于资金周转困难，按合同约定将价值 50 万元的房产产权转移给银行，并依法签订产权转移书据。

问：该项业务应缴纳多少印花税？

案例 4：谁是耕地占用税的纳税人？（行为税法）

一、案例导入

甲公司因新建厂房需占用耕地，于是向乙县政府申请 A 地块的土地使用权，乙县政府以自己的名义逐级上报省政府，申请办理 A 地块农用地转建设用地手续。在此期间，甲公司未经批准占用了 A 地块修建厂房，并向税务机关申报缴纳了耕地占用税。厂房修建完成后几年，省政府批复了乙县政府 A 地块农用地转建设用地的申请，乙县政府向税务机关申报缴纳了 A 地块涉及的耕地占用税，并将其出让给甲公司。此时甲公司认为乙县政府是 A 地块的耕地占用税纳税人，遂向税务机关提出退税申请。谁应该是耕地占用税的纳税人？

二、财税行政与法官释法

根据《土地管理法》规定，建设占用耕地，涉及农用地转为建设用地的，应当办理农用地转用审批手续；因建设项目施工和地质勘查需要临时使用土地的，应由自然资源主管部门批准。因此，在我国要占用耕地从事非农业生产，必须履行相应的审批手续，否则实质上为非法占地。甲公司虽然向相关部门提出 A 地块的用地申请，但在申请尚未批准前就占用耕地从事非农业生产，为非法占用耕地。《耕地占用税法》规定，在我国境内占用耕地建设建筑物、构筑物或者从事非农业建设的单位和个人，为耕地占用税的纳税人。《耕地占用税法实施办法》第 2 条第 2 款规定，未经批准占用耕地的，纳税人为实际用地人。虽然甲公司为非法占用耕地，但仍属于耕地占用税的纳税人，应该就其占用 A 耕地的行为缴税。

依照《土地管理法》规定，甲公司在非法占用 A 地块后，自然资源部门应限期拆除其在土地上新建的建筑物和其他设施，并要求其恢复土地原状；对于符合土地利用总体规划的，可以没收土地上新建的建筑并处罚款。在该案中，省政府批复了乙县政府 A 地块农用地转建设用地的申请，但此时 A 地块已被甲公司非法占用多年，在履行相关手续后乙县政府把 A 地块出让给了甲公司，使甲公司合法拥有了 A 地块的土地使用权。在甲公司违法占地期间，乙县相关部门并没有对甲公司的违法占地行为进行处理，乙县政府在取得 A 地块转用批复文件时，A 地块事实上已经是建设用地，故不满足耕地占用税的征税条件，所以乙县政府不是耕地占用税的纳税人，无须缴纳耕地占用税。若在甲公司违法占地期间，乙县相关部门对其违法行为进行了处理，并要求其恢复土地原状，则乙县政府在取得农用地转用批文后对土地进行收储再出让，应该缴纳耕地占用税。

三、疑难问题

耕地占用税在什么情况下可以退还？

《耕地占用税法》明确，纳税人在批准临时占用耕地期满之日起 1 年内依法复垦，恢复种植条件的，全额退还已经缴纳的耕地占用税。《耕地占用税法实施办法》规定，因挖损、采矿塌陷、压占、污染等损毁耕地行为发生之日起 3 年内依法复垦或修复，恢复种植条件的，可以全额退还已经缴纳的耕地占用税。很显然，甲公司占用 A 地块时属于非法占地，不满足退税的条件。但若甲公司因违反《土地管理法》相关规定，被要求恢复该地块土地原状，即使其按要求恢复了 A 地块的种植条件，仍因不满足退还耕地占用税的条件，不能退税。

本案税务机关不能退还甲公司已经缴纳的耕地占用税，而应将乙县政府缴纳的耕地占用税全额退还。

四、类案练习

某市城区某企业经批准占用耕地 36 亩，企业在实际建设过程中，擅自将土地西侧的山坡地4亩占用，当地耕地占用税税额每平方米24元，请计算该企业应缴纳的耕地占用税。

课程思政教学指导

【知识拓展】

一、拓展阅读

重庆调整个人住房房产税政策

2023年7月24日，中央政治局会议指出，要适应我国房地产市场供求关系发生重大变化的新形势，适时调整优化房地产政策，因城施策用好政策工具箱。7月31日，国务院常务会议指出，要调整优化房地产政策，根据不同需求、不同城市等推出有利于房地产市场平稳健康发展的政策举措。为认真贯彻落实党中央、国务院决策部署，更好满足居民刚性和改善性住房需求，促进房地产市场平稳健康发展，重庆市政府于2023年9月20日出台《重庆市人民政府关于修改〈重庆市关于开展对部分个人住房征收房产税改革试点的暂行办法〉和〈重庆市个人住房房产税征收管理实施细则〉的决定》（重庆市人民政府令第361号，以下简称《决定》），对《重庆市关于开展对部分个人住房征收房产税改革试点的暂行办法》和《重庆市个人住房房产税征收管理实施细则》进行了修改。

该《决定》的主要内容体现为：一是将征收对象中“在重庆市同时无户籍、无企业、无工作的个人新购的首套及以上的普通住房”调整为“在重庆市同时无户籍、无企业、无工作的个人新购的第二套（含第二套）以上的普通住房”。二是将纳税期限由每年的10月1日至31日调整为每年的10月1日至12月31日。三是调整了相关部门和区域名称。该《决定》提出，为做好政策衔接，2017年1月14日至2023年9月19日，在重庆市同时无户籍、无企业、无工作的个人新购的首套普通住房仍为个人住房房产税征收对象，自《决定》发布之日起，该部分征收对象纳税义务终止；在此期间新购的第二套（含第二套）以上的普通住房自《决定》发布之日起仍是征收对象。

例1：重庆市同时无户籍、无企业、无工作的王某，2017年3月20日在重庆两江新区新购普通住房一套A，2019年10月20日办理不动产权证，A住房是王某在重庆持有的首套普通住房。王某需缴纳A住房2019年11月至2023年9月的个人住房房产税，自2023年10月起不再缴纳个人住房房产税。

例2：王某另持有第二套普通住房B，于2019年10月20日在重庆江北区新购，2021年7月20日办理不动产权证。B住房自《决定》发布之日起仍是征收对象，王某需从 2021 年 8 月起按年缴纳持有 B 住房的个人住房房产税。

二、毕业论文选题指导

由于财产行为税的税法功能主要是为地方政府筹集收入、调节收入分配和纠正消费行为方式，所以在选题时也主要集中在财税分权、构建地方税体系、税制改革、税制效应分析等内容上。

1. 财税分权与地方财政自主。在中央与地方分权、事权与支出责任相匹配的逻辑下，对地方税应纵向授权立法，给予地方政府财政自主权，激发地方优化营商环境的积极性。既可以从法学、经济学、新公共管理学等多个视角来研究，也可以对 1994 年分税制改革的不彻底进行历史检思。

2. 构建地方税体系。构建地方税体系的重点是地方主体税种的确立，目前有三种观点：一是建立以房地产税为主体税种的地方税体系，二是建立以零售税为主体税种的地方税体系，三是提高共享税的地方分成比例。

3. 房地产税改革与立法。首先，需要确定房地产税改革和立法的价值目标，是公平正义还是效率优先，在价值目标的研究中，特别要注意我国土地产权制度的二元分离，对公有制土地征税的法理依据；其次，是房地产税的功能定位，是单一功能还是多功能，多功能的首要功能是抑制房价、筹集地方财政收入还是调节收入分配不公；再次，是房地产税的制度设计，基于不同的立法价值和功能定位，研究设计合理的房地产税制度；最后，是路径选择，是自下而上的先试点后立法，还是自上而下的全国人大立法，抑或部分税制要素授权地方立法可从税收立法路径选择上加强分析。

三、推荐文献

1. 刘剑文，陈立诚. 论房产税改革路径的法治化建构. 法学杂志，2014（2）.

2. 陈少英. 宪法框架下我国财产税法的变革. 交大法学，2014（1）.

3. 陈少英. 可持续的地方税体系之构建：以税权配置为视角. 清华法学，2014（5）.

4. 刘甲炎，范子英. 中国房产税试点的效果评估：基于合成控制法的研究. 世界经济，2013（11）.

5. 况伟大，朱勇，刘江涛. 房产税对房价的影响：来自 OECD 国家的证据. 财贸经济，2012（5）.

6. 郭庆旺，吕冰洋. 地方税系建设论纲：兼论零售税的开征. 税务研究，2013（11）.

7. 杨源源，贾鹏飞，高洁超. 中国房地产长效调控范式选择：房产税政策还是宏观审慎政策. 财贸经济，2021（8）.

8. 郭维真，尚亿慧. 地方主体税种的确立：反思与路径. 税务研究，2021（10）.

9. 黄忠. 集体建设用地制度改革的征税与征收模式辨析. 中外法学，2022（1）.

10. 熊伟. 税收法定原则与地方财政自主：关于地方税纵向授权立法的断想. 中国法律评论，2016（1）.

专题十　环境资源税法律实务

绿水青山就是金山银山。2018 年 1 月 1 日起施行的《环境保护税法》作为我国首部环境税法，为绿水青山拉起了“保护网”。2020 年 9 月 1 日《资源税法》的实施，在保持现行税制框架和税负水平总体不变的基础上，增强了资源税在促进资源节约集约利用、加强生态环境保护方面的功能，有利于发挥资源税保护环境的积极作用。本专题重点介绍环境保护税法、资源税法的基本原理、税法要素和制度实践，学生可以借助相关例题的讲解和实践分析掌握环境与资源税法的知识内容。

【基础理论】

一、基本知识介绍

（一）环境保护税法基本知识

1. 环境保护税的基本原理

2016 年 12 月 25 日《中华人民共和国环境保护税法》的通过，开启了我国环境保护的法治化进程。环境保护税作为实现可持续发展、促进人与自然和谐共生的重要制度，具有经济、政治、法律等多方面的理论基础，具体有公共物品理论、市场失灵理论、外部性理论以及可持续发展理论等。环境保护税用税收的手段将环境外部损失成本内部化，使污染者承担相应的责任。环境保护税主要有补偿环境外部损失成本、调节企业污染治理行为、促进产业调整改进效率、筹集环境保护资金功能等功能。

2. 环境保护税的纳税人

(1) 环境保护税的纳税人一般规定

《环境保护税法》规定在中华人民共和国领域和中华人民共和国管辖的其他海域，直接向环境排放应税污染物的企业事业单位和其他生产经营者为环境保护税的纳税人，应当依照本法规定缴纳环境保护税。

依照该法规定，环境保护税法纳税人的纳税情形分为四种：

1) 向大气、水体排放污染物的，排放即征税。

2) 企业事业单位和其他生产经营者贮存或者处置固体废物不符合国家和地方环境保护标准的，应当缴纳环境保护税。

3) 依法设立的城乡污水集中处理、生活垃圾集中处理场所超过国家和地方规定的排放标准向环境排放应税污染物的，应当缴纳环境保护税。

城乡污水集中处理场所，是指为社会公众提供生活污水处理服务的场所，不包括为工业园区、开发区等工业聚集区域内的企业事业单位和其他生产经营者提供污水处理服务的场所，以及企业事业单位和其他生产经营者自建自用的污水处理场所。

4) 达到省级人民政府确定的规模标准并且有污染物排放口的畜禽养殖场，应当依法缴纳环境保护税。

(2) 环境保护税的纳税人特别规定

有下列情形之一的，不属于直接向环境排放污染物，不缴纳相应污染物的环境保护税：

1) 企业事业单位和其他生产经营者向依法设立的污水集中处理、生活垃圾集中处理场所排放应税污染物的。

2) 企业事业单位和其他生产经营者在符合国家和地方环境保护标准的设施、场所贮存或者处置固体废物的。

3) 依法对畜禽养殖废弃物进行综合利用和无害化处理的，不属于直接向环境排放污染物，不缴纳环境保护税。

直接向环境排放应税污染物的企业事业单位和其他生产经营者，除依照本法规定缴纳环境保护税外，应当对所造成的损害依法承担责任。

3. 环境保护税的征税范围和计税依据

(1) 环境保护税的征税范围

环境保护税对应税污染物征税。应税污染物是指《环境保护税税目税额表》《应税污染物和当量值[①]表》规定的大气污染物、水污染物、固体废物和噪声。

---

① 当量值主要包括污染当量、排污系数和物料衡算三个指标，其中污染当量是指根据污染物或者污染排放活动对环境的有害程度以及处理的技术经济性，衡量不同污染物对环境污染的综合性指标或者计量单位。同一介质相同污染当量的不同污染物，其污染程度基本相当。排污系数是指在正常技术经济和管理条件下，生产单位产品所应排放的污染物量的统计平均值。物料衡算是指根据物质质量守恒原理对生产过程中使用的原料、生产的产品和产生的废物等进行测算的一种方法。

（2）环境保护税的计税依据

应税污染物的计税依据，按照下列方法确定：

1）应税大气污染物和应税水污染物按照污染物排放量折合的污染当量数确定

应税大气污染物、水污染物的污染当量数，以该污染物的排放量除以该污染物的污染当量值计算。每种应税大气污染物、水污染物的具体污染当量值，依照本法所附《应税污染物和当量值表》执行。

每一排放口或者没有排放口的应税大气污染物，按照污染当量数从大到小排序，对前三项污染物征收环境保护税。

每一排放口的应税水污染物，按照本法所附《应税污染物和当量值表》，区分第一类水污染物和其他类水污染物，按照污染当量数从大到小排序，对第一类水污染物按照前五项征收环境保护税，对其他类水污染物按照前三项征收环境保护税。

省、自治区、直辖市人民政府根据本地区污染物减排的特殊需要，可以增加同一排放口征收环境保护税的应税污染物项目数，报同级人民代表大会常务委员会决定，并报全国人民代表大会常务委员会和国务院备案。

纳税人有下列情形之一的，以其当期应税大气污染物、水污染物的产生量作为污染物的排放量：

a. 未依法安装使用污染物自动监测设备或者未将污染物自动监测设备与环境保护主管部门的监控设备联网；

b. 损毁或者擅自移动、改变污染物自动监测设备；

c. 篡改、伪造污染物监测数据；

d. 通过暗管、渗井、渗坑、灌注或者稀释排放以及不正常运行防治污染设施等方式违法排放应税污染物；

e. 进行虚假纳税申报。

2）应税固体废物按照固体废物的排放量确定

固体废物的排放量为当期应税固体废物的产生量减去当期应税固体废物的贮存量、处置量、综合利用量的余额。

这里的固体废物的贮存量、处置量，是指在符合国家和地方环境保护标准的设施、场所贮存或者处置的固体废物数量；固体废物的综合利用量，是指按照国务院发展改革、工业和信息化主管部门关于资源综合利用要求以及国家和地方环境保护标准进行综合利用的固体废物数量。

纳税人有下列情形之一的，以其当期应税固体废物的产生量作为固体废物的排放量：

a. 非法倾倒应税固体废物；

b. 进行虚假纳税申报。

3）应税噪声按照超过国家规定标准的分贝数确定（见表10-1）。

表 10-1　环境税应税噪声按照超过国家规定标准的分贝数确定

<table>
<tr><th colspan="2">税目</th><th>计税单位</th><th>税额</th><th>备注</th></tr>
<tr><td rowspan="6">噪声</td><td rowspan="6">工业噪声</td><td>超标 1～3 分贝</td><td>每个月 350 元</td><td rowspan="6">1）一个单位边界上有多处噪声超标，依据最高一处超标声级计算应纳税额；当沿边界长度超出 100 米有两处以上噪声超标，依据两个单位计算应纳税额。
2）一个单位有不同地点作业场所的，应该分别计算应纳税额，合并计征。
3）昼、夜均超标的环境噪声，昼、夜分别计算应纳税额，累计计征。
4）声源一个月内超标不足 15 天的，减半计算应纳税额。
5）夜间屡次突发和夜间偶然突发厂界超标噪声，按等效声级和峰值噪声两种指标中超标分贝值高的一项计算应纳税额</td></tr>
<tr><td>超标 4～6 分贝</td><td>每个月 700 元</td></tr>
<tr><td>超标 7～9 分贝</td><td>每个月 1 400 元</td></tr>
<tr><td>超标 10～12 分贝</td><td>每个月 2 800 元</td></tr>
<tr><td>超标 13～15 分贝</td><td>每个月 5 600 元</td></tr>
<tr><td>超标 16 分贝以上</td><td>每个月 11 200 元</td></tr>
</table>

4）其他规定

从两个以上排放口排放应税污染物的，对每一排放口排放的应税污染物分别计算征收环境保护税；纳税人持有排污许可证的，其污染物排放口按照排污许可证载明的污染物排放口确定。

纳税人从事海洋工程向中华人民共和国管辖海域排放应税大气污染物、水污染物或者固体废物，申报缴纳环境保护税的具体办法，由国务院税务主管部门会同国务院生态环境主管部门规定。

4. 环境保护税应纳税额的计算

环境保护税的税目、税额，依照《环境保护税法》所附的《环境保护税税目税额表》执行。

应税大气污染物和水污染物的具体适用税额的确定和调整，由省、自治区、直辖市人民政府统筹考虑本地区环境承载能力、污染物排放现状和经济社会生态发展目标要求，在本法所附《环境保护税税目税额表》规定的税额幅度内提出，报同级人民代表大会常务委员会决定，并报全国人民代表大会常务委员会和国务院备案。

环境保护税应纳税额按照下列方法计算：

（1）应税大气污染物的应纳税额为污染当量数乘以具体适用税额；

（2）应税水污染物的应纳税额为污染当量数乘以具体适用税额；

（3）应税固体废物的应纳税额为固体废物排放量乘以具体适用税额；

（4）应税噪声的应纳税额为超过国家规定标准的分贝数对应的具体适用税额。

根据《环境保护税法》第 10 条的规定，应税大气污染物、水污染物、固体废物的排放量和噪声的分贝数，按照下列方法和顺序计算：

(1) 纳税人安装使用符合国家规定和监测规范的污染物自动监测设备的，按照污染物自动监测数据计算；

(2) 纳税人未安装使用污染物自动监测设备的，按照监测机构出具的符合国家有关规定和监测规范的监测数据计算；

(3) 因排放污染物种类多等原因不具备监测条件的，按照国务院生态环境主管部门规定的排污系数、物料衡算方法计算；

(4) 不能按照本条第1项至第3项规定的方法计算的，按照省、自治区、直辖市人民政府生态环境主管部门规定的抽样测算的方法核定计算。

5. 纳税义务发生时间、纳税地点和纳税期限

环境保护税纳税义务发生时间为纳税人排放应税污染物的当日，按月计算，按季申报缴纳。不能按固定期限计算缴纳的，可以按次申报缴纳。纳税人按季申报缴纳的，应当自季度终了之日起15日内，向税务机关办理纳税申报并缴纳税款。纳税人按次申报缴纳的，应当自纳税义务发生之日起15日内，向税务机关办理纳税申报并缴纳税款。

纳税人应当向应税污染物排放地的税务机关申报缴纳环境保护税。应税污染物排放地是指：应税大气污染物、水污染物排放口所在地；应税固体废物产生地；应税噪声产生地。

纳税人跨区域排放应税污染物，税务机关对税收征收管辖有争议的，由争议各方按照有利于征收管理的原则协商解决；不能协商一致的，报请共同的上级税务机关决定。

纳税人申报缴纳时，应当向税务机关报送所排放应税污染物的种类、数量，大气污染物、水污染物的浓度值，以及税务机关根据实际需要要求纳税人报送的其他纳税资料。

6. 环境保护税的征收管理

(1) 环境保护税的征管主体及职责划分

县级以上地方人民政府应当加强对环境保护税征收管理工作的领导，及时协调、解决环境保护税征收管理工作中的重大问题。县级以上地方人民政府应当建立税务机关、生态环境主管部门和其他相关单位分工协作工作机制，加强环境保护税征收管理，保障税款及时足额入库。各级人民政府应当鼓励纳税人加大环境保护建设投入，对纳税人用于污染物自动监测设备的投资予以资金和政策支持。

环境保护税由税务机关依照《税收征管法》和《环境保护税法》的有关规定征收管理。生态环境主管部门依照《环境保护税法》和有关环境保护法律法规的规定负责对污染物监测管理，制定和完善污染物监测规范。税务机关依法履行环境保护税纳税申报受理、涉税信息比对、组织税款入库等职责。

生态环境主管部门和税务机关应当建立涉税信息共享平台和工作配合机制。国务院税务、环境保护主管部门制定涉税信息共享平台技术标准以及数据采集、存储、传输、查询和使用规范。

税务机关、环境保护主管部门应当无偿为纳税人提供与缴纳环境保护税有关的

辅导、培训和咨询服务。

（2）环境保护税的征收程序

1）纳税人向税务机关自行申报纳税，纳税人应当依法如实办理纳税申报，对申报的真实性和完整性承担责任。纳税人应当按照税收征收管理的有关规定，妥善保管应税污染物监测和管理的有关资料。

2）涉税信息共享平台处理。生态环境主管部门应当将排污单位的排污许可、污染物排放数据、环境违法和受行政处罚情况等环境保护相关信息，定期交送税务机关。环境保护主管部门应当通过涉税信息共享平台向税务机关交送在环境保护监督管理中获取的下列信息：排污单位的名称、统一社会信用代码以及污染物排放口、排放污染物种类等基本信息；排污单位的污染物排放数据（包括污染物排放量以及大气污染物、水污染物的浓度值等数据）；排污单位环境违法和受行政处罚情况；对税务机关提请复核的纳税人的纳税申报数据资料异常或者纳税人未按照规定期限办理纳税申报的复核意见；与税务机关商定交送的其他信息。

税务机关应当通过涉税信息共享平台向环境保护主管部门交送下列环境保护税涉税信息：纳税人基本信息；纳税申报信息；税款入库、减免税额、欠缴税款以及风险疑点等信息；纳税人涉税违法和受行政处罚情况；纳税人的纳税申报数据资料异常或者纳税人未按照规定期限办理纳税申报的信息；与环境保护主管部门商定交送的其他信息。依照《环境保护税法》第 10 条第 4 项的规定核定计算污染物排放量的，由税务机关会同生态环境主管部门核定污染物排放种类、数量和应纳税额。

3）税务机关将纳税人申报资料与环保部门的监测数据进行比对。税务机关应当将纳税人的纳税申报数据资料与生态环境主管部门交送的相关数据资料进行比对。税务机关应当依据环境保护主管部门交送的排污单位信息进行纳税人识别。在环境保护主管部门交送的排污单位信息中没有对应信息的纳税人，由税务机关在纳税人首次办理环境保护税纳税申报时进行纳税人识别，并将相关信息交送环境保护主管部门。

4）异常数据交送环保部门复核。税务机关发现纳税人的纳税申报数据资料异常或者纳税人未按照规定期限办理纳税申报的，可以提请生态环境主管部门进行复核，生态环境主管部门应当自收到税务机关的数据资料之日起 15 日内向税务机关出具复核意见。纳税人的纳税申报数据资料异常，包括但不限于下列情形：纳税人当期申报的应税污染物排放量与上一年同期相比明显偏低，且无正当理由；纳税人单位产品污染物排放量与同类型纳税人相比明显偏低，且无正当理由。

5）税务机关据复核意见调整征收。税务机关应当按照生态环境主管部门复核的数据资料调整纳税人的应纳税额。生态环境主管部门发现纳税人申报的应税污染物排放信息或者适用的排污系数、物料衡算方法有误的，应当通知税务机关处理。纳税人申报的污染物排放数据与环境保护主管部门交送的相关数据不一致的，按照生态环境主管部门交送的数据确定应税污染物的计税依据。

6）税务机关依法实施环境保护税的税务检查，生态环境主管部门予以配合。在纳税申报过程中，企业与环保部门不直接发生接触，而直接与企业接触的是税务机关。

7）复议和诉讼。

（3）法律责任

纳税人和税务机关、生态环境主管部门及其工作人员违反《环境保护税法》规定的，依照《税收征管法》《环境保护法》和有关法律法规的规定追究法律责任。

7. 环境保护税的税收减免

环境保护税减免项目属于备案类减免，对符合减免税情形的纳税人，通过填报纳税表履行备案手续，无须专门办理减免税备案手续，减免税相关资料由纳税人留存备查。

（1）暂予免征环境保护税的情形

《环境保护税法》第12条规定的下列情形，暂予免征环境保护税：

1）农业生产（不包括规模化养殖）排放应税污染物的；

2）机动车、铁路机车、非道路移动机械、船舶和航空器等流动污染源排放应税污染物的；

3）依法设立的城乡污水集中处理、生活垃圾集中处理场所排放相应应税污染物，不超过国家和地方规定的排放标准的；

4）纳税人综合利用的固体废物，符合国家和地方环境保护标准的；

5）国务院批准免税的其他情形，由国务院报全国人民代表大会常务委员会备案。

（2）减征环境保护税的情形

《环境保护税法》第13条规定的减征环境保护税的情形有：

1）纳税人排放应税大气污染物或者水污染物的浓度值[①]低于国家和地方规定的污染物排放标准30%的，减按75%征收环境保护税。

2）纳税人排放应税大气污染物或者水污染物的浓度值低于国家和地方规定的污染物排放标准50%的，减按50%征收环境保护税。

依照《环境保护税法》第13条的规定减征环境保护税的，应当对每一排放口排放的不同应税污染物分别计算。

8. 环境保护税例题

【例1】 A机械厂位于居住、商业、工业混杂区域，属于2类厂界外声环境功能区类别，其噪声排放限值昼间为60分贝，夜间为50分贝。经测量A机械厂2022年2月昼间产生噪声75分贝，夜间产生噪声50分贝，超标天数为14天，则该厂2022年2月应税噪声应缴纳的环境保护税为（　　）元。

已知： 工业噪声超标10～12分贝，月收费标准为2 800元；超标13～15分贝，

---

① 应税大气污染物或者水污染物的浓度值，是指纳税人安装使用的污染物自动监测设备当月自动监测的应税大气污染物浓度值的小时平均值再平均所得数值或者应税水污染物浓度值的日平均值再平均所得数值，或者监测机构当月监测的应税大气污染物、水污染物浓度值的平均值。依照《环境保护税法》第13条的规定，减征环境保护税的，前款规定的应税大气污染物浓度值的小时平均值或者应税水污染物浓度值的日平均值，以及监测机构当月每次监测的应税大气污染物、水污染物的浓度值，均不得超过国家和地方规定的污染物排放标准。

月收费标准为 5 600 元；超标 16 分贝以上，月收费标准为 11 200 元。

【解析】

(1) 应税噪声应纳税额＝超过国家规定标准的分贝数对应的具体适用税额。声源一个月内超标不足 15 天，减半计算。

(2) 本月应税噪声环境保护税的应纳税额＝5 600÷2＝2 800(元)。

【例 2】 ××市 B 企业 2021 年 1 月在 a 作业场存在噪声超标。经测量 B 企业噪声：昼间，a 作业场所超标 1～3 分贝，沿边界长度超过 100 米只有一处噪声超标，超标天数为 18 天；夜间，a 作业场所超标 7～9 分贝，沿边界长度超过 100 米有三处噪声超标，超标天数为 14 天。请计算 B 企业 2021 年 1 月噪声污染应缴纳的环境保护税。

已知： 工业噪声超标 1～3 分贝，月收费标准为 350 元；超标 7～9 分贝，月收费标准为 1 400 元；超标 10～12 分贝，月收费标准为 2 800 元。

【解析】

(1) 应税噪声应纳税额＝超过国家规定标准的分贝数对应的具体适用税额。

(2) a 作业场昼间应纳税额＝350(元)。

(3) a 作业场夜间应纳税额＝1 400×2÷2＝1 400(元)。当沿边界长度超过 100 米有两处以上噪声超标，按照两个单位（两处）计算；声源一个月内超标不足 15 天，减半计算。

(4) 本月 B 企业应税噪声环境保护税的应纳税额＝350＋1 400＝1 750(元)。昼、夜均超标的环境噪声，昼、夜分别计算应纳税额，累计计征。

【例 3】 C 化工厂未安装环保设备，2022 年 2 月生产过程中直接向环境排放多种大气污染物，经测量二氧化硫排放量 50 千克、一氧化碳 300 千克、苯乙烯 50 千克。C 化工厂只有一个大气污染物的排放口。请计算 C 化工厂 2022 年 2 月大气污染物应缴纳的环境保护税为（　　）元。

已知： 假设 C 化工厂当地大气污染物每污染当量税额为 5 元；二氧化硫的污染当量值为每千克 0.95，一氧化碳的污染当量值为每千克 16.7，苯乙烯的污染当量值为每千克 25。

【解析】

(1) 应税大气污染物的应纳税额＝污染当量数×具体适用税额。

(2) 污染当量数＝该污染物的排放量÷该污染物的污染当量值，题中各污染物污染当量数分别为：二氧化硫污染当量数＝50÷0.95＝52.63；一氧化碳污染当量数＝300÷16.7＝17.96；苯乙烯污染当量数＝50÷25＝2。

(3) 本月 C 化工厂应税大气污染物环境保护税的应纳税额＝(52.63＋17.96＋2)×5＝362.95(元)。

(二) 资源保护税法基本知识

1. 资源税的基本原理

资源税是以各种应税自然资源为课税对象，为了调节资源级差收入并体现国有资源有偿使用而征收的一种税。级差调节是指国家对开发和利用自然资源的单位和个人，由于资源条件差别所取得的资源级差收入，通过实施差别税额标准进行调节。资源条件好的采用较高税率，反之采用较低税率。征收资源税的最重要的理论依据是地租理论。任何单位和个人取得的是矿产资源开采权，实际上是国家对矿产资源所有权的部分让渡。我国现行的资源税只对特定资源征税，主要选择对矿产资源进行征税，其征税对象既不是全部的自然资源，也不是对所有具有商品属性的资源都征税。

我国 1984 年开征资源税，1993 年 12 月 25 日国务院令第 139 号发布《资源税暂行条例》及《资源税暂行条例实施细则》，并于 1994 年 1 月 1 日起开始实行。2011 年 9 月 30 日国务院修订了《资源税暂行条例》，同年 10 月 28 日财政部、国家税务总局令（第 66 号）修订了《资源税暂行条例实施细则》。2019 年 8 月 26 日第十三届全国人民代表大会常务委员会第十二次会议通过《资源税法》。

2. 资源税的纳税人和扣缴义务人

（1）纳税人的基本规定

根据《资源税法》第 1 条之规定，在中华人民共和国领域和中华人民共和国管辖的其他海域开发应税资源的单位和个人，为资源税的纳税人，应当依照本法规定缴纳资源税。其中，单位是指国有企业、集体企业、私营企业、股份制企业、其他企业和行政单位、事业单位、军事单位、社会团体及其他单位。其他单位包括外商投资企业、外国企业。个人，是指个体工商户和其他个人，其他个人包括外籍个人。

（2）纳税人的特殊规定

1）对进口应税资源产品的单位和个人不征资源税。对出口应税产品也不退（免）已纳的资源征税。

2）在出厂销售或移作自用时一次性征收，而对已税产品批发、零售的单位和个人不再征收资源税。

3）中外合作开采陆上、海上石油资源的企业依法缴纳资源税。2011 年 11 月 1 日前已依法订立中外合作开采陆上、海上石油资源合同的，在该合同有效期内，继续依照国家有关规定缴纳矿区使用费，不缴纳资源税；合同期满后，依法缴纳资源税。

（3）资源税的扣缴义务人

收购未税矿产品的单位为资源税的扣缴义务人，是指独立矿山、联合企业及其他收购未税矿产品的单位。规定资源税的扣缴义务人，主要是针对零星、分散、不定期开采的情况，为了加强管理、避免漏税，由扣缴义务人在收购矿产品时，代扣代缴资源税。

资源税代扣代缴的适用范围应限定在除原油、天然气、煤炭以外的，税源小、零散、不定期开采等难以在采矿地申报缴纳资源税的矿产品。把收购未税矿产品的单位规定为资源税的扣缴义务人，是为了加强资源税的征管。

对已纳入开采地正常税务管理或者在销售矿产品时开具增值税发票的纳税人，不采用代扣代缴的征管方式。

3. 资源税的征税范围

应税资源的具体范围，由《资源税法》所附《资源税税目税率表》确定。

《资源税税目税率表》所列税目的征税范围限定如下：

1）能源矿产。包括原油、天然气、页岩气、天然气水合物、煤、煤成（层）气、铀、钍、油页岩、油砂、天然沥青、石煤、地热。

2）金属矿产。包括黑色金属、有色金属。

3）非金属矿产。包括矿物类、岩石类、宝玉石类。

4）水气矿产。包括二氧化碳气、硫化氢气、氦气、氡气、矿泉水。

5）盐。包括钠盐、钾盐、镁盐、锂盐；天然卤水；海盐。

2016年5月，财政部、国家税务总局联合发布了《关于全面推进资源税改革的通知》（财税〔2016〕53号）（现已废止），自2016年7月1日起全面推进资源税改革，扩大资源税征收范围，开展水资源税改革试点工作。鉴于取用水资源涉及面广、情况复杂，为确保改革平稳有序实施，国家决定先在河北省开展水资源税试点。河北省开征水资源税试点工作，采取水资源费改税方式，将地表水和地下水纳入征税范围，实行从量定额计征，对高耗水行业、超计划用水以及在地下水超采地区取用地下水，适当提高税额标准，正常生产生活用水维持原有负担水平不变。在总结试点经验基础上，财政部、国家税务总局将选择其他地区逐步扩大试点范围，条件成熟后在全国推开，逐步将其他自然资源纳入征收范围。

对此，《资源税法》第14条规定："国务院根据国民经济和社会发展需要，依照本法的原则，对取用地表水或者地下水的单位和个人试点征收水资源税。征收水资源税的，停止征收水资源费。水资源税根据当地水资源状况、取用水类型和经济发展等情况实行差别税率。水资源税试点实施办法由国务院规定，报全国人民代表大会常务委员会备案。国务院自本法施行之日起五年内，就征收水资源税试点情况向全国人民代表大会常务委员会报告，并及时提出修改法律的建议。"

鉴于森林、草场、滩涂等资源在各地区的市场开发利用情况不尽相同，对其全面开征资源税条件尚不成熟，此次改革不在全国范围统一规定对森林、草场、滩涂等资源征税。各省、自治区、直辖市（以下统称"省级"）人民政府可以结合本地实际，根据森林、草场、滩涂等资源开发利用情况提出征收资源税的具体方案建议，报国务院批准后实施。

中外合作开采陆上、海上石油资源的企业依法缴纳资源税。2011年11月1日前已依法订立中外合作开采陆上、海上石油资源合同的，在该合同有效期内，继续依照国家有关规定缴纳矿区使用费，不缴纳资源税；合同期满后，依法缴纳资源税。

4. 资源税的税目和税率

资源税的税目、税率，依照《税目税率表》执行。《税目税率表》中规定实行幅度税率的，其具体适用税率由省、自治区、直辖市人民政府统筹考虑该应税资源的品位、开采条件以及对生态环境的影响等情况，在《税目税率表》规定的税率幅度内提出，报同级人民代表大会常务委员会决定，并报全国人民代表大会常务委员会和国务院备案。《税目税率表》中规定征税对象为原矿或者选矿的，应当分别确定具体适用税率。

5. 资源税应纳税额的计算

(1) 应纳税额的计算方法

资源税按照《税目税率表》实行从价计征或者从量计征。

《税目税率表》中规定可以选择实行从价计征或者从量计征的，具体计征方式由省、自治区、直辖市人民政府提出，报同级人民代表大会常务委员会决定，并报全国人民代表大会常务委员会和国务院备案。

实行从价计征的，应纳税额按照应税资源产品（以下称“应税产品”）的销售额乘以具体适用税率计算。实行从量计征的，应纳税额按照应税产品的销售数量乘以具体适用税率计算。

从价计征的，应纳税额＝计税销售额×比例税率

从量计征的，应纳税额＝计税销售数量×单位税额

计税销售额是指纳税人销售应税产品向购买方收取的全部价款和价外费用，不包括增值税销项税额。

计税销售数量是指从量计征的应税产品销售数量。

应税产品为矿产品的，包括原矿和选矿产品。

根据《资源税法》第 4 条的规定，“纳税人开采或者生产不同税目应税产品的，应当分别核算不同税目应税产品的销售额或者销售数量；未分别核算或者不能准确提供不同税目应税产品的销售额或者销售数量的，从高适用税率”。

根据《资源税法》第 5 条的规定，“纳税人开采或者生产应税产品自用的，应当依照本法规定缴纳资源税；但是，自用于连续生产应税产品的，不缴纳资源税”。

(2) 销售额的确定

1) 一般规定

销售额是指纳税人销售应税产品向购买方收取的全部价款和价外费用，但不包括收取的增值税销项税额。

价外费用，包括价外向购买方收取的手续费、补贴、基金、集资费、返还利润、奖励费、违约金、滞纳金、延期付款利息、赔偿金、代收款项、代垫款项、包装费、包装物租金、储备费、优质费、运输装卸费以及其他各种性质的价外收费。但是，承运部门的运输费用发票开具给购买方，并由纳税人将该项发票转交给购买方的代垫运输费用，不属于价外费用。同时符合以下条件代为收取的政府性基金或者行政事业性收费，也不属于价外费用：一是由国务院或者财政部批准设立的政府性基金，由国务院或者省级人民政府及其财政、价格主管部门批准设立的行政事业性收费；二是收取时开具省级以上财政部门印制的财政票据；三是所收款项全额上缴财政。

纳税人以人民币以外的货币结算销售额的，应当折合成人民币计算。其销售额的人民币折合率可以选择销售额发生的当天或者当月 1 日的人民币汇率中间价。纳税人应在事先确定采用何种折合率计算方法，确定后 1 年内不得变更。

2) 特殊规定

a. 视同销售

应税产品的销售数量，包括纳税人开采或者生产应税产品的实际销售数量和自

用于应当缴纳资源税情形的应税产品数量。纳税人自用应税产品应当缴纳资源税的情形，包括纳税人以应税产品用于非货币性资产交换、捐赠、偿债、赞助、集资、投资、广告、样品、职工福利、利润分配或者连续生产非应税产品等。

b. 混合销售或加工

纳税人外购应税产品与自采应税产品混合销售或者混合加工为应税产品销售的，在计算应税产品销售额或者销售数量时，准予扣减外购应税产品的购进金额或者购进数量；当期不足扣减的，可结转下期扣减。纳税人应当准确核算外购应税产品的购进金额或者购进数量，未准确核算的，一并计算缴纳资源税。

纳税人核算并扣减当期外购应税产品购进金额、购进数量，应当依据外购应税产品的增值税发票、海关进口增值税专用缴款书或者其他合法有效凭据。

c. 原矿销售额与选矿销售额的计征

纳税人以自采原矿（经过采矿过程采出后未进行选矿或者加工的矿石）直接销售，或者自用于应当缴纳资源税情形的，按照原矿计征资源税。

纳税人以自采原矿洗选加工为选矿产品（通过破碎、切割、洗选、筛分、磨矿、分级、提纯、脱水、干燥等过程形成的产品，包括富集的精矿和研磨成粉、粒级成型、切割成型的原矿加工品）销售，或者将选矿产品自用于应当缴纳资源税情形的，按照选矿产品计征资源税，在原矿移送环节不缴纳资源税。对于无法区分原生岩石矿种的粒级成型砂石颗粒，按照砂石税目征收资源税。

d. 计税价格的核定

纳税人申报的应税产品销售额明显偏低且无正当理由的，或者有自用应税产品行为而无销售额的，主管税务机关可以按下列方法和顺序确定其应税产品销售额：

按纳税人最近时期同类产品的平均销售价格确定。

按其他纳税人最近时期同类产品的平均销售价格确定。

按后续加工非应税产品销售价格，减去后续加工环节的成本利润后确定。

按应税产品组成计税价格确定。

$$组成计税价格=成本\times(1+成本利润率)\div(1-资源税税率)$$

上述公式中的成本利润率由省、自治区、直辖市税务机关确定。

按其他合理方法确定。

e. 关联企业业务往来

纳税人与其关联企业之间的业务往来，应当按照独立企业之间的业务往来收取或者支付价款、费用。不按照独立企业之间的业务往来收取或者支付价款、费用，而减少其计税销售额的，税务机关可以按照《税收征管法》及其实施细则的有关规定进行合理调整。

f. 可以扣除的运杂费用

计入销售额中的相关运杂费用，凡取得增值税发票或者其他合法有效凭据的，准予从销售额中扣除。相关运杂费用是指应税产品从坑口或者洗选（加工）地到车站、码头或者购买方指定地点的运输费用、建设基金以及随运销产生的装卸、仓储、港杂费用。

(3) 销售数量

销售数量是指纳税人开采或者生产应税产品的实际销售数量和视同销售的自用数量。

纳税人开采或者生产应税产品，自用于连续生产应税产品的，不缴纳资源税；自用于其他方面的，视同销售，依照本条例缴纳资源税。纳税人不能准确提供应税产品销售数量的，以应税产品的产量或者主管税务机关确定的折算比换算成的数量为计征资源税的销售数量。

6. 资源税的税收减免

(1) 免征资源税的情形

1) 开采原油以及在油田范围内运输原油过程中用于加热的原油、天然气；

2) 煤炭开采企业因安全生产需要抽采的煤成（层）气。

(2) 减征资源税的情形

1) 从低丰度油气田开采的原油、天然气，减征20%资源税；

2) 高含硫天然气、三次采油和从深水油气田开采的原油、天然气，减征30%资源税；

3) 稠油、高凝油减征40%资源税；

4) 从衰竭期矿山开采的矿产品，减征30%资源税。

根据国民经济和社会发展需要，国务院对有利于促进资源节约集约利用、保护环境等情形可以规定免征或者减征资源税，报全国人民代表大会常务委员会备案。

(3) 省、自治区、直辖市可以决定免征或者减征资源税的情形

1) 纳税人开采或者生产应税产品过程中，因意外事故或者自然灾害等原因遭受重大损失；

2) 纳税人开采共伴生矿、低品位矿、尾矿。

免征或者减征资源税的具体办法，由省、自治区、直辖市人民政府提出，报同级人民代表大会常务委员会决定，并报全国人民代表大会常务委员会和国务院备案。

(4) 减征或者免征资源税的注意事项

纳税人的免税、减税项目，应当单独核算销售额或者销售数量；未单独核算或者不能准确提供销售额或者销售数量的，不予免税或者减税。

7. 资源税的征收管理

(1) 资源税的征收管理主体

资源税由税务机关依照《资源税法》和《税收征管法》的规定征收管理。税务机关与自然资源等相关部门应当建立工作配合机制，加强资源税征收管理。

(2) 资源税纳税义务发生时间

纳税人销售应税产品，纳税义务发生时间为收讫销售款或者取得索取销售款凭据的当日；自用应税产品的，纳税义务发生时间为移送应税产品的当日。

(3) 纳税地点

纳税人应当向应税产品开采地或者生产地的税务机关申报缴纳资源税。

纳税人在本省、自治区、直辖市范围内开采或者生产应税产品，其纳税地点需要调整的，由省、自治区、直辖市税务机关决定。

跨省、自治区、直辖市开采或者生产资源税应税产品的纳税人，其下属生产单位与核算单位不在同一省、自治区、直辖市的，对其开采或者生产的应税产品，一律在开采地或者生产地纳税。实行从量计征的应税产品，其应纳税款一律由独立核算的单位按照每个开采地或者生产地的销售数量及适用税率计算划拨；实行从价计征的应税产品，其应纳税款一律由独立核算的单位按照每个开采地或者生产地的销售量、单位销售价格及适用税率计算划拨。

扣缴义务人代扣代缴的资源税，应当向收购地主管税务机关缴纳。

(4) 纳税期限

资源税按月或者按季申报缴纳；不能按固定期限计算缴纳的，可以按次申报缴纳。

纳税人按月或者按季申报缴纳的，应当自月度或者季度终了之日起 15 日内，向税务机关办理纳税申报并缴纳税款；按次申报缴纳的，应当自纳税义务发生之日起 15 日内，向税务机关办理纳税申报并缴纳税款。

扣缴义务人的解缴税款期限，比照上述规定执行。

8. 资源税例题

【例 1】××砂石厂 2021 年 12 月开采砂石 10 000 立方米，对外销售 8 000 立方米，当地砂石资源税税率为 3 元/立方米，则该厂当月应纳资源税（　　）万元。

【解析】

(1) 资源税的课税数量是销售量，不是开采量。

(2) ××砂石厂资源税的应纳税额＝8 000×3÷10 000＝2.4(万元)。

【例 2】××低丰度油气田原油价格每吨 8 000 元（不含增值税，下同），天然气每立方米 2.5 元。2022 年 2 月，该油气田开采原油 30 万吨，当月销售 20 万吨，加热用 5 万吨，将 5 万吨原油赠送给合作企业；开采天然气 800 万立方米，当月销售 700 万立方米，待售 100 万立方米。

已知原油、天然气的资源税税率均为 6%，该油气田当月应纳资源税（　　）万元。

【解析】

(1) 开采原油过程中用于加热的原油免税；低丰度油气田的原油、天然气，资源税减征 20%。

(2) 当月××低丰度油气田资源税的应纳税额＝[(20＋5)×8 000×6%＋700×2.5×6%]×(1－20%)＝12 105×80%＝9 684(万元)。

【例 3】D 煤矿 2022 年 2 月销售自产原煤取得销售额 300 万元（不含增值税，下同）；另将自产未税原煤移送加工成洗选煤 50 万吨，当月对外销售洗选煤 30 万吨，每吨不含税售价 600 元。已知，煤炭资源税税率为 8%，洗选煤折算率为 90%。则该煤矿 2022 年 2 月应缴纳的资源税为（　　）万元。

【解析】

（1）纳税人开采原煤直接对外销售的，以原煤销售额作为应税煤炭销售额计算缴纳资源税；将其开采的原煤加工为洗选煤销售的，以洗选煤销售额乘以折算率作为应税煤炭销售额计算缴纳资源税。

（2）本月D煤矿资源税的应纳税额＝300×8%＋30×600×90%×8%＝1 320（万元）。

二、重点和难点

（一）环境保护税的征税目的

环境保护税的征税原理率先由西方国家提出，欧美日等西方国家在环保领域逐渐减少政策直接干预，增加采用生态税、环保税、环境税等各种税收手段来维护生态环境，针对污水、废气、噪音和废弃物等突出“显性污染”进行征税。

在环境生态保护税收化的国际趋势中，我国不断探索并取得长足的进步。党的十九大报告提出，从 2017 年到 2020 年，是全面建成小康社会决胜期，要坚决打好防范化解重大风险、精准脱贫和污染防治这三大攻坚战，使全面建成小康社会得到人民认可、经得起历史检验。从十九大到二十大，是“两个一百年”奋斗目标的历史交汇期。我们既要全面建成小康社会、实现第一个百年奋斗目标，又要乘势而上开启全面建设社会主义现代化国家新征程，向第二个百年奋斗目标进军。党的二十大报告再次指明了生态文明建设的重要意义。大自然是人类赖以生存发展的基本条件。尊重自然、顺应自然、保护自然，是全面建设社会主义现代化国家的内在要求。环境保护税改革作为生态文明建设和现代财政制度建设的重要内容，是深化财税体制改革的重要举措，对推动经济结构调整和发展方式转变，构建绿色税制体系具有重要意义。

总体来看，中国开征环境保护税的征税目的主要包括：减少污染排放和能源消耗，改善和保护环境，加强生态文明建设，助力“碳达峰、碳中和”目标实现；转变经济发展方式，提高企业污染活动的经营成本，使排污单位承担必要的污染治理与环境损害修复成本，通过压力使企业产生保护生态环境的动力，推动产业升级下绿色经济发展；理顺环境税费关系，使污染者付费、环境风险预防等原则或理论落到实处，同时优化调节以往环境污染治理、环境损害修复、排污费等众多成本下纳税人的经济负担；强化主管部门间协作，提升生态环境相关政府监管、税收征管科学性、系统性、有效性。

（二）资源税的计税依据

资源税的计税依据为应税资源产品的销售额或销售数量，从价计征方式下确定销售额存在需要包含或者扣减项目（因素）的情形，具体如表 10－2 所示。

表 10-2　资源税的计税依据及从价计征下销售额的确定

<table>
<tr><td rowspan="2">资源税的计税依据</td><td colspan="2">从价计征，按照应税资源产品的销售额计算征收资源税。
主要包括原油、煤、天然气、二氧化碳气、宝玉石类非金属矿产、海盐等。
应纳税额＝应税资源产品的销售额×适用税率</td></tr>
<tr><td colspan="2">从量计征，按照应税资源产品的销售数量计算征收资源税。
《资源税法》第 3 条规定："《税目税率表》中规定可以选择实行从价计征或者从量计征的，具体计征方式由省、自治区、直辖市人民政府提出，报同级人民代表大会常务委员会决定，并报全国人民代表大会常务委员会和国务院备案。"未直接规定仅可从量计征的税目，而是赋予了地方具体计征方式的选择权。
可以选择实行从量计征的主要包括地热、石灰岩、砂石、矿泉水、天然卤水等。
应纳税额＝应税资源产品的销售数量×适用税率</td></tr>
<tr><td rowspan="4">从价计征下销售额的确定</td><td>应包含的因素</td><td>(1) 向购买方收取的全部价款；
(2) 价外向购买方收取的价外费用，如手续费、补贴、基金、集资费、返还利润、奖励费、违约金、滞纳金、延期付款利息、赔偿金、代收款、代垫款、包装费、包装物租金、优质费以及其他各种性质的价外收费</td></tr>
<tr><td>不应包含的因素</td><td>(1) 包含在销售额中的符合条件的运杂费；
(2) 不包含在销售额中的符合条件的代垫运输费；
(3) 代收的政府性基金或者行政事业性收费；
(4) 增值税销项税额</td></tr>
<tr><td>不包含在销售额中的运杂费用需要满足的条件</td><td>资源税应税产品（以下简称应税产品）的销售额，按照纳税人销售应税产品向购买方收取的全部价款确定，不包括增值税税款。
计入销售额中的相关运杂费用，凡取得增值税发票或者其他合法有效凭据的，准予从销售额中扣除。相关运杂费用是指应税产品从坑口或者洗选（加工）地到车站、码头或者购买方指定地点的运输费用、建设基金以及随运销产生的装卸、仓储、港杂费用</td></tr>
<tr><td>销售额的注意事项</td><td>纳税人申报的应税产品销售额明显偏低且无正当理由的，或者有自用应税产品行为而无销售额的，主管税务机关可以按下列方法和顺序确定其应税产品销售额：
(1) 按纳税人最近时期同类产品的平均销售价格确定；
(2) 按其他纳税人最近时期同类产品的平均销售价格确定；
(3) 按后续加工非应税产品销售价格，减去后续加工环节的成本利润后确定；
(4) 按应税产品组成计税价格确定：
组成计税价格＝成本×(1＋成本利润率)÷(1－资源税税率)
上述公式中的成本利润率由省、自治区、直辖市税务机关确定；
(5) 按其他合理方法确定</td></tr>
</table>

(三) 资源税"视同销售"的情形

2020 年《资源税法》未使用"视同销售、视同出售"表述，财政部、国家税务总局《关于资源税有关问题执行口径的公告》则针对非销售情况下应当缴纳资源税的情形采用了"纳税人自用应税产品应当缴纳资源税的情形"表达，其本质为资源税"资源耗用"的价值实现，比如将应税资源产品用于捐赠，用于非货币性资产交换、职工福利等等，而会计上没有作销售业务处理。

财政部、国家税务总局《关于资源税有关问题执行口径的公告》规定，以下情形中纳税人自用应税产品应当缴纳资源税，即纳税人以应税产品用于：(1) 非货币性资产交换；(2) 捐赠；(3) 偿债；(4) 赞助；(5) 集资、投资；(6) 广告、样品；(7) 职工福利、利润分配；(8) 连续生产非应税产品等。

三、相关立法综述

《环境保护税法》由第十二届全国人民代表大会常务委员会第二十五次会议于 2016 年 12 月 25 日通过，自 2018 年 1 月 1 日起施行。环境保护税在我国经历了从排污费向环境保护税发展的历程。1982 年国务院公布了《征收排污费暂行办法》，随着经济的发展和环境保护工作的推进，该办法与环境保护的工作要求不相适应，需要跟进现实发展进行完善与优化。2003 年国务院公布了《排污费征收使用管理条例》，规范和调整了排污收费制度的征收和管理，2014 年排污费征收率进一步上调。但是，与税收制度相比，排污费制度存在执法刚性不足、政府干预、征收标准偏低、征收范围偏窄等问题，排污费的“费改税”势在必行。根据《环境保护税法》的相关规定，我国开征的“环境保护税”作为独立税种，是指以保护环境为目的，针对应税污染物进行强制性征税的税种。

2020 年 9 月 1 日，《资源税法》正式实施，资源税从价计征改革成果从此上升为法律。至此，车船税、环境保护税、烟叶税、耕地占用税、资源税五大资源环境类税种已全部完成立法。“绿水青山就是金山银山。”资源税法的实施，在保持现行税制框架和税负水平总体不变的基础上，增强了资源税在促进资源节约集约利用、加强生态环境保护方面的功能，为绿水青山拉起了一张牢固的“保护网”。资源税立法的一大亮点是规范细化了税目，从法律上确立了从价计征为主、从量计征为辅的资源税征税方式，所列 164 个税目覆盖了目前已发现的所有矿种和盐，其中的 158 个实行从价计征。资源税法首次将开发资源对生态环境的影响作为确定资源税税率的重要因素，有利于发挥资源税保护环境的积极作用。

【案例分析】

案例 1：湖南省长沙市圭塘河环境保护税征管案[①]（环境保护税法）

一、案例导入

2018 年 1 月 7 日，湖南省长沙市圭塘河巡河员巡查发现圭塘河某段河道存在疑似大量猪血污染水体的情况。就此，该圭塘河所在区的环境保护局、市政管理局、

① 于佳曦. 案析突发环境事件中环境保护税的征缴. 中国税务，2018 (11).

相关街道等单位组成指挥部立即开展排查。经查明，血水是从振东路的雨水井排入，经比亚迪路，最后由圭塘河十号排口流入圭塘河。

经指挥部初步调查，怀疑血水是由A公司排入圭塘河。同年1月8日，指挥部组织相关人员在事发河段以及A公司场内用挖掘机开挖，排查河道中是否存在暗管偷排。经查实，未发现A公司存在暗管排污行为。在与A公司进一步核实的过程中，发现A公司与B公司签订长期供应猪血的购销合同。经区环境保护局调查，该突发环境污染事件为2018年1月高速公路结冰，B公司迟延交付，导致猪血变质。B公司遂联系了C清洁公司进行处理，C清洁公司派D司机开槽车运送3吨猪血到污水处理厂进行处理，但D司机图省事将猪血排放到雨水井导致圭塘河污染。

该区环境保护局委托E公司对污染水体进行采样检测，结果显示化学需氧量、氨氮、动植物油等指标超标。区环境保护局依法对其违法行为立案，将案件移交区公安分局处理，D司机被处以行政拘留15天。区环境保护局则对C清洁公司向路边雨水管非法倾倒废弃物（牲猪血水）行为处以10万元罚款，并加强对A公司监管。案件处理结束后，区环境保护局向税务部门发出《关于圭塘河水体污染事件的函》，说明了案情经过和处罚情况。

二、财税行政与法官释法

本案焦点集中在突发环境事件中当事人在受到行政处罚后是否需要缴纳环境保护税，若需要缴纳环境保护税则税额为多少以及相关税金是否可以在企业所得税中进行税前扣除。上述案例涉及A公司、B公司、C清洁公司以及D司机。《环境保护税法》第2条的规定："在中华人民共和国领域和中华人民共和国管辖的其他海域，直接向环境排放应税污染物的企业事业单位和其他生产经营者为环境保护税的纳税人，应当依照本法规定缴纳环境保护税。"本案中直接向环境排放应税污染物的企业事业单位为C清洁公司。故C清洁公司（受到行政处罚后）仍应缴纳环境保护税。

计算环境保护税应纳税额。《环境保护税法实施条例》第7条第2款第4项规定："通过暗管、渗井、渗坑、灌注或者稀释排放以及不正常运行防治污染设施等方式违法排放应税污染物，以其当期应税水污染物的产生量作为污染物的排放量。"本案中应以3吨猪血排放量作为计税依据。经调查，涉案猪血来自W4屠宰车间。根据E公司检测报告数据，（污染物）废水的化学需氧量（COD）为6.57×103(mg/L)、氨氮为746(mg/L)、动植物油为142(mg/L)，pH值为7.03。经查《环境保护税法》附表二可知，COD的污染当量值为1kg，氨氮的污染当量值为0.8kg，动植物油的污染当量值为0.16kg，据此计算应缴纳的环境保护税：

（1）计算水污染物污染当量数（kg）。污染当量数＝应税水污染物排放（产生）量×该污染物浓度值÷该污染物的污染当量值。计算时请注意单位间换算，将结果统一成kg。经计算可得出，COD污染当量数$=3\times10^{3}\times6.57\times10^{3}\div10^{6}\div1=19.71$(kg)；氨氮污染当量数$=3\times10^{3}\times746\div10^{6}\div0.8=2.80$(kg)；动植物油污染当量数$=3\times10^{3}\times142\div10^{6}\div0.16=2.66$(kg)。

(2) 计算排污总当量数 (kg)。根据检测报告，污染物排放因子均为其他类水污染物，根据《环境保护税法》应将污染当量数由大到小排序对其前三项进行征税。由于本案例只涉及三项水污染物，因此均须征税，无须排序。总污染当量数=19.71+2.80+2.66=25.17(kg)。

(3) 计算水污染物环境保护税。根据《湖南省人民代表大会常务委员会关于湖南省大气污染物和水污染物环境保护税适用税额的决定》，湖南省应税水污染物适用税额为每污染当量3元。故清洁公司应纳水污染物环境保护税=25.17×3=75.51 (元)。

此外，根据《企业所得税法》第10条的规定，在计算应纳税所得额时，下列支出不得扣除：1) 向投资者支付的股息、红利等权益性投资收益款项；2) 企业所得税税款；3) 税收滞纳金；4) 罚金、罚款和被没收财物的损失；5) 本法第九条规定以外的捐赠支出；6) 赞助支出；7) 未经核定的准备金支出；8) 与取得收入无关的其他支出。本案的纳税人因为违反国家环境保护法律制度而缴纳的行政性罚款属于不得扣除的罚款情形，故纳税人不可就涉案环保处罚金在汇算清缴时进行企业所得税税前扣除。但需要纳税人注意，一般情况下依法缴纳的环境保护税税金可以通过“税金及附加”等科目进行相应会计处理，于企业所得税汇算清缴时依法税前扣除。故在本案背景下，纳税人（企业）不能就涉案环保处罚金在汇算清缴时进行企业所得税税前扣除。

三、疑难问题

环境保护税作为一种新型税种，是发挥税收杠杆调节作用，正向激励企业节能减排，促进绿色生产、加快高质量发展的有效手段。由于《环境保护税法》颁布时间较短，实践中一些企业因不了解这一新税种而未主动申报税收的情形较为普遍。检察机关聚焦建设工程项目环境保护税漏征漏缴问题，积极履行公益诉讼检察职能，推动税务部门加强环境保护税核定征收与管理，对未足额缴纳环境保护税的建设工程项目依法进行追缴，并构建完善多部门联动协作的工作机制。同时以点及面，在全区域部署开展专项监督活动，凝聚检税合力，推进构建绿色税制，有效发挥了保护国有财产与服务绿色发展的双重效能。同期，中国税收政策改革不断扩大：环境保护税法问世、资源税法正式施行、水资源税扩大试点等推动绿色税收体系在多方主体间共同治理、多税种间协同发展。环境保护税法科学配置了各方权利义务和责任，国家税务总局不断完善税收征管机制，切实落实了环境保护税征收过程中对污染物排放监测的税务——企业——环保三方各司其职、信息共享、协作共治的法定要求。以环境保护税法为核心的绿色税收体系有效带动企业节能减排：环保税法实施3年，每万元GDP产值对应的污染当量数从2018年的1.16下降到2020年的0.86，降幅为25.8%。3年来，全国相关纳税人因低标排放累计享受减税优惠102.6亿元，因集中处理污水享受免税红利152.2亿元，因综合利用固体废物享受免税红利39.9亿元。[1]

---

① 蔡岩红. 绿色税制为绿水青山拉起保护网. 法治日报，2021-10-08 (3).

那么，在本案背景下，伴随国家稳步持续推动碳市场建设，环境保护税和碳排放权交易制度、“碳税”存在什么关系？

我们认为，环境保护税与碳排放权交易制度、“碳税”的关系主要体现为以下方面：（1）环境保护税征税范围中大气污染物并不包含温室气体二氧化碳；（2）中国并未正式开征单独的“碳税”，“碳税”是指针对二氧化碳排放所征收的税，其与环境保护税并非替代关系，理想状态下二者可取长补短共同助力节能减排和碳达峰、碳中和实现；（3）无论是在环境保护税中加入二氧化碳税目，还是单独推出“碳税”，都可以对现有碳排放权交易制度形成有力制度补充，但相较于“碳税”，碳排放权交易制度更有助于发挥市场作用且现实可行；（4）根据《碳排放权交易管理办法（试行）》规定，凡年度温室气体排放量达到 2.6 万吨二氧化碳当量的，应当列入温室气体重点排放单位名录，全国碳市场设置了企业门槛，存在大量没达到这一门槛的中小企业无法进入碳市场，由此可通过开征“碳税”强化减少碳排放行为的激励范围和效果。

四、类案练习

基本案情：甲公司是一家主营天然气工程业务的能源公司，其矿厂主要位于 A 县并在 A 县办理了税务登记，甲公司一直在 A 县缴纳环境保护税。某日，相邻的 B 县税务局联合 A 县环保局对甲公司开展环保专项联合检查。B 县税务局提出甲公司的堆土场有部分位于 B 县境内，在该县造成了污染，要求甲公司在 B 县办理跨区域税源登记及环境保护税申报缴纳事项。

结合该案思考：

1. B 县税务局单方要求甲公司办理跨区域税源登记及环境保护税申报缴纳事项是否存在不妥之处？若存在不妥之处，请说明理由？

2. 污染企业跨区域排放应税污染物是否应当办理环保税跨区域税源登记？

3. 接问 1，若 B 县税务局仍认为其征收管理并不存在不妥之处，企业该如何处理？

案例 2：A 砂石场与某税务局税务行政管理案[①]（资源税法）

一、案例导入

2017 年 5 月，陈某某注册成立会同县 A 砂石场，类型为个体工商户，经营场所在湖南省怀化市会同县若水镇若水村落果冲，经营范围为砂石加工生产销售。同年 11 月 13 日，会同县地方税务局稽查局（以下简称“稽查局”）作出会地税稽处〔2017〕20 号税务处理决定书，决定：（1）追缴会同县 A 砂石场查补的个人所得税

① 参见湖南省怀化市中级人民法院（2019）湘 12 行终 93 号行政裁定书。

23 828.12 元、资源税 21 548.41 元和城建税 2 382.81 元，共计 47 759.34 元追缴入库；(2) 对上述 47 759.34 元税款从滞纳之日起按日加收万分之五的滞纳金；(3) 对上述查补的教育费附加 1 429.69 元，地方教育附加 953.12 元追缴入库；(4) 对上述查补的水利建设基金 953.12 元追缴入库。限砂石场自收到本决定书之日起 7 日内到会同县办税服务厅将上述税款及滞纳金缴纳入库。如有争议，必须先依照本决定的期限缴纳税款及滞纳金或者提供相应担保，然后可自上述款项缴清或者提供相应担保被税务机关确认之日起 60 日内依法向会同县地方税务局或会同县人民政府申请行政复议。

2017 年 11 月 29 日，稽查局根据会同县 A 砂石场的申请，对其提供的纳税担保进行审查，作出会地税稽通〔2017〕1129－4 号税务事项通知书，告知其对本次提供的纳税担保不予确认，若要再次申请提供纳税担保，应于同年 12 月 4 日前完成纳税担保相关手续，并附需报送的资料清单，即纳税担保书、纳税担保财产清单、相关部门出具的抵押登记证明及抵押登记证明复印件。会同县 A 砂石场于同年 12 月 4 日再次向稽查局申请提供纳税担保，并提供纳税担保书、纳税担保财产清单，怀化泰信资产评估事务所作出的怀泰信专评贵字〔2017〕43 号“会同县 A 砂石场委估资产评估报告书”等资料，稽查局审查后作出会地税稽通〔2017〕1206－2 号税务事项通知书，告知其对本次提供的纳税担保不予确认。

会同县 A 砂石场不服，向会同县地方税务局申请行政复议。会同县地方税务局受理后，分别向会同县 A 砂石场陈某某、稽查局送达了受理复议通知书、行政复议答复通知书。2017 年 12 月 18 日，会同县 A 砂石场向会同县地方税务局提交“关于要求听取意见申请书”，要求按照《税务行政复议规则》第 64 条的规定，在作出复议决定前安排听取会同县 A 砂石场意见。同年 12 月 27 日，稽查局向会同县地方税务局提出会地税稽复答（2017）第 2 号行政复议答复书，并附送相关证据材料 24 份。同年 12 月 29 日，会同县地方税务局派员听取了会同县 A 砂石场的意见。会同县地方税务局经审查，于 2018 年 1 月 2 日作出会地税复决字（2017）第 2 号行政复议决定书，维持稽查局作出的会地税稽通〔2017〕1206－2 号税务事项通知书。

另查明 2018 年 9 月 21 日，因国家税务总局国税、地税征管体制改革，会同县国家税务局、会同县国家税务局稽查局、会同县地方税务局、会同县地方税务局稽查局撤销，设立国家税务总局会同县税务局，承继会同县国家税务局和会同县地方税务局的职责。会同县国家和地方税务局稽查局均已不复存在。

二、财税行政与法官释法

《行政诉讼法》第 26 条第 6 款规定：“行政机关被撤销或者职权变更的，继续行使其职权的行政机关是被告。”本案中，因国家税务总局国税、地税征管体制改革，原会同县地方税务局稽查局被撤销后，其工作职责已由国家税务总局怀化市税务局第二稽查局承继，故国家税务总局怀化市税务局第二稽查局应为本案一审被告；同时，国家税务总局怀化市税务局第二稽查局承继了原会同县地方税务局稽查局的职权，对国家税务总局怀化市税务局第二稽查局作出行政行为的复议机关应为国家税务总局怀化市税务局，不再是国家税务总局会同县税务局，故国家税务总局怀化市税务局也应为本案一审被告，国家税务总局会同县税务局不是本案适格的一审被告。国家税务总局怀化市税务局、国家税务总局怀化市税务局第二稽查局是本案一审被告，其属于必须参加诉讼的当事人。原审判决没有确定国家税务总局怀化市税务局、国家税务总局怀化市税务局第二稽查局为本案一审被告，属遗漏必须参加诉讼的当事人，依法应予撤销，发回重审。

因全省基层人民法院一审行政案件集中管辖改革工作已于2019年5月1日起实施，自即日起全市基层人民法院管辖的一审行政案件统一由怀化铁路运输法院集中管辖，故本案应当发回怀化铁路运输法院重审。

三、疑难问题

本案中，撤销原判、发回重审源自国税、地税征管体制改革过渡期中，新旧行政机关变更导致原行政诉讼遗漏必须参加诉讼的当事人，进而不符合《最高人民法院关于适用〈中华人民共和国行政诉讼法〉的解释》第109条第3款“原审判决遗漏了必须参加诉讼的当事人或者诉讼请求的，第二审人民法院应当裁定撤销原审判决，发回重审。”之规定。

本案需要思考的问题是，纳税人可否援引其他依据，避免国税、地税征管体制改革导致的额外法律负担或成本费用?

我们认为，国家税务总局《关于做好国税地税征管体制改革过渡期有关税收征管工作的通知》（税总发〔2018〕68号）第16条的法律救济部分明确规定：“新税务机构挂牌后，涉及原国税、地税机关的税务行政复议、行政诉讼、国家赔偿等职责由继续行使其职权的新税务机构承担，相应的权利和义务由继续行使其职权的新税务机构承继。行政相对人对新税务机构的具体行政行为不服的，向其上一级税务机关申请行政复议。新税务机构在办理行政复议等案件时，应当遵守法定程序和时限要求，确保衔接顺畅、运转有序，不得推诿懈怠。”可知，纳税人也可以通过援引该通知文件避免国税、地税征管体制改革过渡产生的额外诉讼程序成本费用。

四、类案练习

基本案情：A有限公司经营混凝土、预制构件生产、销售业务，其向个人收购砂石生产混凝土。销售方（个人）没有向A公司提供“资源税管理证明”。20×4年6月，×税务局召开混凝土生产企业资源税征管工作会议，向A公司等混凝土生产企业宣传收购建筑用砂石等矿产品的资源税代扣代缴相关政策，并要求A公司对其从20×3年1月至20×4年5月资源税代扣代缴情况进行自查说明。20×4年9月，×税务局作出××号×税务局税务检查通知书，派员对A公司自20×3年1月1日至20×4年8月31日期间矿产品开采企业资源税纳税及A公司收购未税矿产品应代扣代缴资源税情况进行调查取证。A公司提交了20×3年1月至20×4年8月进货数量汇总表、记账凭证。20×4年9月，×税务局作出×税务局税务事项通知书，通知载明：A公司"未按规定履行资源税代扣代缴义务，经查实20×3年1月至20×4年8月应代扣代缴资源税113万元，请于20×4年10月15日前按规定履行资源税代扣代缴义务并解缴税款入库"。A公司于20×4年11月14日向×税务局申报并缴纳资源税113万元，领取税收完税证明。20×4年11月26日，A公司向×税务局所在市（上级）税务局申请行政复议，该上级税务局复议维持了×税务局作出的×税务局税务事项通知书。A公司不服，于20×5年3月向法院提起行政诉讼，请求法院依法撤销×税务局作出的×税务局税务事项通知书，并判令×税务局退回A公司已缴纳资源税113万元。[①]

结合该案思考：

1. 若×税务局税务事项通知书没有描述应税矿产品、数量及单位税额等，是否构成税务机关行政行为瑕疵？

2. 税务机关行政行为瑕疵是否影响扣缴义务人代扣代缴资源税税款？是否影响税务机关行政行为合法性？

3.《资源税法》生效施行后资源税纳税人（企业）、原扣缴义务人申报或扣缴是否产生变化？若产生变化，则应该如何处理？

课程思政教学指导

【知识拓展】

一、拓展阅读

环境保护税法的思路与意义

第十二届全国人大常委会第二十五次会议于2016年12月25日表决通过了《环境保护税法》，并自2018年1月1日起开征环境保护税。这是我国第一部全面贯彻税制引导绿色税制发展、落实生态文明建设要求的单行税法。由此呈现出与我国其他单行税法的差异，更契合应对气候变化行动中的全球发展趋势。

《环境保护税法》问世带来的最重要变化是将环境保护从排污费制度的行政工具转变为规范政府收支、强化环境生态保护的规范、引导手段。按照税负平移原则进行的由费改税使整部环境保护税法乃至其后颁布的环境保护政策及规范性文件，都坚定不移地沿着规范市场主体污染行为、提升纳税人环保意识、增强执法刚性与科学性、强化地方政府环境收入支出约束的主线思路展开。基于此，环境保护税法整

---

① 参见广西壮族自治区北海市海城区人民法院（2015）海行初字第29号行政判决书。

体强调税务部门与环保部门的联动协作、以多行政主体行为为特征进行跨部门、跨区域的税收征管。

然而，环境保护税法实施过程呈现出不同执法主体协调成本提高、税收征管高度依赖非税部门及技术运作的复杂样貌。例如，纳税人申报纳税——税务部门比对——环保部门复核——根据复核调整应纳税额的环境保护税基本征管流程中环保部门的作用凸显，计税依据及应纳税额计算过程高度依赖科学仪器设备检测结果。实践中的环境保护法虽然沿着法律文本所规划的环境保护路径发展，但该法落实过程中存在上述多方面的问题，需要通过多部门协作、专业检测、技术征管回应社会环境保护需求，实现特定生态环境政策目标。

二、毕业论文选题指导

在绿色税制和“碳达峰”“碳中和”目标的推进背景下，与环境资源税相关的选题逐渐显示出理论意义和实践价值，我们认为，根据环境资源税的负外部性理论、双重红利理论，可以从以下方面进行选题参考：

1. 排污权交易相关制度完善的法律路径研究。围绕现行我国排污权交易制度中的突出问题，思考从相关法律规范的角度，如何对排污权交易制度进行完善，对排污权交易市场中存在的市场竞争秩序的行为进行规制。

2. “双碳”背景下企业实现碳中和的相关法律保障研究。在“碳达峰”“碳中和”的政策背景下，企业作为碳排放的重要主体，应当积极响应国家政策号召，提升技术，降低碳排放。国家层面如何实现通过法律规范相关的激励、保障制度，促进企业节能减排。

3. 环境资源保护税收法律体系研究。我国现行的环境保护税收法律制度体系主要是以环境保护税法为核心，包括消费税、资源税等有环境保护目的的相关税法。但在各税法具体运行的过程中存在着局限性与冲突：消费税环保功能的错位，资源税代内代际公平价值导致的价值冲突。如何建立协调运行的环境保护税收法律体系值得研究。

三、推荐文献

1. 鲁传一. 资源与环境经济学. 北京：清华大学出版社，2004.

2. 张学博. 生态治理能力现代化视野下的财税法学前沿问题研究. 北京：中国政法大学出版社，2017.

3. 吕敏，刘锐. 中国绿色税收体系改革研究. 北京：人民出版社，2017.

4. 武亚军，宣晓伟. 环境税经济理论及对中国的应用分析. 北京：经济科学出版社，2002.

5. 中国法学会能源法研究会. 能源法学总论. 北京：法律出版社，2019.

6. 帕斯奎拉·皮斯顿纳，玛尔塔·维拉尔·埃斯库拉. 能源税收、环境保护与欧盟国家援助制度——从分离走向融合. 林燕萍，李娜，译. 北京：法律出版社，2019.

7. 陈渊鑫. 全球环境正义视域中的国际碳税制度研究. 北京：中国政法大学出版社，2017.

8. 丁志忠，孟磊. 矿产资源税费改革研究. 北京：知识产权出版社，2016.

9. 刘辉. 生态文明背景下我国环境税征收改革研究：基于政治经济学的视角. 北京：首都经济贸易大学出版社，2019.

10. 刘金涛. 环境保护税法全解析及计算申报实务. 北京：中国财政经济出版社，2018.

11. 郭勇平，于佳曦，王瑞华. 环境保护税实务政策解析与纳税申报计算. 上海：立信会计出版社，2018.

12. 张玉. 财税政策的环境治理效应研究. 北京：经济科学出版社，2014.

13. 丁国民. 环境税法教程. 厦门：厦门大学出版社，2018.

14. 刘翔. 我国资源税改革及其效应研究. 北京：中国财政经济出版社，2020.

15. 叶金育，张祥. 水资源税改革：试点文本评估与统一立法构想. 中国人口·资源与环境，2021 (8).

第三编　财税程序法实务

专题十一 税收征管法律实务

税收征收管理法作为程序法，在税收法律体系中具有重要地位，有利于保障税收实体法的功能发挥。税收征管法律制度主要包括税务管理法律制度、税款征收法律制度、税务检查和稽查法律制度、税收法律责任制度，通过《税收征收管理法》（以下简称《税收征管法》）及《税收征收管理法实施细则》（以下简称《征管法实施细则》）等法律法规形式，统一和规范税收征纳双方在税收征管过程中的权利、义务和应当遵循的法律规则，对于加强税收征收管理、规范税收征收和缴纳行为、保障国家税收收入、保护纳税人的合法权益、促进经济和社会发展具有重要意义。该专题学习的重点在于了解《税收征管法》及其实施细则对税收征纳双方在税收征纳过程中权利义务的规定，掌握税务基础管理、税款征收保障、税务检查和稽查的基本规定，并结合案例分析推动税收征管法律实务问题的实践运用。

【基础理论】

一、基本知识介绍

（一）税收征收管理法概述

税收征收管理法，简称税收征管法，是指调整在税收征收和管理过程中所发生的权利与义务关系的法律规范的总称。税收征管法主要规范税收实体法中所确定的权力（利）行使的程序和义务履行的程序，是税收程序法的重要组成部分。税收征管法包括狭义的国家权力机关制定的税收征管法律，国家权力机关授权行政机关制定的税收征管行政法规，以及其他有关税收征管规章制度。我国现行税收征收管理法律为2015年4月24日第十二届全国人民代表大会常务委员会第十四次会议修正的《税收征收管理法》。制定《税收征管法》的目的主要在于加强税收征收管理，规范税收征收和缴纳行为，保障国家税收收入，保护纳税人合法权益，促进经济和社会发展。

在适用范围上，我国《税收征管法》只适用于税务机关征收各种税的管理活动，具体而言，包括增值税、消费税、所得税、资源税、土地增值税、车船税、房产税、印花税等各项税种的征收管理。但关税以及海关代为征收的进口环节的增值税、消费税，则按照具体规定处理。此外，我国与外国缔结的有关税收的条约、协定同《税收征管法》有不同规定的，依照该条约、协定的规定办理。

从内容上来看，我国税收征管法主要包括税务管理法律制度、税款征收法律制度、税务检查法律制度、税务行政处罚法律制度和税收救济法律制度。以下除对税收救济法律制度放在后续财税复议和财税诉讼制度中作单独介绍外，将对税收征管法的基本制度进行分述。

（二）税务管理法律制度

税务管理是国家税务机关依据税收法律、行政法规对税务活动所进行的决策、计划、组织、协调和监督检查等一系列活动的总称。广义的税务管理包括税务决策管理、税源管理、征收管理、稽查管理、违章处罚管理和税务行政组织管理。而根据现行《税收征管法》，狭义的税务管理主要是指基础性的税务管理制度，包括税务登记管理，账簿、凭证管理，发票管理和纳税申报管理等相关法律制度。

1. 税务登记管理法律制度

税务登记是税收管理工作的首要环节，是征纳双方建立税务联系的开始，是征纳双方税收法律关系成立的依据。税务登记，是指纳税人在开业、结业以及生产经营活动中发生变动时，需要在法定期限内就经营情况向所在地的税务机关办理书面登记的一项基本制度，包括设立税务登记、变更税务登记和注销税务登记等内容。它要求纳税人履行纳税义务和法定程序，税务机关充分掌握税源并对纳税人进行监督管理。良好的税务登记制度，能够加强税收征收管理、防止漏管漏征、增强纳税人依法纳税意识，对税收国家的建设具有重要意义。

为了规范税务登记管理，加强税源监控，我国根据《税收征管法》及其实施细则的规定制定和发布了《税务登记管理办法》，该《办法》自 2004 年 2 月 1 日起施行，由此确立了较为完备的税务登记制度。2014 年 12 月 27 日，国家税务总局对该《办法》作出较大修改，自 2015 年 3 月 1 日起施行，并于 2018 年 6 月 15 日、2019 年 7 月 24 日分别又作出两次修正。根据现行《办法》，我国税务登记制度的主要内容有：

（1）设立税务登记。企业，企业在外地设立的分支机构和从事生产、经营的场所，个体工商户和从事生产、经营的事业单位（以下统称“从事生产、经营的纳税人”），向生产、经营所在地税务机关申报办理税务登记。其他纳税人，除国家机关、个人和无固定生产、经营场所的流动性农村小商贩外，均应当自纳税义务发生之日起 30 日内，向纳税义务发生地税务机关申报办理税务登记，税务机关发放税务登记证及副本。县以上（含本级，下同）税务局（分局）是税务登记的主管税务机关，负责税务登记的设立登记、变更登记、注销登记和税务登记证验证、换证以及非正常户处理、报验登记等有关事项。税务机关对纳税人税务登记地点发生争议的，由其共同的上级税务机关指定管辖。纳税人在申报办理税务登记时，应当根据不同情况向税务机关如实提供以下证件和资料：1）工商营业执照或其他核准执业证件；2）有关合同、章程、协议书；3）组织机构统一代码证书；4）法定代表人或负责人或业主的居民身份证、护照或者其他合法证件。其他需要提供的有关证件、资料，由省、自治区、直辖市税务机关确定。纳税人提交的证件和资料齐全且税务登记表的填写内容符合规定的，税务机关应当日办理并发放税务登记证件。纳税人提交的证件和资料不齐全或税务登记表的填写内容不符合规定的，税务机关应当场通知其补正或重新填报。

县以上税务局（分局）按照国务院规定的税收征收管理范围，实施属地管理。有条件的城市，可以按照“各区分散受理、全市集中处理”的原则办理税务登记。税务局（分局）执行统一纳税人识别号。纳税人识别号由省、自治区、直辖市和计划单列市税务局按照纳税人识别号代码行业标准联合编制，统一下发各地执行。已领取组织机构代码的纳税人，其纳税人识别号共15位，由纳税人登记所在地6位行政区划码+9位组织机构代码组成。以业主身份证件为有效身份证明的组织，即未取得组织机构代码证书的个体工商户以及持回乡证、通行证、护照办理税务登记的纳税人，其纳税人识别号由身份证件号码+2位顺序码组成。由此，纳税人识别号具有唯一性。

（2）变更税务登记。纳税人税务登记内容发生变化的，应当向原税务登记机关申报办理变更税务登记。纳税人按照规定不需要在工商行政管理机关（现为市场监督管理部门）办理变更登记，或者其变更登记的内容与工商登记内容无关的，应当自税务登记内容实际发生变化之日起30日内，或者自有关机关批准或者宣布变更之日起30日内，持纳税人变更登记内容的证明文件等有关资料到原税务登记机关申报办理变更税务登记。纳税人提交的有关变更登记的证件、资料齐全的，应如实填写税务登记变更表，符合规定的，税务机关应当日办理；不符合规定的，税务机关应通知其补正。税务机关应当于受理当日办理变更税务登记。纳税人税务登记表和税务登记证中的内容都发生变更的，税务机关按变更后的内容重新发放税务登记证件；纳税人税务登记表的内容发生变更而税务登记证中的内容未发生变更的，税务机关不重新发放税务登记证件。

（3）停业、复业登记。实行定期定额征收方式的个体工商户需要停业的，应当在停业前向税务机关申报办理停业登记。纳税人的停业期限不得超过1年。纳税人在申报办理停业登记时，应如实填写停业复业报告书，说明停业理由、停业期限、停业前的纳税情况和发票的领、用、存情况，并结清应纳税款、滞纳金、罚款。税务机关应收存其税务登记证件及副本、发票领购簿、未使用完的发票和其他税务证件。纳税人应当于恢复生产经营之前，向税务机关申报办理复业登记，如实填写停业复业报告书，领回并启用税务登记证件、发票领购簿及其停业前领购的发票。纳税人停业期满不能及时恢复生产经营的，应当在停业期满前到税务机关办理延长停业登记，并如实填写停业复业报告书。

（4）注销税务登记。1）纳税人发生解散、破产、撤销以及其他情形，依法终止纳税义务的，应当在向工商行政管理机关或者其他机关办理注销登记前，持有关证件和资料向原税务登记机关申报办理注销税务登记；按规定不需要在工商行政管理机关或者其他机关办理注销登记的，应当自有关机关批准或者宣告终止之日起15日内，持有关证件和资料向原税务登记机关申报办理注销税务登记。2）纳税人被工商行政管理机关吊销营业执照或者被其他机关予以撤销登记的，应当自营业执照被吊销或者被撤销登记之日起15日内，向原税务登记机关申报办理注销税务登记。3）纳税人因住所、经营地点变动，涉及改变税务登记机关的，应当在向工商行政管理机关或者其他机关申请办理变更、注销登记前，或者住所、经营地点变动前，持有关证件和资料，向原税务登记机关申报办理注销税务登记，并自注销税务登记之日起30日内向迁达地税务机关申报办理税务登记。4）境外企业在中国境内承包建筑、安装、装配、勘探工程和提供劳务的，应当在项目完工、离开中国前15日内，持有关证件和资料，向原税务登记机关申报办理注销税务登记。5）纳税人办理注销税务登记前，应当向税务机关提交相关证明文件和资料，结清应纳税款、多退（免）税款、滞纳金和罚款，缴销发票、税务登记证件和其他税务证件，经税务机关核准后，办理注销税务登记手续。

（5）外出经营报验登记。纳税人到外县（市）临时从事生产经营活动的，应当在外出生产经营以前，持税务登记证到主管税务机关开具“外出经营活动税收管理证明”（以下简称“外管证”）。税务机关按照一地一证的原则，发放外管证，外管证的有效期限一般为30日，最长不得超过180天。纳税人应当在外管证注明地进行生产经营前向当地税务机关报验登记，并提交税务登记证件副本和外管证。纳税人在外管证注明地销售货物的，除提交以上证件、资料外，应如实填写“外出经营货物报验单”，申报查验货物。纳税人外出经营活动结束，应当向经营地税务机关填报“外出经营活动情况申报表”，并结清税款、缴销发票。纳税人应当在外管证有效期届满后10日内，持外管证回原税务登记地税务机关办理外管证缴销手续。

2015年10月1日起，国家大力推行营业执照、统一社会信用代码和税务登记证三证合一，通过“一口受理、并联审批、信息共享、结果互认”，纳税人可以获得由一个部门核发加载统一社会信用代码的营业执照。这种税收登记制度改革对于简政放权、方便纳税人具有重要作用。在2015年“三证合一”登记制度改革的基础上，2016年6月30日，国务院办公厅发布《关于加快推进“五证合一、一照一码”登记制度改革的通知》，进一步推进了“五证合一、一照一码”登记制度改革。税务机关不再发放税务登记证，实行“一窗受理、互联互通、信息共享”，在工商行政管理部门核发营业执照时登记有关内容，加载法人和其他组织统一社会信用代码。企业需要使用税务登记证办理相关事务的，改为使用“五证合一”后的营业执照办理。简化纳税人设立、迁移、注销手续。税务机关通过与工商部门沟通协调，建立工商登记数据质量和传输的通报、对账机制及管理办法，提升共享信息的准确性和完整性。取消外出经营税收管理证明，实行网上报验。简化纳税人在本省内跨市、县变更登记流程，便利市场主体自由迁移。制定简易注销办法，实现市场主体退出便利化。

2. 账簿、凭证管理法律制度

账簿、凭证管理是指，纳税人要及时记录生产经营活动，并进行纳税核算的活动，税务机关可以根据准确的账簿和凭证，对纳税人的应纳税额确认，进行财务监督和税务检查。我国税收法律规定，凡是从事生产、经营的纳税人都必须按照财政部和国家税务总局的规定设置账簿，建立健全的财务会计制度，并通过合法、有效的凭证记账，正确地进行会计核算并据此计算应纳税额。

对于账簿的设置，除经税务机关批准可以不设置账簿的纳税人外，所有从事生产、经营的纳税人和扣缴义务人都应该按照国务院财政、税务主管部门的规定设置账簿。这里所指的账簿包括总账、明细账、日记账及其他辅助性账簿。

从事生产、经营的纳税人应当将其财务、会计制度或者处理办法报送税务机关备案。当其财务、会计制度或者财务、会计处理办法与国务院财政、税务主管部门有关税收的规定相抵触时，应依照国务院或者国务院财政、税务主管部门有关税收的规定计算纳税。

对于账簿、凭证的保管，从事生产、经营的纳税人、扣缴义务人必须按照国务院财政、税务主管部门规定的保管期限妥善保管账簿、记账凭证、完税凭证及其他有关资料。一般来说，账簿、记账凭证、报表、完税凭证、发票、出口凭证以及其他有关涉税资料应当保存10年。

3. 发票管理法律制度

发票是指在购销商品、提供或者接受服务以及从事其他经营活动中，开具、收取的收付款凭证。作为基本商事凭证的发票，不仅是会计核算的原始凭证和财务收支的法定依据，还是税款征收和税务检查的重要依据。税务机关加强发票管理对于保障国家税收收入、维护经济秩序具有重要意义。

依据我国《税收征管法》第21条的规定，税务机关是发票的主管机关，负责发票印制、领购、开具、取得、保管、缴销的管理和监督。单位、个人在购销商品、提供或者接受经营服务以及从事其他经营活动中，应当按照规定开具、使用、取得发票。发票的管理办法由国务院规定。根据《税收征管法》第21条第3款的授权规定，国务院制定了《发票管理办法》，并在2023年7月20日作了最新修订，其中主要有如下发票管理制度。

（1）发票的印制。增值税专用发票由国务院税务主管部门确定的企业印制；其他发票，按照国务院税务主管部门的规定由省、自治区直辖市税务机关确定的企业印制。禁止私自印制、伪造、变造发票。

印制发票的企业应当具备下列条件：1）取得印刷经营许可证和营业执照；2）设备、技术水平能够满足印制发票的需要；3）有健全的财务制度和严格的质量监督、安全管理、保密制度。税务机关应当按照政府采购有关规定确定印制发票的企业。

确定印制发票的企业应遵守以下规则：1）使用国务院税务主管部门确定的全国统一的发票防伪专用品。禁止非法制造发票防伪专用品；2）套印全国统一发票监制章；全国统一发票监制章的式样和发票版面印刷的要求，由国务院税务主管部门规定；发票监制章由省、自治区、直辖市税务机关制作；禁止伪造发票监制章；3）发票实行不定期换版制度；4）按照税务机关的统一规定，建立发票印制管理制度和保管措施；5）发票监制章和发票防伪专用品的使用和管理实行专人负责制度；6）按照税务机关确定的式样和数量印制发票；7）应当使用中文印制；民族自治地方的发票，可以加印当地一种通用的民族文字；有实际需要的，也可以同时使用中外两种文字印制；8）除增值税专用发票外，应当在本省、自治区、直辖市内印制；确有必要到外省、自治区、直辖市印制的，应当由省、自治区、直辖市税务机关商印制地省、自治区、直辖市税务机关同意后确定印制发票的企业。

（2）发票的领用。需要领用发票的单位和个人，应当持设立登记证件或者税务登记证件，以及经办人身份证明，向主管税务机关办理发票领用手续。领用纸质发票的，还应当提供按照国务院税务主管部门规定式样制作的发票专用章的印模。主管税务机关根据领用单位和个人的经营范围、规模和风险等级，在5个工作日内确认领用发票的种类、数量以及领用方式。单位和个人领用发票时，应当按照税务机关的规定报告发票使用情况，税务机关应当按照规定进行查验。

需要临时使用发票的单位和个人，可以凭购销商品、提供或者接受服务以及从事其他经营活动的书面证明、经办人身份证明，直接向经营地税务机关申请代开发票。依照税收法律、行政法规规定应当缴纳税款的，税务机关应当先征收税款，再开具发票。税务机关根据发票管理的需要，可以按照国务院税务主管部门的规定委托其他单位代开发票。禁止非法代开发票。

临时到本省、自治区、直辖市以外从事经营活动的单位或者个人，应当凭所在地税务机关的证明，向经营地税务机关领用经营地的发票。

临时在本省、自治区、直辖市以内跨市、县从事经营活动领用发票的办法，由省、自治区、直辖市税务机关规定。

（3）发票的开具和保管。销售商品、提供服务以及从事其他经营活动的单位和个人，对外发生经营业务收取款项，收款方应当向付款方开具发票；特殊情况下，由付款方向收款方开具发票。

所有单位和从事生产、经营活动的个人在购买商品、接受服务以及从事其他经营活动支付款项，应当向收款方取得发票。取得发票时，不得要求变更品名和金额。不符合规定的发票，不得作为财务报销凭证，任何单位和个人有权拒收。

开具发票应当按照规定的时限、顺序、栏目，全部联次一次性如实开具，开具纸质发票应当加盖发票专用章。任何单位和个人不得有下列虚开发票行为：1）为他人、为自己开具与实际经营业务情况不符的发票；2）让他人为自己开具与实际经营业务情况不符的发票；3）介绍他人开具与实际经营业务情况不符的发票。

安装税控装置的单位和个人，应当按照规定使用税控装置开具发票，并按期向主管税务机关报送开具发票的数据。使用非税控电子器具开具发票的，应当将非税控电子器具使用的软件程序说明资料报主管税务机关备案，并按照规定保存、报送开具发票的数据。单位和个人开发电子发票信息系统自用或者为他人提供电子发票服务的，应当遵守国务院税务主管部门的规定。

任何单位和个人应当按照发票管理规定使用发票，不得有下列行为：1）转借、转让、介绍他人转让发票、发票监制章和发票防伪专用品；2）知道或者应当知道是私自印制、伪造、变造、非法取得或者废止的发票而受让、开具、存放、携带、邮寄、运输；3）拆本使用发票；4）扩大发票使用范围；5）以其他凭证代替发票使用；6）窃取、截留、篡改、出售、泄露发票数据。税务机关应当提供查询发票真伪的便捷渠道。

除国务院税务主管部门规定的特殊情形外，纸质发票限于领用单位和个人在本省、自治区、直辖市内开具。省、自治区、直辖市税务机关可以规定跨市、县开具纸质发票的办法。开具发票的单位和个人应当建立发票使用登记制度，配合税务机关进行身份验证，并定期向主管税务机关报告发票使用情况。开具发票的单位和个人应当在办理变更或者注销税务登记的同时，办理发票的变更、缴销手续。开具发票的单位和个人应当按照国家有关规定存放和保管发票，不得擅自损毁。已经开具的发票存根联，应当保存5年。

除国务院税务主管部门规定的特殊情形外，任何单位和个人不得跨规定的使用区域携带、邮寄、运输空白发票。禁止携带、邮寄或者运输空白发票出入境。

（4）发票的检查。税务机关在发票管理中有权进行下列检查：1）检查印制、领用、开具、取得、保管和缴销发票的情况；2）调出发票查验；3）查阅、复制与发票有关的凭证、资料；4）向当事各方询问与发票有关的问题和情况；5）在查处发票案件时，对与案件有关的情况和资料，可以记录、录音、录像、照相和复制。

印制、使用发票的单位和个人，必须接受税务机关依法检查，如实反映情况，提供有关资料，不得拒绝、隐瞒。税务人员进行检查时，应当出示税务检查证。

税务机关需要将已开具的发票调出查验时，应当向被查验的单位和个人开具发票换票证。发票换票证与所调出查验的发票有同等的效力。被调出查验发票的单位和个人不得拒绝接受。税务机关需要将空白发票调出查验时，应当开具收据；经查无问题的，应当及时返还。

单位和个人从中国境外取得的与纳税有关的发票或者凭证，税务机关在纳税审查时有疑义的，可以要求其提供境外公证机构或者注册会计师的确认证明，经税务机关审核认可后，方可作为记账核算的凭证。

4. 纳税申报管理法律制度

纳税申报是纳税人发生纳税义务后，按照规定期限就纳税事宜向税务机关提出书面报告的一项税收征管制度。纳税申报既是纳税人履行纳税义务和代征人履行代征、代扣、代缴税款义务的法定手续，也是税务机关办理税收征收业务、核定应纳税凭证的主要依据。

（1）纳税申报的主体。根据我国《税收征管法》及其实施细则的规定，纳税申报的主体是纳税人，纳税人必须在税法规定或税务机关依法确定的纳税期限内到主管税务机关办理纳税申报，无论有无应税收入、所得及其他应税项目。纳税人即便是享受减税、免税待遇的，在减免税期间也应按照规定办理纳税申报。此外，扣缴义务人也必须按照法律、行政法规规定或者税务机关依照法律、行政法规的规定确定的申报期限、申报内容如实报送代扣代缴、代收代缴税款报告表以及税务机关根据实际需要要求扣缴义务人报送的其他有关资料。

（2）纳税申报的内容。纳税人在办理纳税申报时应如实填写纳税申报表。纳税申报表的主要内容包括：税种、税目，应纳税项目或者应代扣代缴、代收代缴税款项目，计税依据，扣除项目及标准，适用税率或者单位税额，应退税项目及税额、应减免税项目及税额，应纳税额或者应代扣代缴、代收代缴税额，税款所属期限、延期缴纳税款、欠税、滞纳金等。纳税人办理纳税申报时，应当如实填写纳税申报表，并根据不同的情况相应报送下列有关证件、资料：1）财务会计报表及其说明材料；2）与纳税有关的合同、协议书及凭证；3）税控装置的电子报税资料；4）外出经营活动税收管理证明和异地完税凭证；5）境内或者境外公证机构出具的有关证明文件；6）税务机关规定应当报送的其他有关证件、资料。扣缴义务人办理代扣代缴、代收代缴税款报告时，应当如实填写代扣代缴、代收代缴税款报告表。并报送代扣代缴、代收代缴税款的合法凭证以及税务机关规定的其他有关证件、资料。

（3）纳税申报的期限。纳税人、扣缴义务人按照规定的期限办理纳税申报或者报送代扣代缴、代收代缴税款报告表确有困难，需要延期的，应当在规定的期限内向税务机关提出书面延期申请，经税务机关核准，并在核准的期限内办理。纳税人、扣缴义务人因不可抗力，不能按期办理纳税申报或者报送代扣代缴、代收代缴税款报告表的，可以延期办理；但是，应当在不可抗力情形消除后立即向税务机关报告。税务机关应当查明事实，予以核准。

（4）纳税申报的方式。税务机关应当建立、健全纳税人自行申报纳税制度。纳税人、扣缴义务人可以采取邮寄、数据电文方式办理纳税申报或者报送代扣代缴、代收代缴税款报告表。纳税人采取邮寄方式办理纳税申报的，应当使用统一的纳税申报专用信封，并以邮政部门收据作为申报凭据。邮寄申报以寄出的邮戳日期为实际申报日期。数据电文方式，是指税务机关确定的电话语音、电子数据交换和网络传输等电子方式。纳税人采取电子方式办理纳税申报的，应当按照税务机关规定的期限和要求保存有关资料，并定期书面报送主管税务机关。

（三）税款征收法律制度

税款征收，是指税务机关依法对纳税主体应当缴纳的税款组织征收入库的一系列活动的总称。税款征收直接关系应征税款能否及时、足额入库，是整个税收征收管理的核心工作和中心环节。税款征收法律制度主要包括以下几个方面：

1. 税款征收的方式

税务机关根据保证国家税款及时足额入库、方便纳税人、降低税收成本的原则，确定税款征收的方式，主要包括查账征收、核定征收、代扣代缴、代收代缴及委托代征。

（1）查账征收。查账征收是由纳税人依据账簿记载，先自行计算缴纳，事后经税务机关查账核实，如有不符时，可多退少补。这种征收方式一般适用于已建立会计账册，财务、会计制度健全，会计记录完整的纳税人。

(2) 核定征收。核定征收是税务机关对不能完整、准确提供纳税资料的纳税人采用特定方法确定其应纳税收入或应纳税额，纳税人据以缴纳税款的一种征收方式，具体包括查定征收、查验征收、定期定额征收等方式。核定征收适用于以下几种情形：依照法律、行政法规的规定可以不设置账簿的；依照法律、行政法规的规定应当设置账簿但未设置的；擅自销毁账簿或者拒不提供纳税资料的；虽设置账簿，但账目混乱或者成本资料、收入凭证、费用凭证残缺不全，难以查账的；发生纳税义务，未按照规定的期限办理纳税申报，经税务机关责令限期申报，逾期仍不申报的；纳税人申报的计税依据明显偏低，又无正当理由的。

(3) 扣缴征收。代扣代缴是指持有纳税人收入的单位和个人从持有的纳税人收入中扣缴其应纳税款并向税务机关解缴的行为；代收代缴是指与纳税人有经济往来关系的单位和个人借助经济往来关系向纳税人收取其应纳税款并向税务机关解缴的行为。

(4) 委托代征。委托代征是税务机关按照国家有关规定委托有关单位和人员代征零星分散和异地缴纳的税收，并发给委托代征证书。纳税人拒绝扣缴义务人依法代扣、代收、代征税款的，扣缴义务人或受托代征单位和人员应当及时报告税务机关。税务机关按照所扣缴、代缴、代征的税款，向扣缴、代缴、代征义务人付给手续费，并通过财政预算统一安排。

2. 税款的缴纳和入库

纳税人、扣缴义务人应按照法律、行政法规规定或者税务机关依照法律、行政法规的规定确定的期限，缴纳或者解缴税款。纳税人未按照规定期限缴纳税款的，扣缴义务人未按照规定期限解缴税款的，税务机关除责令限期缴纳外，从滞纳税款之日起，按日加收滞纳税款 0.5‰的滞纳金。加收滞纳金的起止时间，为法律、行政法规规定或者税务机关依照法律、行政法规的规定确定的税款缴纳期限届满次日起至纳税人、扣缴义务人实际缴纳或者解缴税款之日止。

税务机关应当根据方便、快捷、安全的原则，积极推广使用支票、银行卡、电子结算方式缴纳税款。税务机关收到税款后，应当向纳税人开具完税凭证。纳税人通过银行缴纳税款的，税务机关可以委托银行开具完税凭证。扣缴义务人代扣、代收税款时，纳税人要求扣缴义务人开具代扣、代收税款凭证的，扣缴义务人应当开具。所谓完税凭证，是指各种完税证、缴款书、印花税票、扣（收）税凭证以及其他完税证明。

税务机关应当将各种税收的税款、滞纳金、罚款，按照国家规定的预算科目和预算级次及时缴入国库，税务机关不得压占、挪用、截留，不得缴入国库以外或者国家规定的税款账户以外的任何账户。已缴入国库的税款、滞纳金、罚款，任何单位和个人不得擅自变更预算科目和预算级次。

纳税人因有特殊困难，不能按期缴纳税款的，经省、自治区、直辖市税务机关批准，可以延期缴纳税款，但最长不得超过 3 个月。纳税人延期纳税的基本条件有两个：一是纳税人确实发生了特殊困难，即因不可抗力，导致纳税人发生较大损失，正常生产经营活动受到较大影响或者当期货币资金在扣除应付职工工资、社会保险费后，不足以缴纳税款的；二是经过省、自治区、直辖市税务局批准。计划单列市税务局参照审批纳税人延期缴纳税款。

对于延期纳税的管理还应注意以下几个问题，纳税人需要延期缴纳税款的，应当在缴纳税款期限届满前提出申请，并报送下列材料：申请延期缴纳税款报告，当期货币资金余额情况及所有银行存款账户的对账单、资产负债表、应付职工工资和社会保险费等税务机关要求提供的支出预算。税务机关应当自收到申请延期缴纳税款报告之日起20日内作出批准或者不予批准的决定；不予批准的，从缴纳税款期限届满之日起加收滞纳金。批准延期的，延期期满前免予加收滞纳金。延期期限最长不得超过3个月，同一笔税款不得滚动审批。

3. 税款征收的保障制度

（1）纳税担保。根据我国2005年《纳税担保试行办法》第3条的规定，纳税人有下列情况之一的，适用纳税担保：1）税务机关有根据认为从事生产、经营的纳税人有逃避纳税义务行为，在规定的纳税期之前经责令其限期缴纳应纳税款，在限期内发现纳税人有明显的转移、隐匿其应纳税的商品、货物以及其他财产或者应纳税收入的迹象，责成纳税人提供纳税担保的；2）欠缴税款、滞纳金的纳税人或者其法定代表人需要出境的；3）纳税人同税务机关在纳税上发生争议而未缴清税款，需要申请行政复议的；4）税收法律、行政法规规定可以提供纳税担保的其他情形。

纳税担保范围包括税款、滞纳金和实现税款、滞纳金的费用。费用包括抵押、质押登记费用，质押保管费用，以及保管、拍卖、变卖担保财产等相关费用支出。用于纳税担保的财产、权利的价值不得低于应当缴纳的税款、滞纳金，并考虑相关的费用。纳税担保的财产价值不足以抵缴税款、滞纳金的，税务机关应当向提供担保的纳税人或纳税担保人继续追缴。

纳税担保包括经税务机关认可的纳税保证人为纳税人提供的纳税保证，以及纳税人或者第三人以其未设置或者未全部设置担保物权的财产提供的担保。纳税保证人，是指在中国境内具有纳税担保能力的自然人、法人或者其他经济组织。法律、行政法规规定的没有担保资格的单位和个人，不得作为纳税担保人。担保手续必须完备。纳税担保人同意为纳税人提供纳税担保的，应当填写纳税担保书，写明担保对象、担保范围、担保期限和担保责任以及其他有关事项。担保书须经纳税人、纳税担保人签字盖章并经税务机关同意，方为有效。纳税人或者第三人以其财产提供纳税担保的，应当填写财产清单，并写明财产价值以及其他有关事项。纳税担保财产清单须经纳税人、第三人签字盖章并经税务机关确认，方为有效。

纳税抵押，是指纳税人或纳税担保人不转移对财产的占有，将该财产作为税款及滞纳金的担保。纳税人逾期未缴清税款及滞纳金的，税务机关有权依法处置该财产以抵缴税款及滞纳金。下列财产可以抵押：1）抵押人所有的房屋和其他地上定着物；2）抵押人所有的机器、交通运输工具和其他财产；3）抵押人依法有权处分的国有的房屋和其他地上定着物；4）抵押人依法有权处分的国有的机器、交通运输工具和其他财产；5）经设区的市、自治州以上税务机关确认的其他可以抵押的合法财产。

纳税质押，是指经税务机关同意，纳税人或纳税担保人将其动产或权利凭证移交税务机关占有，将该动产或权利凭证作为税款及滞纳金的担保。纳税人逾期未缴清税款及滞纳金的，税务机关有权依法处置该动产或权利凭证以抵缴税款及滞纳金。纳税质押分为动产质押和权利质押。动产质押包括现金以及其他除不动产以外的财产提供的质押。汇票、支票、本票、债券、存款单等权利凭证可以质押。对于实际价值波动很大的动产或权利凭证，经设区的市、自治州以上税务机关确认，税务机关可以不接受其作为纳税质押。

(2) 税收保全。税收保全措施，是指在规定的纳税期之前，由于纳税人行为或某种客观原因可能导致税款难以征收时，税务机关采取的限制纳税人处理或者转移商品、货物或其他财产的强制措施。

税务机关在两种情况下可使用税收保全措施：一种是在法定纳税期内采取的税收保全措施；另一种是针对以前纳税期采取的税收保全措施。前者适用于税收征收过程，它所要保全的是“当期”的受到逃避纳税义务行为威胁的税款。对此，《税收征管法》第38条规定，税务机关有根据认为从事生产、经营的纳税人有逃避纳税义务行为的，可以在规定的纳税期之前，责令限期缴纳应纳税款；在限期内发现纳税人有明显的转移、隐匿其应纳税的商品、货物以及其他财产或者应纳税的收入的迹象的，税务机关可以责成纳税人提供纳税担保。如果纳税人不能提供纳税担保，经县以上税务局（分局）局长批准，税务机关可以采取税收保全措施。根据以上规定，采取税收保全措施时需要注意：采取税收保全的范围只适用于从事生产、经营的纳税人；必须是有根据认为纳税人有明显转移、隐匿其应纳税的商品、货物以及其他财产或应纳税收入等行为或迹象；必须是在规定的纳税期之前和责令限期缴纳的期限之内，在纳税期之后或在责令限期缴纳期满之后，税务机关应采取强制执行措施；必须是在纳税人不肯或不能提供纳税担保的情形下；须经县以上税务局（分局）局长批准。税收保全的对象是相当于纳税人应纳税款的商品、货物和其他财产。所称其他财产，包括纳税人的房地产、现金、有价证券等不动产和动产。个人及其所扶养家属维持生活必需的住房和用品，以及单价5 000元以下的其他生活用品，不在税收保全措施的范围之内。所谓个人所扶养家属，是指与纳税人共同居住生活的配偶、直系亲属以及无生活来源并由纳税人扶养的其他亲属。机动车辆、金银饰品、古玩字画、豪华住宅或者一处以外的住房不属于个人及其所扶养家属维持生活必需的住房和用品。

后者适用于税务检查过程，它所要保全的是“以前纳税期”的受到逃避纳税义务行为威胁的税款，即《税收征管法》第55条所作的规定：税务机关对从事生产、经营的纳税人以前纳税期的纳税情况依法进行税务检查时，发现纳税人有逃避纳税义务行为，并有明显的转移、隐匿其应纳税的商品、货物以及其他财产或者应纳税的收入的迹象的，可以按照本法规定的批准权限采取税收保全措施或者强制执行措施。

(3) 税收强制执行。税收强制执行是指纳税人等税收管理相对人在规定的期限内未履行法定义务，税务机关采取法定的强制手段，强迫其履行义务的行为。《税收征管法》第 37 条规定：对未按照规定办理税务登记的从事生产、经营的纳税人以及临时从事经营的纳税人，由税务机关核定其应纳税额，责令缴纳；不缴纳的，税务机关可以扣押其价值相当于应纳税款的商品、货物。扣押后仍不缴纳税款的，经县以上税务局（分局）局长批准，依法拍卖或者变卖所扣押的商品、货物，以拍卖或者变卖所得抵缴税款。《税收征管法》第 40 条规定：从事生产、经营的纳税人、扣缴义务人未按照规定的期限缴纳或者解缴税款，纳税担保人未按照规定的期限缴纳所担保的税款，由税务机关责令限期缴纳，逾期仍未缴纳的，经县以上税务局（分局）局长批准，税务机关可以采取强制执行措施。

税收强制执行措施与税收保全措施不同，不仅可以适用从事生产、经营的纳税人，而且可适用于扣缴义务人和纳税担保人。对逾期不履行法定义务的纳税人等管理相对人必须告诫在先、执行在后，即对纳税期满后仍不履行法定义务者，税务机关应先责令限期缴纳，对拒不缴纳者方可适用强制执行措施。税收强制执行措施必须发生在责令期满之后，责令限期内有不履行义务迹象的，税务机关应采取的是税收保全措施。税收强制执行措施的执行对象不仅包括税款，还包括滞纳金。

税收强制执行措施主要包括如下手段：1）书面通知其开户银行或者其他金融机构从其存款中扣缴税款；2）扣押、查封、依法拍卖或者变卖其价值相当于应纳税款的商品、货物或者其他财产，以拍卖或者变卖所得抵缴税款。税务机关采取强制执行措施时，对纳税人、扣缴义务人、纳税担保人未缴纳的滞纳金同时强制执行。

实施税收强制执行措施直接影响纳税人的利益，税务机关在行使时应当严格按照法定权限和法定程序进行。税收强制执行措施的权力，不得由法定的税务机关以外的单位和个人行使。税务机关依照《税收征管法》有关规定，扣押、查封价值相当于应纳税款的商品、货物或者其他财产时，应参照同类商品的市场价、出厂价或者评估价估算。税务机关按照上述方法确定应扣押、查封的商品、货物或者其他财产的价值时，还应当包括滞纳金和拍卖、变卖所发生的费用。对价值超过应纳税额且不可分割的商品、货物或者其他财产，税务机关在纳税人、扣缴义务人或者纳税担保人无其他可供强制执行的财产的情况下，可以整体扣押、查封、拍卖，以拍卖所得抵缴税款、滞纳金、罚款以及拍卖费用。税务机关依法实施扣押、查封时，对有产权证件的动产或者不动产，税务机关可以责令当事人将产权证件交税务机关保管，同时可以向有关机关发出协助执行通知书，有关机关在扣押、查封期间不再办理该动产或者不动产的过户手续。对查封的商品、货物或者其他财产，税务机关可以指令被执行人负责保管，保管责任由被执行人承担。继续使用被查封的财产不会减少其价值的，税务机关可以允许被执行人继续使用；因被执行人保管或者使用的过错造成的损失，由被执行人承担。

税务机关将扣押、查封的商品、货物或者其他财产变价抵缴税款时，应当交由依法成立的拍卖机构拍卖；无法委托拍卖或者不适于拍卖的，可以交由当地商业企业代为销售，也可以责令纳税人限期处理；无法委托商业企业销售，纳税人也无法处理的，可以由税务机关变价处理。国家禁止自由买卖的商品，应当交由有关单位按照国家规定的价格收购。拍卖或者变卖所得抵缴税款、滞纳金、罚款以及拍卖、变卖等费用后，剩余部分应当在3日内退还被执行人。税务机关依照《税收征管法》第37条的规定，扣押纳税人商品、货物的，纳税人应当自扣押之日起15日内缴纳税款。对扣押的鲜活、易腐烂变质或者易失效的商品、货物，税务机关根据被扣押物品的保质期，可以缩短上述规定的扣押期限。税务机关滥用职权违法采取税收强制执行措施，或者采取税收强制措施不当，使纳税人、扣缴义务人或者纳税担保人的合法权益遭受损失的，应当依法承担赔偿责任。

(4) 税收代位权和撤销权。欠税是指纳税人、扣缴义务人未按规定的期限缴纳或解缴税款的行为。根据《税收征管法》的规定，欠缴税款的纳税人因怠于行使到期债权，或者放弃到期债权，或者无偿转让财产，或者以明显不合理的低价转让财产而受让人知道该情形，对国家税收造成损害的，税务机关可以行使代位权和撤销权。所谓代位权，是指债权人因债务人怠于行使其到期债权而取代其债权人地位自行追索债务的权利。撤销权，是指债权人请求人民法院撤销债务人危害其债权行为的权利。税务机关行使代位权、撤销权必须满足以下条件：纳税人必须有欠缴国家税款的行为；必须有法定的代位或者撤销事由；纳税人的行为已经对国家税收造成了损害；税务机关行使代位权和撤销权，必须向人民法院提出申请，由法院批准代位、宣布撤销；税务机关行使代位权或者撤销权的范围以纳税人欠缴税款多少为限，不得随意扩大；税务机关行使代位权与撤销权，不免除欠缴税款的纳税人尚未履行的纳税义务和应承担的法律责任。

(5) 税收优先权。所谓税收优先权，是指税务机关在征收税款与其他债权的实现发生冲突时，税款的征收原则上优先于其他债权的实现。根据我国《税收征管法》，税收优先权主要体现在以下四个方面：1) 税收优先于无担保债权，这里所说的税收优先于无担保债权是有条件的，也就是说并不是优先于所有的无担保债权，《企业破产法》另有规定的除外；2) 纳税人欠缴的税款发生在纳税人以其财产设定抵押、质押或者纳税人的财产被留置之前的，税收优先于抵押权、质权和留置权执行；3) 税收优先于罚款、没收非法所得，即纳税人欠缴税款，同时又被行政机关决定处以罚款、没收违法所得的，税收优先于罚款、没收违法所得；4) 税收犯罪被处以罚金、没收财产的，在执行前，应当先由税务机关追缴税款。

税收优先权反映的是两种或更多不同的权利利益之间发生冲突时，法律作出的选择。承认税收优先权的原因在于，税收是国家维护公共利益的物质基础，具有强烈的公益性。一般而言，税收优先权是相对于私法上债权的优先，而在税收债权相互之间并不存在优先权。同时，法律对税收债权相对于私债权的优先权应当予以限制。否则，会对私主体的权益造成不适当的影响，干扰交易安全。税收优先权的一般原则是，税收债权优先于无担保的私债权，但劣后于有担保的私债权。

(6) 税收减免制度。纳税人有权依照法律、行政法规的规定办理减免税。地方各级人民政府、各级人民政府主管部门、单位和个人违反法律、行政法规规定，擅自作出的减税、免税决定无效，税务机关不得执行，并向上级税务机关报告。减免税政策的目的在于激励部分纳税人的生活生产。享受减税、免税优惠的纳税人，减税、免税期满，应当自期满次日起恢复纳税；减税、免税条件发生变化的，应当自发生变化之日起15日内向税务机关报告；不再符合减税、免税条件的，应当依法履行纳税义务；未依法纳税的，税务机关应当予以追缴。

(四) 税务检查法律制度

税务检查，是指税务机关根据税收法律、行政法规和其他规范性文件，对纳税人履行纳税义务，扣缴义务人履行代扣代缴义务的实际情况进行检验、核查的活动。随着新兴行业的产生，以及网络主播等自由从业人士的增加，有很多新的税收征管模式产生，此时税务检查具有非常重要的地位。根据税收法定原则，我国已经通过《税收征管法》及其实施细则、《税务稽查案件办理程序规定》等，对税务检查作出具体规定。

《征管法实施细则》第85条规定，税务机关应当建立科学的检查制度，统筹安排检查工作，严格控制对纳税人、扣缴义务人的检查次数。税务机关应当制定合理的税务稽查工作规程，负责选案、检查、审理、执行的人员的职责应当明确，并相互分离、相互制约，规范选案程序和检查行为。可见，税务检查主要分为日常检查和税务稽查两种。

日常检查是事前、事中的检查，税务机关在税务检查中通过查阅纳税人的账簿、会计凭证，以及扣缴义务人代扣代缴、代收代缴税款账簿、记账凭证等，行使查账权。税务机关有权到纳税人的生产、经营场所和货物存放地检查纳税人应纳税的商品、货物以及其他财产，并且有权责成纳税人、扣缴义务人提供纳税相关证明材料。通过调查取证，税务机关发现纳税人有偷逃纳税义务行为，并且有明显的转移、隐匿其应纳税的商品、货物以及其他财产或应纳税额的可能性的，有权依法对其采取税收保全以及税收强制执行措施。

税务稽查则属于事后检查，是由专业稽查部门依法对纳税人、扣缴义务人履行纳税义务、扣缴税款义务和其他义务情况进行的检查和处理，其目的和作用是查处偷税、逃税和骗税的行为，打击税收违法犯罪活动。目前，我国对税务检查的程序规定主要体现在税务稽查上。2021年6月18日，国家税务总局2021年度第2次局务会议审议通过《税务稽查案件办理程序规定》(以下简称《程序规定》)，自2021年8月11日起施行。此前，我国于2009年印发的《税务稽查工作规程》同时废止。

根据《程序规定》，税务稽查程序包括选案、检查、审理和执行四个步骤。

1. 选案

该程序是指通过一定的途径，按照一定的标准选择检查对象，确定检查目标。稽查局应当加强稽查案源管理，全面收集整理案源信息，合理、准确地选择待查对象。案源管理依照国家税务总局有关规定执行。待查对象确定后，经稽查局局长批准实施立案检查。必要时，依照法律法规的规定，稽查局可以在立案前进行检查。稽查局应当统筹安排检查工作，严格控制对纳税人、扣缴义务人的检查次数。

2. 检查

检查前，稽查局应当告知被查对象检查时间、需要准备的资料等，但预先通知有碍检查的除外。检查应当由两名以上具有执法资格的检查人员共同实施，并向被查对象出示税务检查证件、出示或者送达税务检查通知书，告知其权利和义务。检查应当依照法定权限和程序，采取实地检查、调取账簿资料、询问、查询存款账户或者储蓄存款、异地协查等方法。对采用电子信息系统进行管理和核算的被查对象，检查人员可以要求其打开该电子信息系统，或者提供与原始电子数据、电子信息系统技术资料一致的复制件。被查对象拒不打开或者拒不提供的，经稽查局局长批准，可以采用适当的技术手段对该电子信息系统进行直接检查，或者提取、复制电子数据进行检查，但所采用的技术手段不得破坏该电子信息系统原始电子数据，或者影响该电子信息系统正常运行。检查应当依照法定权限和程序收集证据材料。收集的证据必须经查证属实，并与证明事项相关联。

有下列情形之一，致使检查暂时无法进行的，经稽查局局长批准后，中止检查：1）当事人被有关机关依法限制人身自由的；2）账簿、记账凭证及有关资料被其他国家机关依法调取且尚未归还的；3）与税收违法行为直接相关的事实需要人民法院或者其他国家机关确认的；4）法律、行政法规或者国家税务总局规定的其他可以中止检查的。中止检查的情形消失，经稽查局局长批准后，恢复检查。

有下列情形之一，致使检查确实无法进行的，经稽查局局长批准后，终结检查：1）被查对象死亡或者被依法宣告死亡或者依法注销，且有证据表明无财产可抵缴税款或者无法定税收义务承担主体的；2）被查对象税收违法行为均已超过法定追究期限的；3）法律、行政法规或者国家税务总局规定的其他可以终结检查的。

检查结束前，检查人员可以将发现的税收违法事实和依据告知被查对象。被查对象对违法事实和依据有异议的，应当在限期内提供说明及证据材料。被查对象口头说明的，检查人员应当制作笔录，由当事人签章。

3. 审理

检查结束后，稽查局应当对案件进行审理。符合重大税务案件标准的，稽查局审理后提请税务局重大税务案件审理委员会审理。重大税务案件审理依照国家税务总局有关规定执行。案件审理应当着重审核以下内容：1）执法主体是否正确；2）被查对象是否准确；3）税收违法事实是否清楚，证据是否充分，数据是否准确，资料是否齐全；4）适用法律、行政法规、规章及其他规范性文件是否适当，定性是否正确；5）是否符合法定程序；6）是否超越或者滥用职权；7）税务处理、处罚建议是否适当；8）其他应当审核确认的事项或者问题。

经审理，区分下列情形分别作出处理：1）有税收违法行为，应当作出税务处理决定的，制作税务处理决定书；2）有税收违法行为，应当作出税务行政处罚决定的，制作税务行政处罚决定书；3）税收违法行为轻微，依法可以不予税务行政处罚的，制作不予税务行政处罚决定书；4）没有税收违法行为的，制作税务稽查结论。税务处理决定书、税务行政处罚决定书、不予税务行政处罚决定书、税务稽查结论引用的法律、行政法规、规章及其他规范性文件，应当注明文件全称、文号和有关条款。

4. 执行

稽查局应当依法及时送达税务处理决定书、税务行政处罚决定书、不予税务行政处罚决定书、税务稽查结论等税务文书。具有下列情形之一的，经县以上税务局局长批准，稽查局可以依法强制执行，或者依法申请人民法院强制执行：1）纳税人、扣缴义务人未按照规定的期限缴纳或者解缴税款、滞纳金，责令限期缴纳逾期仍未缴纳的；2）经稽查局确认的纳税担保人未按照规定的期限缴纳所担保的税款、滞纳金，责令限期缴纳逾期仍未缴纳的；3）当事人对处罚决定逾期不申请行政复议也不向人民法院起诉、又不履行的；4）其他可以依法强制执行的。

（五）税收征管法律责任

税收征管法律责任，是指税收法律关系的主体因违反税法义务、实施税收违法行为所承担的不利法律后果。和其他法律责任一样，税法主体违反税法义务，实施违反税收征收管理制度的违法行为时，应当承担相应的税收征管法律责任。考虑到税法主体违反税收征管制度应当承担的责任类型多样，以下分别从违反税收征管制度的法律责任、违反发票管理制度的法律责任两个方面重点介绍。

1. 违反税收征管制度的法律责任

（1）纳税人的法律责任

第一，纳税人违反税务管理制度的行为及其法律责任。其一，纳税人未按照规定的期限申报办理税务登记、变更或者注销登记；未按照规定设置、保管账簿或者保管记账凭证和有关资料；未按照规定将财务、会计制度或者财务、会计处理办法和会计核算软件报送税务机关备查；未按照规定将其全部银行账号向税务机关报告；未按照规定安装、使用税控装置，或者损毁或者擅自改动税控装置等，只要具备上述任何一种行为，由税务机关责令限期改正，可以处 2 000 元以下的罚款；情节严重的，处 2 000 元以上 1 万元以下的罚款。其二，纳税人不办理税务登记的，由税务机关责令限期改正；逾期不改正的，经税务机关提请，由工商行政管理机关吊销其营业执照。其三，纳税人未按照规定使用税务登记证件，或者转借、涂改、损毁、买卖、伪造税务登记证件的，处 2 000 元以上 1 万元以下的罚款；情节严重的，处 1 万元以上 5 万元以下的罚款。其四，纳税人未按照规定办理税务登记证件验证或者换证手续的，由税务机关责令限期改正，可以处 2 000 元以下的罚款；情节严重的，处 2 000 元以上 1 万元以下的罚款。其五，纳税人未按照规定的期限办理纳税申报和报送纳税资料的，由税务机关责令限期改正，可以处 2 000 元以下的罚款；情节严重的，可以处 2 000 元以上 1 万元以下的罚款。

第二，偷税（逃避缴纳税款）及其法律责任。依据我国《税收征管法》的规定，偷税是指纳税人伪造、变造、隐匿、擅自销毁账簿、记账凭证，或者在账簿上多列支出或者不列、少列收入，或者经税务机关通知申报而拒不申报或者进行虚假的纳税申报，不缴或者少缴应纳税款的行为。由于偷税是一种故意采取某些欺骗性手段逃避纳税义务的行为，因而也称为逃税，是指纳税人欠缴应纳税款，采取转移或者隐匿财产的手段，妨碍税务机关追缴欠缴税款的行为。逃税行为的成立必须具备下列要件：1）纳税人欠缴应纳税款；2）纳税人实施了转移或者隐匿财产的行为；3）妨碍了税务机关追缴纳税人欠缴的税款。纳税人实施一般逃税行为，由税务机关追缴其不缴或少缴的税款、滞纳金，并处不缴或少缴税款50%以上5倍以下的罚款；构成犯罪的，还应依法追究刑事责任。对此，根据我国《刑法修正案（七）》的规定，纳税人采取欺骗、隐瞒手段进行虚假纳税申报或者不申报，逃避缴纳税款数额较大并且占应纳税额10%以上的，处3年以下有期徒刑或者拘役，并处罚金；数额巨大并且占应纳税额30%以上的，处3年以上7年以下有期徒刑，并处罚金。对多次实施前两款行为，未经处理的，按照累计数额计算。有第1款行为，经税务机关依法下达追缴通知后，补缴应纳税款，缴纳滞纳金，已受行政处罚的，不予追究刑事责任；但是，5年内因逃避缴纳税款受过刑事处罚或者被税务机关给予二次以上行政处罚的除外。

第三，骗税行为及其法律责任。骗税又称骗取出口退税，是指以假报出口或者其他欺骗手段，骗取国家出口退税款的行为。纳税人实施骗税行为的，由税务机关追缴其骗取的退税款，并处骗取税款1倍以上5倍以下的罚款；构成犯罪的，依法追究刑事责任。另外，税务机关可以在规定期间内停止为其办理出口退税。

第四，抗税行为及其法律责任。抗税，是指以暴力、威胁方法拒不缴纳税款的行为。抗税是一种公然对抗税务执法的违法行为，是对国家税法的粗暴践踏，应给予严厉打击。除由税务机关追缴其拒缴的税款、滞纳金外，还应依法追究刑事责任。对情节轻微、尚未构成犯罪的一般抗税行为，由税务机关追缴其拒缴的税款、滞纳金，并处拒缴税款1倍以上5倍以下的罚款。

第五，欠税行为及其法律责任。欠税，是指纳税人在纳税期限届满后，仍未缴或少缴应纳税款的行为。纳税人在规定期限内不缴或者少缴应纳税款的，由税务机关责令其限期缴纳。在限期内缴纳税款的，不给予处罚，但应加收滞纳金。逾期仍未缴纳的，税务机关除可以依法采取强制执行措施追缴其不缴或者少缴的税款外，还可以处不缴或者少缴的税款50%以上5倍以下的罚款。纳税人欠缴应纳税款，采取转移或者隐匿财产的手段，妨碍税务机关追缴欠缴的税款的，是逃避追缴欠税，由税务机关追缴欠缴的税款、滞纳金，并处欠缴税款50%以上5倍以下的罚款；构成犯罪的，依法追究刑事责任。

第六，纳税人的其他法律责任。其一，纳税人编造虚假计税依据的，由税务机关责令限期改正，并处5万元以下的罚款。其二，纳税人不进行纳税申报，不缴或者少缴应纳税款的，由税务机关追缴其不缴或者少缴的税款、滞纳金，并处不缴或者少缴的税款50%以上5倍以下的罚款。其三，纳税人逃避、拒绝或者以其他方式阻挠税务机关检查的，由税务机关责令改正，可以处1万元以下的罚款；情节严重的，处1万元以上5万元以下的罚款。所谓“逃避、拒绝或者以其他方式阻挠税务机关检查的”，是指下列任何一种情形：纳税人提供虚假资料，不如实反映情况，或者拒绝提供有关资料；拒绝或者阻止税务机关记录、录音、录像、照相和复制与案件有关的情况和资料；在检查期间，纳税人转移、隐匿、销毁有关资料；有不依法接受税务检查的其他情形。

(2) 扣缴义务人的法律责任

根据我国《税收征管法》及《刑法》的相关规定，扣缴义务人的法律责任也包括七个方面。

第一，扣缴义务人未按照规定设置、保管代扣代缴、代收代缴税款账簿或者保管代扣代缴、代收代缴税款记账凭证及有关资料的，由税务机关责令限期改正，可以处 2 000 元以下的罚款；情节严重的，处 2 000 元以上 5 000 元以下的罚款。

第二，扣缴义务人未按照规定的期限向税务机关报送代扣代缴、代收代缴税款报告表和有关资料的，由税务机关责令限期改正，可以处 2 000 元以下的罚款；情节严重的，可以处 2 000 元以上 1 万元以下的罚款。

第三，扣缴义务人在规定期限内，不缴或者少缴应解缴税款的，由税务机关责令限期缴纳，逾期仍未缴纳的，税务机关除追缴其不缴或者少缴的税款外，可以并处不缴或者少缴的税款 50%以上 5 倍以下的罚款。

第四，扣缴义务人编造虚假计税依据的，由税务机关责令限期改正，并处 5 万元以下的罚款。

第五，扣缴义务人采取偷税手段，不缴或者少缴已扣、已收税款，亦属于偷税行为，其应承担的法律责任与前述的纳税人实施偷税行为应承担的法律责任相同。

第六，扣缴义务人应扣未扣、应收而不收税款的，由税务机关向纳税人追缴税款，对扣缴义务人处应扣未扣、应收未收税款 50%以上 3 倍以下的罚款；构成犯罪的，依法追究刑事责任。

第七，扣缴义务人实施违反税务检查行为的，其应承担的行政责任与前述的纳税人实施违反税务检查行为应承担的行政责任相同。

(3) 税务人员的法律责任

根据《税收征管法》的规定，税务机关和税务人员必须秉公执法，忠于职守；不得索贿、徇私舞弊、玩忽职守、不征或少征应征税款；不得滥用职权多征税款，因此税务人员对其各类违法行为，应当承担相应的法律责任，包括：

第一，税款征收违法行为及其法律责任。违反法律、行政法规的规定，擅自作出税收的开征、停征或者减税、免税、退税、补税以及其他同税收法律、行政法规相抵触的决定的，除依照本法规定撤销其擅自作出的决定外，补征应征未征税款，退还不应征收而征收的税款，并由上级机关追究直接负责的主管人员和其他直接责任人员的行政责任；构成犯罪的，依法追究刑事责任。

违反法律、行政法规的规定提前征收、延缓征收或者摊派税款的，由其上级机关或者行政监察机关责令改正，对直接负责的主管人员和其他直接责任人员依法给予行政处分。

税务机关违反规定擅自改变税收征收管理范围和税款入库预算级次的，责令限期改正，对直接负责的主管人员和其他直接责任人员依法给予降级或者撤职的行政处分。

第二，渎职类违法行为及其法律责任。税务人员徇私舞弊，对依法应当移交司法机关追究刑事责任的不移交，情节严重的，依法追究刑事责任。根据我国《刑法》

第402条的规定，行政执法人员徇私舞弊，对依法应当移交司法机关追究刑事责任的不移交，情节严重的，处3年以下有期徒刑或者拘役；造成严重后果的，处3年以上7年以下有期徒刑。

税务人员徇私舞弊或者玩忽职守，不征或者少征应征税款，致使国家税收遭受重大损失，构成犯罪的，依法追究刑事责任；尚不构成犯罪的，依法给予行政处分。根据我国《刑法》第404条规定，税务机关的工作人员徇私舞弊，不征或者少征应征税款，致使国家税收遭受重大损失的，处5年以下有期徒刑或者拘役；造成特别重大损失的，处5年以上有期徒刑。另根据《刑法》第405条的规定，税务机关的工作人员违反法律、行政法规的规定，在办理发售发票、抵扣税款、出口退税工作中，徇私舞弊，致使国家利益遭受重大损失的，处5年以下有期徒刑或者拘役；致使国家利益遭受特别重大损失的，处5年以上有期徒刑。

第三，其他违法行为及其法律责任。税务人员滥用职权，故意刁难纳税人、扣缴义务人的，调离税收工作岗位，并依法给予行政处分。税务人员对控告、检举税收违法违纪行为的纳税人、扣缴义务人以及其他检举人进行打击报复的，依法给予行政处分；构成犯罪的，依法追究刑事责任。税务人员在征收税款或者查处税收违法案件时，未按照本法规定进行回避的，对直接负责的主管人员和其他直接责任人员，依法给予行政处分。税务人员未按照本法规定为纳税人、扣缴义务人、检举人保密的，对直接负责的主管人员和其他直接责任人员，由所在单位或者有关单位依法给予行政处分。

(4) 其他主体的法律责任

第一，税务代理人的法律责任。税务代理人违反税收法律、行政法规，造成纳税人未缴或少缴税款的，除由纳税人缴纳或者补缴应纳税款、滞纳金外，对税务代理人处纳税人未缴或少缴税款的50%以上3倍以下的罚款。

第二，为纳税主体的违法行为提供便利者的责任。为纳税人、扣缴义务人非法提供银行账户、发票、证明或者其他方便，导致未缴、少缴税款或者骗取国家出口退税款的，税务机关除没收其违法所得外，可以处未缴、少缴或者骗取的税款1倍以下的罚款。非法印制、转借、倒卖、变造或者伪造完税凭证的，由税务机关责令改正，处2 000元以上1万元以下的罚款；情节严重的，处1万元以上5万元以下的罚款；构成犯罪的，依法追究刑事责任。

第三，金融机构的法律责任。银行和其他金融机构未依照《税收征管法》的规定在从事生产、经营的纳税人的账户中登录税务登记证件号码，或者未按规定在税务登记证件中登录从事生产、经营的纳税人的账户账号的，由税务机关责令其限期改正，处2 000元以上2万元以下的罚款；情节严重的，处2万元以上5万元以下的罚款。纳税人、扣缴义务人的开户银行或者其他金融机构拒绝接受税务机关依法检查纳税人、扣缴义务人存款账户，或者拒绝执行税务机关作出的冻结存款或者扣缴税款的决定，或者在接到税务机关的书面通知后帮助纳税人、扣缴义务人转移存款，造成税款流失的，由税务机关处10万元以上50万元以下的罚款，对直接负责的主管人员和其他直接责任人员处1 000元以上1万元以下的罚款。

第四，违法委托征收的法律责任。未经税务机关依法委托征收税款的，责令退还收取的财物，依法给予行政处分或者行政处罚；致使他人合法权益受到损失的，依法承担赔偿责任；构成犯罪的，依法追究刑事责任。

第五，拒绝检查的法律责任。税务机关依法到车站、码头、机场、邮政企业及其分支机构检查纳税人托运、邮寄应纳税商品、货物或者其他财产的有关单据、凭证和有关资料，有关单位拒绝的，由税务机关责令改正，可以处1万元以下的罚款；情节严重的，处1万元以上5万元以下的罚款。

2. 违反发票管理制度的法律责任

(1) 虚开发票

依据《发票管理办法》第35条的规定，纳税人虚开发票的，由税务机关没收违法所得；虚开金额在1万元以下的，可以并处5万元以下的罚款；虚开金额超过1万元的，并处5万元以上50万元以下的罚款；构成犯罪的，依法追究刑事责任。非法代开发票的，依照前款规定处罚。

依据我国《刑法》第205条的规定，虚开增值税专用发票或者虚开用于骗取出口退税、抵扣税款的其他发票，是指有为他人虚开、为自己虚开、让他人为自己虚开、介绍他人虚开行为之一的。虚开增值税专用发票或者虚开用于骗取出口退税、抵扣税款的其他发票的，处3年以下有期徒刑或者拘役，并处2万元以上20万元以下罚金；虚开的税款数额较大或者有其他严重情节的，处3年以上10年以下有期徒刑，并处5万元以上50万元以下罚金；虚开的税款数额巨大或者有其他特别严重情节的，处10年以上有期徒刑或者无期徒刑，并处5万元以上50万元以下罚金或者没收财产。单位犯本条规定之罪的，对单位判处罚金，并对其直接负责的主管人员和其他直接责任人员，处3年以下有期徒刑或者拘役；虚开的税款数额较大或者有其他严重情节的，处3年以上10年以下有期徒刑；虚开的税款数额巨大或者有其他特别严重情节的，处10年以上有期徒刑或者无期徒刑。

依据我国《刑法》第205条之一的规定，虚开上述发票以外的其他发票，情节严重的，处2年以下有期徒刑、拘役或者管制，并处罚金；情节特别严重的，处2年以上7年以下有期徒刑，并处罚金。单位犯前款罪的，对单位判处罚金，并对其直接负责的主管人员和其他直接责任人员，依照前款的规定处罚。

(2) 私自印制伪造、变造发票

依据《发票管理办法》第36条的规定，私自印制、伪造、变造发票，非法制造发票防伪专用品，伪造发票监制章，窃取、截留、篡改、出售、泄露发票数据的，由税务机关没收违法所得，没收、销毁作案工具和非法物品，并处1万元以上5万元以下的罚款；情节严重的，并处5万元以上50万元以下的罚款；构成犯罪的，依法追究刑事责任。前款规定的处罚，《税收征管法》有规定的，依照其规定执行。

依据《发票管理办法》第37条的规定，有下列情形之一的，由税务机关处1万元以上5万元以下的罚款；情节严重的，处5万元以上50万元以下的罚款；有违法所得的予以没收：1）转借、转让、介绍他人转让发票、发票监制章和发票防伪专用品的；2）知道或者应当知道是私自印制、伪造、变造、非法取得或者废止的发票而受让、开具、存放、携带、邮寄、运输的。

依据我国《刑法》第206条的规定，伪造或者出售伪造的增值税专用发票的，处3年以下有期徒刑、拘役或者管制，并处2万元以上20万元以下罚金；数量较大或者有其他严重情节的，处3年以上10年以下有期徒刑，并处5万元以上50万元以下罚金；数量巨大或者有其他特别严重情节的，处10年以上有期徒刑或者无期徒刑，并处5万元以上50万元以下罚金或者没收财产。单位犯本条规定之罪的，对单位判处罚金，并对其直接负责的主管人员和其他直接责任人员，处3年以下有期徒刑、拘役或者管制；数量较大或者有其他严重情节的，处3年以上10年以下有期徒刑；数量巨大或者有其他特别严重情节的，处10年以上有期徒刑或者无期徒刑。

依据我国《刑法》第209条的规定，伪造、擅自制造或者出售伪造、擅自制造的可以用于骗取出口退税、抵扣税款的其他发票的，处3年以下有期徒刑、拘役或者管制，并处2万元以上20万元以下罚金；数量巨大的，处3年以上7年以下有期徒刑，并处5万元以上50万元以下罚金；数量特别巨大的，处7年以上有期徒刑，并处5万元以上50万元以下罚金或者没收财产。伪造、擅自制造或者出售伪造、擅自制造的上述发票以外的其他发票的，处2年以下有期徒刑、拘役或者管制，并处或者单处1万元以上5万元以下罚金；情节严重的，处2年以上7年以下有期徒刑，并处5万元以上50万元以下罚金。

（3）其他发票管理违法行为

依据《发票管理办法》第33条的规定，违反本办法的规定，有下列情形之一的，由税务机关责令改正，可以处1万元以下的罚款；有违法所得的予以没收：1）应当开具而未开具发票，或者未按照规定的时限、顺序、栏目，全部联次一次性开具发票，或者未加盖发票专用章的；2）使用税控装置开具发票，未按期向主管税务机关报送开具发票的数据的；3）使用非税控电子器具开具发票，未将非税控电子器具使用的软件程序说明资料报主管税务机关备案，或者未按照规定保存、报送开具发票的数据的；4）拆本使用发票的；5）扩大发票使用范围的；6）以其他凭证代替发票使用的；7）跨规定区域开具发票的；8）未按照规定缴销发票的；9）未按照规定存放和保管发票的。

依据《发票管理办法》第34条的规定，跨规定的使用区域携带、邮寄、运输空白发票，以及携带、邮寄或者运输空白发票出入境的，由税务机关责令改正，可以处1万元以下的罚款；情节严重的，处1万元以上3万元以下的罚款；有违法所得的予以没收。丢失发票或者擅自损毁发票的，依照前款规定处罚。

此外，依据《发票管理办法》第38条和第39条的规定，对违反发票管理规定2次以上或者情节严重的单位和个人，税务机关可以向社会公告。对于违反发票管理法规，导致其他单位或者个人未缴、少缴或者骗取税款的，由税务机关没收违法所得，可以并处未缴、少缴或者骗取的税款1倍以下的罚款。

二、重点和难点

（一）税收征纳法律关系中的纳税人权利和义务

我国《税收征管法》明确了纳税人的延期申报权、延期缴纳税款权、申请减免权、申请退税权、要求保密权等多项权利，以及依法进行纳税申报、接收税务检查等各项义务。基于这些基本权利义务，《国家税务总局关于纳税人权利与义务的公告》特别明确了纳税人的如下权利和义务：

纳税人在履行纳税义务过程中，依法享有下列权利：(1) 知情权；(2) 保密权；(3) 税收监督权；(4) 纳税申报方式选择权；(5) 申请延期申报权；(6) 申请延期缴纳税款权；(7) 申请退还多缴税款权；(8) 依法享受税收优惠权；(9) 委托税务代理权；(10) 陈述与申辩权；(11) 对未出示税务检查证和税务检查通知书的拒绝检查权；(12) 税收法律救济权；(13) 依法要求听证的权利；(14) 索取有关税收凭证的权利。

纳税人依照宪法、税收法律和行政法规规定，在纳税过程中负有以下义务：(1) 依法进行税务登记的义务；(2) 依法设置账簿、保管账簿和有关资料以及依法开具、使用、取得和保管发票的义务；(3) 财务会计制度和会计核算软件备案的义务；(4) 按照规定安装、使用税控装置的义务；(5) 按时、如实申报的义务；(6) 按时缴纳税款的义务；(7) 代扣、代收税款的义务；(8) 接受依法检查的义务；(9) 及时提供信息的义务；(10) 报告其他涉税信息的义务。

（二）纳税担保的成立和担保方式

纳税担保是指经税务机关同意或确认，纳税人或其他自然人、法人、经济组织为纳税人需要缴纳的税款及滞纳金提供担保的行为。纳税担保的设置，既能保证纳税人依法履行纳税义务、保障国家税款安全入库，更可避免税务机关对纳税人人身、财产权益的直接剥夺。

1. 在纳税担保成立生效上，《纳税担保试行办法》要求纳税人、纳税担保人提供税收担保必须获得税务机关签章和确认。税收利益属于全民公益，税务机关行权护税为该当职责，有权评估纳税人、纳税保证人的担保能力与担保物价值，以保障国家税款安全。因此，在纳税担保成立阶段，税务机关对纳税人担保申请最终予以认可的行政性要素应是主导，成立阶段的征纳关系为行政公法关系。

2. 在纳税担保方式上，《纳税担保试行办法》第 2 条第 1 款规定了保证、抵押、质押三种担保方式。除此之外，《海关法》第 61 条第 1 款和《进出口关税条例》第 40 条规定了留置的担保方式；《海关法》第 59 条、《进出口关税条例》第 42 条以及《税务代保管资金账户管理办法》（国税发〔2005〕181 号）第 8 条规定了保证金担保的方式。税收法定视域下，担保方式的扩围和突破主要通过依法试点或统一立法来完成。新担保类型的补足，对限制税务机关同意权、强化纳税人权益自我保障能力颇有助益。

三、相关立法综述

税法是一个应用性极强的法律领域，当中又以作为基本程序法的税收征管法为最。[①] 我国的税收征管法律是1992年9月4日第七届全国人民代表大会常务委员会第二十七次会议通过，1993年1月1日起施行的《税收征管法》。颁布后，该法先后经过1995年2月28日第八届全国人民代表大会常务委员会第十二次会议、2001年4月28日第九届全国人民代表大会常务委员会第二十一次会议、2013年6月29日第十二届全国人民代表大会常务委员会第三次会议、2015年4月24日第十二届全国人民代表大会常务委员会第十四次会议修正。它是新中国成立后第一部税收程序法，也是我国现行税收征收管理的基本法。在立法之外，我国还有不少税收征管领域的行政法规，例如《税收征收管理法实施细则》（2016年修订）、《发票管理办法》（2023年修订）以及税收征收管理的部门规章，如《发票管理办法实施细则》（2019年修正）、《网络发票管理办法》（2018年修正）等。因此，实践中的税收征管主要以《税收征管法》及其实施细则为依据，并由各项税收领域的部门规章共同支撑整个税收征管的实现过程。

就税收征管法的立法模式来看，各国税收征管立法大致有三种立法例。[②] 第一种立法例是分税立法，即税收采用单行法律、法规的形式，各种税的实体规则和征管规则均规定在该税种的单行法中，缺乏统一的税收程序性法律，大部分英联邦国家是这种立法例。分税立法下，每部税法都独立自主，但是造成征管规则的分歧和法律规范的重复。1970年英国各税征营规则被合并归入《税收管理法》，这被其他英联邦国家积极效仿。第二种立法例是综合性法典模式，即所有税收法律、法规集中编纂于一部体系庞大法典之内，税收征管规范按一定逻辑体系被编列在统一法典之中。例如，美国有关税收程序被编列在统一法典之中。例如，美国有关税收程序和行政规则规定在《国内收入法典》第F部分。法国为便利税收行政，税收征营规则独立成册，称为“税收程序篇”，但被视为《税收综合法典》的一部分。综合性法典立法具有体系性，组织编排较为严密，便于纳税人遵从和税务机关执行，但是不太容易修订。第三种立法例是前两者的折中，即对税收征管中基本和共通的事项合并单独立法，单行税法保留特别规定，德国《租税通则》是该立法例的典型代表。就我国来看，税收征管的立法经历了从分税立法走向单独立法并经历起步、成型、提升进而发展至成熟阶段。

我国现行《税收征管法》自2001年修订施行以来，对于加强税收征管，规范税收征收和缴纳行为，保障国家税收收入，保护纳税人合法权益，促进经济和社会发展，发挥了积极作用。然而，目前我国正在发生广泛而深刻的变化，科学技术的发展、市场体系不断健全，宏观调控继续改善，政府职能加快转变，特别是随着经济社会的快速发展和国家整体法治水平的提高，税制的不断改革和调整，使得税收征

① 李刚. 修订税收征管法的三个思路. 中国税务报，2022-02-16（7）.

② 闫海. 税收征收管理的法理与制度. 北京：法律出版社，2011：1.

管环境发生了很大变化，党和国家对税收征管工作提出了更新、更高的要求，税收征管实践也出现了诸多现行税收征管法没有解决的热点、难点甚至盲点问题，主要表现在：未确立完整的纳税人权利体系、在信息化条件下税收征管方面存在法律真空、不适应主要税种改革的需要、税收法律责任制度不合理、税收管理的程序制度设计不完善、税收行政协助制度不健全、税收管辖权的规定有空白、缺乏对新征管措施法律地位的界定。

为了进一步增强立法的公开性、透明度，提高立法质量，国务院法制办公室（2018 年已撤销）曾于 2015 年 1 月 5 日将国家税务总局、财政部起草的《税收征收管理法修订草案（征求意见稿）》及其说明全文公布，征求社会各界意见。根据该说明，未来税收征管法将从以下方面予以完善：一是增加对自然人纳税人的税收征管规定，包括明确纳税人识别号制度的法律地位、明确纳税人自行申报制度的基础性地位、强化自然人税收征管措施、建立税收优先受偿权制度等；二是进一步完善纳税人权益保护体系，包括完善纳税人权利体系、减轻纳税人负担、取消先缴税后复议的规定、引进预约裁定制度等；三是进一步规范税收征管行为，包括规范税收征管的基本程序、规范税收征管的时效、增强税务机关获取涉税信息的能力等；四是实现与相关法律的衔接，包括与行政强制法相衔接、与《刑法修正案（七）》相衔接、与预算法相衔接等；五是健全争议解决机制的内容，包括对涉及税款的税收争议实行复议前置，鼓励通过和解、调解解决争议。

【案例分析】

案例 1：拒不完成个人所得税汇算清缴被行政处罚案①

一、案例导入

国家税务总局深圳市税务局第三稽查局发出的一则税务行政处罚事项告知书显示：李某某被税务局通知申报而拒不完成 2020 年度个人所得税汇算清缴，造成 2020 年度少缴个人所得税 33 796.31 元。根据《税收征管法》第 63 条第 1 款规定，经通知申报而拒不完成 2020 年度个人所得税汇算清缴，造成少缴个人所得税的行为是偷税，对李某某处少缴税款 50%的罚款 16 898.16 元。②

二、财税行政与法官释法

李某某拒不完成个人所得税汇算清缴为何被处以行政处罚？根据深税三稽罚告

① 参见深税三稽罚告〔2022〕98 号税务行政处罚告知书。

② 国家税务总局深圳市税务局. 拒不完成个人所得税汇算清缴被行政处罚.（2022 - 04 - 14）[2022 - 04 - 14]. http://www.ctaxnews.com.cn/2022 - 04/14/content_996391.html.

〔2022〕98号税务行政处罚事项告知书可知，李某某的上述行为违反了《个人所得税法》第1条、第2条、第6条及第10条，《国家税务总局关于办理2020年度个人所得税综合所得汇算清缴事项的公告》(国家税务总局公告2021年第2号)第1条、第3条、第5条、第10条第2项以及《税收征收管理法》第63条第1款的规定。据此，深圳市税务局第三稽查局根据《税收征收管理法》第63条第1款规定将该行为认定“经通知申报而拒不完成申报”的偷税行为，处以少缴税款50%的罚款。同时，根据深税三稽罚告〔2022〕98号税务行政处罚事项告知书的规定，纳税人具有陈述、申辩的权利。

三、疑难问题

经税务机关通知申报而拒不申报为何会被认定为偷税行为？对此，《税收征管法》对偷税和不进行纳税申报进行了区分。该法第63条第1款规定：“纳税人伪造、变造、隐匿、擅自销毁账簿、记账凭证，或者在账簿上多列支出或者不列、少列收入，或者经税务机关通知申报而拒不申报或者进行虚假的纳税申报，不缴或者少缴应纳税款的，是偷税。”第64条第2款规定：“纳税人不进行纳税申报，不缴或者少缴应纳税款的，由税务机关追缴其不缴或者少缴的税款、滞纳金，并处不缴或者少缴的税款50%以上5倍以下的罚款。”由此可见，偷税与不进行纳税申报是两种不同性质的税收违法行为，否则，法律完全没有必要对两者分别作出规定。

那么，本案中为何李某某的行为构成偷税行为呢？原因在于，根据《个人所得税法》以及国家税务总局公告2021年第2号的规定，李某某具有根据法律规定在特定时期内进行汇算清缴的义务，对于需要补交的金额，纳税人要积极按要求完成补交。年度汇算的应退或应补税额具体计算公式如下：

应退或应补税额=[(综合所得收入额−60 000元−“三险一金”等专项扣除−子女教育等专项附加扣除−依法确定的其他扣除−捐赠)×适用税率−速算扣除数]−2020年已预缴税额

而根据我国现行《税收征管法》以及国家税务总局公告2021年第2号的规定，对于纳税人拒绝办理年度汇算、不履行补税义务的法律责任，主要包括三种情形：(1)因申报信息填写错误导致多退或少缴税款的，纳税人主动或经税务机关提醒后及时改正的，可以按照“首违不罚”的原则免于处罚；(2)纳税人未按照规定的期限办理纳税申报，由税务机关责令限期改正，可以予以行政处罚；(3)纳税人经税务机关通知申报而拒不申报或者进行虚假的纳税申报，不缴或者少缴应纳税款的，构成偷税，由税务机关追缴税款、滞纳金，并予以行政处罚；构成犯罪的，依法追究刑事责任。

本案中，李某某在国家税务总局深圳市税务局第三稽查局关于送达李某某税务检查通知书、税务事项通知书、责令限期改正通知书的公告之后未在规定期限内及时办理2020年的汇算清缴，根据《税收征管法》第63条第1款的规定，已存在明显的不缴和少缴税款的故意，符合“经税务机关通知申报而拒不申报”情形，且无及时改正行为，故依法应当按照“偷税”定性，对其进行处罚。此外需要注意的是，根据《关于加强个人所得税纳税信用建设的通知》，未按照规定的期限办理纳税申报的，可能面临失信惩戒。随着我国个人所得税年度汇算清缴的陆续开展，相应的退、补税制度已较为完善，纳税人需要依法履行好纳税义务，在规定的时间内办理年度个人所得税综合所得汇算清缴。

四、类案练习

基本案情：福建省漳州市国家税务局稽查局于2016年11月25日作出漳国税稽罚［2016］36号税务行政处罚决定书，主要认定聚善堂（福建）医药集团有限公司（以下简称“聚善堂公司”）在没有真实经营业务的情况下，取得陇西县徵鑫药业有限责任公司及陇西县辰宏药业有限公司虚开的增值税专用发票1 255份在账簿上多列支出、虚假纳税申报导致少缴应缴增值税税款30 973 961.41元和企业所得税59 565 308.93元，已构成偷税，决定对聚善堂公司处以所偷税款一倍罚款，即90 539 270.34元。聚善堂公司认为该处罚决定认定事实不清，证据不足，稽查局调取账簿资料违法，超过检查期限，未保障其享有的陈述、申辩权。

结合本案思考：

1. 本案中聚善堂公司在账簿上多列支出、虚假纳税申报导致少缴应缴增值税税款违反了哪些法律规定？

2. 聚善堂公司是否应当享有陈述和申辩的权利？理由何在？

案例2：沈阳市国家税务局第二稽查局税收代位权纠纷[①]

一、案例导入

2013年沈阳市ET医院与辽宁ZS医药公司签订药品集中采购购销合同，合同对双方权利义务约定了14个条款。合同生效后均按时履行。按照提供的由市ET医院出具的“科目明细账”表明尚有ZS医药公司应付账款计998 787元。

同年10月，沈阳市国家税务局第二稽查局对ZS医药公司的纳税情况进行检查时，发现该公司存在利用“三票制”开票流程，虚开增值税发票从而欠缴税款的情况。税务机关于2013年12月决定追缴第三人ZS医药公司少缴增值税和所得税，并加收滞纳金。但该决定作出后，ZS医药公司并未履行。

沈阳市国家税务局第二稽查局作为原告于2014年10月22日以市ET医院为被告，ZS医药公司为第三人提起诉讼，请求行使债权人代位权。一审判决被告沈阳市ET医院将第三人ZS医药公司在其单位销售药品的到期货款998 787元人民币给付原告，于本判决生效后立即给付。二审法院经过审理，维持一审判决，判定税务机

---

① 参见辽宁省沈阳市中级人民法院（2015）沈中民三终字第125号民事判决书。

关享有债权代位权。

二、财税行政与法官释法

本案系债权人代位权纠纷，诉争的焦点之一在于：沈阳市国家税务局第二稽查局（以下简称“沈阳国税稽查二局”）主张的代位权请求权是否具有相应的事实和法律依据。

对此，沈阳市中级人民法院认为，根据《税收征管法》第50条第1款规定，“欠缴税款的纳税人因怠于行使到期债权，或者放弃到期债权，或者无偿转让财产，或者以明显不合理的低价转让财产而受让人知道该情形，对国家税收造成损害的，税务机关可以依照《合同法》（已失效——引者注）第七十三条、第七十四条的规定行使代位权、撤销权”。该规定应当视为赋予税务机关作为权利主体在民事合同法律关系中的诉讼地位和诉讼权利，且《税收征管法》与《合同法》构成特别法与一般法的法律位阶关系，在二者发生法律冲突时，应优先适用特别法即《税收征管法》的规定。本案ZS医药公司与ET医院的买卖合同债权已至履行期限，故一审法院依据《税收征管法》第50条、《合同法》第73条之规定，判定沈阳国税稽查二局享有债权代位权适用法律正确。

三、疑难问题

本案的疑难问题在于，当欠缴税款的纳税人因怠于行使到期债权，或者放弃到期债权给国家税收造成损害时，税务机关如何实现对国家税收债权的保障？在此方面，债权人代位权就是债的保全制度的一种。

关于税收代位权，根据我国现行《民法典》第535条的规定，代位权的行使一般需要具备以下五个法律要件：（1）债权人与债务人之间要有合法的债权债务存在；（2）债务人要享有对第三人的到期债权，且必须是非专属于债务人本身的权利；（3）债务人怠于行使自己的权利，即债务人到期能够并且应当行使自己的权利而不行使；（4）债务人怠于行使其权利的行为使其债权人到期的债权有不能实现的危险；（5）债权人行使代位权的范围不能超过其对债务人享有的债权。通常认为，税收之债，就是作为债权人的国家或地方政府得请求作为税收债务人的纳税人履行纳税义务的法律关系。在税收之债法律关系中，国家或地方政府是债权人，税务机关是其代表人，纳税人是债务人。在税收代位权诉讼中，原告是代表国家或地方政府行使税收征收管理权的税务机关，该税务机关依法以诉讼方式向纳税人的债务人（次债务人）主张债权。这种债权具有特殊性，表现为不得随意处分、不得放弃，因此，它又是一种不完全债权。税务机关通过代位权诉讼这一民事诉讼方式行使税收征收管理权，能够缩小税收法律关系中征纳双方地位不平等的差距。本案中，沈阳国税二局符合税收代位权的行使条件，进而得到了法院支持。

四、类案练习

基本案情：2020年，国家税务总局DF县税务局起诉DF县自然资源局，主张对其行使税收代位权。原因是，税务机关认为，贵州Y房地产开发有限公司存在拖欠税款的情况，对自然资源局享有到期债权，该债权经过法院判决确认，作出生效判决，但该公司拿到生效判决后，没有申请强制执行，推动诉讼程序进入下个环节，其诉讼程序没有完成，其不作为行为应当视为没有以诉讼方式主张到期债权。此外，不以诉讼方式主张到期债权除主观因素外，还包括客观上不能主张，本案涉及的债权已经被重庆市第三中级人民法院代位执行，客观上也导致该公司不能以申请强制执行的诉讼方式主张到期债权。因此，税务机关主张行使税收代位权。

结合本案思考以下问题：

1. 纳税人不推动其诉讼债权的强制执行时，税务机关有哪些救济途径？
2. 税务机关是否可行使税收代位权？

案例3：Y房地产公司与B税务局退税纠纷[①]

一、案例导入

Y房地产公司（以下简称"Y公司"）销售房屋取得销售款后分别于2013年3月13日、2013年6月24日分两次按照销售收入8 256万元申报并缴纳营业税、土地增值税等税款总计7 100 160.00元。2016年5月14日，Y公司解除之前签订的销售相关协议，并按照约定退还所收到的购房款项，2016年8月19日退款结束。Y公司于2016年11月10日书面向B税务局提出退税申请，申请退回已经缴纳的7 100 160.00元。2016年12月26日，B税务局依申请将该笔税款退回Y公司账户。2016年12月29日B税务局向市税务局请示，2017年7月10日B税务局以申请退税超过3年为由，决定不予Y公司退税。2017年8月2日，B税务局向Y公司作出税务事项通知书，要求Y公司当月申报7 100 160.00元税款。Y公司不服，申请行政复议，复议机关维持后提起诉讼。案件经一审、二审和再审。

二、财税行政与法官释法

再审法院认为，根据《税收征管法》第51条的规定，"纳税人超过应纳税额缴纳的税款，税务机关发现后应当立即退还；纳税人自结算缴纳税款之日起三年内发现的，可以向税务机关要求退还多缴的税款并加算银行同期存款利息，税务机关及时查实后应当立即退还；涉及从国库中退库的，依照法律、行政法规有关国库管理的规定退还"。上述法律规定了退还多缴纳税款的两种情形，一种是税务机关发现

---

① 参见辽宁省高级人民法院（2019）辽行申815号行政裁定书。

的，应当立即退还；另一种情形是纳税人自结算缴纳税款之日起3年内发现的，可以向税务机关要求退还，并加算银行同期存款利息。根据《税收征管法》有关规定，退税的适用情形限于因理解税法错误、计算错误、错用税率、调高税额或财务技术处理失当等各种原因出现多征多缴税款的情况。本规定适用税款缴纳之初就存在错误情形。而本案再审申请人Y公司因后期解除协议发生销售退款才导致多缴税款情形，故不适用该规定。

本案中，Y公司实际缴纳最后一笔税款之时即2013年6月24日，并不存在多缴税款的情形，因而也不存在退税事由，后来由于发生销售退款，才导致退税事由的发生，因此将最后一笔销售退款发生的时间2016年8月19日作为申请退税的起算点符合法律规定。

根据相关规定，纳税人的营业额计算缴纳营业税后因发生退款减除营业额的，应当退还已缴纳营业税税款或者从纳税人以后的应缴纳营业税税额中减除。同时，单位和个人提供营业税应税劳务、转让无形资产和销售不动产发生退款，凡该项退款已征收过营业税的，允许退还已征税款，也可以从纳税人以后的营业额中减除。参照土地增值税的相关规定，土地增值税按照纳税人转让房地产所取得的增值额和相关规定确定的税率计算征收，纳税人在项目全部竣工结算前转让房地产取得的收入，由于涉及成本确定或其他原因，而无法据以计算土地增值税的，可以预征土地增值税，待该项目全部竣工、办理结算后再进行清算，多退少补。

本案结算缴纳税款之日，应为协议解除后Y公司的最后一笔退款发生之日即2016年8月19日，Y公司于2016年11月10日向B税务局提出退税申请，并未超过规定期限。鉴于Y公司取消交易发生销售退款，其原有的纳税义务已不复存在，税务机关继续要求再审申请人缴纳税款于法无据。B税务局作出的复议决定亦无事实法律依据，应予撤销。

三、疑难问题

本案的重点难点问题在于纳税人的退税权利如何实现。根据《税收征管法》第3条的规定，税收的开征、停征以及减税、免税、退税、补税，依照法律的规定执行；法律授权国务院规定的，依照国务院制定的行政法规的规定执行。任何机关、单位和个人不得违反法律、行政法规的规定，擅自作出税收开征、停征以及减税、免税、退税、补税和其他同税收法律、行政法规相抵触的决定。其中，退税制度是指为解决在税收征纳中普遍存在的超纳、误纳情况而设立的制度。与之相伴的是纳税人的退还税款请求权。所谓退还请求权，又称还付请求权或返还请求权，它是在纳税人履行纳税义务的过程中，由于征税主体对纳税人缴付的全部或部分款项的税收没有法律根据，因而纳税人可以请求予以退还的权利。

退税制度存在的根据是不当得利的法理，即如果征税机关不退税，就会存在征税主体不当得利的问题，因而法律应赋予纳税人以退还请求权。在税收征纳活动中，纳税人超纳税款、误纳税款的情况是极可能发生的。纳税人超纳的税款，也称超纳金或溢纳款，是纳税人超过其应履行纳税义务缴纳的部分。因该部分无法律依据，所以应予返还。纳税人误纳的税款，或称误纳金，与超纳金不同，它是在没有法律根据的情况下，基于一方或双方的错误而缴纳的税金，因而应全部退还纳税人。

实践中，退还多缴税款的原因很多，大致可以归纳为以下五种：一是无法律依据而纳税。无法律依据而纳税是指纳税人在税收法律相关规定中并不存在纳税义务，但错误地理解为自己存在纳税义务而给付税款，则纳税人享有退税请求权。根据税收法定主义，只有在存在法律依据的情形下，纳税人才负有缴纳税款的义务，征税机关也才享有课征税款的权力。如果没有正当的法律依据，税务机关要求纳税人进行缴税或者纳税人错误理解而缴税，这些都构成专属财产的不当转移。在这些情况下，纳税人有权要求税务机关退还，税务机关也应当予以退还。二是法律依据溯及消灭。法律依据溯及消灭是指纳税人因法律依据的存在而履行了申报缴纳税款义务，但义务履行之后，因为一些特殊的原因，之前所成立有法律依据的纳税行为消灭，那么纳税人与税务机关之间就构成了退还税款的关系。三是计税依据不确定性产生的退还税款请求权。计税依据的不确定性指的是在缴纳税款时计税依据还尚未确定，如企业所得税汇缴时的预缴退税、个人所得税年度退税等均属于该类型。四是法定减免税的情形。符合法定减免税条件下，产生的先缴税后申请退税的情况，如出口退税、留抵退税等。五是其他原因引发的退税，如计算错误、税率适用错误、过失打款等其他造成税款多缴的情形。

本案中，Y公司的退税请求之所以获得法院支持，其主要原因在于取消交易发生销售退款，其原有的纳税义务已不复存在，税务局继续要求纳税人缴纳税款于法无据。

四、类案练习

基本案情：2016年12月13日，刘某某向税务所提出退税申请，请求退还其于2011年9月5日因转移房屋所有权而缴纳的营业税42 500元、城市维护建设税2 975元、教育费附加1 275元，共计46 750元，理由是经生效判决确认，其已不拥有该房屋所有权，故亦无法转移该房屋所有权，相关税款应予以退回。税务局经审查认为，刘某某提出退税申请的时间已超过法定的3年退税申请期限，故决定不予退税。刘某某不服提起行政复议，行政复议维持后又提起行政诉讼。

结合本案思考：

1. 基础交易失败背景下的税款是否应当予以退回？
2. 本案是否适用《税收征管法》第51条规定的3年退税申请期限的规定？

课程思政教学指导

【知识拓展】

一、拓展阅读

税务执法“首违不罚”的构成要件[①]

“首违不罚”是指行政相对人第一次发生违法行为且违法后果轻微并及时改正的，行政机关可以对其不予行政处罚的法律制度。税务执法“首违不罚”制度是不断完善税务执法方式的重要体现，契合于降低市场主体负担的阶段性目标。根据《行政处罚法》第33条第1款的规定，“初次违法且危害后果轻微并及时改正的，可以不予行政处罚”。“首违不罚”制度包含“初次违法”“危害后果轻微”“及时改正”三项构成要件。

第一，初次违法。“初次”之意涵存在三种不同的逻辑诠释：一是追责时效内税收违法行为发生的初次。二是税务机关发现认定的初次。三是税收违法行为发生且被税务机关发现认定的初次。首先，囿于税务机关征管水平和执法能力的客观制约，始终存有未被发现的税收违法行为无法实现法律责任的追究，因此第一种理解缺乏实际意义。其次，如果纳税人存在多次税收违法行为却首次被税务机关发现，其前期违法行为造成的危害后果可能持续存在且无法消除，社会危害性相对较高，不予处罚会导致过罚不当和执法不公。因此，“初次”的应然意涵是第三种理解，即税收违法行为发生且被税务机关发现认定的初次，与此同时考虑事实发生与规范评价的双重面向。

另外，税务执法“首违不罚”所对应的责任形态以罚款为主，属于侵益程度相对较轻的财产罚，若将其解读为“一年内首次违法”，则是不当增加了处罚周期的条件限制，进而引发执法乏力和过罚失当。因此，“初次违法”应当作长期持续考量，不应泛化解读为“一年内首次违法”。

第二，危害后果轻微。之所以某些行为不应受到行政处罚，乃基于无害原则与共益原则两大价值理念。前者指通过法律禁止可能造成他人法益或公共利益侵害之行为；后者指通过法律要求人民对于公共利益有积极贡献和作为，不得违反行为义务。以此分析，税务执法“首违不罚”应主要指向程序性税收违法行为，而非实体性的逃税行为和避税行为。纳税人在特定期限内改正违法行为，重新办理纳税申报和补缴税款，并未造成国家税收利益的实际损失，因此不违背共益原则。而纳税申报、财会记录、发票管理等则属于纳税人内部控制和日常管理的事项范围，不具备外部危害性，不会侵害他人法益，及时改正违法行为后亦不会对国家税收征管秩序造成负面影响，因此不违背无害原则。

纳税人的部分轻微违法行为及时纠正便能避免危害后果之产生；或虽造成轻微危害后果，亦可及时改正和消除影响。其虽具备形式违法性，但缺乏实质意义上的

---

① 胡彦伟. 对更好落实“首违不罚”制度的思考，中国税务报，2022-11-29 (7).

社会危害性和法益侵犯性，因而不具备行政处罚的可罚性基础。

第三，及时改正。行政处罚措施的实施效果始终是有限的，税务执法“首违不罚”旨在贯彻“处罚与教育相结合”的原则，引导纳税人及时改正和自觉守法。在不予处罚的同时，税务机关需要加强对纳税人的税法宣传与辅导，让纳税人充分认识到自身存在的税收违法行为并且及时改正。考虑《行政处罚法》第33条的规则设计，其第1款规定了“首违不罚”的制度构成，第2款明确了违法行为认定需考量当事人的主观过错因素，第3款是对行政教育的突出和强化。及时改正违法行为是当事人不具备主观过错的重要体现，“首违不罚”制度的实施效果和当事人的税法遵从度亦应作长期跟进和评估。

二、毕业论文选题指导

在国家治理体系与治理能力现代化建设不断推进的当下，《税收征管法》的作用日趋凸显，其关系着纳税人权利能否得到有效保护，对于规范税收征纳程序的意义也至关重要。在税收征管实践中，有很多税法问题值得深入思考和研究：

1. 税收代位权的实践问题与制度完善。税收代位权制度是为了解决欠税和税款流失的问题，但税务机关行使代位权的案件较少，这与该制度的实施成本较高、实效不高的问题有关。针对该选题，可以分析行使税收代位权在现实中的困境及其原因；也可以对我国税收代位权诉讼的相关问题，例如举证责任、诉讼结果、税务法庭的组建、税务诉讼制度的建立等展开研究。

2. 税收优先权的实践问题与制度完善。《企业破产法》确立了破产清算程序中税收优先权制度，但未对“欠税”内涵和范围等予以明确，因此可以厘清《企业破产法》第113条中“欠税”的内涵与外延；也可以对在民事执行程序中税收优先权的相关问题，例如包税条款、税收债权优先参与分配的构成要件等进行分析。

3. 纳税人退还税款请求权的法理分析。我国税收立法对纳税人的权利重视不够，税收立法过分强调国家主义，纳税人退还税款请求权制度，强调维护国家纳税征管权的同时，更关注纳税人合法权益的保护。从法理来看，纳税人退还税款请求权可以从宪法、民法以及税法领域找到理论基础作为支撑。

4. 逃税罪的认定标准与案例分析。立法者通过“数额＋比例”确立逃税罪的入罪标准和免责条款，但该罪在实践中出现了可操作性较低、司法资源浪费等困境。可以通过分析司法判例和借鉴域外立法，对纳税罪的入罪标准，如逃税数额、应纳税额，以及免责条款在条件以及罪名等方面的适用进行认定，以提高立法的统一性。

5. 网络直播带货的税收监管问题研究。近年来，直播电商的相关涉税问题，引起公众的广泛关注。同学们可以对直播带货的收入认定、直播带货的模式及其纳税方式等进行研究；也可以对直播带货下的纳税征管存在的问题，如平台监管力度不足、虚开发票情形严重以及滥用税收政策等提出看法与建议。

三、推荐文献

1. 北野弘久. 日本税法学原论. 5版. 郭美松，陈刚，译. 北京：中国检察出版社，2008.

2. 葛克昌. 行政程序与纳税人基本权. 北京：北京大学出版社，2005.

3. 黄俊杰. 财政宪法. 台北：翰芦图书出版有限公司，2005.

4. 李万甫，孙红梅.《税收征收管理法》修订若干制度研究. 北京：法律出版社，2017.

5. 刘剑文，熊伟. 税法基础理论. 北京：北京大学出版社，2004.

6. 闫海. 税收征收管理的法理与制度. 北京：法律出版社，2011.

7. 刘剑文. 税收征管法. 武汉：武汉大学出版社，2003.

8. 施正文. 税收程序法论——监控征税权运行的法理与立法研究. 北京：北京大学出版社，2003.

9. 陈清秀. 现代财税法原理. 厦门：厦门大学出版社，2017.

10. 刘剑文，熊伟. 财政税收法. 北京：法律出版社，2017.

11. 戴芳. 财税法学. 北京：法律出版社，2019.

12. 孙开，沈昱池. 大数据：构建现代税收征管体系的推进器. 税务研究，2015（1）.

13. 胡耘通，袁其梦. 数字经济背景下税收征管实践、挑战及其完善. 地方财政研究，2021（4）.

14. 张成松. 税务主导背景下社会保险费征管协助机制构造研究. 江西财经大学学报，2021（1）.

15. 胡明，关儒. 论破产清算中税收优先权的"欠税"界定. 税务研究，2022（1）.

专题十二　财税复议法律实务

本专题所讨论的财税复议法属于狭义的财税争议法的范畴。财税争议法，又可称为财税救济法，是指为解决财税领域发生的争议，对财政机关、税务机关和海关等财税行政机关的行政权力进行监督，对财税行政相对人遭到违法和不当行政行为侵害时给予救济的法律制度的总称。狭义的财税争议法包括财税复议法和财税诉讼法两大部分，广义的财税争议法还包括财税领域的行政赔偿法。本专题的重点是让学生了解财税复议法的基本内容、财税复议法与一般行政复议制度的异同，并通过对政府采购领域以及税收领域行政复议制度的案例介绍，让学生领会财税复议法的实务运用。

【基础理论】

一、基本知识介绍

（一）财税复议法概述

财税行政复议是指公民、法人或者其他组织认为财政机关、税务机关和海关等财税行政机关的具体行政行为侵犯其合法权益，依法向复议机关提出申请，由复议机关对该具体行政行为的合法性和适当性进行审查判断，从而依法作出维持、变更、撤销、限期履行等决定的活动。财税行政复议的目的是解决财税领域争议，保护公民、法人和其他组织的合法权益，监督和保障财税行政机关依法行使职权。财税行政复议又可以划分为财政行政复议和税务行政复议，财政行政复议主要适用于公债和政府采购等领域，税务行政复议适用于税务机关和海关的征税行为及其他行为。

财税行政复议具有以下特征，这些特征将财税行政复议与财税行政诉讼、其他类型的行政复议区别开来。

第一，审查对象的广泛性。财税行政复议中的复议机关审查的是具体行政行为的合法性和适当性，这与财税行政诉讼中人民法院一般只审查具体行政行为的合法性不同。这是因为司法权不能过度介入行政权，只有当具体行政行为明显不当时，人民法院才能判决撤销或部分撤销。

第二，复议条件的严格性。对于财税领域的行政复议而言，存在较多的限制性条件。例如《政府采购法》第58条规定了投诉人对政府采购监督管理部门的投诉处理决定不服或者政府采购监督管理部门逾期未作处理的，才可以申请行政复议或者提起行政诉讼，即未经投诉程序，不得申请行政复议。又如对于征税行为，申请人必须先行缴纳或者解缴税款和滞纳金，或者提供相应的担保，才能申请税务行政复议。这一特点和其他类型的行政复议存在很大不同。

第三，行政复议的前置性。对于征税行为，公民、法人和其他组织必须先申请税务行政复议，对于复议结果不服的才可以提起税务行政诉讼，即税务行政复议是提起税务行政诉讼的前提。在海关行政复议中，对海关确定纳税义务人、确定完税价格、商品归类、确定原产地、适用税率或者汇率、减征或者免征税款、补税、退税、征收滞纳金、确定计征方式以及确定纳税地点等其他涉及税款征收的具体行政行为有异议的，同样需要先复议后诉讼。

第四，行政复议的被动性。财税行政复议不同于税收征收过程中实施的税务稽查，也不同于上级税务机关主动实施的执法检查。财税行政复议体现的是财税行政机关的内部监督和制约机制，也是财政、税务机关行政权力的行使过程。从本质上而言，财税行政复议属于具体行政行为的范畴，是财税机关行使行政管理权的单方职权行为，可以直接影响公民、法人或者其他组织的权利和义务。例如，复议改变的本质就是复议机关以自己作出的行政行为替代被申请人作出的原行政行为。

建立财税行政复议制度的意义在于防止和纠正财政、税务机关违法或不当的具体行政行为，保护纳税人、缴费人及其他当事人的合法权益，保障和监督财政、税务机关依法履行职权。因此，财税行政复议制度的意义是双重的：一方面，为社会成员的权利特别是财产权所可能遭受的侵犯提供一种法律上的救济措施，因而具有权利上的保障功能；另一方面，对财税机关可能出现的权力滥用进行系统内的纠正和预防，从而彰显权力上的限制功能。概而言之，财税行政复议通过“维权”和“限权”两方面功能的实现，使财政、税务争议在规范化的轨道上得以解决，依法推动法治财税的实现。

（二）财税行政复议的原则

财税行政复议的原则，是指贯穿于财税行政复议始终，对财税行政复议具有普遍指导意义的准则。财税行政复议的原则不仅可以用来解释财税行政复议条文的具体含义，而且当《行政复议法》、《政府采购法》和《税务行政复议规则》等法律法规对具体问题缺乏明确规定时，可以依据财税行政复议原则所体现的精神来加以处理。

1. 全面审查原则

全面审查原则是指财税行政复议机关对申请人申请复议的具体行政行为的合法性与适当性及有关的抽象行政行为的合法性进行全面审查的原则。如《税务行政复议规则》第70条规定："行政复议机关应当全面审查被申请人的具体行政行为所依据的事实证据、法律程序、法律依据和设定的权利义务内容的合法性、适当性。"

第一，财税行政复议不仅可以审查具体行政行为，还可以审查作出具体行政行为所依据的抽象行政行为。但是对抽象行政行为的审查是附带性的，即在未对具体行政行为申请复议的情况下，不得单独提起对抽象行政行为的复议申请。基于"规范性文件是行政行为的依据和源头，要纠正违法和不当的行政行为，有必要正本清源，从源头开始审查和纠正"[①]，2014年修改的《行政诉讼法》确立了对规范性文件的附带性审查制度。

第二，财税行政复议机关不仅要对具体行政行为的合法性进行审查，还要对适当性进行审查，又叫合理性审查。适当性审查即看具体行政行为的内容是否客观适度、公正合理、有无畸轻畸重、显失公正的情形存在。"合理"或"适当"主要是基于行政自由裁量权的存在与扩大而提出的，是对行政自由裁量权行使的基本要求。

财税行政复议机关之所以要对案件进行全面审理，是因为行政复议本质上是一种具体行政行为，是上级机关基于对下级机关的领导和管理权而产生的，行政机关的内部关系是领导与被领导、命令与服从的关系。财税行政机关对于具体行政行为的判断也更加专业，因此复议机关可以对具体行政行为进行全面审查。

2. 合法、公正、公开、高效、便民、为民的原则

《行政复议法》第3条第2款规定："行政复议机关履行行政复议职责，应当遵循合法、公正、公开、高效、便民、为民的原则，坚持有错必纠，保障法律、法规的正确实施。"

第一，合法原则，是指参与财税行政复议主体的所有活动都应当依法进行。首先，主体要合法，即应当根据法律规定确定申请人、被申请人、复议机关和第三人。其次，程序要合法，即各方主体都应当遵循法律规定的步骤、期限等事项。再次，依据要合法，即复议机关应当依据现行有效的法律对复议事项进行审查以作出决定。最后，决定要合法，即以事实为依据，以法律为准绳作出合法且适当的复议决定。

第二，公正原则，要求复议机关对申请人和被申请人不偏不倚，且复议决定只能以事实为依据，以法律为准绳而作出，不得考虑与案件无关的其他因素。此外，复议机关还应当平等保障双方的陈述申辩权。

第三，公开原则，是程序正当原则在财税行政复议领域的体现，该原则要求复议机关公开复议过程和复议结果等与当事人权利密切相关的信息。《行政复议法》第47条规定："行政复议期间，申请人、第三人及其委托代理人可以按照规定查阅、复制被申请人提出的书面答复、作出行政行为的证据、依据和其他有关材料，除涉及国家秘密、商业秘密、个人隐私或者可能危及国家安全、公共安全、社会稳定的

---

① 信春鹰. 中华人民共和国行政诉讼法释义. 北京：法律出版社，2014：139.

情形外，行政复议机构应当同意。”

第四，高效原则，要求复议机关无论是复议受理阶段、复议审查阶段还是作出复议决定阶段都要遵守法律法规规定的期限。高效原则可以保证申请人的权利得到及时救济，行政机关和行政相对人的争议及时化解，使法律关系处于稳定状态。

第五，便民、为民原则，是指复议机关应当尽可能为复议申请人提供必要的便利，以便申请人可以更好地行使复议申请权，这是建设服务型政府的应有之义。《税务行政复议规则》规定申请人可以以口头形式提起复议申请和复议机关不得收取费用，都是便民、为民原则的体现。

（三）财税行政复议的基本制度

1. 一级复议制度

一级复议制度是指公民、法人或者其他组织对财税行政机关作出的具体行政行为不服，向复议机关提出行政复议申请，复议机关经过审理并作出决定之后，申请人对复议决定不服的，不得再向有关行政机关申请复议，只能向人民法院提起行政诉讼的法律制度。我国诉讼制度以两审终审制为原则，但是行政复议制度则实行一级复议制度，这主要是考虑到申请人对复议决定不服的，还可以通过司法途径救济。一级复议制度可以提高行政纠纷解决的效率，及时化解双方及相关当事人之间争议。

2. 书面审理制度

行政复议原则上采用书面审查的办法，但是申请人提出要求或者行政复议机构认为有必要时，应当听取申请人、被申请人和第三人的意见，并可以向有关组织和人员调查了解情况。复议机关对被申请人作出的具体行政行为等事务较为熟悉，在事实清楚的前提下，书面审理可以提高纠纷解决效率。但是如果申请人提出要求或者行政复议机关认为有必要，应当听取意见和调查了解情况，从而排除事实认定不清的情况。

3. 复议不停止执行制度

不停止执行制度是指具体行政行为不因相对人申请行政复议而停止执行的制度。具体行政行为一经作出，便具有了拘束力、确定力和执行力，这是为了保证国家行政管理的连续性和有效性。但是也存在例外情形，首先，被申请人认为需要停止执行的。这是因为被申请人在复议期间可能会意识到其作出的具体行政行为存在违法或不当，继续执行将会给相对人造成损害。其次，行政复议机关认为需要停止执行的。复议机关在审查过程中如果发现被申请人作出的具体行政行为不合法或不适当，为了防止损害进一步扩大，也可以要求停止具体行政行为的执行。再次，申请人、第三人申请停止执行，行政复议机关认为其要求合理，决定停止执行的。对于申请人提出的申请而言要求会更加严格，申请人申请停止执行，需要行政复议机关的同意。最后，法律、法规、规章规定停止执行的。部分法律出于特殊目的的考虑，可能要求停止具体行政行为的执行。

(四) 政府采购行政复议的基本内容

总体上，财税复议法律制度分为财政行政复议法律制度和税务行政复议法律制度。对于财政行政复议法律制度，目前我国财政法主要包括预算法、公债法、政府采购法、转移支付法等，其中以政府采购领域的行政复议最为典型，因此本教材着重财政行政复议中政府采购领域的行政复议法律制度。

政府采购行政复议制度主要依据的法律规范依然是《行政复议法》和《行政复议法实施条例》，但由于政府采购行为又主要受到《政府采购法》和《政府采购法实施条例》的调整，因此也存在一些特殊的制度规定。

在政府采购行为中，供应商的权利救济途径包括质疑、投诉、行政复议和行政诉讼，这些权利救济途径同时也是对政府采购行为进行监督的方式。《政府采购法》第 58 条规定："投诉人对政府采购监督管理部门的投诉处理决定不服或者政府采购监督管理部门逾期未作处理的，可以依法申请行政复议或者向人民法院提起行政诉讼。"由此可知，投诉是申请行政复议或者提起行政诉讼的前置性程序。即未向财政部门进行投诉的，不得复议或者诉讼，这是政府采购行政复议与一般行政复议的差别，此处的投诉前置类似于对征税行为申请行政复议的清税前置。

除投诉前置之外，还存在质疑前置的规定。《政府采购法》第 55 条规定："质疑供应商对采购人、采购代理机构的答复不满意或者采购人、采购代理机构未在规定的时间内作出答复的，可以在答复期满后十五个工作日内向同级政府采购监督管理部门投诉。"即供应商只有对采购人、采购代理机构提出质疑以后，对答复不满意或者采购人、采购代理机构未在规定时间内作出答复的，才可以向同级政府采购监督管理部门投诉。

以上的投诉前置和质疑前置是政府采购行政复议最为特殊的制度，除此之外，政府采购行政复议都依据《行政复议法》和《行政复议法实施条例》的规定进行。

(五) 税务行政复议法律制度

在我国，代替国家行使征税权的机关包括税务机关和海关，并且二者行使权力的范围不一致，导致了行政复议受案范围的差异。其中，为了防止和纠正违法或不当的税收执法行为，保护纳税人及其他税务当事人的合法权益，监督和保障税务机关依法行使职权，我国根据《行政复议法》《税收征管法》等法律、法规的规定，由国家税务总局制定了《税务行政复议规则》，对税务行政复议制度作出了较为全面的规定。

1. 税务行政复议的主体

在税务行政复议程序中，一般存在三方主体：申请人、被申请人和复议机关，在某些情形下会有第三人。申请人是认为税务机关的具体行政行为侵犯其合法权益的公民、法人或者其他组织。被申请人一般是作出具体行政行为的税务机关。复议机关是根据管辖规则确定的应当受理并作出复议决定的行政机关。

第一，申请人的确定。(1) 合伙企业申请行政复议的，应当以核准登记的企业为申请人，由执行合伙事务的合伙人代表该企业参加行政复议；其他合伙组织申请行政复议的，由合伙人共同申请行政复议。(2) 合伙企业和其他合伙组织以外的不具备法人资格的其他组织申请行政复议的，由该组织的主要负责人代表该组织参加行政复议；没有主要负责人的，由共同推选的其他成员代表该组织参加行政复议。(3) 股份制企业的股东大会、股东代表大会、董事会认为税务具体行政行为侵犯企业合法权益的，可以以企业的名义申请行政复议。(4) 有权申请行政复议的公民死亡的，其近亲属可以申请行政复议；有权申请行政复议的公民为无行为能力人或者限制行为能力人，其法定代理人可以代理申请行政复议。(5) 有权申请行政复议的法人或者其他组织发生合并、分立或终止的，承受其权利义务的法人或者其他组织可以申请行政复议。(6) 非具体行政行为的行政管理相对人，但其权利直接被该具体行政行为所剥夺、限制或者被赋予义务的公民、法人或其他组织，在行政管理相对人没有申请行政复议时，可以单独申请行政复议。

第二，被申请人的确定。(1) 申请人对具体行政行为不服申请行政复议的，作出该具体行政行为的税务机关为被申请人。(2) 申请人对扣缴义务人的扣缴税款行为不服的，主管该扣缴义务人的税务机关为被申请人；对税务机关委托的单位和个人的代征行为不服的，委托税务机关为被申请人。(3) 税务机关与法律、法规授权的组织以共同的名义作出具体行政行为的，税务机关和法律、法规授权的组织为共同被申请人。(4) 税务机关与其他组织以共同名义作出具体行政行为的，税务机关为被申请人。(5) 税务机关依照法律、法规和规章规定，经上级税务机关批准作出具体行政行为的，批准机关为被申请人。(6) 申请人对经重大税务案件审理程序作出的决定不服的，审理委员会所在税务机关为被申请人。(7) 税务机关设立的派出机构、内设机构或者其他组织，未经法律、法规授权，以自己名义对外作出具体行政行为的，税务机关为被申请人。

第三，第三人参加行政复议。第三人参加行政复议的方式有两种：复议机关通知参加和第三人申请参加。行政复议期间，行政复议机关认为申请人以外的公民、法人或者其他组织与被审查的具体行政行为有利害关系的，可以通知其作为第三人参加行政复议。行政复议期间，申请人以外的公民、法人或者其他组织与被审查的税务具体行政行为有利害关系的，可以向行政复议机关申请作为第三人参加行政复议。但是第三人不参加行政复议的，不影响行政复议案件的审理。

2. 税务行政复议的范围

有下列情形之一的，公民、法人或者其他组织可以向税务机关申请行政复议：(1) 征税行为，包括确认纳税主体、征税对象、征税范围、减税、免税、退税、抵扣税款、适用税率、计税依据、纳税环节、纳税期限、纳税地点和税款征收方式等具体行政行为，征收税款、加收滞纳金，扣缴义务人、受税务机关委托的单位和个人作出的代扣代缴、代收代缴、代征行为等。(2) 行政许可、行政审批行为。(3) 发票管理行为，包括发售、收缴、代开发票等。(4) 税收保全措施、强制执行措施。(5) 行政处罚行为包括罚款；没收财物和违法所得；停止出口退税权。(6) 不依法履行下列职责的行为包括颁发税务登记；开具、出具完税凭证、外出经营活动税收管理证明；行政赔偿；行政奖励；其他不依法履行职责的行为。(7) 资格认定行为。(8) 不依法确认纳税担保行为。(9) 政府信息公开工作中的具体行政行为。(10) 纳税信用等级评定行为。(11) 通知出入境管理机关阻止出境行为。(12) 其他具体行政行为。

3. 税务行政复议的管辖

税务行政复议管辖所要解决的问题是，申请人应当向哪一个税务机关申请税务行政复议，即复议机关的确定问题，根据《税务行政复议规则》的规定，税务行政复议的管辖规则如下：

(1) 对各级税务局的具体行政行为不服的，向其上一级税务局申请行政复议。对计划单列市税务局的具体行政行为不服的，向国家税务总局申请行政复议。

(2) 对税务所（分局）、各级税务局的稽查局的具体行政行为不服的，向其所属税务局申请行政复议。

(3) 对国家税务总局的具体行政行为不服的，向国家税务总局申请行政复议。对行政复议决定不服，申请人可以向人民法院提起行政诉讼，也可以向国务院申请裁决。国务院的裁决为最终裁决。

(4) 对两个以上税务机关以共同的名义作出的具体行政行为不服的，向共同上一级税务机关申请行政复议；对税务机关与其他行政机关以共同的名义作出的具体行政行为不服的，向其共同上一级行政机关申请行政复议。

(5) 对被撤销的税务机关在撤销以前所作出的具体行政行为不服的，向继续行使其职权的税务机关的上一级税务机关申请行政复议。

(6) 对税务机关作出逾期不缴纳罚款加处罚款的决定不服的，向作出行政处罚决定的税务机关申请行政复议。但是对已处罚款和加处罚款都不服的，一并向作出行政处罚决定的税务机关的上一级税务机关申请行政复议。

(7) 申请人向具体行政行为发生地的县级地方人民政府提交行政复议申请的，由接受申请的县级地方人民政府依照《行政复议法》第 15 条、第 18 条的规定予以转送。

4. 税务行政复议的程序

(1) 税务行政复议申请

第一，申请期限及起算点。申请人可以在知道税务机关作出具体行政行为之日起 60 日内提出行政复议申请。因不可抗力或者被申请人设置障碍等原因耽误法定申请期限的，申请期限的计算应当扣除被耽误时间。对于申请期限的起算点，应当按照以下规则确定：1) 当场作出具体行政行为的，自具体行政行为作出之日起计算。2) 载明具体行政行为的法律文书直接送达的，自受送达人签收之日起计算。3) 载明具体行政行为的法律文书邮寄送达的，自受送达人在邮件签收单上签收之日起计算；没有邮件签收单的，自受送达人在送达回执上签名之日起计算。4) 具体行政行为依法通过公告形式告知受送达人的，自公告规定的期限届满之日起计算。5) 税务机关作出具体行政行为时未告知申请人，事后补充告知的，自该申请人收到税务机关补充告知的通知之日起计算。6) 被申请人能够证明申请人知道具体行政行为的，自证据材料证明其知道具体行政行为之日起计算。7) 税务机关作出具体行政行为，依法应当向申请人送达法律文书而未送达的，视为该申请人不知道该具体行政行为。申请税务机关履行法定职责，税务机关未履行的，行政复议申请期限依照下列规定计算：有履行期限规定的，自履行期限届满之日起计算。没有履行期限规定的，自税务机关收到申请满60日起计算。

第二，申请条件。对于征税行为，应当依照税务机关根据法律、法规确定的税额、期限，先行缴纳或者解缴税款和滞纳金，或者提供相应的担保，才可以在缴清税款和滞纳金以后或者所提供的担保得到作出具体行政行为的税务机关确认之日起60日内提出行政复议申请。申请人对税务机关作出逾期不缴纳罚款加处罚款的决定不服的，应当先缴纳罚款和加处罚款，再申请行政复议。

第三，申请方式。申请人可以口头或者书面向复议机关提出行政复议申请，申请人书面申请行政复议的，可以采取当面递交、邮寄或者传真等方式提出行政复议申请。有条件的行政复议机关可以接受以电子邮件形式提出的行政复议申请。

申请人口头申请行政复议的，行政复议机构应当当场制作行政复议申请笔录，交申请人核对或者向申请人宣读，并由申请人确认。

（2）税务行政复议的受理

第一，受理期限安排。行政复议机关收到行政复议申请以后，应当在5日内审查，决定是否受理。对不符合规定的行政复议申请，决定不予受理，并书面告知申请人。对不属于本机关受理的行政复议申请，应当告知申请人向有关行政复议机关提出。行政复议机关收到行政复议申请以后未按照前款规定期限审查并作出不予受理决定的，视为受理。

第二，受理条件。1）属于规定的行政复议范围。2）在法定申请期限内提出。3）有明确的申请人和符合规定的被申请人。4）申请人与具体行政行为有利害关系。5）有具体的行政复议请求和理由。6）已经先行缴纳或者解缴税款和滞纳金，或者提供相应的担保；已经缴纳罚款和加处罚款。7）属于收到行政复议申请的行政复议机关的职责范围。8）其他行政复议机关尚未受理同一行政复议申请，人民法院尚未受理同一主体就同一事实提起的行政诉讼。

第三，受理的监督。上级税务机关认为行政复议机关不予受理行政复议申请的理由不成立的，可以督促其受理；经督促仍然不受理的，责令其限期受理。上级税务机关认为有必要的，可以直接受理或者提审由下级税务机关管辖的行政复议案件。

第四，不予受理的救济。对应当先向行政复议机关申请行政复议，对行政复议决定不服再向人民法院提起行政诉讼的具体行政行为，行政复议机关决定不予受理或者受理以后超过行政复议期限不作答复的，申请人可以自收到不予受理决定书之日起或者行政复议期满之日起15日内，依法向人民法院提起行政诉讼。

第五，受理的效果。复议机关受理申请人的复议申请之后，即意味着进入了行政复议程序。一般而言，行政复议期间具体行政行为不停止执行，但是有下列情况之一的，可以停止执行：1）被申请人认为需要停止执行的。2）行政复议机关认为需要停止执行的。3）申请人申请停止执行，行政复议机关认为其要求合理，决定停止执行的。4）法律、法规、规章规定停止执行的。

(3) 税务行政复议审查和决定

第一，审查启动。各级行政复议机关负责法制工作的机构（以下简称“行政复议机构”）对复议申请进行审查。行政复议机构应当自受理行政复议申请之日起7日内，将行政复议申请书副本或者行政复议申请笔录复印件发送被申请人。被申请人应当自收到申请书副本或者申请笔录复印件之日起10日内提出书面答复，并提交当初作出具体行政行为的证据、依据和其他有关材料。对国家税务总局的具体行政行为不服申请行政复议的案件，由原承办具体行政行为的相关机构向行政复议机构提出书面答复，并提交当初作出具体行政行为的证据、依据和其他有关材料。

第二，审查方式。行政复议机构审理行政复议案件，应当由2名以上行政复议工作人员参加。原则上，行政复议采用书面审查的办法，但是申请人提出要求或者行政复议机构认为有必要时，应当听取申请人、被申请人和第三人的意见，并可以向有关组织和人员调查了解情况。此外，对重大、复杂的案件，申请人提出要求或者行政复议机构认为必要时，可以采取听证的方式审理。

第三，审查原则。行政复议机关应当全面审查被申请人的具体行政行为所依据的事实证据、法律程序、法律依据和设定的权利义务内容的合法性、适当性，即行政复议应当遵循全面审查原则。

第四，审查决定。行政复议机关依照本法审理行政复议案件，由行政复议机构对行政行为进行审查，提出意见，经行政复议机关的负责人同意或者集体讨论通过后，以行政复议机关的名义作出行政复议决定。经过听证的行政复议案件，行政复议机关应当根据听证笔录、审查认定的事实和证据，依照本法作出行政复议决定。提请行政复议委员会提出咨询意见的行政复议案件，行政复议机关应当将咨询意见作为作出行政复议决定的重要参考依据。

行政行为有下列情形之一的，行政复议机关决定变更该行政行为：1）事实清楚，证据确凿，适用依据正确，程序合法，但是内容不适当；2）事实清楚，证据确凿，程序合法，但是未正确适用依据；3）事实不清、证据不足，经行政复议机关查清事实和证据。行政复议机关不得作出对申请人更为不利的变更决定，但是第三人提出相反请求的除外。

行政行为有下列情形之一的，行政复议机关决定撤销或者部分撤销该行政行为，并可以责令被申请人在一定期限内重新作出行政行为：1）主要事实不清、证据不足；2）违反法定程序；3）适用的依据不合法；4）超越职权或者滥用职权。行政复议机关责令被申请人重新作出行政行为的，被申请人不得以同一事实和理由作出与被申请行政复议的行政行为相同或者基本相同的行政行为，但是行政复议机关以违反法定程序为由决定撤销或者部分撤销的除外。

行政行为有下列情形之一的，行政复议机关不撤销该行政行为，但是确认该行政行为违法：1）依法应予撤销，但是撤销会给国家利益、社会公共利益造成重大损害；2）程序轻微违法，但是对申请人权利不产生实际影响。

行政行为有下列情形之一，不需要撤销或者责令履行的，行政复议机关确认该行政行为违法：1）行政行为违法，但是不具有可撤销内容；2）被申请人改变原违法行政行为，申请人仍要求撤销或者确认该行政行为违法；3）被申请人不履行或者拖延履行法定职责，责令履行没有意义。

被申请人不履行法定职责的，行政复议机关决定被申请人在一定期限内履行。

行政行为有实施主体不具有行政主体资格或者没有依据等重大且明显违法情形，申请人申请确认行政行为无效的，行政复议机关确认该行政行为无效。

行政行为认定事实清楚，证据确凿，适用依据正确，程序合法，内容适当的，行政复议机关决定维持该行政行为。

（4）复议中止

行政复议期间有下列情形之一的，行政复议中止：1）作为申请人的公民死亡，其近亲属尚未确定是否参加行政复议；2）作为申请人的公民丧失参加行政复议的行为能力，尚未确定法定代理人参加行政复议；3）作为申请人的公民下落不明；4）作为申请人的法人或者其他组织终止，尚未确定权利义务承受人；5）申请人、被申请人因不可抗力或者其他正当理由，不能参加行政复议；6）依照本法规定进行调解、和解，申请人和被申请人同意中止；7）行政复议案件涉及的法律适用问题需要有权机关作出解释或者确认；8）行政复议案件审理需要以其他案件的审理结果为依据，而其他案件尚未审结；9）有《行政复议法》第56条或者第57条规定的情形；10）需要中止行政复议的其他情形。

行政复议中止的原因消除后，应当及时恢复行政复议案件的审理。行政复议机关中止、恢复行政复议案件的审理，应当书面告知当事人。

（5）复议终止

行政复议期间有下列情形之一的，行政复议机关决定终止行政复议：1）申请人撤回行政复议申请，行政复议机构准予撤回；2）作为申请人的公民死亡，没有近亲属或者其近亲属放弃行政复议权利；3）作为申请人的法人或者其他组织终止，没有权利义务承受人或者其权利义务承受人放弃行政复议权利；4）申请人对行政拘留或者限制人身自由的行政强制措施不服申请行政复议后，因同一违法行为涉嫌犯罪，被采取刑事强制措施；5）依照《行政复议法》第39条第1款第1项、第2项、第4项的规定中止行政复议满60日，行政复议中止的原因仍未消除。

5. 税务行政复议和解与调解

根据《税务行政复议规则》的规定，对下列行政复议事项，按照自愿、合法的原则，申请人和被申请人在行政复议机关作出行政复议决定以前可以达成和解，行政复议机关也可以调解：（1）行使自由裁量权作出的具体行政行为，如行政处罚、核定税额、确定应税所得率等；（2）行政赔偿；（3）行政奖励；（4）存在其他合理性问题的具体行政行为。

（六）海关行政复议法律制度

为规范海关行政复议行为，海关总署根据《行政复议法》、《海关法》和《行政复议法实施条例》的规定，制定了《海关行政复议办法》，该办法自2007年11月1日起施行，于2014年3月13日被修改。根据该办法，公民、法人或者其他组织认为海关具体行政行为侵犯其合法权益向海关提出行政复议申请，海关办理行政复议事项，适用本办法。以下简述之。

（1）海关行政复议的主体

在海关行政复议程序中，同样存在三方主体：申请人、被申请人和复议机关，在某些情形下会有第三人。

第一，申请人和第三人。海关复议的申请人包括依法提出行政复议申请的公民、法人或者其他组织。有权申请行政复议的公民死亡的，其近亲属可以申请行政复议。有权申请行政复议的法人或者其他组织终止的，承受其权利的公民、法人或者其他组织可以申请行政复议。法人或者其他组织实施违反海关法的行为后，有合并、分立或者其他资产重组情形，海关以原法人、组织作为当事人予以行政处罚并且以承受其权利义务的法人、组织作为被执行人的，被执行人可以以自己的名义申请行政复议。

行政复议期间，海关行政复议机构认为申请人以外的公民、法人或者其他组织与被审查的具体行政行为有利害关系的，应当通知其作为第三人参加行政复议。行政复议期间，申请人以外的公民、法人或者其他组织认为与被审查的海关具体行政行为有利害关系的，可以向海关行政复议机构申请作为第三人参加行政复议。申请作为第三人参加行政复议的，应当对其与被审查的海关具体行政行为有利害关系负举证责任。通知或者同意第三人参加行政复议的，应当制作“第三人参加行政复议通知书”，送达第三人。第三人不参加行政复议，不影响行政复议案件的审理。

第二，被申请人和行政复议机关。公民、法人或者其他组织对海关作出的具体行政行为不服而申请行政复议的，作出该具体行政行为的海关是被申请人。对海关具体行政行为不服的，向作出该具体行政行为的海关的上一级海关提出行政复议申请。对海关总署作出的具体行政行为不服的，向海关总署提出行政复议申请。两个以上海关以共同的名义作出具体行政行为的，以作出具体行政行为的海关为共同被申请人，向其共同的上一级海关申请行政复议。

海关与其他行政机关以共同的名义作出具体行政行为的，海关和其他行政机关为共同被申请人，向海关和其他行政机关的共同上一级行政机关申请行政复议。申请人对海关总署与国务院其他部门共同作出的具体行政行为不服，向海关总署或者国务院其他部门提出行政复议申请，由海关总署、国务院其他部门共同作出处理决定。依照法律、行政法规或者海关规章的规定，下级海关经上级海关批准后以自己的名义作出具体行政行为的，以作出批准的上级海关为被申请人。根据海关法和有关行政法规、海关规章的规定，经直属海关关长或者其授权的隶属海关关长批准后作出的具体行政行为，以直属海关为被申请人。海关设立的派出机构、内设机构或者其他组织，未经法律、行政法规授权，对外以自己名义作出具体行政行为的，以该海关为被申请人，向该海关的上一级海关申请行政复议。

（2）海关行政复议机构的职责

海关行政复议机构履行下列职责：

1）受理行政复议申请；

2）向有关组织和人员调查取证，查阅文件和资料，组织行政复议听证；

3）审查被申请行政复议的具体行政行为是否合法与适当，拟定行政复议决定，主持行政复议调解，审查和准许行政复议和解；

4）办理海关行政赔偿事项；

5）依照《行政复议法》第78条的规定，办理海关行政复议决定的依法强制执行或者申请人民法院强制执行事项；

6）处理或者转送申请人依照本办法第31条提出的对有关规定的审查申请；

7）指导、监督下级海关的行政复议工作，依照规定提出复议意见；

8）对下级海关及其部门和工作人员违反《行政复议法》《行政复议法实施条例》和本办法规定的行为依照规定的权限和程序提出处理建议；

9）办理或者组织办理不服海关具体行政行为提起行政诉讼的应诉事项；

10）办理行政复议、行政应诉、行政赔偿案件统计和备案事项；

11）研究行政复议过程中发现的问题，及时向有关机关和部门提出建议，重大问题及时向行政复议机关报告；

12）其他与行政复议工作有关的事项。

（3）海关行政复议的范围

有下列情形之一的，公民、法人或者其他组织可以向海关申请行政复议：

1）对海关作出的警告，罚款，没收货物、物品、运输工具和特制设备，追缴无法没收的货物、物品、运输工具的等值价款，没收违法所得，暂停从事有关业务或者执业，撤销注册登记，取消报关从业资格及其他行政处罚决定不服的；

2）对海关作出的收缴有关货物、物品、违法所得、运输工具、特制设备决定不服的；

3）对海关作出的限制人身自由的行政强制措施不服的；

4）对海关作出的扣留有关货物、物品、运输工具、账册、单证或者其他财产，封存有关进出口货物、账簿、单证等行政强制措施不服的；

5）对海关收取担保的具体行政行为不服的；

6）对海关采取的强制执行措施不服的；

7）对海关确定纳税义务人、确定完税价格、商品归类、确定原产地、适用税率或者汇率、减征或者免征税款、补税、退税、征收滞纳金、确定计征方式以及确定纳税地点等其他涉及税款征收的具体行政行为有异议的（以下简称“纳税争议”）；

8）认为符合法定条件，申请海关办理行政许可事项或者行政审批事项，海关未依法办理的；

9）对海关检查运输工具和场所，查验货物、物品或者采取其他监管措施不服的；

10）对海关作出的责令退运、不予放行、责令改正、责令拆毁和变卖等行政决定不服的；

11）对海关稽查决定或者其他稽查具体行政行为不服的；

12）对海关作出的企业分类决定以及按照该分类决定进行管理的措施不服的；

13）认为海关未依法采取知识产权保护措施，或者对海关采取的知识产权保护措施不服的；

14）认为海关未依法办理接受报关、放行等海关手续的；

15）认为海关违法收取滞报金或者其他费用，违法要求履行其他义务的；

16）认为海关没有依法履行保护人身权利、财产权利的法定职责的；

17）认为海关在政府信息公开工作中的具体行政行为侵犯其合法权益的；

18）认为海关的其他具体行政行为侵犯其合法权益的。

（4）海关行政复议的程序

第一，海关复议申请的提出。申请人书面申请行政复议的，可以采取当面递交、邮寄、传真、电子邮件等方式递交行政复议申请书。海关行政复议机关应当通过海关公告栏、互联网门户网站公开接受行政复议申请书的地址、传真号码、互联网邮箱地址等，方便申请人选择不同的书面申请方式。

海关对公民、法人或者其他组织作出具体行政行为，应当告知其申请行政复议的权利、行政复议机关和行政复议申请期限。对于依照法律、行政法规或者海关规章的规定，下级海关经上级海关批准后以自己的名义作出的具体行政行为，应当告知以作出批准的上级海关为被申请人以及相应的行政复议机关。公民、法人或者其他组织认为海关具体行政行为侵犯其合法权益的，可以自知道该具体行政行为之日起 60 日内提出行政复议申请。

第二，海关复议的受理。海关行政复议机关收到行政复议申请后，应当在 5 日内进行审查。行政复议申请符合下列规定的，应当予以受理：1）有明确的申请人和符合规定的被申请人；2）申请人与具体行政行为有利害关系；3）有具体的行政复议请求和理由；4）在法定申请期限内提出；5）属于海关行政复议的范围；6）属于收到行政复议申请的海关行政复议机构的职责范围；7）其他行政复议机关尚未受理同一行政复议申请，人民法院尚未受理同一主体就同一事实提起的行政诉讼

申请人就同一事项向两个或者两个以上有权受理的海关申请行政复议的，由最先收到行政复议申请的海关受理；同时收到行政复议申请的，由收到行政复议申请的海关在 10 日内协商确定；协商不成的，由其共同上一级海关在 10 日内指定受理海关。协商确定或者指定受理海关所用时间不计入行政复议审理期限。

第三，海关复议的答复。海关行政复议机构应当自受理行政复议申请之日起 7 日内，将行政复议申请书副本或者行政复议申请笔录复印件以及申请人提交的证据、有关材料的副本发送被申请人。被申请人应当自收到申请书副本或者行政复议申请笔录复印件之日起 10 日内，向海关行政复议机构提交行政复议答复书，并且提交当初作出具体行政行为的证据、依据和其他有关材料。海关行政复议机构应当在收到被申请人提交的行政复议答复书之日起 7 日内，将行政复议答复书副本发送申请人。

第四，海关复议的审理。

1）海关行政复议案件实行合议制审理。合议人员为不得少于 3 人的单数。合议人员由海关行政复议机构负责人指定的行政复议人员或者海关行政复议机构聘任或者特邀的其他具有专业知识的公务员担任。

被申请人所属人员不得担任合议人员。对海关总署作出的具体行政行为不服向

海关总署申请行政复议的，原具体行政行为经办部门的人员不得担任合议人员。

对于事实清楚、案情简单、争议不大的海关行政复议案件，也可以不适用合议制，但是应当由 2 名以上行政复议人员参加审理。

海关行政复议机构负责人应当指定一名行政复议人员担任主审，具体负责对行政复议案件事实的审查，并且对所认定案件事实的真实性和适用法律的准确性承担主要责任。

合议人员应当根据复议查明的事实，依据有关法律、行政法规和海关规章的规定，提出合议意见，并且对提出的合议意见的正确性负责。

2）回避制度。申请人、被申请人或者第三人及其代理人认为合议人员或者案件审理人员与本案有利害关系或者有其他关系可能影响公正审理行政复议案件的，可以申请合议人员或者案件审理人员回避，同时应当说明理由。

合议人员或者案件审理人员认为自己与本案有利害关系或者有其他关系的，应当主动申请回避。海关行政复议机构负责人也可以指令合议人员或者案件审理人员回避。行政复议人员的回避由海关行政复议机构负责人决定。海关行政复议机构负责人的回避由海关行政复议机关负责人决定。

3）证据制度。海关行政复议机构审理行政复议案件应当向有关组织和人员调查情况，听取申请人、被申请人和第三人的意见；海关行政复议机构认为必要时可以实地调查核实证据；对于事实清楚、案情简单、争议不大的案件，可以采取书面审查的方式进行审理。海关行政复议机构向有关组织和人员调查取证时，可以查阅、复制、调取有关文件和资料，向有关人员进行询问。行政复议期间涉及专门事项需要鉴定的，申请人、第三人可以自行委托鉴定机构进行鉴定，也可以申请行政复议机构委托鉴定机构进行鉴定。鉴定费用由申请人、第三人承担。鉴定所用时间不计入行政复议审理期限。海关行政复议机构认为必要时也可以委托鉴定机构进行鉴定。鉴定应当委托国家认可的鉴定机构进行。需要现场勘验的，现场勘验所用时间不计入行政复议审理期限。申请人、第三人可以查阅被申请人提出的书面答复、提交的作出具体行政行为的证据、依据和其他有关材料，除涉及国家秘密、商业秘密、海关工作秘密或者个人隐私外，海关行政复议机关不得拒绝，并且应当为申请人、第三人查阅有关材料提供必要条件。有条件的海关行政复议机关应当设立专门的行政复议接待室或者案卷查阅室，配备相应的监控设备。

4）行政复议听证。有下列情形之一的，海关行政复议机构可以采取听证的方式审理：申请人提出听证要求的；申请人、被申请人对事实争议较大的；申请人对具体行政行为适用依据有异议的；案件重大、复杂、疑难或者争议的标的价值较大的；海关行政复议机构认为有必要听证的其他情形。海关行政复议机构决定举行听证的，应当制发行政复议听证通知书，将举行听证的时间、地点、具体要求等事项事先通知申请人、被申请人和第三人。第三人不参加听证的，不影响听证的举行。

5）行政复议附带抽象行政行为审查。申请人依照《海关行政复议办法》第 33 条提出对有关规定的审查申请的，海关行政复议机关对该规定有权处理的，应当在

30 日内依照下列程序处理：依法确认该规定是否与法律、行政法规、规章相抵触；依法确认该规定能否作为被申请人作出具体行政行为的依据；书面告知申请人对该规定的审查结果。海关行政复议机关对申请人申请审查的有关规定无权处理的，应当在 7 个工作日内按照下列程序转送有权处理的上级海关或者其他行政机关依法处理：转送有权处理的上级海关的，应当报告行政复议有关情况、执行该规定的有关情况、对该规定适用的意见；转送有权处理的其他行政机关的，在转送函中应当说明行政复议的有关情况、请求确认该规定是否合法。

第五，复议决定的作出。海关行政复议机构提出案件处理意见，经海关行政复议机关负责人审查批准后，作出行政复议决定。海关行政复议机关应当自受理申请之日起 60 日内作出行政复议决定，制作复议决定书，送达申请人、被申请人和第三人。但是有下列情况之一的，经海关行政复议机关负责人批准，可以延长 30 日：行政复议案件案情重大、复杂、疑难的；决定举行行政复议听证的；经申请人同意的；有第三人参加行政复议的；申请人、第三人提出新的事实或者证据需进一步调查的。海关行政复议机关延长复议期限，应当制作延长行政复议审查期限通知书，并且送达申请人、被申请人和第三人。

具体行政行为认定事实清楚，证据确凿，适用依据正确，程序合法，内容适当的，海关行政复议机关应当决定维持。被申请人不履行法定职责的，海关行政复议机关应当决定其在一定期限内履行法定职责。具体行政行为有下列情形之一的，海关行政复议机关应当决定撤销、变更或者确认该具体行政行为违法：主要事实不清、证据不足的；适用依据错误的；违反法定程序的；超越或者滥用职权的；具体行政行为明显不当的。

海关行政复议机关决定撤销或者确认具体行政行为违法的，可以责令被申请人在一定期限内重新作出具体行政行为。被申请人应当在法律、行政法规、海关规章规定的期限内重新作出具体行政行为；法律、行政法规、海关规章未规定期限的，重新作出具体行政行为的期限为 60 日。公民、法人或者其他组织对被申请人重新作出的具体行政行为不服，可以依法申请行政复议或者提起行政诉讼。

第六，海关复议的和解和调解。公民、法人或者其他组织对海关行使法律、行政法规或者海关规章规定的自由裁量权作出的具体行政行为不服申请行政复议，在海关行政复议机关作出行政复议决定之前，申请人和被申请人可以在自愿、合法基础上达成和解。申请人和被申请人达成和解的，应当向海关行政复议机构提交书面和解协议。和解协议应当载明行政复议请求、事实、理由和达成和解的结果，并且由申请人和被申请人签字或者盖章。

有下列情形之一的，海关行政复议机关可以按照自愿、合法的原则进行调解：公民、法人或者其他组织对海关行使法律、行政法规或者海关规章规定的自由裁量权作出的具体行政行为不服申请行政复议的；行政赔偿、查验赔偿或者行政补偿纠纷。海关行政复议机关主持调解应当符合以下要求：调解应当在查明案件事实的基础上进行；海关行政复议机关应当充分尊重申请人和被申请人的意愿；组织调解应当遵循公正、合理原则；调解结果应当符合有关法律、行政法规和海关规章的规定，不得违背法律精神和原则；调解结果不得损害国家利益、社会公共利益或者他人合法权益。

二、重点和难点

(一) 财税救济法律制度的价值

财税救济法律制度总体包括财税复议法律制度和财税诉讼法律制度的内容，其价值主要体现为以下两个方面：一是监督和保障财政、税务机关依法履行职权。根据财政“取之于民，用之于民”的根本属性，依法征税和用税是财税法定原则的应有之意，这就要求财政和税务机关依法履行职权。当财政、税务机关怠于行使财税权力或滥用权力侵害公民、法人或其他组织合法权益时，可以发挥财税复议或财税诉讼制度的价值，借助复议机关或司法机关的力量，制止和纠正财税机关的违法行为，追究财政、税务机关及其工作人员的法律责任。二是保障纳税人的合法权利。在财政、税收法律关系中，纳税人往往需要面对的是具有公权力的财政机关或税务机关，当其认为权利受到财政或税务机关的不法侵害并引发争议时，财税救济法律制度的设计能够让纳税人从司法机关或复议机关处获得救济。司法机关和复议机关可以通过居中裁判，对违法或不当的财政税务具体行政行为造成的消极后果进行补救，切实保护纳税人的合法权益。

(二) 税收复议前置制度的内容

在财税复议制度中，税收争议的行政复议前置程序是我国的一项重要内容。当纳税人、扣缴义务人、纳税担保人同税务机关发生纳税争议时，必须先依照税务机关的纳税决定缴纳或者解缴税款及滞纳金或者提供相应的担保，然后可以依法提请行政复议（以下简称“纳税复议前置”）；对行政复议决定不服的，可以依法向人民法院起诉（以下简称“复议法定前置”）。所称纳税争议，是指纳税人、扣缴义务人、纳税担保人对税务机关确定纳税主体、征税对象、征税范围、减税、免税及退税、适用税率、计税依据、纳税环节、纳税期限、纳税地点以及税款征收方式等具体行政行为有异议而发生的争议。综合《税收征管法》第 88 条第 1 款的规定，也就是说只有纳税争议案件才存在“清税前置”的要求。对于非纳税争议案件，譬如税务行政处罚、税收保全措施以及强制执行措施等则无须先行缴纳税款及滞纳金就可提起复议程序，行政复议的申请期限按照一般行政复议申请期限来执行。

因此，税务行政复议与税务行政诉讼、其他类型的行政复议存在较大区别，主要体现在以下两个方面，税务行政复议制度的施行本身需要以纳税前置为基本要件，而在涉及纳税争议的案件中，税务行政复议则是税务行政诉讼的前置程序。

首先，先行缴纳或者解缴税款和滞纳金，或者提供相应的担保是对征税行为提出税务行政复议申请的前置条件，即申请人可以在缴清税款和滞纳金以后或者所提供的担保得到作出具体行政行为的税务机关确认之日起 60 日内提出行政复议申请。

其次，税务行政复议是对征税行为提起税务行政诉讼的前置条件，对于征税行为，应当先向行政复议机关申请行政复议；对行政复议决定不服的，才可以向人民法院提起行政诉讼。

最后，关于行政复议的提请时间。申请人可以在缴清税款和滞纳金以后或者所提供的担保得到作出具体行政行为的税务机关确认之日起 60 日内提出行政复议申请。申请人对税务机关征税行为以外的其他具体行政行为不服，可以申请行政复议，也可以直接向人民法院提起行政诉讼。

(三) 经重大税务案件审理程序后复议机关的确定

申请人对经重大税务案件审理程序作出的决定不服的，审理委员会所在税务机关为被申请人。看似简单而清晰的复议机关确定规则，在实践中也经常会发生争议。《重大税务案件审理办法》第 35 条规定："稽查局应当按照重大税务案件审理意见书制作税务处理处罚决定等相关文书，加盖稽查局印章后送达执行。"而根据我国行政复议被申请人和行政诉讼被告的确定规则，在对外生效法律文书上署名的行政机关是行政复议被申请人或行政诉讼被告，所以申请人可能会根据在税务机关作出的法律文书上署名盖章的情况确定被申请人。《税务行政复议规则》第 29 条第 1 款规定："税务机关依照法律、法规和规章规定，经上级税务机关批准作出具体行政行为的，批准机关为被申请人。"此处的审理委员会在某种程度上可以视为"批准机关"，立法者将经过重大税务案件审理程序作出的决定和经上级机关批准的具体行政行为的复议机关在同一条中规定，似乎也表明了以上倾向。所以申请人对经重大税务案件审理程序作出的决定不服的，审理委员会所在税务机关为被申请人，而非实际作出税务处理、处罚决定的稽查局。

三、相关立法综述

1950 年 12 月，中央人民政府政务院公布了《税务复议委员会组织通则》，首次在立法中使用"复议"的概念，并规定了行政复议的职能和体制、行政复议机构的组成和运作要求等，所以税务行政复议是我国最早类型的行政复议。1990 年 12 月，国务院公布了《行政复议条例》，全面系统地规定了行政复议法律制度，标志着统一的行政复议制度在我国的建立。1999 年，第九届全国人大常委会第九次会议通过了《行政复议法》(后分别于 2009 年、2017 年、2023 年修订)，行政复议法律制度在法律层面得以确认。2007 年 5 月，国务院制定了《行政复议法实施条例》，丰富和细化了《行政复议法》的制度内容，对法治政府建设和社会主义和谐社会构建发挥了重要作用。

财政领域的行政复议主要集中于政府采购领域，因此财政行政复议主要遵循《政府采购法》《政府采购法实施条例》《政府采购质疑和投诉办法》等法律法规，而早在 2002 年颁布的《政府采购法》第 58 条就规定了投诉人提起行政复议申请的权利。

对于税务行政复议而言，则主要依据《税务行政复议规则》进行，此外还受到《税收征管法》第 88 条的调整。2004 年 2 月，国家税务总局发布了《税务行政复议规则（暂行）》，后来被《税务行政复议规则》(2010 年) 所替代，经过 2015 年和

2018 年两次修订，形成了目前适用的《税务行政复议规则》。在我国，海关也行使部分征税的职权，所以海关的税务行政复议应当遵循《海关行政复议办法》的规定。

需要注意的是，与一般的行政复议行为依据《行政复议法》和《行政复议法实施条例》的规定进行不同，财税领域的复议行为在一定程度上会因为财税事项的专业性需要设置必要的前置程序，如政府采购行政复议中的质疑前置和投诉前置，税务行政复议中的纳税前置以及海关行政复议中的纳税前置等，只有经过了必要的前置程序，方能进行诉讼。

【案例分析】

案例 1：政府采购类行政复议案件中的陈述申辩权如何保障①

一、案例导入

某采购人委托采购代理机构以公开招标方式开展政府采购活动，采购标的为室外急救站，物品配置包括自动体外除颤仪、轮椅、电子血压计、红外线体温枪等。其中，自动体外除颤仪为第三类医疗器械，轮椅、电子血压计、红外线体温枪为第二类医疗器械。甲公司、乙公司、丙公司共三家供应商参与投标。经开标评审，甲公司中标。中标公告发布后，乙公司向采购人和采购代理机构提出质疑，采购人和采购代理机构作出质疑答复，认为质疑不成立。乙公司对质疑答复不满意，向财政厅提出投诉，投诉事项是：部分采购产品为二类医疗器械，丙公司没有经营二类医疗器械的资格，没有履行合同所必需的设备和专业技能能力，不具备投标资格，属于无效投标；采购项目符合条件的有效投标供应商不足 3 家，应予废标。

财政厅受理投诉后，向采购人、采购代理机构、丙公司发送投诉书副本，通知其提交说明及相关证据。其中，采购人答复称，甲公司已将合同寄给采购人，采购人已盖章，但尚未告知甲公司且未将合同寄回给甲公司。经调查，财政厅作出投诉处理决定，认定：根据《医疗器械监督管理条例》（2017 年）第 30 条、第 31 条和《医疗器械经营监督管理办法》（2017 年）第 4 条的规定，采购产品包含第二、三类医疗器械，投标人应取得医疗器械经营备案凭证以及医疗器械经营许可证。丙公司未取得相应资格，不能保证产品质量和履约能力，不符合《政府采购法》第 22 条第 1 款第 3 项和第 6 项的规定，不具备参加政府采购活动应当具备的条件。由于丙公司不是合格供应商，该项目有效供应商不足 3 家，存在《政府采购法》第 36 条第 1 款第 1 项的情形，应予废标，投诉事项成立。由于采购合同已经签订但尚未履行，根据《政府采购质疑和投诉办法》（财政部令第 94 号）第 32 条第 1 款第 3 项的规

① 财政部条法司．以案说法：从一起政府采购类行政复议案件看行政程序中的陈述申辩权．(2022-02-07)[2022-04-03]. https://www.zgcznet.com/zdct/202202/20220207/j_2022020715574200016442207957150112.html.

定，决定中标结果无效，责令重新开展采购活动。随后，财政厅向采购人、采购代理机构、乙公司、丙公司送达了投诉处理决定。

甲公司不服，向财政部申请行政复议，请求：(1) 撤销投诉处理决定。(2) 采购人应与甲公司继续履行合同。甲公司的主要理由是：(1) 乙公司是对招标文件提出质疑，已超过法定质疑期限，财政厅不应受理投诉。(2) 财政厅未通知甲公司参加行政程序，亦未向甲公司送达投诉处理决定，程序违法。(3) 甲公司已签订政府采购合同并履行，财政厅不应当责令重新开展采购活动。

针对甲公司上述理由，财政厅主要观点是：(1) 乙公司就丙公司被认定为有效投标提出质疑，应自评审结束之日起算，未超过法定质疑期限。(2) 根据财政部令第 94 号第 21 条和第 34 条的规定，财政部门向"与投诉事项有关的当事人"发送投诉答复通知书及投诉书副本，并送达投诉处理决定，已删除《政府采购供应商投诉处理办法》(财政部令第 20 号，有效期为 2004 年 9 月 11 日至 2018 年 2 月 28 日) 第 20 条关于将投诉处理决定通知"与投诉处理结果有利害关系的政府采购当事人"的规定。甲公司属于与投诉处理结果有利害关系的当事人，并非投诉事项相关当事人，财政厅无书面告知的法定义务。(3) 甲公司所述已签订合同并履行，并无有效证据。

二、财税行政与法官释法

本案主要涉及丙公司是否具备投标资格、应否责令重新开展采购活动、投诉处理程序是否合法等三个核心问题。对此，财政部在行政复议决定中作出了如下认定：

1. 关于丙公司是否具备投标资格。《政府采购法》第 22 条第 1 款第 6 项规定，供应商参加政府采购活动应当具有法律、行政法规规定的其他条件。根据《医疗器械监督管理条例》(2017 年) 第 30 条和第 31 条的规定，从事第二类医疗器械经营的，由经营企业向食品药品监督管理部门备案；从事第三类医疗器械经营的，经营企业应向食品药品监督管理部门申请经营许可。本案中，采购产品包含第二类和第三类医疗器械。即使招标文件未予以明示，政府采购活动也应当符合上述相关法律法规的强制性规定。经财政部核查，丙公司并未取得相应医疗器械经营备案凭证和经营许可证，因此，其并不符合《政府采购法》第 22 条的规定，不具备参加政府采购活动的条件。据此，参加采购项目的合格供应商不足 3 家，投诉事项成立，投诉处理决定认定事实清楚。

2. 关于应否责令重新开展采购活动。根据财政部令第 94 号第 32 条第 1 款的规定，经认定成立的投诉事项影响采购结果且已确定中标供应商的，财政部门应结合在案证据，区分政府采购合同是否已签订、政府采购合同是否已履行等情况，予以不同处理。本案中，甲公司作为原中标供应商，因未参加投诉处理程序，未能就政府采购合同的签订及履行情况予以说明。投诉处理决定仅依据采购人单方面的相关说明认定政府采购合同已签订且尚未履行，并根据财政部令第 94 号第 32 条第 1 款第 3 项的规定责令重新开展采购活动，证据不足。

3. 关于投诉处理程序是否合法。财政部令第 94 号第 21 条第 4 项规定，财政部门受理投诉后应向与投诉事项有关的当事人发送投诉答复通知书及投诉书副本。《政府采购法》第 56 条和财政部令第 94 号第 34 条规定，财政部门应将投诉处理决定书送达与投诉事项有关的当事人。本案中，乙公司向财政厅提出投诉，认为采购项目的合格供应商不足 3 家，应予废标。甲公司作为原中标供应商，与投诉事项的处理结果有利害关系，属于与投诉事项有关的当事人，财政厅应当给予甲公司陈述和申辩的权利，并依法向其送达投诉处理决定。财政厅受理投诉后未向甲公司发送投诉答复通知书及投诉书副本，亦未将投诉处理决定送达甲公司，违反了《政府采购法》和财政部令第 94 号的上述规定，程序违法。

经审理，财政部根据 2017 年《行政复议法》第 28 条第 1 款第 3 项（现为第 64 条）“证据不足”“违反法定程序”的有关规定，决定撤销投诉处理决定并要求财政厅对投诉重新处理。

三、疑难问题

本案的关键问题在于财政部门的行为是否符合程序正当原则，是否保障了利害关系人的陈述申辩权。

财政部门作为政府采购监督管理部门，在政府采购监管过程中，不仅要保证行政行为的实体合法性，也要确保程序合法性。因此，财政部门要特别注意保障行政相对人或利害关系人的“陈述申辩权”，这也是行政行为程序正当原则的应有之义。具体而言，陈述申辩权可从以下三个方面予以保障：

1. 陈述申辩权适用于所有对外作出的行政行为。虽然目前我国行政程序法律体系中，仅《行政处罚法》和《行政许可法》有明确规定，但陈述申辩权作为行政程序正当的基本要求，适用于所有对外具有法律效力的行政行为，已在司法审判实践中得到普遍确认，成为评判行政行为是否合法正确的重要依据。

2. 有权陈述申辩的主体不仅是直接的行政相对人，还包括其他利益可能受到影响的当事人。对于权利义务可能受到行政行为影响，特别是不利影响的公民、法人或者其他组织，财政部门均应当在行政程序中给予其陈述申辩的机会。如果忽视了这一点，将可能影响事实的认定和行政程序的合法性，导致行政行为被撤销等不利后果。前述案例中，财政厅在处理投诉时，仅依据采购人单方面的说明认定采购合同未履行，未向合同的另一方当事人即中标供应商进行调查，未尽到足够的调查责任。同时，中标供应商与“决定中标结果无效，责令重新开展采购活动”的投诉处理结果明显有直接的利害关系，属于政府采购法规定的“与投诉事项有关的当事人”，依法应当给予其陈述和申辩的权利。

3. 保障陈述申辩权要合法合理。相关立法中对程序和时限有明确规定的，应当严格执行，没有明确规定的，可以按照合理性原则掌握。一是应当事先告知，在作出最终决定之前告知当事人有陈述申辩的权利。二是告知的内容应当全面，一般应当包括违法事实、处理措施、法律依据、反馈意见的期限、不反馈的后果等；要求其反馈意见的时间也应当合理，不宜过短，并考虑邮寄方式的影响。三是应当审慎考量当事人的意见。收到反馈意见后，在作出行政行为之前，应当有合理的审查时间；当事人的意见成立的，可以改变拟作出行政行为的内容。四是所有环节都要“踏石留印”，符合证据要求，以便在行政纠纷中维护财政部门的合法权益。

四、类案练习

基本案情[①]：申请人南京某公司在内的五家投标人参与投标“炎陵县芙蓉学校体育馆运动地板及照明系统设备采购项目”，经评标申请人以评分 92.75 分中标。第三人某建设工程管理公司在湖南省株洲市政府采购网和株洲市公共资源交易中心网同步发布成交公告。由于该项目工期紧，任务重，在公示期未满的情况下，第三人县教育局委托另一第三人某建设工程管理公司通知第一中标候选人南京某公司赶往炎陵县进行项目对接，某建设工程管理公司于 2020 年 11 月 27 日上午 9 时通知了申请人前往炎陵县进行项目对接，中午 13 时许第三人县教育局和某建设工程管理公司均收到了第二中标人武汉某公司对项目中标结果的质疑函。

第三人县教育局收到质疑函后及时委托第三人某建设工程管理公司通知申请人取消前往炎陵进行项目对接计划。因某建设工程管理公司通知不到位，致使申请人派出了三名项目对接人员来到炎陵，产生了差旅费等相关费用。第三人在收到第二中标人的质疑函后，根据《政府采购质疑和投诉办法》第 14 条“供应商对评审过程、中标或者成交结果提出质疑的，采购人、采购代理机构可以组织原评标委员会、竞争性谈判小组、询价小组或者竞争性磋商小组协助答复质疑”以及《政府采购质疑答复和投诉处理操作规程》第 10 条“采购人、采购代理机构需要核实相关事实的，可以通知质疑供应商、相关供应商、评审专家依法进行核实”之规定，项目在征得政府采购监管部门及株洲市公共资源交易中心同意后于 2020 年 12 月 8 日在株洲市公共资源交易中心组织原评标委员会对炎陵县芙蓉学校体育馆运动地板及照明系统设备采购项目进行复核，评标委员会对所有供应商的投标文件除方案分外的评分项进行反复核查、逐条核分，并对原评审过程中申请人的业绩得分情况、武汉某公司技术部分产品质量得分情况及长春某体育发展有限公司技术部分产品质量得分情况当场进行修正，重新出具评标报告并形成书面记录。复核后发现第一次评审有误，对经营业绩、技术部分产品质量两项计分错误，申请人南京某公司的经营业绩未能提供中标通知书，该项分在第一次评审时计了 16 分，复核后修正该项不得分，武汉某公司的产品质量该项分在第一次评审时计 39.5 分，复核后该项不扣分，修正得分为 42 分，复核修正后的得分导致原排名发生改变，武汉某公司以 89.79 分位列第一中标候选人，申请人以 88.75 分位列第二中标候选人，县教育局对复核后的评标报告进行盖章确认，某建设工程管理公司在湖南省株洲市政府采购网和株洲市公共资源交易中心网同步发布结果更正公告。按照《政府采购质疑和投诉办法》第 16 条第 1 款第 2 项之规定，该项目的中标人另行确定为武汉某公司。

申请人在 2020 年 12 月 9 日得知第二次评审的结果后，于 2020 年 12 月 19 日向

---

① 参见湖南省炎陵县人民政府（2021）炎政复字第 1 号行政复议决定书。

采购人和采购代理机构提出质疑，采购人与采购代理机构于 2020 年 12 月 25 日向申请人进行了质疑答复，答复结果是复核评审是按照采购招标的程序依法依规进行，申请人的质疑事项不成立。申请人对质疑答复不满遂于 2020 年 12 月 31 日向被申请人县财政局提起投诉，要求县财政局彻查该项目。被申请人收到投诉后对该投诉事项依法开展调查，查明被投诉人在中标结果公示期间收到供应商对中标结果的质疑后，即按照《政府采购质疑和投诉办法》《政府采购质疑答复和投诉处理操作规程》相关规定提请株洲市公共资源交易中心组织原评标委员会对投标文件进行复核。2020 年 12 月 8 日，原评标委员会复核后发现第一次评审计分确有错误，修正了部分供应商得分。被投诉人据此另行确定了中标供应商，并同步发布中标结果更正公告。被申请人依据查明的事实，根据《政府采购质疑和投诉办法》第 29 条第 2 项之规定在 2021 年 1 月 21 日作出了投诉人的投诉缺乏事实依据，投诉事项不成立，驳回投诉的决定。同年 1 月 22 日分别向申请人和第三人送达了投诉处理决定。申请人南京某公司不服被申请人炎陵县财政局 2021 年 1 月 21 日作出的炎财采投〔2021〕5 号“炎陵县财政局政府采购投诉处理决定书”于 2021 年 2 月 25 日向炎陵县人民政府申请行政复议。

结合本案思考：

1. 本案中第二中标人武汉某公司的权利如何保障？

2. 本案中南京某公司不服“炎陵县财政局政府采购投诉处理决定书”，应当向哪个部门提起行政复议？

3. 政府采购行政复议的基本程序为何？

案例 2：财税复议主体资格中“利害关系标准”如何认定[①]

一、案例导入

2017 年 7 月 17 日，上海市高级人民法院委托上海 LX 资产评估有限公司（以下简称“LX 公司”）办理上海市宝山区人民法院受理案件所涉标的物的资产评估。2017 年 10 月 10 日，LX 公司出具信资评司字 2017 第 40084 号“上海市高级人民法院司法委托鉴定报告书”（以下简称“涉案评估报告”）。被执行人苏某某、刘某二人认为，LX 公司及本次评估的资产评估师存在违反资产评估法的行为，向上海市财政局提出行政查处申请书。收到苏、刘二人的投诉申请后，上海市财政局未予受理。苏、刘二人向财政部申请行政复议。复议过程中，上海市财政局于 2018 年 11 月 26 日作出资产评估投诉举报受理通知书，受理苏、刘二人投诉申请。此后，财政部作出财复议（2019）4 号行政复议决定书，确认上海市财政局未在法定期限内履行法定职责行为违法。2018 年 12 月 11 日，上海市财政局向 LX 公司印发财政检查通知书。2018 年 12 月 19 日起，派检查组对 LX 公司进行监督检查。2019 年 1 月 16 日，委托上海市资产评估协会进行专业论证。评估协会论证过程中，苏、刘二人于

---

① 参见最高人民法院（2020）最高法行申 10852 号行政裁定书。

2019年3月24日再次申请行政复议，以上海市财政局未完全履行法定职责为由，请求责令其继续履行法定职责。2019年3月26日，财政部收到苏、刘二人邮寄的行政复议申请书。2019年4月1日，财政部向上海市财政局发送行政复议答复通知书。2019年4月12日，上海市财政局提交行政复议答复书和相关证据材料。2019年5月23日，财政部作出财复议（2019）75号驳回行政复议申请决定书（以下简称“75号复议决定”），以上海市财政局已受理苏、刘二人的投诉申请，并启动相关程序进行处理，苏、刘二人的申请不属于行政复议范围，依据《行政复议法实施条例》第48条第1款第2项的规定，决定驳回苏、刘二人的行政复议申请。2019年5月29日，财政部将该复议决定书邮寄给苏、刘二人。2019年5月31日，苏、刘二人签收。2019年6月5日，苏、刘二人提起行政诉讼，请求撤销75号复议决定。

二、财税行政与法官释法

法院认为，《资产评估行业财政监督管理办法》第5条、第48条规定，财政部门负有资产评估行业行政监督管理职责，公民、法人或者其他组织可以就资产评估机构或资产评估专业人员违法行为向资产评估备案的省级财政部门举报投诉，相应财政部门具有处理职责。《行政复议法实施条例》第16条第1款第2项规定，当事人申请行政机关履行法定职责，法律没有对履行期限作出规定的，行政机关收到申请满60日起未履行法定职责的，当事人可以向复议机关申请行政复议。这里的“60日”，应当是正常情况下行政机关履行法定职责的期限。如果存在特殊情况需要扣除或延长履责期限的，虽然自然日期已经超过60日，但是，此时当事人对行政机关正在履行法定职责的行为，依然不享有行政复议的权利。法律赋予当事人申请复议的权利，应当是针对行政机关不履责、拖延履责的情形，行政机关正在积极履责的行为不属于可以复议的对象。前述条例第28条第1款第3项规定，申请行政复议，要有具体的复议请求和理由。所谓具体的“复议请求和理由”，是指要有明确的被申请复议的行政行为，且有初步证据证明该行政行为可能侵犯申请人的合法权益。如果被申请复议的行政行为根本不存在，更不可能侵犯其合法权益，则复议申请不符合法定受理条件。

本案中，苏、刘二人认为LX公司接受法院委托评估存在违规行为，向上海市财政局提出举报申请，作为备案登记机关的上海市财政局，具有立案查处的法定职责。2018年11月26日，上海市财政局受理苏、刘二人的查处申请，并于2018年12月11日向LX公司印发财政检查通知书。2018年12月19日起，派检查组对LX公司进行监督检查。2019年1月16日，委托上海市资产评估协会进行专业论证。论证过程中，苏、刘二人提出复议申请。上述事实证明，苏、刘二人申请复议时，上海市财政局正在积极履行其调查处理职责，不存在不履责、拖延履责的情形。苏、刘二人的复议申请明显缺乏事实根据，缺少合理的“理由”。75号复议决定驳回其复议申请，并无不当。

应当指出的是，《行政复议法实施条例》第28条第2款规定，申请人与被申请复议的行政行为有“利害关系”，是其具有申请人资格、复议机关受理其申请的法定条件之一。这一标准与《行政诉讼法》第25条第1款规定的行政诉讼原告资格法定条件完全一致。《最高人民法院关于适用〈中华人民共和国行政诉讼法〉的解释》第12条第5项规定，“为维护自身合法权益”向行政机关投诉，具有处理投诉事项法定职责的行政机关作出或者未作出处理，举报人不服提起行政诉讼的，具有原告资格。《最高人民法院关于举报人对行政机关就举报事项作出的处理或者不作为行为不服是否具有行政复议申请人资格问题的答复》（〔2013〕行他字第14号）更是明确规定，举报人为维护自身合法权益而举报相关违法行为人，要求行政机关查处，对行政机关就举报事项作出的处理或者不作为行为不服申请行政复议的，具有复议申请人资格。所以，“为维护自身合法权益”，是判断举报人与相关行政行为有无“利害关系”的核心标准。本案中，苏、刘二人是执行案件的被执行人、被评估资产的所有权人，苏、刘二人对作出评估报告的资产评估机构、资产评估专业人员的行为进行举报投诉，显然是为了维护自身合法权益。苏、刘二人与被诉不履行举报事项查处法定职责行为之间具有利害关系，具有复议申请人资格。

三、疑难问题

利害关系是申请行政复议或者提起行政诉讼的法定标准。当前，我国《行政复议法》和《行政诉讼法》对利害关系的构成要件并未明确规定，实际案件处理中仍需要参考相关理论进行推论判断。其中，实践案例中产生的观点主要可以归纳为“实际影响论”“保护规范论”“自身权益论”三种理论。

实际影响论认为，判断当事人与行政机关的行政行为是否具有利害关系，关键是看该行政行为是否对当事人的合法权益造成了实际影响；如果相关行为导致当事人权利或义务的增减，则当事人与行政行为具有利害关系，当事人具有行政复议和行政诉讼的资格，相反就不存在利害关系。实际影响论的实质是强调行政行为对当事人权利义务的增减。“保护规范论”的主要观点是以行政机关作出行政行为时所依据的行政实体法体系，是否要求行政机关考虑原告诉请保护的权利或法律上的利益，作为判断是否存在公法上利害关系的重要标准；如果行政机关在作出某种行政行为时，具体的实体法规定行政机关必须同时考虑保护个体的相关权益，则该个体与行政行为具有利害关系，否则不具有利害关系。“自身权益论”强调“为维护自身合法权益”是判断举报人与相关行政行为有无“利害关系”的核心标准，且其相关举报行为具有初步的客观事实依据或被举报的违法行为影响或损害了举报人的合法权益，反之则没有利害关系。①

本案中，正是“自身权益论”的观点，法院采用了是否“为维护自身合法权益”判断举报人与相关行政行为有无利害关系的核心标准，其产生的导向是对举报类案件的实体审查，有利于从根本上解决行政争议。但这种标准也可能与执法司法资源的有限性难以匹配，产生在实践运用中的难题。为此，在实践中，宜区分情况运用

---

① 何兆飞. 证券举报类行政案件中“利害关系”认定的法理评析. 人民法院报，2020-12-24（6）.

不同理论，坚持维护举报人利益与防止权利滥用并重的原则。

四、类案练习

基本案情：江苏R新能源有限公司与国家税务总局常州市税务局稽查局、国家税务总局常州市税务局税务行政处理及行政复议案[①]中，原常州市国税局稽查局认定R公司在2011年1月至2013年12月生产销售“生物重油”14 767.426吨，未作消费税应税产品申报纳税，经原常州市国税局重大案件审理委员会审理后遂作出税务处理决定书，要求该公司按燃料油消费税税率补缴消费税11 991 149.91元。R公司对该税务处理决定不服，向原常州市国税局申请行政复议。复议机关维持，遂诉至法院。

结合本案思考：

原常州市国税局作为复议机关是否主体适格？

案例3：税务行政复议的起算点如何确定[②]

一、案例导入

2018年7月3日至8月6日，长春市国税局第三稽查局连续向J银行股份有限公司发出税务处理决定书、税务事项通知书和催告书，要求J银行股份有限公司缴纳所欠税款及滞纳金。同年8月15日，J银行股份有限公司缴清款项；同年10月8日，J银行股份有限公司对税款征收行为不服，向长春市国税局提出行政复议申请。长春市国税局认为J银行股份有限公司的行政复议申请超过法定申请期限，决定不予受理。J银行股份有限公司对复议决定不服，提起行政诉讼。

二、财税行政与法官释法

法院认为，税务行政复议的起算点应当从“缴纳或者解缴税款及滞纳金或者提供相应的担保之日起”而不是“自知道该具体行政行为之日起”开始计算，亦不是从税务处理决定书所确定的缴纳期限届满之日起计算。另外，设定税务行政复议前提条件的目的应当是防止纳税义务人利用复议程序期间转移财产规避税收征管以及保证税款及时入库，而不能是通过设置苛刻条件将税务行政复议申请拒之门外。最终，一审法院依照《行政复议法》第9条第1款（现为第20条第1款）、《税收征管法》第88条、《行政诉讼法》第70条第1款第2项之规定判决撤销国家税务总局长春市税务局于2018年10月12日作出的长税复不受［2018］1号不予受理行政复议申请决定书。二审法院作出维持原判之判决。

---

① 参见江苏省高级人民法院（2019）苏行再7号行政判决书。

② 参见吉林省长春市中级人民法院（2019）吉01行终30号行政判决书。

三、疑难问题

本案中的难点问题在于：申请人什么时间内能申请行政复议？行政复议起算时间点为何？

关于行政复议的期限起算点，我国《行政复议法实施条例》第 17 条规定：“行政机关作出的具体行政行为对公民、法人或者其他组织的权利、义务可能产生不利影响的，应当告知其申请行政复议的权利、行政复议机关和行政复议申请期限。”为此，在行政机关作出具体行政行为时，应当以“告知”的方式保障相对人能及时提起复议。但税务行政复议规则具有一定的特殊性，《税务行政复议规则》第 32 条规定，申请人可以在知道税务机关作出具体行政行为之日起 60 日内提出行政复议申请。因不可抗力或者被申请人设置障碍等原因耽误法定申请期限的，申请期限的计算应当扣除被耽误时间。该规则第 33 条规定，申请人按照前款规定申请行政复议的，必须依照税务机关根据法律、法规确定的税额、期限，先行缴纳或者解缴税款和滞纳金，或者提供相应的担保，才可以在缴清税款和滞纳金以后或者所提供的担保得到作出具体行政行为的税务机关确认之日起 60 日内提出行政复议申请。据此，可以看到，税务行政复议案件的一个特殊性便在于需要以纳税前置或纳税担保为前提，为此，税务行政复议的起算点应当从“缴纳或者解缴税款及滞纳金或者提供相应的担保之日起”。

四、类案练习

基本事实：张某于 2015 年 7 月 11 日收到厦门市国家税务局作出的政府信息公开告知书（厦国税信告〔2015〕X 号），张某对该告知书不服，于 2015 年 9 月 11 日向国家税务总局提出行政复议申请，一并提出赔偿请求（后撤回该请求）。同年 10 月 22 日，国家税务总局经审查作出驳回行政复议申请决定书，认为张某提出行政复议申请已超过法定的 60 日期限，决定驳回该行政复议申请。张某不服，诉至法院。经查，厦门市国家税务局作出政府信息公开告知书时，并未向张某告知申请行政复议的权利、行政复议机关和行政复议申请期限。[①]

案例思考：

张某提出行政复议申请是否已超过法定的 60 日期限？

课程思政教学指导

① 参见福建省厦门市中级人民法院（2017）闽 02 行终 123 号行政判决书。

【知识拓展】

一、拓展阅读

税务行政复议前置有存在的必要么?[1]

我国现行立法规定，纳税人、扣缴义务人、纳税担保人同税务机关在纳税上发生争议时，必须先依照税务机关的纳税决定缴纳或者解缴税款及滞纳金或者提供相应的担保，然后可以依法申请行政复议，对行政复议决定不服的，可以依法向人民法院起诉。这一“双重前置”制度在学界和实务界引起了广泛争议。

2015年国务院法制办公室发布的《税收征收管理法修订草案（征求意见稿）》第126条第1款规定，“纳税人、扣缴义务人、纳税担保人同税务机关在纳税上和直接涉及税款的行政处罚上发生争议的，可以依法申请行政复议；对行政复议决定不服的，应当先依照复议机关的纳税决定缴纳、解缴税款或提供相应的担保，然后可以依法向人民法院起诉”。该规定保留了“复议法定前置”，改“纳税复议前置”为“纳税诉讼前置”，将“双重前置”的范围扩大至“纳税上和直接涉及税款的行政处罚上发生争议的”。

理论上，“纳税前置”有利于保护国家税收收入安全，防止国家税款损失，相较于税务行政诉讼，税务行政复议具有快捷性、低成本、专业性和简易性等优势。“复议法定前置”满足穷尽行政救济原则，它为税务机关提供自我审查和改正错误的机会，减少行政诉讼对行政效率的消耗。据推算，我国只有大约14%的税务行政复议案件进入行政诉讼程序。对于纳税主体来说，税务行政复议可以节约费用开支，缩短争议解决时间；有利于纳税主体举证，解决争议的成功率高；有利于保障纳税主体的隐私，防止其公众形象遭受贬损。

但是，刘剑文教授认为，纳税前置制度主要是基于保障国家税款与“防止滥诉”的考量，但是这两项理由在现时条件下似已难以成立。在此基础上，他建议根本废除纳税前置，以彰显纳税人权利保护的现代税法精神。朱大旗教授等学者认为，“双重前置”制度是强调行政主导税收征管模式的产物，它充分体现了国家税收强权和对纳税人权利的漠视。“复议法定前置”限制，甚至侵害纳税主体的自由选择权；“纳税前置”（包括“纳税复议前置”和“纳税诉讼前置”）剥夺了无力缴纳税款的纳税主体提起行政复议、行政诉讼的权利，造成有财力纳税主体和无财力纳税主体之间的不平等，导致纳税主体财产减损。因此建议废除“纳税前置”，改“复议法定前置”为“复议诱导前置”即在赋予纳税人自由选择权的同时，采取正向激励手段引导纳税人优先选择复议程序处理税务争议。

---

① 朱大旗，胡明，等.《税收征收管理法》修订问题研究. 北京：法律出版社，2018：258-272.

二、毕业论文选题指导

行政复议是党和政府主导的化解行政争议的法定渠道，体现着为民思想，关乎国家大局。为充分发挥行政复议作为解决行政争议主渠道的作用，需要积极探索转变行政复议的功能定位，促进行政复议由内部监督机制向行政争议解决机制转型，努力通过实践提炼行政复议实质性化解行政争议的“金标准”。然而，当前我国财税行政复议制度在实践中仍存在不少难题，需要从以下方面予以关注和思考：

1. 税收复议前置制度的反思及完善。对税收复议前置制度的探讨尚未尘埃落定，学界尚未达成统一的认识，存在较大分歧。可以从税收复议前置制度的实施效果、对纳税人权利行使的影响出发，探讨税收复议前置制度存在的突出问题，存在或废除的必要性是什么，可以通过什么样的方式进行改善。

2. 强化财税复议实质审查机制研究。就目前实践而言，复议机关在绝大多数财税复议案件中都会作出“维持”的复议决定，因此行政复议公信力遭受到很大质疑。可以通过何种方式的采用或制度的完善，以确保复议机关公平公正对待申请人与被申请人，实现复议程序实质性解决争议、监督被申请人依法行使职权的目标。

3. 财税复议法律制度中申请人权利及保障机制研究。所涉问题如：在财税复议程序中，申请人应当具有哪些权利才能全面实现财税复议法律制度的规范目的；具体权利类型比如陈述申辩权、申请听证权等需要通过何种程序设计进行保障，需要深入研究。

4. 财税复议制度与财税诉讼制度衔接问题研究。纳税人对征税对象退税、减免税及适用税率等事项存在争议时，需要借助复议和诉讼制度解决纠纷。复议与诉讼作为财税领域争议解决的主要途径，二者的衔接问题关涉相对人权利保护、争讼资源合理配置等重大议题。如何建立有效的财税复议与财税诉讼衔接机制，值得深入研究。

5. 税务行政复议和解与调解制度完善。税务行政复议和解与调解的事项范围如何界定，应当如何判断是否“存在其他合理性问题”，出现何种情况以及达到何种程度会被认定为“损害社会公共利益和他人合法权益”。对以上问题的回答，都在很大程度上影响着税务行政复议和解与调解制度的良好运行，值得深入思考。

三、推荐文献

1. 马怀德. 行政法前沿问题研究. 北京：中国政法大学出版社，2018.

2. 甘藏春. 行政复议典型案例选编：第 3 辑. 北京：中国法制出版社，2013.

3. 王青斌. 行政复议制度的变革与重构——兼论《行政复议法》的修改. 北京：中国政法大学出版社，2013.

4. 杨红. 行政复议与行政诉讼衔接研究. 北京：中国政法大学出版社，2017.

5. 贺奇兵. 行政复议公信力塑造研究——以复议主体制度改革为重心. 北京：人民出版社，2015.

6. 贾忠华. 税收法律救济. 北京：中国商业出版社，2021.

7. 王周户. 行政法与行政诉讼法教程. 2 版. 北京：中国政法大学出版社，2017.

8. 王典，等. 涉税裁判案例启示录（第四辑）：涉税法律程序典型案件深度评析. 北京：企业管理出版社，2017.

9. 孙昊哲，张恺琦. 税务行政复议与行政诉讼衔接问题研究. 法律适用，2021（2）.

10. 贺燕. 行政复议前置、税法确定性与税收治理现代化. 税务研究，2020（4）.

11. 廖仕梅. 废除税务行政救济前置条件的必要性与可行性. 行政法学研究，2017（1）.

12. 乔博娟. 税制改革中纳税人权利救济体系的反思与重构：以税务行政复议与税务诉讼的自由选择为中心. 现代经济探讨，2016（9）.

13. 陈雷. 税务行政裁量权的法律规制：以税务和解的授权界限为例. 税务与经济，2018（3）.

14. 翟继光. 论纳税前置对税务行政复议申请期限的影响. 税务研究，2017（8）.

专题十三　财税诉讼法律实务

财税诉讼与财税复议一同构成财税争议解决的重要途径。从广义上说，财税诉讼并不限于以财政机关、税务机关为被告的狭义行政诉讼，还包括由财税行为引起的民事诉讼、刑事诉讼等。其中，财税行政诉讼的内容是财税诉讼中最为主要，也是最为核心的内容。本专题重点聚焦我国财税行政诉讼法律制度，介绍财税行政诉讼制度的一般原理和具体制度。通过本专题学习，学生应当了解财税行政诉讼的概念、类型，区分一般财税行政诉讼和财税公益行政诉讼的制度构造，并通过相关制度分析、案例讲解的学习和类案练习，掌握财税行政诉讼的法律规范和实践运用方法。

【基础理论】

一、基本知识介绍

（一）财税行政诉讼概述

财税行政诉讼是指当发生财税争议之后，由纳税人及相关主体对财政、税务机关的行政行为不服而直接向法院提起并开展的诉讼活动，以及在对纳税争议提起行政复议后，对复议决定仍然不服而向法院提起并展开的诉讼活动。与财税行政复议决定通常由原行政机关的上级机关作出、复议程序为行政程序不同，财税诉讼的裁决者是人民法院、诉讼的程序为司法程序。

财税诉讼的提起是法院据以进行审判的前提。财税案件的审判是法院在财税争议当事人的参加下，审理和裁判财税机关和相关主体之间的财税争议的司法活动。无论是当事人的财税诉讼活动，还是法院的财税审判活动，都应该严格依据相关的程序法进行。由于我国在纳税争议领域实行的是复议前置原则，因此对于税收行政诉讼而言，纳税争议必须先通过行政程序才能实行司法程序，这是由征税行政的特殊性所决定的。

(二) 财政行政诉讼的类型

1. 按照诉讼请求分类

从诉讼请求和诉讼结果的角度，可以从理论上把财税行政诉讼大略分为撤销之诉、确认之诉、履行之诉、赔偿之诉等类型。根据《行政诉讼法》明确的判决种类或方式，当事人需要结合具体案情提出撤销行政行为、责令履行职责、责令重作、变更行政行为、确认行政行为违法、确认行政行为无效等诉讼请求。

(1) 撤销之诉。所谓撤销之诉，是指相关主体对财税机关作出的具体行政行为不服，希望通过法院的审判来撤销该行为的诉讼，法院可以通过审查财税机关行为的合法性来决定是否撤销其行政行为。撤销诉讼分为全部撤销和部分撤销两种形式。撤销判决是人民法院对财税行政行为效力的全部或部分否定。根据《行政诉讼法》第 70 条的规定，撤销判决的适用条件包括主要证据不足、适用法律与法规错误、违反法定程序、超越职权、滥用职权、明显不当等情形。

(2) 确认之诉。所谓确认之诉，是指相关主体认为财税机关的行为无效或违法，旨在通过法院的审判来对此加以确认的诉讼。它主要包括对财税机关具体行政行为的效力确认之诉，以及对相关主体与财税机关之间是否发生财税法律关系的确认之诉。

(3) 履行之诉。所谓履行之诉，就是相关主体认为财税机关没有履行或者迟延履行自己的法定职责，力图通过法院审判来促使财税机关及时履行其法定职责的诉讼。这种财税诉讼主要是针对财税机关的不作为而提起。

(4) 赔偿之诉。所谓赔偿之诉，即相关主体认为财税机关的违法行为给自己的合法权益造成了损害，请求法院判决财税机关赔偿其损失的诉讼。

2. 按照保护的法益分类

从诉讼主体和保护法益的内容不同，可以将财税行政诉讼划分为一般财税行政诉讼和财税行政公益诉讼。

(1) 一般财税行政诉讼

一般意义上的财税行政诉讼是指当公民、法人和其他组织认为财政、税务机关及其工作人员的具体行政行为违法或者不当，侵犯了其合法权益，依法向人民法院提起行政诉讼，由人民法院对具体行政行为的合法性进行审查并作出裁决的司法活动。我国现行《行政诉讼法》第 25 条第 1 款规定，行政行为的相对人以及其他与行政行为有利害关系的公民、法人或者其他组织，有权提起诉讼。此为财税行政诉讼提供了法律依据。其目的是保证人民法院正确、及时审理财政、税务行政案件，保护纳税人、缴费人等当事人的合法权益，维护和监督财政、税务机关依法行使行政职权。

(2) 财税行政公益诉讼

财税行政公益诉讼是指当公共利益受到侵害，而相对人缺位，无法纠正违法行为时，由检察机关通过提起公益诉讼的方式来维护国家和社会公共利益的诉讼。我国现行《行政诉讼法》第25条第4款规定，人民检察院在履行职责中发现生态环境和资源保护、食品药品安全、国有财产保护、国有土地使用权出让等领域负有监督管理职责的行政机关违法行使职权或者不作为，致使国家利益或者社会公共利益受到侵害的，应当向行政机关提出检察建议，督促其依法履行职责。行政机关不依法履行职责的，人民检察院依法向人民法院提起诉讼。该条规定为财税行政公益诉讼提供了法律依据。

(三) 财税行政诉讼的内容

1. 财税行政诉讼的提起条件

根据我国《行政诉讼法》第49条及其他相关规定，财税行政诉讼的提起必须符合下列条件：(1) 原告适格；(2) 有明确的被告；(3) 有具体的诉讼请求和事实依据；(4) 属于人民法院受案范围和受诉人民法院管辖。

第一，原告适格。原告必须是认为具体行政行为侵犯了自己合法权益的公民、法人或者其他组织。与被起诉的具体行政行为无直接利害关系的人，不能提起行政诉讼。

第二，有明确的被告。被告只能是作出被诉具体行政行为的行政机关和法律法规授权的组织，而不是企业、团体或者别的法人，更不是个人。

第三，有具体的诉讼请求和事实根据。即原告的诉讼请求，应当具体指出行政机关处理决定存在的问题。比如案件事实认定错误、证据不足、违反法律规定、程序不合法、处罚不当等等。原告指出这些问题之后，必须明确提出撤销或者变更原裁决的诉讼请求，还应当提出事实和法律依据来证明自己主张的正确。

第四，属于人民法院的受案范围和受诉人民法院管辖。对属于人民法院受案范围的行政案件，公民、法人或其他组织，不服行政机关的处理决定，可以向上一级行政机关申请复议，对复议决定不服，可以向人民法院提起诉讼；也可以直接向人民法院提起诉讼。但是，关于纳税争议的行政复议例外。根据《税收征管法》等法律、法规规定，对税务机关征税行为不服的，在向人民法院提起行政诉讼之前，应先申请行政复议；对复议决定不服的，可以向人民法院提起行政诉讼。

公民、法人或者其他组织直接向人民法院提起诉讼的，应当自知道或者应当知道作出行政行为之日起6个月内提出。法律另有规定的除外。公民、法人或者其他组织申请行政机关履行保护其人身权、财产权等合法权益的法定职责，行政机关在接到申请之日起2个月内不履行的，公民、法人或者其他组织可以向人民法院提起诉讼。法律、法规对行政机关履行职责的期限另有规定的，从其规定。

公民、法人或者其他组织申请行政复议，行政复议机关已经依法受理的，或者法律、法规规定应当先向行政复议机关申请行政复议、对行政复议决定不服再向人民法院提起行政诉讼的，在法定行政复议期限内不得向人民法院提起行政诉讼。公民、法人或者其他组织向人民法院提起行政诉讼，人民法院已经依法受理的，不得申请行政复议。公民、法人或者其他组织不服复议决定的，可以在收到复议决定书之日起15日内向人民法院提起诉讼。复议机关逾期不作决定的，申请人可以在复议期满之日起15日内向人民法院提起诉讼。

2. 财税行政诉讼的受案范围

根据《行政诉讼法》第12条的规定，人民法院受理公民、法人或者其他组织提起的下列诉讼：（1）对行政拘留、暂扣或者吊销许可证和执照、责令停产停业、没收违法所得、没收非法财物、罚款、警告等行政处罚不服的；（2）对限制人身自由或者对财产的查封、扣押、冻结等行政强制措施和行政强制执行不服的；（3）申请行政许可，行政机关拒绝或者在法定期限内不予答复，或者对行政机关作出的有关行政许可的其他决定不服的；（4）对行政机关作出的关于确认土地、矿藏、水流、森林、山岭、草原、荒地、滩涂、海域等自然资源的所有权或者使用权的决定不服的；（5）对征收、征用决定及其补偿决定不服的；（6）申请行政机关履行保护人身权、财产权等合法权益的法定职责，行政机关拒绝履行或者不予答复的；（7）认为行政机关侵犯其经营自主权或者农村土地承包经营权、农村土地经营权的；（8）认为行政机关滥用行政权力排除或者限制竞争的；（9）认为行政机关违法集资、摊派费用或者违法要求履行其他义务的；（10）认为行政机关没有依法支付抚恤金、最低生活保障待遇或者社会保险待遇的；（11）认为行政机关不依法履行、未按照约定履行或者违法变更、解除政府特许经营协议、土地房屋征收补偿协议等协议的；（12）认为行政机关侵犯其他人身权、财产权等合法权益的。除前款规定外，人民法院受理法律、法规规定可以提起诉讼的其他行政案件。由上可知，公民、法人或者其他组织认为财政机关或税务机关工作人员的具体行政行为侵犯其合法权益的，人民法院通常都需要受理。但是，人民法院不受理公民、法人或者其他组织对下列事项提起的诉讼：（1）国防、外交等国家行为；（2）行政法规、规章或者行政机关制定、发布的具有普遍约束力的决定、命令；（3）行政机关对行政机关工作人员的奖惩、任免等决定；（4）法律规定由行政机关最终裁决的行政行为。

《最高人民法院关于适用〈中华人民共和国行政诉讼法〉的解释》（法释〔2018〕1号）第1条规定，公民、法人或者其他组织对行政机关及其工作人员的行政行为不服，依法提起诉讼的，属于人民法院行政诉讼的受案范围。下列行为不属于人民法院行政诉讼的受案范围：（1）公安、国家安全等机关依照《刑事诉讼法》的明确授权实施的行为；（2）调解行为以及法律规定的仲裁行为；（3）行政指导行为；（4）驳回当事人对行政行为提起申诉的重复处理行为；（5）行政机关作出的不产生外部法律效力的行为；（6）行政机关为作出行政行为而实施的准备、论证、研究、层报、咨询等过程性行为；（7）行政机关根据人民法院的生效裁判、协助执行通知书作出的执行行为，但行政机关扩大执行范围或者采取违法方式实施的除外；（8）上级行政机关基于内部层级监督关系对下级行政机关作出的听取报告、执法检查、督促履责等行为；（9）行政机关针对信访事项作出的登记、受理、交办、转送、复查、复核意见等行为；（10）对公民、法人或者其他组织权利义务不产生实际影响的行为。

此外，对于抽象行政行为的受理，《行政诉讼法》第53条规定，公民、法人或者其他组织认为行政行为所依据的国务院部门和地方人民政府及其部门制定的规范性文件不合法，在对行政行为提起诉讼时，可以一并请求对该规范性文件进行审查。

前款规定的规范性文件不含规章。对此，根据该法第 64 条的规定，人民法院在审理行政案件中，经审查认为该规范性文件不合法的，不作为认定行政行为合法的依据，并向制定机关提出处理建议。

对于税收而言，根据我国的税收法律、法规、规章以及《行政诉讼法》《最高人民法院关于适用〈中华人民共和国行政诉讼法〉的解释》，我国的税收行政诉讼的受案范围大略包括征税机关的以下行为：（1）征税行为，包括征收税款、加收滞纳金等；（2）给惠行为，包括税收减免、出口退税等；（3）保全行为，包括税收保全、责令提供担保等；（4）强制行为，包括税收强制执行措施、通知阻止出境等；（5）处罚行为，包括罚款、没收违法所得、限制人身自由等；（6）消极行为，或称不作为，包括拒发相关证件、发票、不予答复等。随着司法体制改革的推进，特别是立案登记制的推行，当事人行使诉权会更加方便。人民法院应当保障公民、法人和其他组织的起诉权利，对应当受理的涉税案件依法受理。征税机关及其工作人员不得干预、阻碍人民法院受理涉税案件。

此外，对于征税机关的某些行为不服的，人民法院仍然不能受理。这些行为主要包括：（1）税收行政法规、规章或者征税机关制定、发布的具有普遍约束力的决定、命令；（2）征税机关对其工作人员的奖惩、任免等决定。

3. 财税行政诉讼的诉讼管辖

（1）级别管辖

根据《行政诉讼法》第 14 条至第 17 条的规定，财税行政诉讼的级别管辖遵循下述规则：1）基层人民法院管辖第一审行政案件。2）中级人民法院管辖下列第一审行政案件，即对国务院部门或者县级以上地方人民政府所作的行政行为提起诉讼的案件；海关处理的案件；本辖区内重大、复杂的案件；其他法律规定由中级人民法院管辖的案件。3）高级人民法院管辖本辖区内重大、复杂的第一审行政案件。4）最高人民法院管辖全国范围内重大、复杂的第一审行政案件。

（2）地域管辖

根据《行政诉讼法》第 18 条至第 21 条的规定，财税行政诉讼的地域管辖遵循下述规则：1）行政案件由最初作出行政行为的行政机关所在地人民法院管辖。经复议的案件，也可以由复议机关所在地人民法院管辖。经最高人民法院批准，高级人民法院可以根据审判工作的实际情况，确定若干人民法院跨行政区域管辖行政案件。2）对限制人身自由的行政强制措施不服提起的诉讼，由被告所在地或者原告所在地人民法院管辖。3）因不动产提起的行政诉讼，由不动产所在地人民法院管辖。4）两个以上人民法院都有管辖权的案件，原告可以选择其中一个人民法院提起诉讼。原告向两个以上有管辖权的人民法院提起诉讼的，由最先立案的人民法院管辖。

（3）特殊管辖

根据《行政诉讼法》第 22 条至第 24 条的规定，特殊情形下，财税行政诉讼的管辖应当遵循下述规则：1）人民法院发现受理的案件不属于本院管辖的，应当移送有管辖权的人民法院，受移送的人民法院应当受理。受移送的人民法院认为受移送的案件按照规定不属于本院管辖的，应当报请上级人民法院指定管辖，不得再自行移送。2）有管辖权的人民法院由于特殊原因不能行使管辖权的，由上级人民法院指定管辖。人民法院对管辖权发生争议，由争议双方协商解决。协商不成的，报它们的共同上级人民法院指定管辖。3）上级人民法院有权审理下级人民法院管辖的第一审行政案件。下级人民法院对其管辖的第一审行政案件，认为需要由上级人民法院审理或者指定管辖的，可以报请上级人民法院决定。

4. 财税行政诉讼的诉讼参加人

（1）原告

根据《行政诉讼法》第 25 条、第 27 条、第 28 条的规定，财税行政诉讼的原告确定应当遵循以下规则。

1）行政行为的相对人以及其他与行政行为有利害关系的公民、法人或者其他组织，有权提起诉讼。《最高人民法院关于适用〈中华人民共和国行政诉讼法〉的解释》第 12 条规定，有下列情形之一的，属于《行政诉讼法》第 25 条第 1 款规定的“与行政行为有利害关系”：被诉的行政行为涉及其相邻权或者公平竞争权的；在行政复议等行政程序中被追加为第三人的；要求行政机关依法追究加害人法律责任的；撤销或者变更行政行为涉及其合法权益的；为维护自身合法权益向行政机关投诉，具有处理投诉职责的行政机关作出或者未作出处理的；其他与行政行为有利害关系的情形。有权提起诉讼的公民死亡，其近亲属可以提起诉讼。有权提起诉讼的法人或者其他组织终止，承受其权利的法人或者其他组织可以提起诉讼。人民检察院在履行职责中发现生态环境和资源保护、食品药品安全、国有财产保护、国有土地使用权出让等领域负有监督管理职责的行政机关违法行使职权或者不作为，致使国家利益或者社会公共利益受到侵害的，应当向行政机关提出检察建议，督促其依法履行职责。行政机关不依法履行职责的，人民检察院依法向人民法院提起诉讼。

2）当事人一方或者双方为二人以上，因同一行政行为发生的行政案件，或者因同类行政行为发生的行政案件、人民法院认为可以合并审理并经当事人同意的，为共同诉讼。

3）当事人一方人数众多的共同诉讼，可以由当事人推选代表人进行诉讼。代表人的诉讼行为对其所代表的当事人发生效力，但代表人变更、放弃诉讼请求或者承认对方当事人的诉讼请求，应当经被代表的当事人同意。

（2）被告

根据《行政诉讼法》第 26 条的规定，财税行政诉讼被告的确定应当遵循以下规则：1）公民、法人或者其他组织直接向人民法院提起诉讼的，作出行政行为的行政机关是被告。2）经复议的案件，复议机关决定维持原行政行为的，作出原行政行为的行政机关和复议机关是共同被告；复议机关改变原行政行为的，复议机关是被告。3）复议机关在法定期限内未作出复议决定，公民、法人或者其他组织起诉原行政行为的，作出原行政行为的行政机关是被告；起诉复议机关不作为的，复议机关是被告。4）两个以上行政机关作出同一行政行为的，共同作出行政行为的行政机关是共同被告。5）行政机关委托的组织所作的行政行为，委托的行政机关是被告。6）行政机关被撤销或者职权变更的，继续行使其职权的行政机关是被告。此外，原告所起诉的被告不适格，人民法院应当告知原告变更被告；原告不同意变更的，裁定驳回起诉。另外，应当追加被告而原告不同意追加的，人民法院应当通知其以第三人的身份参加诉讼。

（3）第三人

根据《行政诉讼法》第 29 条的规定，公民、法人或者其他组织同被诉行政行为有利害关系但没有提起诉讼，或者同案件处理结果有利害关系的，可以作为第三人申请参加诉讼，或者由人民法院通知参加诉讼。人民法院判决第三人承担义务或者减损第三人权益的，第三人有权依法提起上诉。

（4）诉讼代理人

根据《行政诉讼法》第 30 条、第 31 条的规定，没有诉讼行为能力的公民，由其法定代理人代为诉讼。法定代理人互相推诿代理责任的，由人民法院指定其中一人代为诉讼。当事人、法定代理人，可以委托一至二人作为诉讼代理人。下列人员可以被委托为诉讼代理人：1）律师、基层法律服务工作者；2）当事人的近亲属或者工作人员；3）当事人所在社区、单位以及有关社会团体推荐的公民。

5. 财税行政诉讼的审理原则

财税行政诉讼和其他行政诉讼一样，遵循以下几个基本原则：

（1）合法性审查原则

人民法院审理财税行政案件，对财税行政行为是否合法进行审查。除审查财政、税务机关是否滥用权力、财政、税务领域的行政处罚是否显失公正外，人民法院只对具体财税行为是否合法予以审查，并不审查具体财税行为的适当性。与此相适应，人民法院原则上不直接判决变更，只有在行政处罚显失公平的情况下，才可能改变原处罚的内容，因而法院的变更是很有限的。

（2）不适用调解原则

根据《行政诉讼法》第 60 条的规定，人民法院审理行政案件，不适用调解。但是，行政赔偿、补偿以及行政机关行使法律、法规规定的自由裁量权的案件可以调解。调解应当遵循自愿、合法原则，不得损害国家利益、社会公共利益和他人合法权益。依据该条规定，财税行政管理权是国家权力的重要组成部分，具有突出的公法性，财政、税务机关无权依自己意愿进行处置，因此，通常情况下，人民法院也不能对财税行政诉讼法律关系的双方当事人进行调解。但特殊情况下，尤其是在财政、税务部门具有自由裁量权的案件中，则可以适当地进行调解。

（3）起诉不停止执行原则

根据《行政诉讼法》第 56 条的规定，诉讼期间，不停止行政行为的执行。但有下列情形之一的，裁定停止执行：1）被告认为需要停止执行的；2）原告或者利害关系人申请停止执行，人民法院认为该行政行为的执行会造成难以弥补的损失，并且停止执行不损害国家利益、社会公共利益的；3）人民法院认为该行政行为的执行会给国家利益、社会公共利益造成重大损害的；4）法律、法规规定停止执行的；5）当事人对停止执行或者不停止执行的裁定不服的，可以申请复议一次。因此，通常情况下，在财税行政诉讼领域，当事人不能以起诉为理由而停止执行财税机关所作出的具体行政行为，如税务机关作出的税收保全措施和税收强制执行措施等。

6. 财税行政诉讼的诉讼程序

通常而言，当原告提起诉讼之后，人民法院便会启动后续的立案和审理程序，并作出相应的判决。具体而言，财税行政诉讼的程序主要包括以下几个方面：

（1）立案

根据《行政诉讼法》第 51 条和第 52 条的规定，人民法院在接到起诉状时对符合本法规定的起诉条件的，应当登记立案。对当场不能判定是否符合本法规定的起诉条件的，应当接收起诉状，出具注明收到日期的书面凭证，并在 7 日内决定是否立案。不符合起诉条件的，作出不予立案的裁定。裁定书应当载明不予立案的理由。原告对裁定不服的，可以提起上诉。起诉状内容欠缺或者有其他错误的，应当给予指导和释明，并一次性告知当事人需要补正的内容。不得未经指导和释明即以起诉不符合条件为由不接收起诉状。对于不接收起诉状、接收起诉状后不出具书面凭证，以及不一次性告知当事人需要补正的起诉状内容的，当事人可以向上级人民法院投诉，上级人民法院应当责令改正，并对直接负责的主管人员和其他直接责任人员依法给予处分。人民法院既不立案，又不作出不予立案裁定的，当事人可以向上一级人民法院起诉。上一级人民法院认为符合起诉条件的，应当立案、审理，也可以指定其他下级人民法院立案、审理。

（2）第一审普通程序

人民法院审理行政案件，由审判员组成合议庭，或者由审判员、陪审员组成合议庭。合议庭的成员，应当是 3 人以上的单数。人民法院应当在立案之日起 6 个月内作出第一审判决。有特殊情况需要延长的，由高级人民法院批准，高级人民法院审理第一审案件需要延长的，由最高人民法院批准。人民法院经审理后，按照下列情形，分别处理：

1）财税行政行为证据确凿，适用法律、法规正确，符合法定程序的，或者原告申请被告履行法定职责或者给付义务理由不成立的，人民法院判决驳回原告的诉讼请求。

2）财税行政行为有下列情形之一的，人民法院判决撤销或者部分撤销，并可以判决被告重新作出行政行为：主要证据不足的；适用法律、法规错误的；违反法定程序的；超越职权的；滥用职权的；明显不当的。

3）人民法院经过审理，查明财政、税务机关不履行法定职责的，判决被告在一定期限内履行。

4）人民法院经过审理，查明财政、税务机关依法负有给付义务的，判决被告履行给付义务。

5）财税行政行为有下列情形之一的，人民法院判决确认违法，但不撤销行政行为：行政行为依法应当撤销，但撤销会给国家利益、社会公共利益造成重大损害的；行政行为程序轻微违法，但对原告权利不产生实际影响的。行政行为有下列情形之一，不需要撤销或者判决履行的，人民法院判决确认违法：行政行为违法，但不具有可撤销内容的；被告改变原违法行政行为，原告仍要求确认原行政行为违法的；被告不履行或者拖延履行法定职责，判决履行没有意义的。

6）财税行政行为有实施主体不具有行政主体资格或者没有依据等重大且明显违法情形，原告申请确认行政行为无效的，人民法院判决确认无效。人民法院判决确认违法或者无效的，可以同时判决责令被告采取补救措施；给原告造成损失的，依法判决被告承担赔偿责任。

7）财税行政处罚明显不当，或者其他行政行为涉及对款额的确定、认定确有错误的，人民法院可以判决变更。人民法院判决变更，不得加重原告的义务或者减损原告的权益。但利害关系人同为原告，且诉讼请求相反的除外。

（3）简易程序

人民法院审理下列第一审财税行政案件，认为事实清楚、权利义务关系明确、争议不大的，可以适用简易程序：1）被诉行政行为是依法当场作出的；2）案件涉及款额 2 000 元以下的；3）属于政府信息公开案件的。除前款规定以外的第一审行政案件，当事人各方同意适用简易程序的，可以适用简易程序。发回重审、按照审判监督程序再审的案件不适用简易程序。

（4）第二审程序

当事人不服人民法院第一审判决的，有权在判决书送达之日起 15 日内向上一级人民法院提起上诉。当事人不服人民法院第一审裁定的，有权在裁定书送达之日起 10 日内向上一级人民法院提起上诉。逾期不提起上诉的，人民法院的第一审判决或者裁定发生法律效力。人民法院对上诉案件，应当组成合议庭，开庭审理。经过阅卷、调查和询问当事人，对没有提出新的事实、证据或者理由，合议庭认为不需要开庭审理的，也可以不开庭审理。人民法院审理上诉案件，应当对原审人民法院的判决、裁定和被诉行政行为进行全面审查。人民法院审理上诉案件，应当在收到上诉状之日起 3 个月内作出终审判决。有特殊情况需要延长的，由高级人民法院批准，高级人民法院审理上诉案件需要延长的，由最高人民法院批准。人民法院审理上诉案件，按照下列情形，分别处理：1）原判决、裁定认定事实清楚，适用法律、法规正确的，判决或者裁定驳回上诉，维持原判决、裁定；2）原判决、裁定认定事实错误或者适用法律、法规错误的，依法改判、撤销或者变更；3）原判决认定基本事实不清、证据不足的，发回原审人民法院重审，或者查清事实后改判；4）原判决遗漏当事人或者违法缺席判决等严重违反法定程序的，裁定撤销原判决，发回原审人民法院重审。原审人民法院对发回重审的案件作出判决后，当事人提起上诉的，第二审人民法院不得再次发回重审。人民法院审理上诉案件，需要改变原审判决的，应当同时对被诉行政行为作出判决。

（5）审判监督程序

当事人对已经发生法律效力的判决、裁定，认为确有错误的，可以向上一级人民法院申请再审，但判决、裁定不停止执行。当事人的申请符合下列情形之一的，人民法院应当再审：1）不予立案或者驳回起诉确有错误的；2）有新的证据，足以推翻原判决、裁定的；3）原判决、裁定认定事实的主要证据不足、未经质证或者系伪造的；4）原判决、裁定适用法律、法规确有错误的；5）违反法律规定的诉讼程序，可能影响公正审判的；6）原判决、裁定遗漏诉讼请求的；7）据以作出原判决、裁定的法律文书被撤销或者变更的；8）审判人员在审理该案件时有贪污受贿、徇私舞弊、枉法裁判行为的。

各级人民法院院长对本院已经发生法律效力的判决、裁定，发现有上述规定情形之一，或者发现调解违反自愿原则或者调解书内容违法，认为需要再审的，应当提交审判委员会讨论决定。最高人民法院对地方各级人民法院已经发生法律效力的判决、裁定，上级人民法院对下级人民法院已经发生法律效力的判决、裁定，发现有上述规定情形之一，或者发现调解违反自愿原则或者调解书内容违法的，有权提审或者指令下级人民法院再审。

最高人民检察院对各级人民法院已经发生法律效力的判决、裁定，上级人民检察院对下级人民法院已经发生法律效力的判决、裁定，发现有上述规定情形之一，或者发现调解书损害国家利益、社会公共利益的，应当提出抗诉。地方各级人民检察院对同级人民法院已经发生法律效力的判决、裁定，发现有上述规定情形之一，或者发现调解书损害国家利益、社会公共利益的，可以向同级人民法院提出检察建议，并报上级人民检察院备案；也可以提请上级人民检察院向同级人民法院提出抗诉。各级人民检察院对审判监督程序以外的其他审判程序中审判人员的违法行为，有权向同级人民法院提出检察建议。

（6）执行

当事人必须履行人民法院发生法律效力的判决、裁定、调解书。公民、法人或者其他组织拒绝履行判决、裁定、调解书的，财税行政机关或者第三人可以向第一审人民法院申请强制执行，或者由行政机关依法强制执行。财税行政机关拒绝履行判决、裁定、调解书的，第一审人民法院可以采取下列措施：1）对应当归还的罚款或者应当给付的款额，通知银行从该行政机关的账户内划拨；2）在规定期限内不履行的，从期满之日起，对该行政机关负责人按日处 50 元至 100 元的罚款；3）将行政机关拒绝履行的情况予以公告；4）向监察机关或者该行政机关的上一级行政机关提出司法建议，接受司法建议的机关，根据有关规定进行处理，并将处理情况告知人民法院；5）拒不履行判决、裁定、调解书，社会影响恶劣的，可以对该行政机关直接负责的主管人员和其他直接责任人员予以拘留；情节严重，构成犯罪的，依法追究刑事责任。公民、法人或者其他组织对行政行为在法定期限内不提起诉讼又不履行的，财税行政机关可以申请人民法院强制执行，或者依法强制执行。

（四）财税行政公益诉讼

1. 财税行政公益诉讼的概念

行政公益诉讼是指人民检察院认为行政主体行使职权的行为违法，侵害了公共利益或有侵害之虞时，为维护公共利益，向行政机关提出检察建议，督促其依法履行职责，行政机关不依法履行职责的，人民检察院依法向人民法院提起诉讼的制度。根据该项定义，财税行政公益诉讼是指人民检察院认为财税机关行使职权的行为违法，侵害了公共利益或有侵害之虞时，为维护公共利益，向财税机关提出检察建议，督促其依法履行职责，财税机关不依法履行职责的，人民检察院依法向人民法院提起诉讼的制度。根据现行《行政诉讼法》第 25 条第 4 款的规定，“人民检察院在履行职责中发现生态环境和资源保护、食品药品安全、国有财产保护、国有土地使用权出让等领域负有监督管理职责的行政机关违法行使职权或者不作为，致使国家利益或者社会公共利益受到侵害的，应当向行政机关提出检察建议，督促其依法履行职责。行政机关不依法履行职责的，人民检察院依法向人民法院提起诉讼”。

2. 财税行政公益诉讼的特点

根据《行政诉讼法》第 25 条第 4 款的规定，财税行政公益诉讼具有以下特点：

第一，财税行政公益诉讼提起的主体是检察机关。根据现行《行政诉讼法》的规定，财税行政公益诉讼只能由检察机关提出。在财税行政公益诉讼中，相对于掌握公权力的行政机关，公民个人或社会团体往往可能因自身力量不足而处于弱势地位，在调查取证、起诉等方面存在困难，不能很好地实现公益诉讼的效果。而检察机关作为法律监督机关，本就是代表国家维护公共利益的适格主体。同时检察机关也享有特定的公权力，能与行政机关相抗衡，从而改变纳税人与行政机关之间力量不平衡的尴尬局面，发挥检察权在财税公益诉讼中的特殊作用。

第二，财税行政公益诉讼启动的前提是“公共利益”受到侵害。《行政诉讼法》第 25 条第 4 款规定，人民检察院在履行职责中发现生态环境和资源保护、食品药品安全、国有财产保护、国有土地使用权出让等领域负有监督管理职责的行政机关违法行使职权或者不作为，致使国家利益或者社会公共利益受到侵害的，应当向行政机关提出检察建议，督促其依法履行职责。行政机关不依法履行职责的，人民检察院依法向人民法院提起诉讼。在国有财产保护上，检察机关监督的具体违法情形包括：低价、变相转让、租赁国有资产和行政事业单位占有使用的各种国有经济资源；违法违规少征、免征税款、行政收费、罚没款以及擅自决定税收优惠；违反规定发放各类奖金补贴；违法乱发社会保障、社会救济、优抚安置和捐赠等，可以看到，财税领域的行政公益诉讼是重点内容之一。检察机关提起财税行政公益诉讼的原因在于，如果财政或税务行政部门怠于履职或者违法履职，则将使国家税收利益长期处于遭受侵害的状态，或使得国家的公共财政资金遭到滥用，通过提起财税行政公益诉讼能实现对行政机关依法行政的有效监督，防范国家公共财产流失。

第三，财税行政公益诉讼的诉讼请求是请求财税行政机关为一定的行政行为或者不为一定的行政行为。财税行政公益诉讼受案范围的典型特征是“行政机关及其工作人员在行使职权时的作为或者不作为，给社会公共利益造成巨大损失”，既包括行政机关的具体行政行为违法侵害社会公共利益的案件，也包括行政机关违法不作为损害社会公共利益的案件。检察机关并不享有财税机关的金钱给付请求权，现行法律对检察机关在财税行政公益诉讼中的诉讼请求也没有明确规定，如果行政机关作为不当，可以请求行政机关纠正其行为；如果行政机关不作为，可以请求其在规定时间内作为。

第四，诉前程序是财税行政公益诉讼的必经程序。在检察机关提起行政公益诉讼前，应先行向相关行政机关提出检察建议，督促其纠正违法行为或依法履行职责；行政机关应当在收到检察建议书后 2 个月内依法办理，并将办理情况及时书面回复检察机关。经过诉前程序，行政机关拒不纠正违法行为或者不履行法定职责，国家和社会公共利益仍处于受侵害状态的，检察机关可以提起行政公益诉讼。

3. 财税行政公益诉讼的理论基础

和其他行政公益诉讼类似的是，财税行政公益诉讼的理论基础主要体现为诉讼信托理论和权力制衡监督理论。

(1) 诉讼信托理论

传统法学理论上的诉权是指"无利益即无诉权"，原告只能就与自己有直接利害关系的行为提起诉讼。但随着人类经济社会的不断发展而产生的诉讼信托理论打破了这种旧的格局。其是指委托人将债权等实体性的权利及相应的诉权转移给受托人，由受托人以诉讼当事人的身份，为实现实体利益进行诉讼，产生的诉讼利益归于受益人的一种信托制度和诉讼当事人形式。诉讼信托理论将诉讼当事人限定的所谓直接利害关系人扩展到了与诉讼利益没有直接利害的第三人，并且该第三人可以依据委托或者法定的权限，享有完整意义上的诉权，承担特定的诉讼结果。这一原理体现到财税法领域，就表现为国家的财政、税收等公共利益受到侵害而直接受害人难以提起有效诉讼维护权益的情况下，法律直接赋予与该行政行为没有直接利害关系的机关提起诉讼的权利。

(2) 权力制衡监督理论

所谓权力制衡，是指通过权力划分和相互制约等方式，对权力主体行使权力进行规范、限制与约束，从而防止权力被滥用。权力制衡监督原理体现到财税法领域，就表现为国家的立法权、司法权等公共权力具有监督权力和制约财税行政权力合法运行的使命，是有效防止行政权力被滥用甚至沦为腐败温床的必然选择。当前，我国正强调"发展全过程人民民主"，这种全过程人民民主是人民民主的全面性与过程性的统一，其中民主的全面性是指民主主体的广泛性，民主范围的全覆盖、全链接；民主的过程性是指民主实践的完整性、连续性，民主目标的有效性。这就要求我国在财税制度设计和财税权力行使过程中设计合理科学的通道，发挥权力制约监督的重要作用，督促政府依法合理地行使行政权力，始终将"取之于民、用之于民"的社会公共利益放在首位。

二、重点和难点

(一) 财税诉讼与财税复议的关系

就一般的财税诉讼和财税复议而言，二者的区别主要体现为一个是司法行为，一个是行政行为，财税行政诉讼是由人民法院进行审理并作出裁决的一种诉讼活动。这是财税行政诉讼与财税行政复议的根本区别。各国在立法中注意结合这两种争议途径来解决行政争议，保护相关主体的权益。反映在大部分的财税案件中，财税复议和财税诉讼具有兼容性。亦即，法律规定当发生财税争议上，既可以采用复议途径解决，也可以采用诉讼途径处理，二者之间并不是非此即彼的关系。

然而由于税务行政争议范围广、数量多、专业性强，在税收领域的税收诉讼和税收复议的关系相对复杂，大量税务行政争议由税务机关以税务复议方式解决，只有由人民法院对税务进行审理并作出裁决的活动，才是税务行政诉讼。主要体现为根据我国《税收征管法》第88条的规定，在发生纳税争议后，相关主体寻求救济的途径必须遵循先行政复议后提起行政诉讼的原则，由于税务诉讼的提起需要依赖于税收复议的完成，这种模式又被称为“复议前置模式”。根据该条规定，税务行政诉讼的特点主要有：1）被告必须是税务机关，或经法律、法规授权的行使税务行政管理权的组织，而不是其他行政机关或组织。2）税务行政诉讼解决的争议发生在税务行政管理过程中。3）因税款征纳问题发生的争议，当事人在向人民法院提起行政诉讼前，必须先经税务行政复议程序，即复议前置。反之，对非纳税争议，如当事人对税务机关的处罚决定、强制执行措施或者税收保全措施不服时，相关主体可以自由选择直接采取哪种救济途径。此时，我国《行政诉讼法》和《行政复议法》中规定的救济途径具有一致性，与其他领域的行政诉讼或行政复议没有差异。

从保护弱者、保护相关主体的权益角度说，各国在立法上更注意提高税收诉讼与税收复议的兼容性；同时，一般说来，为了使相关主体在寻求救济时有更大的选择自由，各国往往可能降低税收诉讼对税收复议的依赖性。结合各国的制度实践和我国国情，我国目前在立法中确立了“以复议选择为主，以复议前置为例外”的立法模式，以求更好地兼顾税收诉讼与税收复议的关系。

（二）纳税人诉讼与财税行政公益诉讼的区别

所谓纳税人诉讼，是指纳税人以纳税人身份对不符合宪法和法律规定的不公平税制、征税行为以及违法支出税金的行为向法院提起的诉讼。基于国民主权的原理和税收法定的原则，纳税人不仅对国家的征税享有民主立法的权利，而且对国家的用税行为享有民主监督的权利。①

目前发达国家普遍采用不同的方式允许纳税人对不公平税制以及违法的支出税金行为向法院提起诉讼。例如，美国的州法院和联邦法院以判例形式确定，国家有义务确认税金的支出不属于违宪支出，纳税人有权对与自己无法律上直接利害关系的违法支出税金的行为提起主观诉讼，以国家和地方政府为被告，要求停止违法支出行为并可要求返还税金。在英国，纳税人可以控告中央政府的财政开支行为，不仅承认纳税人起诉政府开支行为的权利和资格，而且还承认一个纳税人对涉及另一个纳税人的征税行为有提起行政诉讼的资格。在法国，市镇纳税人或省的纳税人，可以对市镇议会和省议会通过的影响市镇和省的财政或财产的违法决定，提起越权诉讼。

财税行政公益诉讼与纳税人诉讼为同一范畴，都是由相关主体提起公益诉讼。二者的共同特征在于都属于客观诉讼、都旨在维护公共利益，且在诉讼程序规则上具有相似性。但二者也存在明显的差异：第一，存在前提不同。在定位和制度理念方面，纳税人诉讼强调私权制衡公权，保护私人财产、保障纳税人权利，而财税行政公益诉讼并非以纳税人的代表身份提起而是以国家机关的身份起诉。第二，提起

---

① 丁一. 纳税人权利研究. 北京：中国社会科学出版社，2013：301－303.

条件不同。从司法程序的开放程度方面看，财税行政公益诉讼是人民检察院在履行职责过程中发现并提起的诉讼，而纳税人诉讼则是纳税人直接提起的诉讼。第三，起诉主体不同。从起诉主体来看，财税行政公益诉讼以人民检察院为唯一起诉主体，而纳税人诉讼强调以纳税人为主要起诉主体。第四，诉讼程序不同。在诉讼程序上，财税行政公益诉讼以诉前程序为前置要件，而纳税人诉讼并没有前置条件的要求。

相比之下，纳税人对于不公平税制和税款的违宪支出提起诉讼的权利从更大范围和程度上保障了纳税人的税收民主权利，更能促进税法的公平、正义和法治水平。我国目前仅确立了检察机关提起财税行政公益诉讼的权力，该项权利尚未赋予纳税人，因此，未来需要继续通过立法完善来解决纳税人诉讼的问题。

三、相关立法综述

财税行政诉讼法是由拥有立法权的立法主体制定、认可的，用来审理财税行政案件、解决财税行政争议，调整人民法院和财税行政诉讼参与人在财税行政诉讼活动中的权利与义务关系的法律规范。财税行政诉讼是行政诉讼的一种，适用于解决各种财税行政争议，它为纳税人、缴费人及其他当事人、税务机关和法院解决财税行政争议提供了具体的程序规范。

总体而言，我国财税行政诉讼的相关立法起步较早，1989 年《行政诉讼法》便确定了针对行政机关具体行政行为提起的行政诉讼。2015 年 5 月 1 日实施的《行政诉讼法》多处修改有利于行政相对人，使行政相对人的权益得到最大限度的保障：一是明确“登记立案”。法院在接到起诉状时对符合规定的起诉条件的，应当登记立案；不能当场判定的，应接收起诉状，出具书面凭证，7 日内决定是否立案。减少了之前立案环节的实体审查，形式要件上符合规定就应立案。二是起诉时限延长。直接向法院提起诉讼的，起诉期限自知道或者应当知道作出行政行为之日起 3 个月延长至 6 个月，给予原告更宽裕的准备时间。三是行政首长出庭。被诉行政机关负责人应当出庭应诉；不能出庭的，应当委托行政机关相应的工作人员出庭。避免了原《行政诉讼法》下“告官不见官”的尴尬。四是明确复议机关成为共同被告。经复议的案件，复议机关决定维持原行政行为的，作出原行政行为的行政机关和复议机关是共同被告；复议机关改变原行政行为的，复议机关是被告。这一修改在一定程度上解决了行政复议机关过多作出维持决定的问题。现行用于规范财税行政诉讼的法律主要是《行政诉讼法》(2017 年修正)，首次将行政公益诉讼制度予以确立。

相比行政相对人提起的财税行政诉讼，财税行政公益诉讼的起步较晚。2015 年 7 月 1 日，全国人民代表大会常务委员会作出《关于授权最高人民检察院在部分地区开展公益诉讼试点工作的决定》，开始授权最高人民检察院在北京等 13 个省、自治区、直辖市对生态环境和资源保护、国有资产保护、国有土地使用权出让、食品药品安全等领域开展提起公益诉讼试点。其中，财税领域的公益诉讼被纳入国有资产保护领域的公益诉讼范畴。此后，《人民检察院提起公益诉讼试点工作实施办法》(2015 年 12 月 16 日最高人民检察院第十二届检察委员会第四十五次会议通过，现已失效）、《人民法院审理人民检察院提起公益诉讼案件试点工作实施办法》（法发〔2016〕6号）、《最高人民法院、最高人民检察院关于检察公益诉讼案件适用法律若干问题的解释》（根据2020年12月23日最高人民法院审判委员会第1823次会议、2020年12月28日最高人民检察院第十三届检察委员会第58次会议修正）等规定相继对人民检察院提起行政公益诉讼和人民法院审理公益诉讼案件作出规定，这些规定同样适用于财税行政公益诉讼领域。[①] 最高人民检察院于2020年9月28日通过《人民检察院公益诉讼办案规则》（高检发释字〔2021〕2号），自2021年7月1日起施行，其中第三章就行政公益诉讼的程序进行了相应规定。

【案例分析】

案例1：财税行政诉讼的诉讼主体资格如何确定[②]

一、案例导入

2018年D公司向F公司采购废不锈钢，取得21份增值税专用发票。2019年4月19日，F公司的主管税务机关向其作出案涉税务处理决定书，认定其对外开具的532余份增值税专用发票为虚开，其中包含开具给D公司的21份发票。D公司认为案涉决定书认定F公司虚开发票，D公司将面临进项转出、补缴税款的不利后果，遂以利害关系人身份向法院起诉。一审法院以D公司未经复议前置为由，驳回其起诉。二审法院认为D公司非本案税务行政决定的相对人，不属于法院受案范围。再审法院认为，案涉决定书系针对虚开增值税专用发票行为作出处理，不属于纳税争议，一审认定错误；案涉决定书认定某F公司开具的发票为虚开，D公司取得的21份发票不得抵扣其进项税额，从而对D公司的合法权益产生实际影响，D公司具有原告资格。

二、财税行政与法官释法

本案审查的焦点为，D公司提起的本案诉讼，法院应否予以受理。再审法院认为，《税收征收管理法实施细则》第100条规定："税收征管法第八十八条规定的纳税争议，是指纳税人、扣缴义务人、纳税担保人对税务机关确定纳税主体、征税对象、征税范围、减税、免税及退税、适用税率、计税依据、纳税环节、纳税期限、纳税地点以及税款征收方式等具体行政行为有异议而发生的争议。"纳税争议涉及的是纳税标准问题，涉及的应该是金额、期限等问题，本案案涉税务处理决定书系针对虚开增值税专用发票行为作出处理，不属于纳税争议。

---

① 范卫国. 税收行政公益诉讼的理论困境与制度突围. 新疆社会科学，2020（6）.

② 参见广东省高级人民法院（2021）粤行再3号行政裁定书。

原一审法院认为本案属于纳税争议，属于复议前置行为，进而认为D公司起诉不符合法定起诉条件，裁定不予立案，属于认定事实不清，适用法律错误。再审审查期间，D公司向法院提交了穗税三稽复答字［2020］第1号行政复议答复书等新证据，证明某市F供应链管理有限公司对外虚开532份增值税专用发票，其中21份为开具给D公司的增值税专用发票。根据《国家税务总局关于纳税人虚开增值税专用发票征补税款问题的公告》有关“纳税人取得虚开的增值税专用发票，不得作为增值税合法有效的扣税凭证抵扣其进项税额”的规定，D公司取得的21份增值税专用发票不得作为增值税合法有效的扣税凭证抵扣其进项税额，案涉税务处理决定书对D公司作为纳税人的合法权益产生实际影响。据此，D公司与案涉税务处理决定书存在法律上的利害关系，其具有提起本案诉讼的原告主体资格。原二审法院认为案涉税务处理决定书并未增设D公司的权利义务，未对D公司的合法权益产生影响，据此认为D公司提起的本案诉讼不属于人民法院行政诉讼的受案范围不当，应当依法予以纠正。

三、疑难问题

本案中，所涉税收争议是否为纳税争议以及是否需要经过复议前置是核心问题。我国《税收征管法》第88条规定：“纳税人、扣缴义务人、纳税担保人同税务机关在纳税上发生争议时，必须先依照税务机关的纳税决定缴纳或者解缴税款及滞纳金或者提供相应的担保，然后可以依法申请行政复议；对行政复议决定不服的，可以依法向人民法院起诉。当事人对税务机关的处罚决定、强制执行措施或者税收保全措施不服的，可以依法申请行政复议，也可以依法向人民法院起诉。当事人对税务机关的处罚决定逾期不申请行政复议也不向人民法院起诉、又不履行的，作出处罚决定的税务机关可以采取本法第四十条规定的强制执行措施，或者申请人民法院强制执行。”从中可知，根据《税收征管法》第88条第1款的规定，对于涉及“纳税争议”的事项，应当适用第88条第1款之规定，先申请行政复议，唯在对行政复议决定不服的，才可提起行政诉讼。

那么究竟何为“纳税争议”呢？对此，《征管法实施细则》第100条规定：“税收征管法第八十八条规定的纳税争议，是指纳税人、扣缴义务人、纳税担保人对税务机关确定纳税主体、征税对象、征税范围、减税、免税及退税、适用税率、计税依据、纳税环节、纳税期限、纳税地点以及税款征收方式等具体行政行为有异议而发生的争议。”由此，可以看到，纳税争议通常是涉及征纳双方主体对“税法要素”，包括实体税法要素和程序税法要素存在争议的情形，而本案系争税务处理决定书属于针对虚开增值税专用发票行为作出处理的情形，当属于税务行政管理的范围，因而不应该以此为由剥夺纳税人的行政诉讼权利。

观察本案，法院明确了税务行政诉讼的原告资格，利害关系人虽非直接行政相对人，但在行政行为对其合法权益产生实际影响，从而存在法律上的利害关系时，具有起诉资格。本案再审法院以行政行为是否实质性影响纳税人合法权益作为判断利害关系的标准，具体而言，基于增值税抵扣机制的运行原理，行政行为相对人的交易对方的利益受到该行政行为的影响，则交易对方与该行政行为存在实质的法律利害关系。就此而言，本案对于确定相关主体的诉讼资格以及复议前置的理解适用问题具有参考价值。①

四、类案练习

基本事实： 2012 年 5 月 16 日，A 顾问咨询有限公司注销。2015 年 11 月 27 日 B 稽查局作出税务行政处罚决定书对 A 顾问咨询有限公司 2009 年 1 月 1 日至 2011 年 12 月 31 日之间开具领购方与开具方不符的发票处 500 000 元罚款，对其少缴企业所得税行为处 1 倍罚款 1 863 638.98 元。C 某作为公司的唯一股东签收文书并缴纳罚款后诉至法院。

结合本案思考：

1. C 某是否为本案的适格原告，能否对本案提起诉讼？
2. A 顾问咨询有限公司注销后其诉讼主体资格是否继续存在？

案例 2：税务机关不履行法定职责被提起公益诉讼案②

一、案例导入

某市 C 区人民检察院（以下简称“区检察院”）于 2018 年 3 月 5 日，向某铁路运输法院提起行政公益诉讼，起诉被告国家税务总局某市税务局不履行法定职责，请求：(1) 依法确认被告某市税务局的行政不作为行为违法；(2) 依法判令某市税务局依法行使行政管理职权，对第三人 HJ 公司欠缴的税款依法予以追缴。

公益诉讼人 C 区检察院诉称：HJ 公司的主管税务机关为原甘肃省某市地方税务局房地产建筑安装业税收征收管理分局，1999 年，HJ 公司开发“HJ 大厦”项目，自 2001 年开始对外销售，截至 2007 年该公司共计完成销售收入 42 421 763.00 元，该公司应当上缴营业税 2 121 088.15 元，从 HJ 公司账面反映该公司已上缴营业税 404 258.77 元，尚有 1 716 829.28 元营业税未缴纳。根据《税收征管法》第 32 条、第 64 条、第 65 条、第 68 条、第 69 条之规定，被告作为负有监督管理职责的税务机关，在收到检察建议后，未依法追缴 HJ 公司欠缴的 1 716 829.28 元营业税税款。上述数据主要由 JCX 税务公司出具的鉴定报告确认。

被告国家税务总局某市税务局辩称：被告已依法履行了征管职责，HJ 公司未依法足额缴纳税款是其自身违法行为造成的，受托代征税款的房产交易中心也存在未缴税即办证的过失；2017 年 4 月 7 日，区检察院发出检察建议后，原市地税局采取了多种措施查询，该公司于 2012 年 2 月 7 日吊销营业执照，未查到公司财产信息；税务机关是征税主体，代表国家依法履行税收征管职责，税收的开征、补税由

---

① 中国“2021 年度影响力税务司法审判案例”评选理由.（2021-12-29）[2022-03-05]. https://www.sohu.com/a/512852335_121106908.

② 参见兰州铁路运输法院（2018）甘 7101 行初 125 号行政判决书。

税务机关依法执行，JCX税务公司出具鉴定报告确认HJ公司尚欠1 716 829.28元营业税款未缴纳，不能代替税务机关依法对HJ公司核定营业税额。诉讼过程中，鉴于HJ公司无法提供原始账本、记账凭证、销售合同及相关资料，被告对HJ公司开发销售的涉案房产依法核定销售收入为42 466 604.00元，应缴纳营业税款2 123 330.20元；自1997年至2009年，HJ公司申报缴纳营业税款计682 678.51元，应补缴营业税款1 440 651.69元，该公司承诺在2018年8月30日前缴清税款。

二、财税行政与法官释法

本案的争议焦点主要在于国家税务总局某市税务局是否存在不履行法定职责的行为而致使国家税款未及时收回。法院根据相关证据及法律认定某税务机关除仅仅在2006年以HJ公司未按期提供纳税材料予以处罚，以及在2007年通知HJ公司限期缴纳应缴未缴的税款外，并没有采取其他有效措施，导致国家税款未能征缴到位，其行为构成未完全履行职责。最终，法院支持了区检察院的诉讼请求，判决被告败诉，责令被告某市税务局履行法定职责，在判决生效之日起90日内将第三人欠缴的税款追缴到位。

三、疑难问题

财政税收领域的行政公益诉讼刚刚启动，对包括本案在内的一些尝试是否属于《行政诉讼法》所创设的行政公益诉讼的范围尚需进一步研究，相关制度建设及审判实践亦需不断探索。在类似案件中，行为和行为之结果是既有联系又有区别的两类事物，如何确定行政机关不履行法定职责的标准、界限、现实性和可能性需要综合考虑，这就需要对财税行政公益诉讼的要件进行分析。

在我国，财税行政公益诉讼的提出同样需要遵守《行政诉讼法》第25条第4款的规定，通常而言，检察院提起行政公益诉讼需要满足以下五个条件：明确的被告；具体的诉讼请求和事实根据；属于人民法院受案范围和管辖；提供被告行为造成国家和社会公共利益受到侵害的初步证明材料；履行了诉前建议程序。具体而言：

第一，明确被告。依据法律、行政法规、省级政府规章、县级政府的规范性文件，证明被告具有相应的法定职责。

第二，社会公共利益受损害。在财税行政公益诉讼中，就需要由检察机关提出诉讼请求并通过相应的事实根据证明国家的财政或税收利益受到了损害。

第三，属于人民法院受案范围和管辖。

第四，检察院履行诉前程序。需要检察院提供证据证明在履行职责过程中发现侵害公共利益的行为，并且经过依法审批程序向被告发出了检察建议书。

第五，被告收到检察建议后不履行法定职责，社会公共利益仍处于受侵害状态。

目前，我国尚未建立纳税人公益诉讼制度，检察机关提起行政公益诉讼有助于弥补公益案件中行政诉讼主体的缺位，促进行政机关依法履行职责，有效保护国家利益和社会公共利益。行政公益诉讼制度，对于加强公益保护，促进依法行政，强化法律监督职能，都具有重要意义。

四、类案练习

基本案情： 2020年6月，江西省G市人民检察院（以下简称“G市院”）在与住建、环保部门工作沟通时发现，在环境保护税这一新税种上可能存在漏征现象，遂于7月决定立案调查。G市院从市税务局调取了2018年以来环境保护税的征收情况及明细表，从市住建部门调取了市本级监管工程项目表，从市生态环境部门调取了企业减排措施情况材料，经对以上材料进行比对，发现G市税务局监管的25个房产开发建设工程项目未依法缴纳环境保护税。通过实地了解，以上25个项目均存在施工扬尘的问题。根据《环境保护税法》《财政部、税务总局、生态环境部关于明确环境保护税应税污染物适用等有关问题的通知》《江西省环境保护税核定计算管理办法（试行）》规定，建筑扬尘为应税大气污染物，建筑施工企业应按照一般性粉尘税目实行核定计算办法申报缴纳环境保护税。

2020年8月20日，G市院向市税务局公开宣告送达检察建议，建议追缴涉案建设工程项目的环境保护税，并进行全面排查，对未按照规定办理纳税申报的行为进行处罚，以及加强与生态环境、住建等相关部门在征收管理方面的协作配合，强化数据共享，推动建立分工协作机制。市税务局收到检察建议书后高度重视，组织开展了专项清查、补报，对案涉的25个工程项目共征收环境保护税35.35万元、滞纳金2.86万元。针对辖区内企业对环保税这一新税种了解不多、主动申报较少的情况，市税务局以本案为推手，采取召开纳税人座谈会、上门走访等方式宣传环境保护税法，做到重点工程纳税人户户见面，仅市区就覆盖纳税人800多户。同时，加强与生态环境、住建、财政等部门的沟通协作，完善涉税基础信息共享，建立环境保护税纳税人税源清册，实现了环境保护税的依法有序规范征缴。[①]

结合本案思考：

1. 检察机关是通过何种诉讼机制保障了环境保护税的有序征缴？
2. 财税行政公益诉讼制度有何重要意义？

课程思政教学指导

① 江西省赣州市环境保护税行政公益诉讼案.（2020-12-17）[2022-04-01]. http://www.jcrb.com/jcjgsfalk/dxal/gjc/zhishichanquan_69541/202012/t20201217_2234053.html.

【知识拓展】

一、拓展阅读

德国、美国税务诉讼制度的借鉴与创新[①]

1. 德国："金字塔"式救济程序。根据《德国税务法院法》的规定，其税务诉讼由异议程序（前置程序）、初审程序和终审程序构成。这种金字塔模式的塔基由三部分构成：一是救济功能整体配置以区分事实问题与法律问题为基础。异议程序以解决个案纠纷和事实问题为主，由最熟悉争议案件事实关系的原征税机关负责；终审程序以解决税收司法冲突和重要法律问题为主，由最高位、最权威的联邦税务法院负责；处于两者之间的税务法院对事实问题和法律问题进行全面审理，既对征税机关进行司法审查和监督，又对终审法院起到强大的案件过滤功能。三道救济程序相互配合，各显神通。二是行政自制与行政他制相互借力。作为行政自制的异议程序因案件筛选和过滤机制既减轻税务法院负担，又弥补立法泛而不深和司法先亡羊后补牢的缺憾。税务诉讼作为行政他制，倒逼异议程序制度不断完善，行政法治的理念、原则和制度直达行政肌体的深层内里、脊髓末梢，有利于形成行政权的良性运行机制。三是当事人主义与职权主义的适时转换。当事人在税务法院广泛掌控诉讼标的。原告可以诉讼变更、撤回诉讼完全终结诉讼；被告可撤销、废止、废弃或变更具体行政行为，以改变诉讼标的；当事人还可合意声明本案终结。联邦税务法院则实行职权主义，当事人上诉必须获得法院许可；是否提交大法庭审判或联合法庭审判由法庭决定，而不是由当事人提出；上诉原则上禁止诉讼变更和诉讼参加；当事人处分权限于撤回上诉、例外情形下言词辩论等有限范围。德国税务诉讼在救济功能整体科学配置基础上，兼顾和平衡救济制度的私人目的与公共目的，创造性地让当事人主义与职权主义两种程序模式扬长避短，努力实现诉讼成本最小化与诉讼效益最大化。

2. 美国：程序分流保障公正与高效。《美国联邦税务法院诉讼程序规则》总共设计了六次分流：起诉选择分流、诉讼转回分流、替代性纠纷解决方式分流、小额诉讼分流、审前判决分流和首席法官审查分流。首先，根据纳税人能否任意选择，六次程序分流可分为任意性分流和强制性分流，除审前判决分流和首席法官审查分流属于司法裁判范畴、以法律强制性规定为实现手段外，其余均为任意性分流。换言之，纳税人无权处分的强制性分流被严格限制在法院专属范围之内。其次，运用经济利益杠杆以尊重纳税人处分权为前提。以起诉分流为例，纳税人选择税务法院起诉，无须先缴纳税款，但欠税成立需支付利息。税务诉讼经常旷日持久，除非有胜诉把握，否则利息负担可能将纳税人压垮。争议税额较大、案情较复杂的纳税人往往情愿筹足并缴清税款，解除后顾之忧后再向地区法院和索赔法院要求退税。最

---

① 池生清. 德国美国税务诉讼法. 北京：人民出版社，2020.

后，行政决策的适当保留使司法决策更为公正。对于不具备判例价值的普通案件，一律由法官独任审理和判决；对于具有判例价值的特别案件，则由全体法官上阵。通过全体法官会议判决，对于每个新出现的法律问题，每个法官都有机会在第一时间进行充分研究、讨论并达成共识。

二、毕业论文选题指导

2017 年 6 月，修改后的《行政诉讼法》正式确立了行政公益诉讼制度。近年来，为确保财政补助资金安全、税收的有效监管、防止国有财产流失，检察机关以财政部门和税务部门为被告提起多件行政公益诉讼。在此背景下，学生可以重点考虑从以下方向进行论文选题，探讨如何进一步加强行政公益诉讼工作，提高运用法治思维和法治方式解决财税行政公益诉讼实践难题的能力。

1. 行政公益诉讼视角下的财政补助资金监管建议。财政补助资金是公共财政支出的重要组成部分，也是促进共同富裕的有效政策工具。围绕财政部门在财政补助资金类行政公益诉讼中面临的困难，思考如何加强行政公益诉讼工作，运用法治思维和法治方式不断提高财政补助资金的监管水平。

2. 税收行政公益诉讼的实践问题和完善建议。随着公益诉讼的制度扩围，税务行政公益诉讼成为国家保护税收利益、防止国有资产流失的重要内容。然而当前我国税收行政公益诉讼的推进依然存在制度依据模糊、目标指向不明、适用范围狭窄以及适用条件不清等问题，有必要厘清税收行政公益诉讼的法理依据、科学设置税收行政公益诉讼的运作条件、完善税收行政公益诉讼的制度措施。

3. 我国纳税人公益诉讼制度研究。围绕纳税人公益诉讼与财税行政公益诉讼的异同，思考纳税人公益诉讼的制度优势，考虑如何在财税法之中确立纳税人公益诉讼制度，明确必要的制度配套措施，实现国家征税、用税权力的有效监督。

4. 税收司法的专业化发展道路与制度建议。近年来，我国涉税案件日益增多，呈直线上升趋势，遍及民事、行政和刑事领域，在此背景下，税务司法专业化的问题备受关注。围绕税收司法的专业化发展，可思考税收司法专业化的必要性、如何设立专门的税务法院并加强国际制度比较。

三、推荐文献

1. 石佑启，丁丽红. 税务行政诉讼. 武汉：武汉大学出版社，2002.
2. 马怀德. 行政诉讼法学. 5 版. 北京：北京大学出版社，2019.
3. 王雅琴. 中国行政诉讼与公法救济. 北京：人民法院出版社，2016.
4. 丁一. 纳税人权利研究. 北京：中国社会科学出版社，2013.
5. 黄士洲. 税务诉讼的举证责任. 北京：北京大学出版社，2004.
6. 熊伟. 美国联邦税收程序. 北京：北京大学出版社，2006.
7. 刘剑文，熊伟. 税法基础理论. 北京：北京大学出版社，2004.
8. 杨红. 行政复议与行政诉讼衔接研究. 北京：中国政法大学出版社，2017.

9. 罗昌财，宋生瑛. 税务行政诉讼成案研究. 北京：经济科学出版社，2019.

10. 崔威. 中国税务行政诉讼实证研究. 清华法学，2015 (3).

11. 付大学. 比例原则视角下税务诉讼“双重前置”之审视. 政治与法律，2016 (1).

12. 刘志鑫. 论中国税务诉讼的深层制约因素. 暨南学报（哲学社会科学版），2020 (5).

图书在版编目（CIP）数据

财税法实务/张怡主编. --北京：中国人民大学出版社，2023.11
法律硕士精品系列教材
ISBN 978-7-300-32074-8

Ⅰ.①财… Ⅱ.①张… Ⅲ.①财政法-中国-研究生-教材②税法-中国-研究生-教材 Ⅳ.①D922.2

中国国家版本馆 CIP 数据核字（2023）第 147684 号

法律硕士精品系列教材
财税法实务
主　编　张　怡
副主编　王婷婷　葛　静
Caishuifa Shiwu

出版发行	中国人民大学出版社		
社　　址	北京中关村大街 31 号	**邮政编码**	100080
电　　话	010－62511242（总编室）		010－62511770（质管部）
	010－82501766（邮购部）		010－62514148（门市部）
	010－62515195（发行公司）		010－62515275（盗版举报）
网　　址	http://www.crup.com.cn		
经　　销	新华书店		
印　　刷	天津鑫丰华印务有限公司		
开　　本	787 mm×1092 mm　1/16	**版　　次**	2023 年 11 月第 1 版
印　　张	25.75 插页 1	**印　　次**	2023 年 11 月第 1 次印刷
字　　数	547 000	**定　　价**	78.00 元

《　　　　　　》※任课教师调查问卷

为了能更好地为您提供优秀的教材及良好的服务，也为了进一步提高我社法学教材出版的质量，希望您能协助我们完成本次小问卷，完成后您可以在我社网站中选择与您教学相关的 1 本教材作为今后的备选教材，我们会及时为您邮寄送达！如果您不方便邮寄，也可以申请加入我社的**法学教师 QQ 群：436438859（申请时请注明法学教师）**，然后下载本问卷填写，并发往我们指定的邮箱（cruplaw@163.com）。

邮寄地址：北京市海淀区中关村大街 31 号中国人民大学出版社 806 室收

邮　　编：100080

再次感谢您在百忙中抽出时间为我们填写这份调查问卷，您的举手之劳，将使我们获益匪浅！

基本信息及联系方式：※

姓名：__________ 性别：__________ 课程：__________

任教学校：__________ 院系（所）：__________

邮寄地址：__________ 邮编：__________

电话（办公）：__________ 手机：__________ 电子邮件：__________

调查问卷：※

1. 您认为图书的哪类特性对您选用教材最有影响力？（　　）（可多选，按重要性排序）
   A. 各级规划教材、获奖教材　　B. 知名作者教材
   C. 完善的配套资源　　D. 自编教材
   E. 行政命令
2. 在教材配套资源中，您最需要哪些？（　　）（可多选，按重要性排序）
   A. 电子教案　　B. 教学案例
   C. 教学视频　　D. 配套习题、模拟试卷
3. 您对于本书的评价如何？（　　）
   A. 该书目前仍符合教学要求，表现不错将继续采用
   B. 该书的配套资源需要改进，才会继续使用
   C. 该书需要在内容或实例更新再版后才能满足我的教学，才会继续使用
   D. 该书与同类教材差距很大，不准备继续采用了
4. 从您的教学出发，谈谈对本书的改进建议：__________

选题征集：如果您有好的选题或出版需求，欢迎您联系我们：

联系人：黄　强　吴静雨　联系电话：010-62515955/5727

索取样书：书名：__________

书号：__________

备注：※ 为必填项。